새로운 디자인 도구들

새로운 디자인 도구들

관찰, 대화, 협력, 해석, 활용 도구의 원리, 사용법 그리고 사례

초판 1쇄 발행 2018년 11월 8일 **3쇄 발행** 2023년 3월 17일 **지은이** 이승호·이정주 **펴낸이** 한기성 **펴낸곳** (주)도서출판 인사이트 **편집** 이지연 **제작·관리** 이유현, 박미경 **용지** 월드페이퍼 **출력·인쇄** 예림인쇄 **후가공** 이지앤비 **제본** 예림 바인딩 **등록번호** 제2002-000049호 **등록일자** 2002년 2월 19일 **주소** 서울특별시 마포구 연남로5길 19-5 **전화** 02-322-5143 **팩스** 02-3143-5579 **이메일** insight@insightbook.co.kr **ISBN** 978-89-6626-229-8 책값은 뒤표지에 있습니다. 잘못 만들어진 책은 바꾸어 드립니다. 이 책의 정오표는 https://blog.insightbook.co.kr에서 확인하실 수 있습니다.

UX
insight

새로운 디자인 도구들

관찰, 대화, 협력, 해석, 활용 도구의 원리, 사용법 그리고 사례

이정주 · 이승호 지음

인사이트

차례

2장 대화 도구: 프로브

3장 협력 도구: 코디자인 워크숍

맺음말: 디자인 도구 디자인하기   381

추천의 글

모름지기 책에 있어서 제목이라는 것은 단지 명명(命名)의 기능을 떠나서 그 발간물의 주요 내용과 발간 배경, 목적이 응축된 것이라 책의 질을 가장 간명하게 가늠하는 수단이 되기도 한다. 이 책의 리뷰를 부탁받고 흘낏 본 '새로운 디자인 도구들'이라는 단지 한 줄의 제목에서 '옳다구나!'라는 속 외침이 나도 모르게 새어 나왔다. 이 제목에 포함된 '새로운'과 '도구'라는 두 키워드가 그간 국내외에 출간된 수많은 디자인 방법 관련 책에 비해 어떤 상대적 가치를 지니고 있는지를 잘 나타내주고 있기 때문이다.

돌이켜보면 디자인 방법론은 '디자인 방법 학술발표대회First Conference on Design Methods'라는 이름으로 1962년도에 런던에서 개최되어 하나의 연구 분야로 시작된 지 근 60년의 절대 짧지 않은 역사를 가지고 있다. 이후 몇몇 세대를 거쳐 나름대로 새로운 변화를 겪으며 진화되어 왔다. 시스템 공학에 기반한 분석, 종합, 평가의 문제 해결 프로세스로서의 1세대, 문제를 정확히 정의할 수 있는 공학적 문제와는 달리 명확히 정의 내리기 힘든 디자인 문제의 특성, 이 책에서 소개되는 '고약한 문제Wicked Problem'를 이해하고 이를 반영한 2세대, 컴퓨터의 도입으로 사용자의 중요성을 고려한 사용자 중심 디자인User-Centered Design의 3세대들이 60년 역사의 변화 패러다임을 이끌었다. 하지만 소위 4차 산업혁명의 도래로 인한 디자인 방법에 대한 다양한 변화 요구에 부응한 '새로운' 디자인 방법은 변해야 한다는 필요성은 많이 제기되어 왔지만 아직 본격적으로 체계화되지 못하고 있다. 이 책이 이러한 새로운 디자인 패러다임에 맞는 새로운 디자인 방법 모두를 규명했다고 보기는 어렵지만 적어도 4세대 방법론의 새로운 시발점이 필요하다는 것을 제기하면서 이에 관한 희망도 보여준다.

다음으로 이 책의 제목이 포함하고 있는 또 다른 키워드인 '도구' 또한 매우 적절한 단어의 선택이라고 본다. 1세대-2세대 디자인 방법은 지나치게 학술적 '론'에 집중되어 있어 막상 이를 현장에서 활용하려는 실무 디자이너들은 적지 않은 어려움을 겪었다. 디자인 방법을 디자인 도구로 본다는 것은 마치 디자이너들이 포토샵을 하나의 디자인을 해내는 도구로 보는 것처럼, 실무에서의 실제적 쓰임새에 초점을 맞춘 결과라고 볼 수 있다.

저자들이 중점을 둔 '새로운' 유형의 디자인 문제에 관해 현장에서 잘 활용할 수 있는 '도구'를 제공하는 이 책은 디자인을 고민하는 모든 분들에게 훌륭한 지침서가 될 것이다.

이건표 홍콩이공대학교 디자인대학 학장
세계디자인학회 사무총장

지은이의 글

요즘만큼 다양한 분야에서 디자인에 관한 관심이 높았던 적이 있을까. 2018년 현재 디자인은 의료, 금융, 통신, 공공서비스는 물론, 범죄예방, 노인 문제, 기후변화, 식량난 등 다양한 영역에서 복합적인 문제를 이해하고 해결하는 데 활용되고 있다. 이 새로운 영역에서 디자이너는 수혜자를 디자인 과정에 참여시키고, 이를 통해 다양한 의사결정자가 수혜자의 목소리를 직접 들을 수 있도록 돕는 역할을 한다.

　디자인에 몸담은 사람으로서 우리에게 이러한 최근의 움직임은 고무적인 일이 아닐 수 없다. 하지만 한편으로는 디자인 역량이 새로운 영역으로 전달되는 현재의 모습을 보면서 우려의 마음이 들기도 한다. 디자인을 활용하는 방법을 짧은 시간 안에 쉽고 간편하게 전달하려다 보니 많은 경우 '디자인 씽킹 모델' 혹은 '디자인 툴킷' 등의 형식으로 정형화되어 버렸다. 이들이 문제의 이해와 해결 과정으로서의 디자인을 경험할 수 있는 첫걸음을 제공해 주긴 하지만, 정작 전달되어야 할 핵심 역량은 제대로 전달하지 못한다는 것이 우리의 생각이다. 물론 의미 있는 결과물을 낳은 사례도 많지만, 기존의 사례나 툴킷의 형식을 따라 하는데 그쳐, 의도한 결과물을 얻지 못하거나, 심지어 디자인 자체에 대한 회의적인 시각을 낳는 경우도 적지 않다.

　물론 따라 하기 만큼 효과적인 연습 방법은 없다. 처음에는 잘 이해하지 못하더라도 여러 번 시도해보고 다양한 상황에서 반복해 본다면 언젠가는 내 것으로 만들 수 있다. 하지만 각 디자인 도구의 원리를 들여다보려는 노력 없이 그 형식만 따라 하다가는 미처 그 핵심 역량을 제대로 활용해보기도 전에 '디자인 씽킹'은 결국 한때의 유행처럼 사람들의 관심 밖으로 사라져버리고 말 것이다.

누군가 이 책의 역할이 무엇이냐고 묻는다면 '현란한 베이킹 레시피가 쏟아지고 있는 시점에 나온, 다양한 빵 반죽의 기본을 다룬 책'과 같다고 말하고 싶다. 식빵, 치아바타, 베이글 등 몇 가지 레시피를 연습해 보다가 밀가루, 효모, 물, 공기, 온도 그리고 습도가 반죽에 어떤 차이를 만드는지 알아가는 재미를 느끼고 있는 사람이라면 알 것이다. 우리는 이 책의 독자가 비슷한 종류의 즐거움을 느낄 수 있길 바란다.

이 책을 쓰는 여정은 우리의 생각에 공감해 자신들의 귀중한 경험과 지혜를 나누어 준 많은 분과 소통하며 배울 수 있었던 값진 시간이었다. 그 과정을 통해 우리 역시 크게 성장한 느낌이다. 이 자리를 빌려 이 책에 다양한 사례와 조언을 아낌없이 제공해 준 전문가들, 몇 년 전 우리의 설익은 아이디어가 이렇게 한 권의 책으로 정리될 때까지 인내심을 가지고 함께해 준 인사이트 관계자분들께 깊은 감사의 마음을 전한다. 마지막으로 늦은 저녁과 수많은 주말, 글을 고치고 완성하느라 시간을 보낸 저자들을 이해해 준 가족에게 미안함과 사랑을 전한다.

2018년 11월

이승호, 이정주

이 책의 사용설명서

"현 상황을 개선하기 위한 일련의 과정을 고안하는 사람은 누구나 디자인을 하는 것이다. 물건을 디자인하는 데 필요한 지적 활동은 환자에게 처방을 하는 것이나, 회사에서 새로운 세일즈 계획을 세우는 것, 혹은 정부의 복지 정책을 만드는 것과 본질적으로 다르지 않다."

허버트 사이먼Herbert A. Simon, 1916-2001은 그의 1969년 저서 *The Sciences of the Artificial*[1]에서 위와 같이 디자인을 정의했다. 약 50년 후 진행될 디자인의 진화를 예감이라도 한 것일까? 최근 들어 세계의 디자이너들은 실제로 이런 복잡하고, 어렵고, 고약한 문제Wicked Problem를 다루기 시작했다. 이와 함께 '디자인하다'라는 동사의 의미 역시 시각적이고 물리적인 도안을 하는 것에서, 그 도안을 실제 해결하고자 하는 문제와 명확히 연결하는 과정을 설계하는 데까지 확장되어 왔다.

최근 가장 눈에 띄는 변화를 거친 분야로 사용자 중심 디자인User Centred Design을 들 수 있을 것이다. 처음엔 인간의 몸에 맞는 인간공학적인 제품을 디자인하는 것에서 시작해, 나중에는 사물과 인간의 상호작용을 인지심리학적으로 접근하기 시작했고, 이제는 인간의 경험을 이해하고 제품이나 서비스를 고안하는 인류학적 접근까지 왔다. 지난 수십 년간 사용자 중심 디자인은 이렇게 그 문제 해결의 영역을 확장하고 그에 걸맞는 방법론을 다양한 분야에서 적극적으로 받아들여왔다. 이런 변화와 확장은 이제 세계 각국의 정부에서도 받아들여져, 정부 정책이나 서비스 혁신을 위한 하나의 방법

1 번역서로 《인공 과학의 이해》(1999, 신유)가 있다.

으로 활용되고 있다.

　예를 들면 싱가포르 노동부Ministry of Manpower는 워크패스Work Pass 비자를 받는 외국인 노동자를 위한 서비스를 개선하고 싶다며 싱가포르 국립대학교 National University of Singapore 디자인학과의 문을 두드렸다. 방글라데시 등지에서 싱가포르로 이주해 주로 건설업에 종사하는 외국인 노동자들에게 언어의 장벽을 넘어 노동부가 제공하는 서비스를 좀 더 손쉽게 이용하도록 만들고 싶다는 취지였다. 핀란드 농림부Ministry of Agriculture and Forestry는 농업 관련 신고 서비스를 개선하고 싶다며 알토 대학교Aalto University '정부를 위한 디자인Design for Government' 수업을 찾아왔다. 매년 식품안전, 동물복지 등 의무적으로 제출해야 하는 신고 서류와 농업보조금 수령을 위한 신청 서류를 준비해야 하는 농부들의 부담을 덜어주면서도, 이 모든 과정을 전산화해 정부의 지출을 줄일 수 있도록 해달라는 것이었다.

혼돈의 디자인 도구들

이런 어려운 문제들을 해결하기 위해선 정부 관계자부터 수혜자까지 다양한 사람이 당면한 문제가 뭔지, 깊이 이해할 수 있는 역량을 기르는 것이 필수다. 그래서인지 최근 들어 '사용자 경험 조사 도구' 혹은 '서비스 디자인 방법' 같이 수많은 디자인 툴킷이 쏟아져 나오고 있다. 101가지 디자인 도구를 묶어놓고 한 페이지에 하나씩 소개하는 책이나, 유명 디자인 학교나 기관, 디자인 전문회사에서 수십 개의 도구들을 카드 형태로 만들어 골라서 쓰도록 하는 툴킷들이 대표적이다. 하지만 디자인 툴킷들에 대한 관심이 높아지는 반면 이를 실무에 활용해야 하는 디자이너나 디자인을 공부하고 있는 학생들은 다소 혼란에 빠진 모습이다. 그도 그럴 것이 각 도구가 정확히 어떤 원리로 작동하는지, 이 도구들을 제대로 사용하기 위해서 디자이너는 어떤 역량과 마음가짐을 가져야 하는지 등 매우 중요한 기본적인 지식은 정작 찾아보기 어렵기 때문이다. 더군다나 이 수많은 도구를 마치 필요할 때마다 꺼내어 쓸 수 있는 48색 크레파스처럼 개별적으로 소개하다 보니, 도구들의 성향이나 활용 목적 등의 큰 관점에서 묶어서 이해할 수 있게 하는 길잡이도 부족한 상황이다.

사실 새로운 방법처럼 보이는 여러 도구는 대부분 하나의 도구가 다양한 상황을 위해 변화된 것이다. 하지만 이들을 이해하기 위한 체계가 없으면 이름만 달라져도 새로운 도구인 것처럼 느껴져 혼란을 겪을 수 있다. 더 큰 문제는 자신이 진행하는 프로젝트의 고유한 맥락에 맞게 도구들을 적절히 변화시켜 사용하는 유연성도 가지기 어렵다는 것이다. 이들 도구를 처음 소개한 원문을 찾아볼 수 있다면 조금 나을 테지만, 실무와 학업의 쳇바퀴에 빠진 디자인 실무자나 학생들은 그럴 여유를 쉽게 가지지 못하는 상황이다.

　앞서 소개한 싱가포르와 핀란드의 사례는 우리가 각 대학의 학생들과 실제로 진행한 디자인 프로젝트들이다. 우리는 다양한 프로젝트 및 각종 디자인 세미나, 강의 등을 통해 국내외 디자인 자문회사의 디자인 실무자들이나 고객기관의 담당자들이 사용자 조사 도구에 대해 어떤 오해와 고충을 가지고 있는지 관찰해 왔는데, 그들은 크게 다음과 같은 문제를 경험하고 있었다.

　첫째, '표면 복제'이다. 사용자 조사 도구의 원리를 이해하지 못한 채 위에 언급한 툴킷들이 알려주는 순서만 따라한 후 효과를 보지 못하는 경우라고 할 수 있다. 전략적인 가상의 사용자를 만들기 전에 반드시 거쳐야 할 현장조사는 건너뛰거나, 실제 사용자 한 명만을 인터뷰한 뒤 이를 전략적인 가상의 사용자로 채택하는 경우, 혹은 디자인 워크숍에 사용자를 초대해서 그들이 내는 아이디어가 제품이나 서비스의 개발에 바로 활용될 수 있다고 믿는 경우가 이에 해당된다.

　둘째, 정성적 도구를 정량적으로 사용하는 경우이다. 사용자의 세계를 세밀하게 들여다보고 작더라도 중요한 문제를 찾아내는 것이 핵심인 정성적 도구들을 '과학자스러운scientistic 자세', 즉 많은 수의 관찰이 깊은 관찰보다 더 중요하다는 자세를 가지고 사용자 조사 도구들을 접할 때 생길 수 있는 문제이다. 사용자 조사를 위해 슈퍼마켓에 가서는 2분짜리 인터뷰를 100명과 진행하는 것은 설문조사를 구두로 진행한 것에 지나지 않는다.

　셋째, 사용자 조사 도구 자체에 빠져 실제 프로젝트에 유용한 통찰로 연결시키지 못하는 경우이다. 경험이 많지 않은 디자이너나 학생들의 경우 위에 언급한 책이나 툴킷이 소개하는 수많은 도구를 써보고 싶은 욕심에 여러 방법을 쓰고, 많은 자료를 쌓아두긴 하지만 정작 거기서 통찰로 이어지는 한걸음을 내딛지 못하는 경우가 많다. 이는 자신의 프로젝트에 적합한 도구를 채택하고, 제한된 시간과 상황에 맞추어 적절히 변화시켜 사용하는 요령이 부족하거나, 혹은 많은 정보를 한자리에 모아 통찰로 연결시키는 훈련을 받지 못했기 때문에 생길 수 있는 상황이라고 할 수 있다.

사용자 조사 도구도 결국엔 도구일 뿐이다. 도자기를 만들기 위해 물레와 끌을 쓰는 방법을 익히듯, 캘리그라피를 할 때 붓을 쓰는 법을 익히듯, 사용자 조사 도구를 적절히 사용하기 위해선 적절한 훈련이 필요하다. 또 나사에는 드라이버가, 못에는 망치가 맞는 것처럼 목적과 상황에 따라 적절한 도구가 있게 마련이다. 이 책은 수많은 독자를 일일이 만나 이런 훈련을 직접 제공할 수 없는 것을 아쉽게 여겨온 우리 두 사람이 힘을 모아 몇 년에 걸쳐 일구어낸 작은 결과물이다.

이 모든 도구에 앞서 무엇보다 중요한 것은 '마음가짐'이다. 사용자의 세계를 바라보는 깊이 있는 마음과 적절한 자세를 갖추고 있다면 커피 한잔을 들고 그들의 세계로 들어가 대화를 나누는 것만으로 깊은 통찰을 얻을 수도 있다. 이 책을 활용하는 독자들이 사용자의 세계로 들어갈 준비를 하는 데 조금이나마 기여할 수 있다면 우리에게는 큰 보람이 될 것이다.

이 책의 독자

그렇다면 어떤 독자가 이 책을 읽고 능력을 계발할 수 있을까? 우선 이 책을 처음 기획할 때, 우리는 그동안의 관찰과 경험을 바탕으로 '이런 사람들이 이 책의 독자가 됐으면 좋겠다'고 생각하며 기획안을 만들었다.

- 사용자와 만나 그들에 대한 이해를 넓히고 이를 디자인에 반영하고 싶지만 아직 경험이 없어 쉽게 시작하지 못하는 시각, 제품, 공간, 서비스 디자인 등 다양한 영역에서 일하는 실무 디자이너 및 학생
- 디자이너는 아니지만 사용자 이해를 바탕으로 새로운 서비스 혹은 제품을 개발하는 프로젝트에 참여 중이거나 관심 있는 분
- 이 책에서 소개하는 새로운 디자인 도구들에 대해 이미 알고 있고 실제

적용해본 적도 있지만 좀 더 심도 있고 자유롭게 활용하고 싶은 실무 디자이너, 교육자 그리고 학생

- 기존의 다양한 사용자 관찰 도구들을 써본 경험이 있지만 한계와 회의를 느끼고 있던 인터랙션 디자이너, 사용자 경험 디자이너, 혹은 서비스 디자이너
- 사용자 관찰에 대해 지금까지 딱히 중요성을 느끼지 못했지만 자신의 작업에 변화를 찾고 있는 예술가나 디자이너

이 책의 독자를 선정하고 책의 내용을 구성하면서 우리 역시 사용자 중심적인 접근 방법을 활용하기로 했다. 독자를 좀 더 명확히 파악하고, 그들의 실제 목소리를 들음으로써 책의 내용을 더 풍부하게 하고, 그들을 위한 맞춤 서적을 제공하고 싶었다. 따라서 우리는 '새로운 디자인 도구들'을 위한 퍼소나persona를 만들기로 결정했다.

우리는 다양한 경로를 통해 알게 된 7명의 인터뷰이를 선정해 직접 혹은 화상채팅으로 인터뷰를 진행한 후 다음과 같이 네 명의 퍼소나를 도출했다. 퍼소나를 도출한 과정은 '4장 해석 도구: 어피니티 다이어그램'의 '새로운 디자인 도구들 퍼소나는 어떻게 만들어졌을까?'에서 자세히 볼 수 있다.

- 서비스 디자이너를 꿈꾸는 심리학도 - 지원
- 서비스 디자인 자문회사 대표 - 승현
- 예비 제품 디자이너 - 지수
- 철학이 있는 공간 디자이너 - 현진

네 명의 퍼소나들 중 우리의 1순위 퍼소나는 서비스 디자이너를 꿈꾸는 심리학도인 지원이다. 그리고 2순위 퍼소나는 서비스 디자인 자문회사 대표인 승현과 예비 제품 디자이너 지수 그리고 철학이 있는 공간 디자이너 현진이다. 이 네 명의 퍼소나에서 독자들은 자신과 비슷한 상황의 인물을 발견할 수도 있을 것이다.

서비스 디자이너를 꿈꾸는 심리학도
지원

"정해진 답이 있는 건
아니겠지만 상황에 맞춘 도구의
추천이나 같은 도구를
사용하더라도 '이런 상황에는
이렇게 사용하는 것이
낫습니다'라는 가이드가
있었으면 좋겠어요."

	디지털	물리적
디자인 결과물의 성격	☐	☐

디자인 경력
사용자와 만나는 빈도
사용자와 관계 지속성
새디오 사용 경험
함께 고민할 동료의 수
영어 사용 친숙도

심리학을 전공하는 지원은 연구원이나 상담의가 되기보다는 스트레스 강도가 높은 산업현장의 문제를 해결하고 좀 더 나은 업무 환경을 제공하는 일을 하고 싶다. 그러던 어느 날 디자인대학을 준비하는 동생이 보는 잡지를 통해 '서비스 디자이너'라는 직종을 알게 되었다. 처음엔 간판이나 인테리어를 작업하는 것이겠거니 했지만 한국디자인진흥원이 주관한 서비스 디자인 나이트라는 행사에 참석해 다양한 프로젝트를 접한 뒤 이제껏 심리학을 공부하며 가져왔던 바람이 현실화되는 접점이 될 수도 있겠다고 생각했다.

서비스 디자인을 좀 더 알고 싶었던 지원은 시민들을 대상으로 한 서비스 디자인 워크숍에 참여했다. 다양한 전공과 배경의 사람들이 모여서 실제 문제를 해결하기 위해 고군분투하는 과정을 통해 많은 것을 느낄 수 있었다. 하지만 제한된 시간 동안 다양한 분야의 사람들이 함께 일하다 보니 크고 작은 부분에서 생기는 의견 차이 역시 컸다.

특히 사람의 심리를 심층적으로 연구하고 이론을 적용하고자 하는 본인과, 직감적으로 디자인 결정을 내리려는 몇몇 팀원들 간의 의견 충돌이 잦았다. 팀 안에 사용자 관찰을 체계적으로 경험한 사람이 없어서인지 교육과정에서 배운 몇 가지 관찰 방법 중 적절한 선택을 하는 것이 어려웠고, 그마저도 겨우 흉내 내는 수준에 그쳤다는 느낌을 지울 수 없었다.

심리학에서 인간의 심리를 이해하기 위해 동원하는, 가끔은 지난할 정도로 체계적인 연구 방법이 익숙한 지원에게 철저하지 못했던 고작 몇 번의 인터뷰와 짧은 관찰을 통해 내리는 디자인 결정은 다소 급하게, 혹은 가볍게 느껴졌다. 최근 국내외에서 찾은 몇몇 디자인 결과물들이 보여준 탁월함에 감탄한 지원은 분명 더 나은 방법이 있을 것이라 생각하지만 그 실마리를 찾기가 생각보다 어렵다.

지원을 위한 배려

디자인을 전공하지 않은 지원을 위해 우리는 가능한 한 많은 사례를 들어주려고 했다. 디자이너라면 어느 정도의 조사와 자신의 직감을 오가며 결과물을 내는 것이 자연스러운 일일 수 있겠으나, 아직 그런 경험을 해보지 못한 지원에게는 이 창조적인 도약creative leap이 큰 벽처럼 느껴질 수 있다. 따라서 우리는 지원을 위해 디자이너가 경험적으로 알만한 부분들도 논리적으로 이해할 수 있게 상세히 기술했다. 책의 여러 곳에서 이런 내용을 볼 수 있는데, 예를 들면 4장의 어피니티 다이어그램에서는 '가추법(277쪽)'을 상세히 설명했다. 또 가능한 한 많은 예시를 통해 다양한 상황에서 디자인 도구를 어떻게 적용할 수 있는지 간접적으로나마 경험할 수 있게 했다.

스스로가 퍼소나 지원의 입장에 가깝다고 느낀다면 여러분의 프로젝트에 어떤 디자인 도구든 하나를 골라, 우선 써보는 것으로 시작하자. 어떤 도구로 시작해야 할지 모르겠다면 '이 책에서 소개하는 다섯 가지 도구들(26쪽)'을 읽어보고 현재 프로젝트 상황에 어떤 도구가 적합할지 생각해볼 것을 권한다. 또 어떤 도구로 시작하든 '1장 디자인 에스노그라피'는 정독을 권한다. 디자인 에스노그라피가 이 책에 등장하는 모든 디자인 도구의 시작점인 '마인드세트'를 제공하기 때문이다.

시간이 허락한다면 사용하려는 도구가 설명된 장을 처음부터 차근차근 읽어나가면서 도구의 기원과 원리를 이해하고 활용 방법을 숙지하는 것도 방법이지만, 지금 당장 현장에서 도구를 사용해야 하는 상황이라면 우선 '스텝 바이 스텝'과 '사례'만 읽고 도구를 활용할 수 있다. 단, 현장에서 돌아온 후 그 도구의 기원이나 주의할 점은 살펴보길 권한다. 여러분이 현장에서 가졌던 의문들을 풀어주고, 디자이너로서 다음 단계로 넘어갈 수 있도록 도와줄 것이다.

승현

"사용자 중심 디자인이 중요하다고 늘 강조하지만, 사용자 연구를 제대로 할 수 있는 직원을 찾기가 쉽지 않고 교육을 하려고 해도 자료와 여건이 마땅치 않다. 직원들에게 소개해줄 만한 입문서 한 권 있었으면…"

디자인 결과물의 성격	☑ 디지털	☑ 물리적
디자인 경력		
사용자와 만나는 빈도		
사용자와 관계 지속성		
새디도 사용 경험		
함께 고민할 동료의 수		
영어 사용 친숙도		

제품 디자인과 인터랙션 디자인을 전공한 승현은 2005년, 해외의 잘 알려진 디자인 전문회사에서 일하던 중 사용자 중심 디자인이 성장할 것임을 감지했다. 서비스 디자인이 걸음마 단계였던 2000년대 말 한국으로 돌아와 디자인 에이전시를 설립하고 다양한 프로젝트를 수행하며 해외의 교육과정에도 꾸준히 참여해온 결과, 승현의 회사는 기업뿐 아니라 공공기관에도 주목을 받으며 빠르게 성장하고 있다.

최근 들어 프로젝트의 수가 크게 늘고 있고, 관련 경력자를 찾기 어렵다 보니 어느새 신입사원을 대상으로 한 서비스 디자인 교육이 승현과 팀장들의 주 업무 중 하나가 됐다. 프로젝트 규모가 커지면서 더 많은 디자이너를 고용해야 하는 승현에게 가장 큰 걸림돌은 신입사원의 영어실력이다. 프로젝트는 대부분 우리말로 진행되지만 문제는 승현이 이제까지 참고해온 많은 자료가 영어로 작성되어 있고, 그 자료들을 쉽게 읽고 프로젝트에 적용할 만큼 영어에 능숙한 직원을 뽑는 것은 서비스 디자인 교육을 체계적으로 받은 직원을 찾는 것만큼이나 어렵기 때문이다.

웹사이트나 스마트폰 앱 등 디지털 서비스 디자인 프로젝트를 주로 하던 승현의 회사에는 최근 들어 점점 공간 프로그램이나 공공 서비스 등 무형의 결과물을 다루는 프로젝트를 의뢰하는 고객이 늘어나고 있다. 새로운 변화에 적응하며 좋은 결과물을 내기에도 어려운 요즘, 신입사원을 교육하는 일은 점점 더 큰 부담으로 느껴진다.

승현을 위한 배려

승현은 우리만큼이나 전문가이기 때문에 특별히 이 책에서 새로운 정보를 얻기는 어려울 것이다. 하지만 승현에게 가장 큰 부담인 신입사원 교육에 있어 이 책은 좋은 시작점이 되어줄 것이다.

신입사원에게 책의 특정 부분을 읽으라고 권할 수 있도록 각 장을 일관성 있게 구성했다. 모든 장은 왜 그 도구가 유용한지 소개하는 것으로 시작해 친절한 사용법을 안내한 뒤 주의할 점과 고려해야 하는 사항 그리고 사례를 제공하는 순서로 되어 있다.

이런 구조는 입문자에게 읽을 부분을 추천할 때뿐만 아니라 중급 사용자가 현장에 나가기 전 궁금한 내용을 찾아보거나 주의점을 참고할 때도 도움이 될 것이다.

예비 제품 디자이너
지수

"겉모양만 그럴듯하게 디자인해서
제출한 공모전들,
더 나은 방법은 없었을까?"

디자인 결과물의 성격	☐ 디지털	☑ 물리적
디자인 경력		
사용자와 만나는 빈도		
사용자와 관계 지속성		
새디도 사용 경험		
함께 고민할 동료의 수		
영어 사용 친숙도		

3학년으로 복학을 한 지수는 대학에서 제품 디자인을 전공하고 있다. 취업에도, 혹시 모를 유학에도 도움이 될 거란 생각에 지난 학기 동안 열심히 공모전에 도전해왔다. 몇몇 공모전에선 입상을 하기도 했지만, 학기를 마감하며 작업들을 돌아보니 회의적인 생각이 든다. "내가 디자인한 제품은 기존의 제품과 모양이 크게 다른데, 그 때문에 생산방법을 바꿀 만큼 가치가 있는 것일까?", "나는 내가 디자인한 제품을 사용할 사람들에 대해 잘 알고 디자인하고 있는 것일까?" 지수는 본인의 디자인이 제품의 껍데기만 바꾸었다는 생각을 지우기 어렵다.

지수가 디자인을 하면서 사용자에 대한 고민을 전혀 하지 않은 것은 아니다. 주방용품 공모전을 준비할 때는 가족들에게 평소의 불편함에 대해 묻기도 했고, 자전거 공모전을 준비할 때는 한강 둔치를 찾아 자전거를 타다 쉬는 사람들을 관찰하기도 했다. 다양한 제품의 구조를 파악하기 위해 백화점이나 도매상을 방문해서 수많은 제품을 꼼꼼히 살펴보기도 했다. 하지만 뭔가 더 창의적인 방법이 있을 것이라는 생각이 머리를 떠나지 않는다.

그러던 중 지수는 SNS를 통해 우연히 드푸이DePuy 사의 무릎 수술용 의료기기 사례를 알게 되었다. 영국 HHCHelen Hamlyn Centre, 헬렌함린센터의 디자이너들은 50여 시간의 비디오 에스노그라피를 포함한 다양한 관찰을 통해 오래된 디자인의 금속 수술 도구들이 많은 단점을 가지고 있고, 그럼에도 불구하고 이를 사용하는 의사들이 제품이 가진 단점에 이미 적응해, 더 나은 수술 도구를 고려하지 않는다는 것을 발견했다. HHC의 디자인 팀은 수술 도구는 반드시 금속이여야 한다는 편견을 깨고 플라스틱 소재의 수술 도구를 제안했다. 한번 사용하고 버리는 플라스틱 수술 도구는 의료용 금속을 사용하는 것보다 낮은 가격에 생산이 가능하고, 소독이 필요 없어 감

염의 염려가 없었다. 또, 온전히 금속으로 만들어진 제품보다 유연해 무릎 수술 중 다리를 고정하기가 더 쉬웠고, 무게가 가벼워 수술 중 일어날 수 있는 작은 실수가 환자의 회복 시간에 미치는 영향을 크게 줄일 수 있었다. 이후 드푸이 사는 HHC와 가깝게 일하며 의료 혁신에 디자인을 적극적으로 활용하고 있다. 지수는 디자인이 제품의 모양과 기능을 넘어 그 제품이 활용되는 맥락이나 혁신에 관여할 수 있다는 것을 알게 되어 기뻤지만 케이스 스터디에 아주 간략히 소개된 몇 가지 관찰 방법 외에는 사용자를 관찰하고 연구할 다른 방법을 알 수 없어 답답해 하고 있다.

지수를 위한 배려

스스로가 퍼소나 지수의 입장에 가깝다고 느낀다면 여러분의 프로젝트에 어떤 디자인 도구든 하나를 골라, 우선 써보는 것으로 시작하자. 어떤 도구로 시작해야 할지 모르겠다면 '이 책에서 소개하는 다섯 가지 도구들(26쪽)'를 읽어보고 현재 프로젝트 상황에 어떤 도구가 적합할지 생각해볼 것을 권한다. 또 어떤 도구로 시작하든 '1장 디자인 에스노그라피'는 정독을 권한다. 디자인 에스노그라피가 이 책에 등장하는 모든 디자인 도구의 시작점인 '마인드세트'를 제공하기 때문이다.

시간이 허락한다면 사용하고자 하는 도구가 설명된 장을 처음부터 차근차근 읽어나가면서 도구의 기원과 원리를 이해하고 활용 방법을 숙지하는 것이 좋다. 하지만 지금 당장 현장에 도구를 사용해야 하는 상황이라면 우선 '스텝 바이 스텝'과 '사례'만 읽고 도구를 활용할 수 있다. 단, 현장에서 돌아온 후 그 도구의 기원이나 주의할 점은 살펴보길 권한다. 여러분이 현장에서 가졌던 의문들을 풀어주고, 디자이너로서 다음 단계로 넘어갈 수 있도록 도와줄 것이다.

현진

"제한이 없어 자유롭지만
어디서 시작해야 할지,
어디서 영감을 받아야 할지도
모르겠어요."

디자인 결과물의 성격	☐ 디지털	☑ 물리적
디자인 경력		
사용자와 만나는 빈도		
사용자와 관계 지속성		
새도도 사용 경험		
함께 고민할 동료의 수		
영어 사용 친숙도		

주로 창업을 하는 개인을 위해 카페나 식당을 디자인하는 현진은, 동네 사람들이 편하게 자주 찾을 수 있는 오래된 카페와 식당이 세상을 아름답고 행복하게 만든다고 생각한다.

대학을 졸업할 즈음 지인의 카페 벽화를 그려준 것이 인연이 되어 시작한 카페 디자인 일은 한동안 재미있고 보람찼지만, 수년간 이 일을 계속하면서 지쳐가는 자신을 발견했다. 한 자리를 오래 지키겠다는 생각이나 그 장소를 찾는 사람들을 위한 공간을 마련하고자 하는 의도보다는 유행하는 아이템으로 수익을 내려고 하거나 자신의 취향으로 가득 채운 공간을 꾸미려는 태도를 가진 고객이 더 많았기 때문이다.

헌데 현진은 최근 아주 독특한 고객을 만났다. 특정 음료나 식단 등 사업 아이템도 없이 자신이 늘 가던 과일가게가 빠진 자리에 임대계약을 마친 이 사람은 동네 사람들이 쉽게 찾고, 누구나 오래 앉아있을 수 있는 공간을 만들고 싶다고 한다.

한 장소를 꾸준히 찾는 사람들의 발길이 그곳을 특별하게 만드는 것이라는 믿음을 가지고 있는 현진에게는 흥분될 만큼 완벽한 프로젝트지만, 막상 이런 프로젝트를 수행하려고 하니, 어떻게 프로젝트를 진행해야 할지 막막하기만 하다. 무작위로 마을 사람들을 만나 인터뷰를 진행하는 정도로 좋은 공간을 디자인하고, 또 그 공간을 채울 용도를 찾을 수 있을까?

현진을 위한 배려

자신이 현진에게 가깝다고 느끼는 독자들에게는 우선 책의 모든 사례를 먼저 읽어보고, 각 장의 서두를 훑어보길 권한다. 직감적으로 자신의 프로젝트에 유용할 만한 도구를 선택하고 활용하기에 좋은 방법이 될 것이다.

시간이 허락한다면 사용하고자 하는 도구가 설명된 장을 처음부터 차근차근 읽어나가면서 도구의 기원과 원리를 이해하고 활용 방법을 숙지하는 것도 방법이다. 하지만 지금 당장 현장에서 도구를 사용해야 하는 상황이라면 우선 '스텝 바이 스텝'과 '사례'만 읽고 도구를 활용할 수 있다. 단, 현장에서 돌아온 후 그 도구의 기원이나 주의할 점은 살펴보길 권한다. 여러분이 현장에서 가졌던 의문들을 풀어주고, 디자이너로서 다음 단계로 넘어갈 수 있도록 도와줄 것이다.

머리말
새로운 디자인 문제가 온다

1   IDEO. *https://www.ideo.*
org

2   Design Against Crime.
http://www.designagainst
crime.com

3   World Design Capital,
2012, 365 Well-being.
http://wdchelsinki2012.fi/en/
program/2011-08-24/365-
wellbeing.
4   Mind Lab
http://mind-lab.dk
5   Helsinki Design Lab
http://helsinkidesignlab.org
6   Government Digital Service
https://gds.blog.gov.uk
7   Policy Lab
https://openpolicy.blog.gov.uk/
about
8   D9 Tiimi *http://www.d9.*
valtiokonttori.fi/en-US
9   InLand Design
http://inlanddesign.fi
10   Laboratorio de Gobierno
https://www.lab.gob.cl
11   The Lab
https://lab.opm.gov
12   HUDC
http://hudc.seoulmc.or.kr

세계적인 디자인 자문회사 아이디오IDEO[1]가 빈곤, 수자원, 건강 등 저개발 국가의 사회적 문제를 해결하겠다고 나섰고, 영국의 세인트 마틴 대학University of the Arts London, Central Saint Martins은 이미 2006년부터 '범죄에 맞선 디자인[2]' 연구팀을 꾸려왔다. 2012년 세계 디자인 수도로 선정된 핀란드 헬싱키 시는 다양한 사회문제를 해결하고 시민들을 위한 서비스를 향상하기 위해 12개의 프로젝트를 알토 대학교 디자인 연구팀에 의뢰[3]했다.

그뿐 아니다. 유럽을 중심으로 많은 국가가 정부 내 혁신조직을 창설해 디자인을 적극적으로 활용해왔다. 초기엔 덴마크 정부의 마인드랩[4], 핀란드 혁신기금 시트라Sitra의 헬싱키디자인랩[5] 등이 다양한 프로젝트와 세미나를 통해 전 세계의 정부와 디자이너에게 영감을 주었다. 이후 영국 내각의 정부 디지털서비스[6] 팀과 폴리시랩[7], 핀란드 재정부의 디지털전략팀 D9팀[8]과 이민국의 인란드디자인[9], 칠레의 정부연구소[10], 미국 연방 정부의 더 랩[11] 등이 발족해 현재에도 정부가 마주한 다양한 현안을 해결해 나가고 있다.

이러한 시도들은 국내에서도 서서히 이루어지고 있다. 서울시 서울의료원의 시민공감 서비스 디자인센터[12]를 비롯해 다양한 병원이 디자인을 통해 의료 서비스의 질과 고객의 경험을 향상하는 한편, 연구 모임이자 참여형 워크숍인 '디자인 다이브'는 2012년부터 다양한 사회문제를 디자인을 통해 해결하는 역할을 해 왔다. 우리 정부는 이러한 경험을 바탕으로 2017년 행정절차법 시행령을 개정, 공공서비스 디자인 기법을 활용해 공공서비스와 정책 개선에 국민 참여 기회를 제공할 법적 근거를 마련했다. 이웃나라 일본은 2018년 초, 국립정보통신전략사무소를 통해 서비스 디자인 가이드라인을 배포했다.[13] 어떻게 이것이 가능해졌을까?

13 GCPJ
https://cio.go.jp/node/2421

✏️ 디자인 다이브

디자인 다이브는 정인애 DOMC 대표와 윤성원 한국디자인진흥원 차장이 2011년 출범시킨 참여형 워크숍이다. 국내 공공서비스 디자인 사례가 많지 않던 당시, 디자인을 통한 사회문제 해결을 기대하던 개인과 수요자 중심의 정책 실현 방법을 찾던 기관을 연결해서 총 6번의 디자인 다이브를 진행했다. 이를 통해 5백명 이상의 참여자가 총 40개의 공공서비스 디자인 과제를 진행했고, 이후 이들을 중심으로 공공기관, 지자체, 민간에 다양한 공공서비스 디자인 워크숍 프로그램들이 생겨나고 참여자들이 서비스 디자인 자문회사를 설립하는 등 국내에서 서비스 디자인에 대한 관심과 인식을 넓히는 데 기여했다.

우린 우리가 아는 것은 알지만, 무엇을 모르는지는 모른다_____

유럽의 작은 지자체에 속한 공공 수영장을 예로 들어보자. 이 수영장은 인구가 많지 않은 마을에서 아주 중요한 시설로, 어른이나 아이 할 것 없이 즐겨 찾는 공공장소였다. 어느 날 공무원들은 전년도에 비해 수영장 이용객이 급감한 것을 알게 됐다. 염려가 되어 실사를 나간 그들은, 깨진 유리나 낡은 샤워 시설, 현대적이지 못한 출입 시스템 등을 발견하고 수영장이 낙후됐다고 결론을 내린다.

그들은 문제에 재빠르게 대응하기 위해 건축가를 고용하고 이 건물을 고쳐서 계속 사용할 수 있을지 아니면 건너편 부지에 새 수영장을 지어야 할지 판단을 부탁한다. 몇 주 후 회의실에 나타난 이 건축가의 해답은 그들이 주문한 것과 크게 달랐다. 건물이 낡은 것은 맞지만 그것은 간단한 공사를 통해 개선할 수 있는 문제이고, 이용객이 급감한 진짜 이유는 지난해 말 갑자기 바뀐 버스 시간표 때문이라는 것.

매 정각에 오던 버스가 매시 15분에 오게 되면서 출근 전 30분을 수영하

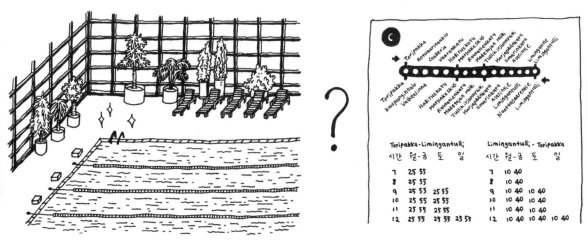

그림 1. 새 수영장 혹은 새로운 버스 시간표

거나 퇴근 후 집에 가기 전 30분을 수영하던 이용객들이 겨우 15분을 수영하기 위해 수영장에 들르거나 종전보다 15분이나 집을 일찍 나서야 했다. 아침 출근을 해본 사람이라면, 더군다나 챙겨야 할 아이들이 있는 사람이라면 이게 얼마나 어려운 일인지 알 것이다.

이 예시에서 급작스럽게 바뀐 버스 시간표는 에릭 본 히펠Eric Von Hippel의 표현을 빌면 '끈끈한 정보sticky information[14]'에 속한다. 끈끈한 정보는 쉽게 말해 마치 의자 밑에 붙어있는 껌처럼 척 봐서는 알기 어려운 정보다. 즉, 문제를 해결하고자 투입된 사람이 그 지자체에 살면서 수영장을 이용해 온 사용자가 아니라면 알아채기 어려운 정보다. 그렇다면 버스 시간표가 문제였다는 것을 건축가는 어떻게 알아낼 수 있었을까?

아마도 건축가는 이 마을에 어떤 수영장을 지어야 할지 파악하기 위해 수영장 주변을 산책했을 것이다. 그러던 중 우연히 수영장을 오가는 동네 주민들을 만나 대화를 나누었을지 모른다. 혹은 주민자치단체와 만나 그들이 원하는 수영장이 무엇인지 알기 위해 대화를 나누는 도중, 현재 수영장을 자주 이용하는지, 요즘은 왜 자주 오지 않는지 물었을 수도 있다. 사용자 학습 도구의 기본 중 기본인 인터뷰다.

사용자가 별다른 생각없이 습관처럼 하는 행동이라면 어떨까? 습관은 사용자 자신도 미처 인지하지 못하는 경우가 많기 때문에 언어로 표현하기

14 Eric von Hippel. "Sticky information" and the locus of problem solving: Implications for innovation. *Management science* 40(4), 1994, pp.429-439.

그림 2. 동네를 산책하는 주민과
마주치자 인터뷰를 시도하는
건축가

가 힘들고, 따라서 인터뷰로 알아내기도 어려울 것이다. 예를 들어 경찰이
나 군인이 사용하는 특수 정보통신기구를 디자인하기 위해서는 인터뷰로
물어보기보다는 그들을 따라다니며 관찰하는 것이 좀 더 효과적일 것이다.
사용자 조사 도구의 하나인 디자인 에스노그라피design ethnography이다.

　디자인의 영역이 눈에 보이는 그래픽graphic이나 손에 잡히는 제품product을
넘어 인터렉션interaction, 사용자 경험, 서비스service 등으로 확장된 오늘날, 디
자이너가 이해해야 하는 문제의 양상은 훨씬 복합적이고 끈끈해지고 있다.
예를 들어 독거 노인이 급격히 늘어남과 동시에 귀농하는 젊은이들도 늘어
나 마을 구성원 간의 연령과 문화의 차이가 크게 벌어지고 있는 마을에서
소통을 증진하기 위한 프로젝트를 생각해보자. 혹은 한 지자체의 정신과 진
료서비스의 이미지와 질을 개선하기 위한 프로젝트는 어떨까?

　핀란드 혁신기금The Finnish Innovation Fund Sitra의 전략 디자인 부서Strategic Design
Unit를 이끌었던 마르코 스테인베리Marco Steinberg의 말을 빌려보자. "우리는

우리가 아는 것은 알지만, 무엇을 모르는지는 모른다We know what we know, but we don't know what we don't know." 독거 노인의 현실이나, 정신질환을 앓고 있는 환자의 현실, 혹은 정신병동에서 일하는 간호사나 의사의 현실은 프로젝트에 막 참여한 디자이너의 현실과는 사뭇 다르기 때문에, 혹시 운이 좋아 인터뷰를 한다고 해도 무엇을 물어봐야 할지조차 알기 어렵다. 무엇을 알아야 문제를 이해할 수 있는 실마리가 나올지 알기 힘들다는 이야기다.

　온종일 간호사를 졸졸 쫓아다닌다 해도 바쁜 간호사가 친절히 하나하나 행동의 이유를 설명해 줄 여유도 없거니와, 환자의 개인정보를 공개할 수 없는 것은 물론이고, 환자의 동의를 구하는 것조차 법적으로 그 경계가 모호하다. 어떤 방법으로 이 새로운 디자인 문제들을 해결할 수 있을까?

새로운 디자인 도구들

'새로운'이라는 단어가 시사하듯 이 책에서 다루는 도구들은 전통적인 도구들이 아니다. 여기서 전통적인 도구들이란 다양한 물리적 도구(종이, 연필, 칼, 펜, 마커, 끌, 톱, 사포 등)나 디지털 그래픽 도구(포토샵, 일러스트레이터, 라이노, 마야 등 다양한 2D, 3D 소프트웨어)를 말한다. 이 도구들은 디자이너의 아이디어를 시각화하여 전달하고 반복적으로 발전시키는 데 매우 유용한 도구이기는 하지만 우리가 이 책에서 이야기하고자 하는 도구들은 아니다.

　이 책에서 이야기하는 새로운 디자인 도구들이란 '디자인을 통해 해결하고자 하는 문제design problem를 발견하고 이를 바라볼 수 있는 틀을 잡기framing 위해 만들어진, 디자인 과정에 필요한 수많은 의사결정에 도움을 주기 위한 도구들'이다.

　인터랙션 디자인, 사용자 경험 디자인이 한국에 자리잡으면서 정형화된 디자인 과정[15]과 함께 그 안에서 사용될 수 있는 다양한 방법이 유입되고 있다. 한국에서는 그 디자인 방법들이 '디자인 방법론'이라고 불리우는 것을 쉽게 볼 수 있다.

　하지만 엄밀히 말해서 방법method과 방법론methodology은 다르다. 맥락에 따라 그 정의는 다양하지만 일반적으로 '디자인 방법'은 인터뷰, 디자인 에스

15　대표적인 예로는 발견(discover), 정의(define), 개발(develop), 전달(deliver)로 이루어진 영국 디자인 협의회(British Design Council)의 더블 다이아몬드 모델(Double Diamond Model)을 들 수 있다.

노그라피, 프로브probes 같은 개별 단위의 도구tool 혹은 기법technique을 지칭한다. 반면 '디자인 방법론'은 디자인 방법들이 기반하는 체계, 다시 말해 철학, 원리, 이론이나 그들을 주제로 삼는 연구 분야를 의미한다.

이 책에서 '디자인 방법' 대신 '디자인 도구'라는 용어를 사용하는 데는 이들이 '그대로 따라야 할 방법'이라기보다는 '활용하는 이의 목적과 상황에 맞게 활용할 수 있는 도구'라는 의미를 강조하기 위해서다. 세상에는 셀 수 없이 다양한 도구가 존재하며 따라서 그 다양함과 특징을 큰 맥락에서 이해하고 있어야 용도에 맞는 도구를 적절히 골라 사용할 수 있다. 짧은 직선 길이를 잴 수 있는 단단한 플라스틱 자도 있지만, 아주 넓은 폭이나 둘레를 재기 위해 사용하는 비닐 줄자도 있다. 그런가 하면 관의 안지름이나 두께를 잴 수 있는 캘리퍼스도 있고, 접근하기 어려운 물체를 측정하기 위해 사용하는 비접촉식 레이저 기기도 있다. 길이를 잰다는 점에서는 모두 같지만, 무엇을 어떤 목적으로 재는지는 모두 다르다.

이 책에서 소개하는 디자인 도구들 모두 인간의 주관적 경험을 정성적으로 이해하고자 하는 큰 목적은 같지만 서로 다른 용도와 강점이 있다. 작은 관의 지름과 두께를 잴 때 줄자보다는 캘리퍼스가 더 적절한 것과 마찬가지로, 디자인 에스노그라피(1장)로 관찰하기에 가장 적절한 상황과 프로브(2장)를 사용하기에 가장 적절한 상황이 다른 것이다.

또한, 하나의 도구를 사용할 때 맥락에 맞추어 적합한 형태의 것을 선택해야 하는데, 예를 들어 모든 망치는 무언가를 두드리기 위해 사용되지만 상황에 따라 요구되는 형태와 크기가 다르다. 작은 나무 수납장을 만들 때 사용하는 가느다란 못을 두드리는 망치는 작고 가벼운 반면, 콘크리트 벽에 액자를 걸기 위해 사용하는 굵은 못을 두드리는 망치는 무겁고 크다.

디자인 도구들 역시 마찬가지다. 오용되고 있는 '방법론'이라는 무거운 단어는 마치 한 가지 도구에는 한 가지 모양만 존재하고, 반드시 그 수순을 따라야 한다는 느낌을 준다. 하지만 마치 때려야 할 못과 못을 박을 표면의 재질에 따라 망치의 무게와 크기를 고르는 것이 상식이듯, 디자인 도구들 역시 활용될 맥락을 고려해 도구를 선정하고, 그 세부 항목을 바꾸어 사용하는 것은 매우 자연스러운 일이다.

예를 들어 디자이너의 직접 관찰을 중심으로 하는 디자인 에스노그라피(1장)는 디자이너 본인이 직접 특정 제품이나 서비스의 사용자가 되어 그 경험을 기록할 수도 있고, 한자리에 서서 사용자를 관찰할 수도 있다. 혹은 사용자를 방해하지 않고 따라다니며 일정 시간 동안 관찰할 수도 있고, 사용자와 질문과 답을 주고받으며 관찰을 진행할 수도 있다. 참여자가 본인의 일상에서 작성한 내용을 디자이너가 돌려받아 해석하는 도구인 프로브(2장)의 소품과 과제는 프로젝트의 목적과 참여자의 실정에 따라 매번 새로이 구성되어야 한다.

또, 어떤 도구라도 사용하는 사람의 지식과 준비성 그리고 능숙함에 따라 그 결과가 크게 달라진다. 값비싼 카메라가 반드시 좋은 사진을 약속하지 않는다. 광학에 대한 이해가 높고, 촬영 당일의 환경이나 날씨에 대한 조사가 선행됐을 때 그리고 무의식적으로 작동할 수 있을 만큼 익숙한 카메라를 사용할 때에야 의도하는 사진을 얻을 수 있다.

디자인 도구들 역시 지식과 준비성 그리고 능숙함이 결과를 좌우한다. 카메라와 렌즈의 광학을 공부하듯 각 디자인 도구의 원리와 이론을 이해하고, 사진 촬영 당일의 환경이나 날씨를 숙지하듯 디자인 도구를 사용할 프로젝트의 목표, 사용 당일의 공간이나 참여자에 대해 신경을 쓴다면 좀 더 짧은 시간 안에 능숙하게 디자인 도구들을 사용할 수 있게 될 것이다.

방법론을 먼저 이해하고 도구를 사용하는 법을 익혀도 좋고, 도구를 사용하다가 한계를 느낄 때 방법론을 공부하는 것도 괜찮다. 도구를 사용해 의미 있는 결과를 내기 위해서는 쏟아지는 '툴킷'들에 급급하기보다 다양한 도구를 넓은 시선으로 바라보고 각 도구의 원리를 깊이 이해하는 것이 우선이다.

표면 복제 그리고 포기

16 IDEO Human-Centered Design Toolkit *http://hcdconnect.org/toolkit/en*

17 Silje Kamille Friis, Anne Katrine G. Gelting. *DSKD Method Cards*. The Kolding School of Design, 2011.

지난 몇 년간 비슷하면서도 다른, 다양한 종류의 툴킷이 소개되어 왔다. 아이디오는 '인간 중심 디자인 툴킷Human Centered Design Toolkit'[16]을 공공에 제공해 온 지 오래됐고, 덴마크의 콜딩 디자인 학교Kolding School of Design는 'DSKD 디자인 방법 카드DSKD Method Cards'[17]를 소개했다. 이들은 하나같이 다량의 디자인 도구를 소개하고 있지만 안타깝게도 그들의 장단점을 이해하고 성공적으로 활용할 수 있도록 그 원리나 활용 맥락을 상세히 설명하고 있지는 않다. 쉽게 소지해 현장에서 간편하게 사용할 수 있도록 만들어졌기 때문이다.

허나 사용자 조사 경험이 전혀 없는 초임 디자이너에게 이 툴킷들은 무용지물이거나 오히려 해악일 수도 있다. 새로운 디자인 도구들은 툴킷에 나온 짧은 가이드라인으로 익힐 수 있는 것이 아니라 전통적인 디자인 도구들만큼이나 깊이 있는 이해와 연습이 필요하기 때문이다.

우리는 때때로 국내외 기업과 기관에서 이 도구들의 기원, 원형 그리고 사용법과 주의점에 관한 기본적인 이해 없이 도구들을 사용한 뒤 크게 얻은 것이 없다며 등을 돌리거나 포기하는 경우를 보아왔다. 하지만 그것은 단순히 '표면 복제 후 포기'일 뿐이다. 마치 기타를 처음 보는 사람이 몇 번 튕겨 보고는 기타는 좋은 악기가 아니라고 하는 것과 마찬가지 아닐까?

새로운 디자인 도구들이 가지고 있는 핵심 원리를 이해한다면 다양한 프로젝트 환경에서 이들을 적절히 변형, 활용해 의미 있는 결과를 낼 수 있다. 이를 목표로 이 책은 새로운 디자인 도구의 탄생 배경, 핵심 원리를 본격적으로 다룬다. 새로운 디자인 도구의 큰 역사적 흐름을 대표적인 도구들을 통해 확인하고 국내외 사례를 통해 그 활용법과 마음가짐을 익힐 수 있도록 돕는다.

말하자면 이 책은 시중에 나와 있는 다양한 툴킷을 제대로, 똑소리나게 활용할 수 있는 기본 지침서라고 보면 될 것이다. '집에서 베이글 만들기' 레시피를 따라하다 실패했을 때 궁금할 법한 '효모는 온도와 습도에 어떤 영향을 받는가'를 알려주는 책이라고나 할까.

디자이너 고유의 능력을 발휘할 수 있는 도구

오늘날 디자인은 점차 더 성가시고 다루기 어려운 '고약한 문제'를 마주하고 있다. 문제가 무엇인지 정의하기 어렵고, 해결책을 찾기도 어렵기 때문에 '고약'하다. 따라서 명확하게 문제를 정의하고 그 해결책을 연구하는 데 적합한 기존의 과학적 방식들은, 복합적이며 그 경계가 모호하고, 따라서 끊

디자인 이론가인 호스트 리텔(Horst Rittel)과 멜빈 웨버(Melvin Webber)는 70년대 당시 사회 정책 개발 계획이 당면한 문제들이 매우 정의하기 힘들고, 따라서 풀기도 어렵다는 특징을 설명하기 위해 '고약한 문제(wicked problem)'라는 용어를 고안했다.[18] 고약한 문제는 이를 해결할 수 있는 다양한 방안을 내어놓는 과정이 그 문제를 이해하는 데 필수적인 과정임을 강조한다. 이 개념은 현재도 디자인 분야뿐만 아니라 기획, 마케팅, 경영학, 사회학 등 다양한 분야에서 활용된다. 디자인 문제가 매우 복잡하게 얽혀있고 정의하기 힘들다는 점을 들어 '고약한 디자인 문제(wicked design problem)'[19]라 불리기도 한다. 국내에서는 분야와 학자에 따라 '난제', '사악한 문제', '악성적 문제' 혹은 '희귀한 문제'라고 쓰이기도 한다.

18 Horst Rittel, Melvin Webber. Dilemmas in a general theory of planning. *Policy Sciences*, 4(2), 1973, pp. 155–169.
19 Richard Buchanan. Wicked problems in design thinking. *Design Issues*, 8(2), 1992, pp.5-21.

20 Nigel Cross. *Designerly Ways of Knowing*. Birkhäuser Architecture, 2007.

임없이 변화하는 고약한 문제들을 해결하는 데는 다소 한계가 있었다. 반면 디자인은 다루고 있는 문제와 유관한 다른 요소들을 연결 지으며 '틀잡기framing'를 하고 이를 통해 새로운 미래에 대한 가설을 세운다. 또 이를 프로토타입prototype으로 구현한 뒤 테스트를 통해 다시 문제 영역을 구체화하고 이에 맞는 해결 방안을 구상한다.

이 고약한 문제들은 한 분야의 전문가가 해결하기에는 역부족이고, 따라서 점점 더 다양한 분야의 전문가 간의 협업이 요구된다. 이에 시각화visualisation와 다학제 협력multidisciplinary collaboration 그리고 합성synthesis에 능한 디자이너들의 능력이 조명받고 있다. 디자인 대상이 사물, 공간, 디지털 미디어이든 혹은 새로운 공공서비스이든 간에 그에 유관한 사람들과 공감하는 능력이 디자이너에게 더욱 요구되고 있는 것이다.

이 책에서 소개하는 새로운 디자인 도구들은 사용자와 디자이너 사이에 쌍방향으로 이루어지는 소통과 공감적 이해 그리고 협력을 도와주는 것을 목표로 한다. 기존의 사용자 관찰 도구들이 디자이너들에게 과학자적인scientistic 자세를 요구했던 것과 달리 새로운 디자인 도구들은 우리가 디자이너 고유의 능력[20]을 활용하여 사용자들을 이해하고 함께 디자인 방향을 모색해 볼 수 있도록 돕는다.

사용자 개념의 확장으로 바라본 디자인 소사

디자인의 변화와 확장

산업 구조가 변화하고 사람들의 삶의 양식 및 추구하는 가치가 변화함에 따라 디자인의 목적과 역할도 변화해 왔다. 이에 따라 그 목적을 달성하기 위한 도구들도 자연스레 변화했는데, 이 흐름의 줄기를 파악하면 이 책《새로운 디자인 도구들》이 지향하는 목표를 이해하는 데 도움이 될 것이다.

디자인의 의미가 사회경제적으로 그리고 직업적으로 정립된 시기는 18세기 중반 영국에서 시작된 산업혁명 때라고 할 수 있다. 이 시기의 세계는 공장, 산업도시, 공교육과 같은 새로운 개념과 시스템을 낳았다.

당시 등장한 증기기관에 힘입어 기존에 존재하던 물건들, 예를 들어 직물이나 접시 등이 이전에는 상상하지 못했던 속도와 물량으로 생산되기 시작했다. 하지만 초기 대량생산 기술을 바탕으로 생산된 제품의 질은 오랜 역사를 가진 공예를 따라가기 어려웠고, 기술적 제약 안에서 매력적인 도안을 제공할 수 있는 새로운 직업군이 필요했다. 이런 배경에서 초기 산업 디자이너가 탄생하게 된다.

19세기에서 20세기로 넘어가면서 디자인은 새로운 문제에 직면한다. 1850년대에는 세탁기, 1860년대에는 진공 청소기, 1900년대에는 토스터, 1920년대에는 라디오, 1930년대에는 TV 등 기존에는 존재하지 않았던 새로운 제품들이 등장한 것이다. 이에 디자인은 이전에 존재하지 않았던 물건에 형태를 부여하는 역할을 담당했다.

1940년대에 이르러서 기업들은 브랜드에 주목하기 시작한다. 시장 경쟁은 급격하게 치열해지는데 각 기업이 내놓는 제품의 질은 점점 평준화되고 있어 차별성을 가지기 힘들었기 때문이다. 브랜드에 대한 관심은 기업뿐만 아니라 국가로도 확장됐다. 60년대부터는 영국을 비롯한 몇몇 나라들이 자국의 산업과 관광을 지원하기 위해 국가 브랜드를 다듬고 홍보하기 시작했다. 디자인은 눈에 보이지 않는 가치에 형태를 부여하고, 차별화하는 역할을 했다.

1980년대 이후부터는 퍼스널 컴퓨터personal computer의 개발이 급속도로 진행되고, 일과 가정 생활을 포함한 사람들의 삶에 전면적으로 스며들었다. 90년대 중반부터는 휴대전화 기술의 급진적 발전으로 정보통신기술이 사람들의 삶에 큰 부분을 차지하기 시작했다. 제품의 기능이 점점 더 눈으로 인지할 수 없는 디지털의 영역으로 옮겨감에 따라, 사람들이 어떻게 디지털 기술의 조작 방법을 잘 이해하고 사용하게 할 수 있을까가 큰 과제로 떠올랐다. 디지털기술 개발은 인지 심리학, 사회학, 행동과학 등 사람을 이해하고자 하는 학문과 디자인의 협력을 꾀했고, 인터랙션 디자인 그리고 사용자 중심 디자인User Centred Design이라는 영역이 생겨났다.

최근에 이르러서는 이른바 디자인 씽킹design thinking이 현대 사회의 복잡한 문제를 풀어나가고 혁신을 꾀할 수 있는 접근 방법으로 주목을 받으면서, 디자인의 역할은 서비스 개발, 새로운 비즈니스의 창출 및 조직 혁신, 사회 혁신과 정책 개발까지 확장되고 있다. 디자이너들은 환경 문제, 인구 고령화, 사람들의 복지와 건강관리, 소외 계층의 경제 진출 등과 같은 매우 복합적이고 총체적인 문제를 해결하기 위해 나서기 시작했다.

디자인의 새로운 문제가 매우 복합적이고 총체적이기에 디자인 결과물에 영향을 받는 사람들을 깊게 이해하고, 또 다양한 분야의 전문가와 협력하는 것이 그 어느 때보다 중요해졌다. 이 책에서 이야기하는 '새로운 디자인 도구들'은 바로 이런 프로젝트에서 팀원들이 사용자 및 다양한 이해관계자와 효과적으로 의사소통하고, 함께 해결 방안을 찾아 나갈 수 있게 돕는다. 기존 디자인 과정에서 사용자 정보 수집의 목적으로 활용된 도구들은 '사용자 조사 도구'라고 불려 왔는데, 사용자의 역할이 '조사 대상'에서 '협력자'로 변화하고 있고, 또 다양한 사람과 협력을 필요로 하는 현재의 디자인 문제를 생각했을 때 '사용자 조사 도구'는 이제 다소 편협한 용어라고 해도 과언이 아니다. 이러한 이유로 우리는 이 책에서 소개하는 도구들을 '사용자 조사 도구'라고 부르지 않고 '디자인 도구'라고 부른다.

이제 이 디자인 도구들이 어떻게, 어떠한 흐름을 거쳐 탄생하게 됐는지 사용자 중심 디자인 영역을 중심으로 설명할 것이다. 이를 '최대 다수', '사용성', '맥락', '경험' 그리고 '서비스'라는 키워드로 나누어 살펴보고, 주제의 변화와 확장에 따라 사용자에 대한 인식은 어떻게 변화했는지, 또 그들을 이해하기 위해 어떠한 도구들이 활용됐는지 알아보도록 하자.

최대 다수를 위한 디자인

대량 생산이 가속화되고 시장 경쟁이 치열해지면서, 기업들은 미리 시장 수요를 예측하고 제품을 차별화하기 위한 전략으로 사용자에 대한 고려를 디자인 과정에 포함시키기 시작했다. 예전처럼 미리 주문을 받고 고객들이 원하는 형태와 필요량만큼 생산해내는 시스템이 아니었기 때문에, 대량 생산되는 제품을 사용할 사람들을 미리 이해하여 착오를 줄이고자 하는 것은 자연스러운 발상이었다.

이때 기업들의 관심사는 크게 두 가지였다. 하나는 얼마나 많은 사람이 특정 디자인을 원할 것인가였고, 다른 하나는 이 디자인이 얼마나 많은 사람의 몸에 맞을 것인가였다. 전자를 위해 디자인은 마케팅 분야에서 행해지던 소비자 라이프스타일 조사 및 선호도 조사 방법을 빌려왔고, 후자를 위해서는 인간 공학human factors의 인체 측정 방법을 빌려왔다.

기업에서는 새로운 디자인을 할 때 타깃 사용자층을 파악하고 시장의 선호도를 조사하기 위해 설문조사를 하기 시작했다. 새로 기획하는 제품은 어떤 사용자층을 타깃으로 해야 하며 그들은 어떤 선호도를 가지고 있는지 통계학적 방법으로 분석하고 전체적 성향에 대한 수치를 도출하여, 의사결정의 데이터로 활용하고자 했다. '최대 다수를 위한 디자인design for mass'은 이런 식으로 대량생산되는 제품의 수요를 미리 분석하여 시장경쟁에서의 우위를 차지하고 생산과 공급을 최적화하는 것을 목표로 했다.

대량생산되는 제품이 최대한 많은 사람의 신체에 적합하도록 한 노력은 미국 산업 디자인의 아버지라고 불리우는 헨리 드라이퍼스Henry Dreyfuss의 작업이 대표적이다. 1950년대에 드라이퍼스는 미국인 성인 남녀의 평균 신체를 측정하여 '조와 조세핀Joe and Josephine'이라는 이름의 남녀 인체 측정표를 개발했다. 이 측정 차트는 그가 1955년에 출간한 *Designing for People*[21]에서 상세히 소개하고 있다. 이 차트는 드라이퍼스의 사무실 벽 한 켠을 차지하며 자전거부터 비행기 내부 공간에 이르는 다양한 프로젝트에서 디자인적 판단의 기초가 됐다.

21 Henry Dreyfuss. *Designing for People*. Allworth Press, 1955.

수치적 모델로서의 사용자

이른바 '완벽한 커플'로 불렸던 드라이퍼스의 인체 측정도는 당시 산업 디자인이 인간의 어떠한 부분을 중요하다고 판단했는지 잘 보여준다. 제품의 형태와 물리적 수치, 동선을 디자인할 때 인간의 신체적 특성과 물리적 행동 반경을 고려하여, 인간이 제품을 사용할 때 전체 시스템의 효율성을 높이고자 했다. 이 과정에서 인간이라는 대상은 '평균적 신체 측정 지수'라는 물리적이고 정량적인 모델로 압축됐다.

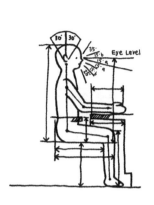
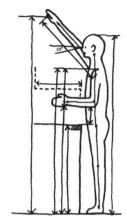

Standing Height of Adults in Other Nations							
Nation	Sex	2.5% in	cm	50% in	cm	97.5% in	cm
Australia	M	64.2	163.1	68.5	174	72.8	184.9
Canada	M	63.3	160.8	68	172.7	72.7	184.7
	F	57.3	145.5	62.1	157.7	66.9	169.9
France	M	60.8	154.4	66.9	169.9	73	185.4
Germany	M	61.7	156.7	66.6	169.2	71.5	181.6
	F	57.9	147.1	62.8	159.5	67.7	172
Great Britain	M	62.2	158	67.3	170.9	72.4	183.9
	F	58.2	147.8	63.3	160.8	68.4	173.7
Italy	M	62.4	158.5	67.2	170.7	72	182.9
Japan	M	62	157.5	65.7	166.9	69.4	176.3
	F	56.6	143.8	60.5	153.7	64.4	163.6
Norway	M	64.6	164.1	69.9	177.5	75.2	191
Russia	M	63	160	67.7	172	72.4	180.9
Turkey	M	62.3	158.2	66.7	169.4	71.1	180.6

그림 3. 드라이퍼스의 인체
측정표(1950년대)

당시 산업 디자인은 다수의 사용자를 만족시키는 것이 목표였기 때문에 신체적 수치나 제품 선호도에 있어서 개개인의 특성보다는 평균적 모델을 정형화하는 데 초점을 두었다. 즉, 당시 인간은 '다수의 선호도를 반영하고 신체 수치를 반영하는 평균 모델'로 여겨졌다고 할 수 있다.

사용성을 위한 디자인

컴퓨터 기술이 도래하면서, 제품이 제공하는 기능이 점점 더 복잡해지고, 제품의 형태가 더 이상 그 기능과 사용법에 대한 직관적인 정보를 주기 어렵게 됐다. 기계가 제공하는 기능을 인간이 얼마나 잘 이해할 수 있는가, 인간과 기계가 어떻게 효율적으로 상호작용할 수 있는가가 주요 고려사항으로 떠올랐다. 디자인은 인간의 행동과 심리를 이해하여 이를 기계에 반영하고자 했고, 자연스레 행동 과학이나 심리학에서부터 그 원리와 연구 방법을 빌려왔다. 이러한 노력은 사용자 중심 디자인의 시초가 됐다.

컴퓨터와 다양한 디지털 기술이 업무 환경에 급속도로 보급되면서, 사람들이 이 새로운 기술을 정확하고 효율적으로 쓸모 있게 사용할 수 있도록, 복잡한 컴퓨터 언어 및 그래픽을 사용자가 이해하기 쉽게 디자인하는 것이 중요해졌다. '사용성usability'이 인터랙션 디자인의 중요 가치가 된 것이다. 복잡한 컴퓨터 언어 및 그래픽, 즉 사용자 인터페이스User Interface, UI를 인간이 생각하고 의사소통하는 방식에 최대한 가깝게 디자인하기 위해, 인간의 인지 구조를 분석하고 정형화하는 것이 이 무렵 사용자 중심 디자인의 목표였다.

멘탈 모델로서의 사용자

1980년대 초, 이른바 사용성 연구실usability laboratory들이 미국과 북유럽 그리고 일본 등지의 기술 기반 기업들을 중심으로 생겨났고, 제이콥 닐슨Jakob Nielsen의 *Usability Engineering*[22]이나 도널드 노먼Donald Norman의 *Design of Everyday Things*[23] 등의 책들이 발표되어 사용성 디자인의 교과서적인 역할을 했다.

이른바 '사용성 조사'가 사용자 중심 디자인의 핵심 방법으로 자리잡게 된 것이다. 이때 '사용성'은 '사용자가 디지털 기술의 작동법을 얼마나 쉽고 자연스럽게 인지하여 과제를 수행할 수 있느냐, 즉 눈으로 인터페이스를 보고, 뇌로 이해한 후 손가락으로 버튼을 얼마나 정확하고 빨리 누를 수 있느냐'에 초점을 두었다. 사용자가 화면의 내용을 인지하는 과정과 구조를 정밀하게 파악하여 '멘탈 모델mental model'로 만들어내고자 했는데, 이러한 관점이 아주 잘 나타난 것이 '모델 휴먼 프로세서model human processor'라는 개념이다. 그림 4는 당시 사용성이라는 주제에 있어서 사람을 어떻게 멘탈 모델로 압축했는지 잘 보여준다.

사용자가 제품을 사용할 때 어떤 사고 체계를 가지는지, 그 사고 체계와 제품 인터페이스 사이에 충돌하는 부분은 무엇인지, 어떤 에러가 발생하는지를 파악하기 위하여 가장 널리 사용된 것이 바로 사용성 평가usability testing 도구들이다. 과학적 타당성을 위해 다른 외부 요인을 배제하고자 실험실 기반의 평가 방법들이 주를 이루었는데, 사고 구술 프로토콜think-aloud protocols이나 인지적 시찰법cognitive walkthrough, 플러스-마이너스 테스트plus-minus test 등이 대표적이다. 실제 사용자를 전혀 참여시키지 않는 전문가 중심의 휴리스틱 평가 방법heuristic evaluation도 활발하게 활용됐다.

22 Jakob Nielsen. *Usability Engineering*. Morgan Kaufmann, 1993.
23 Donald Norman. *The Design of Everyday Things*. Basic Books, 1988. 이 책은 1988년에 *Psychology of Everyday Things*라는 이름으로 처음 발표됐는데, 인지 과학을 전공한 노먼의 배경을 생각하면 자연스러운 제목이었다. 이 책이 사용자 중심 디자인 커뮤니티에 미친 영향을 반영하여 후에 개정판에서는 *Design of Everyday Things*라는 이름으로 출판됐다. 2013년에 25년만에 개정판이 출간되기도 했다. 번역서로 《디자인과 인간심리》(2016, 학지사)가 있다.

그림 4. 모델 휴먼 프로세서
(Model Human Processor)

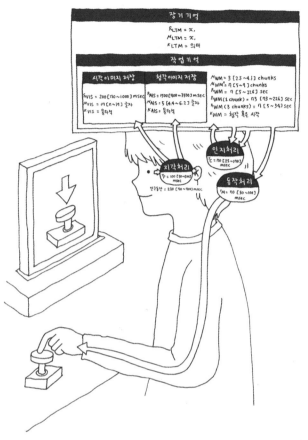

그림 5. 실험실에서 진행되는
사용성 평가 장면

맥락을 생각한 디자인

90년대 초반에 들어서면서 사용자의 주변 환경 및 사회적 상황이 그들의 제품 사용 방식을 결정하는 중요한 맥락으로 주목받기 시작했다. 사용자 맥락user context이 사용자 중심 디자인의 중요한 주제로 부상한 것이다. 사용자 맥락이란 사용자가 지금 여기서 하고 있는 일련의 행동들이 '말이 되게

> **참고** 사용자 경험 디자인 분야에서는 맥락을 지칭하는 말로 '컨텍스트(context)'라는 용어를 많이 사용하기도 하는데, 이 책에서는 좀 더 넓은 독자층이 이해하기 쉽도록 '맥락'이나 '사용자 맥락'이라는 용어를 사용하기로 한다.

하는' 혹은 '이해가 되게 하는' 요소들을 의미한다. 사용자가 현재 활동을 하고 있는 목적과 그 상황을 비롯하여 물리적, 시간적 환경, 사회적 상황 그리고 거시적으로는 사회문화적 요소들까지 사용자 맥락을 구성한다. 이 다양한 요소 중 사용자의 현재 그리고 근미래의 행동에 영향을 미칠 맥락 요소를 파악하는 것이 사용자 맥락 연구의 핵심이다.[24]

사용자 맥락 연구를 위하여 미국 실리콘밸리를 중심으로 인텔Intel, 제록스Xerox와 같은 IT 회사들이 앞다투어 에스노그라퍼ethnographer를 고용했다. 에스노그라퍼들은 사용자들의 실제 현장으로 들어가, 그들이 어떤 상황에 맞닥뜨리는지, 그 상황의 문제를 해결하기 위해 주변 환경 및 다른 사람들과 어떻게 상호작용하는지 직접 따라다니며 관찰했다.

24 사용자 맥락을 어떻게 이해할지에 대해서는 '1장 관찰 도구: 디자인 에스노그라피'의 '맥락은 단순히 배경만을 의미하는 것이 아니다(53쪽)'에서 상세히 다루었으니 꼭 참고하기 바란다.

맥락적으로 행동하는 인간으로서의 사용자

사용자는 마침내 멘탈 모델에서 확장되어 그들이 속해 있는 상황에서 맥락적으로 행동하는 인간으로서 여겨졌다. 컴퓨터 지원 협업Computer Supported Cooperative Work, CSCW 연구 분야의 권위자인 리암 배넌Liam Bannon은 이러한 개념 변화를 주장하며 '휴먼 팩터로부터 휴먼 액터로의 전환from human factors to human actors'[25]이라고 일컫기도 했다.

참여적 관찰participatory observation, 디자인 에스노그라피(1장) 등의 현장 관찰 방법이 디자인 과정 초기 단계에서 디자인 문제를 발견하기 위해 활용되기 시작했다. 현장 관찰 방법들은 사용자를 평균적 수치로 표현하거나 멘탈 모델로 추상화하는 것이 아니라, 사용자의 행동 및 주변 환경과의 상호작용을 매우 근접하고 밀도있게 관찰하여 사람들이 '왜' 그런 행동을 하는지 맥락적 이유를 밝히기에 적합한 방법이다.

25 Liam Bannon. From human Factors to human actors: The role of psychology and human-computer interaction studies in systems design, In Joan Greenbaum, Morten Kyng. (Eds.) *Design at Work: Cooperative Design of Computer Systems.* Hillsdale: Lawrence Erlbaum Associates, 1991, pp. 25-44.

현장 관찰을 통해 얻은 풍부한 현장 기록을 해석하기 위해 어피니티 다이어그램affinity diagram(4장)과 같은 정성적 해석 방법이 활용되기 시작했고 이렇게 얻은 맥락적 사용자 경험을 활용하기 위해 퍼소나(5장)나 시나리오 같은 방법들도 소개됐다. 휴 바이어Hugh Beyer와 캐런 홀츠블랫Karen Holtzblatt은 *Contextual Design*[26]이라는 책에서 소프트웨어 시스템 디자인을 위한 현장 관찰 방법과 해석 방법을 정리하여 소개하기도 했다.

26 Hugh Beyer, Karen Holtzblatt. *Contextual Design: A Customer-Centered Approach to Systems Designs.* Morgan Kaufmann, 1997.

이렇게 디자인 에스노그라피 등의 현장 관찰 방법을 활용해 사용자의 맥락을 고려한 초기의 움직임은 아직까지 업무 공간에 초점을 두고 있었다. 80년대에 스칸디나비아 국가들을 중심으로 발전한 '참여적 디자인participatory design(177쪽)'도 그래픽 노동자들의 업무 공간에서 시작했는데, 이는 당시만 해도 컴퓨터 기술이 대부분 업무 공간에 집중되어 있었기 때문이다. 따라서 당시 디자인의 목표도 업무 공간의 사회적, 기술적 맥락을 파악하여 컴퓨터를 활용한 협업의 효율을 높이는 데 있었다.

그림 6. 에스노그라퍼가 사용자의 업무 현장에서 현장 관찰하는 모습

경험을 위한 디자인

90년대에 본격적으로 기술이 업무 환경을 벗어나 점차 사람들의 일상 공간과 가정으로 들어오면서 일의 효율성을 벗어난 다른 가치들이 중요하게 여

겨지기 시작했다. 새로운 경험, 즐거움, 놀이, 감성, 문화가 디자인의 주제로 떠오른 것이다. 사용성을 넘어 사용자에게 새롭고 긍정적인 경험을 제공하고자 하는 '경험을 위한 디자인design for experience'이 90년대 중반 이후 주목받기 시작했다.

디자인과 인지 모델과의 조화를 강조한 노먼 역시 인간이 제품과 맺는 관계에 감성이 얼마나 중요한 역할을 하는지 설명하는 *Emotional Design*[27]이라는 책을 출간했다. 패트릭 조던Patrick Jordan은 기존의 사용성을 위한 디자인이 인간의 감성적 측면을 배제해왔다는 것을 지적하며 인간이 추구하는 네 종류의 즐거움을 신체 감각의 즐거움, 사회적 관계에서 오는 즐거움, 심리적 즐거움 그리고 자기 가치 실현의 즐거움으로 나누어 소개했다.[28] 이후 디자인계에는 인간의 주관적 경험과 감성의 중요성을 강조하는 책들이 꾸준히 소개됐고, 애플을 선두로 기업들은 앞다투어 사용자 경험을 자신들의 디자인과 경영의 키워드로 전면에 내세우고 있다.

감성과 주관적 경험, 문화를 지닌 총체적 인간으로서의 사용자

경험을 위한 디자인에서는 인간을 총체적인 관점으로 바라본다. '업무를 달성하기 위한 목적과 인지 능력을 가진 사용자 모델'을 넘어 인간의 감정과 정서, 개인적 가치관, 과거의 추억, 미래의 꿈, 사회적 관계 등을 가진 존재로 바라보는 것이다.

그렇다면 기존에 사용자 중심 디자인에서 사용됐던 정량적인 도구들만으로 과연 인간의 감성, 상상, 문화를 이해하는 것이 가능할까? 새로운 디자인 도구의 출현은 바로 이 질문에서 시작됐다고 할 수 있다. 마케팅 조사 도구, 실험실 기반의 사용성 평가 도구 등은 데이터의 수치화 그리고 과학적 객관성을 중요시하는 까닭에 인간의 감성과 상상력, 즐거움과 같이 다소 주관적이고 다변적인 측면을 이해하는 데는 한계가 있었다. 90년대 중후반 유럽과 북미의 디자인 연구 기관들은 인간의 경험을 이해하기에 적합한 새로운 디자인 방법에 대해 고민하기 시작했다.

90년대 후반 RCA(Royal College of Art, 영국 왕립예술대학교)의 빌 게

27 Donald Norman. *Emotional Design: Why We Love (or Hate) Everyday Things*. Basic Books, 2004. 번역서로 《감성 디자인》 (2011, 학지사)이 있다.

28 Patrick Jordan. *Designing Pleasurable Products: An Introduction to the New Human Factors*. Taylor & Francis, 2000.

이버Bill Gaver와 그의 연구 팀이 소개한 '문화적 프로브cultural probes'가 대표적인
예이다. 당시 유럽 여러 도시와 협력하여 진행 중이었던 '프레젠스Presence,
1997-1999' 프로젝트는 네덜란드, 이탈리아, 노르웨이의 작은 도시에 살고 있
는 노인들의 사회적 융화와 존재감 증진을 위해 각 나라 노년층 지역민들의
인생 이야기와 일상적인 경험, 걱정거리, 혹은 그들의 미래에 대한 시선을
이해하고 그들과 소통하는 것을 목표로 했다.

문화적 프로브는 기존 사용자 조사 방법이 인간의 감성과 경험 그리고
디자인을 위한 영감과 상상력을 철저히 배제하고 있는 것에 정면 대항한 접
근 방법이었다. 의도적으로 열린 해석과 상상력을 자극하고, 사용자와 디자
이너와의 쌍방향적 소통을 강조한 문화적 프로브는 이후 새로운 형태의 디
자인 도구들이 개발되는 움직임에 물꼬를 틀었다.

비슷한 시기 핀란드 헬싱키에서는 '공감empathy'을 내세운 디자인 방법론
을 발전시켰다. 기존의 디자인 방법들이 객관성을 강조했던 반면, '공감적
디자인empathic design'[29]은 인간의 주관성을 인정하고 디자이너가 사용자의 입
장에서 세상을 경험할 수 있도록 한다. 인간은 결국 객관적이 될 수 없기에,
객관적이 되기 위해 최대한 주관적인 요소를 배제하는 것이 아니라 이 주관
적인 경험과 해석을 통해 사용자를 더 잘 이해하고자 한 것이다. 디자인 프
로젝트에서 다루고 있는 주제에 대해 사용자의 주관적이면서도 개인적이고
변화무쌍한 경험과 견해를 파악하기 위해, 열린 해석이 가능한 질문이나 도
구들을 주고, 그들이 이를 어떻게 해석하는지 그 과정을 따라가며 사용자가
세상을 이해하는 방식과 그 의미 체계를 파악하는 원리다.

이를 위해서는 디자이너와 사용자 사이에 쌍방향적인 의사소통 관계를
형성하는 것이 매우 중요하다. 기존의 사용자 도구들이 사용자에 대한 정보
를 일방적으로 캐오는 원리를 바탕으로 한다면, 경험 디자인에서 사용하는
새로운 디자인 도구들은 사용자와 디자이너 사이에 지속적으로 대화가 가
능하도록 해, 디자이너와 사용자가 서로를 이해할 수 있는 기회를 마련하는
것을 그 원리로 한다.

29 Ilpo Koskinen, Katja
Battarbee, Tuuli Mattelmäki.
*Empathic Design: User
Experience in Product Design.*
IT Press, 2003.

최근 복잡한 사회문제를 해결할 수 있는 새로운 접근 방법으로 디자인이 조명되면서 '서비스 디자인', '사회 혁신을 위한 디자인design for social innovation', '사회적 디자인social design' 등으로 그 분야와 역할이 확장되고 있다. 영국에서는 2000년대 초반부터 디자인 자문회사 엔진Engine[30]과 영국 정부의 디자인 협의회가 다양한 협력 프로젝트를 통해 서비스 디자인 방법론 및 사례들을 소개하고 있고, 2004년에는 세계 각국의 기업, 학계, 정부 기관 들이 참여한 서비스 디자인 네트워크Service Design Network[31]가 창립됐다. 비슷한 시기에 사회 혁신 및 지속 가능한 디자인을 지향하는 데시스 네트워크DESIS Network[32]가 이탈리아 밀라노에서 시작해 이제 전세계로 확장해가며 다양한 프로젝트를 진행하고 있다.

　서비스 디자인 혹은 사회 혁신을 위한 디자인에서 다루고 있는 디자인 문제는 기존의 문제보다 훨씬 구조적으로 복잡하고 복합적이다. 노령화, 기후 변화, 장기적 건강관리와 같은 복합적인 문제를 다루기 위해서는 여러 분야의 전문가 간 협력이 그 어느 때보다 중요하다. 서비스 디자인의 경우에는 사용자가 경험하는 부분뿐만 아니라 서비스를 공급, 관리하는 시스템까지 디자인 대상이 되기 때문에, 서비스 공급자들과의 긴밀한 협력이 필수 사항이라고 할 수 있다.

　이에 종사하는 디자이너의 역할은 이제 단순히 사용자를 '조사'하는 것에서 벗어나, 디자인 과정에 다양한 이해관계자와 전문가를 참여시켜 그들의 지식과 요구사항을 바탕으로 복잡한 디자인 문제의 실마리를 찾고 새로운 디자인 기회를 발견하는 것으로 옮겨가게 됐다. 이를 위해 새로 고안한 방법이 바로 '코디자인co-design' 방법론과 도구들이다(3장 협력 도구: 코디자인 워크숍).

　90년대 말 '메이크툴즈MakeTools'라는 사용자의 아이디어 발상을 도와주는 도구를 소개했던 소닉 림Sonic Rim의 리즈 샌더스Liz Sanders와 메이크툴즈를 좀 더 종합적인 워크숍 형태로 발전시킨 '컨텍스트 맵핑 스터디Context Mapping Study'를 소개했던 네덜란드 델프트 공과대학Delft University of Technology의 피터 얀 스태퍼스Pieter Jan Stappers 교수는 2008년 당시까지 디자인 분야를 둘러싸고 벌

30　Engine Service Design
http://enginegroup.co.uk

31　Service Design Network
http://www.service-design-
network.org
32　Desis Network
http://www.desis-network.
org

그림 7. 메이크툴즈

33 Elizabeth Sanders, Pieter Jan Stappers. Co-creation and the new landscapes of design. *CoDesign*, 4(1), 2008, pp.5-18.

어지고 있던 현상들을 토대로 코디자인의 개념을 정리했다.[33]

창의적이고 능동적인 사용자

코디자인에서 이야기하는 '여러 분야의 전문가'에는 사용자도 포함된다. 사용자는 자신이 생활하고 있는 환경과 자신의 경험에 대해 그 누구보다 잘 알고 있는 전문가이기에, 당면한 문제들을 자신만의 고유한 방법으로 해결해 나간다. 지난 몇 년간 인터넷 기술이 놀라운 속도로 발전하고 소셜 네트워크들이 개발되면서 자신의 창의성을 다른 사람들과 공유할 수 있는 플랫폼이 생겨, 사용자 개개인의 창의성이 더욱 주목을 받게 됐다. 지식공유Open Knowledge 운동과 3D 프린팅 기술은 사용자들이 스스로 문제를 해결하고, 새로운 것들을 창조해내는 현상을 더욱 증폭시키고 있다.

샌더스는 모든 인간은 창조적이기 때문에 그들의 창의성이 제대로 발현만 된다면 디자인 과정 및 해결방안에 기여할 잠재성이 크다고 역설해 왔다. 이때 디자이너의 역할은 사용자와 다양한 이해관계자의 창의성을 발현할 수 있는 활동과 도구들을 제공하고, 그들이 함께 아이디어를 발상해 볼 수 있도록 협력 과정을 촉진하는 것이다. 디자인 과정 중 공감적 이해가 필요한 관계도 디자이너와 사용자 사이를 넘어서 사용자와 서비스 공급자, 그리고 서비스 개발과 공급을 담당하는 협력자 사이로 확장됐다. 다양한 이해 관계자를 디자인의 초기 단계부터 초대해 창의성을 발휘하게 하고, 서로 협력할 수 있도록 돕기 위해 코디자인 워크숍(3장)이 다양한 프로젝트에서 활용되어 왔다.

이렇듯 디자인의 영역은 '최대 다수', '사용성', '맥락', '경험' 그리고 '서비스'라는 키워드와 함께 확장되어 왔다. 이러한 과정 속에서 디자인이 사용자를 대하는 관점, 혹은 디자인에서 사용자를 이해하는 개념도 바뀌어 갔다(그림 8).

그림 8. 시간의 흐름으로 본 디자인의 변화와 확장

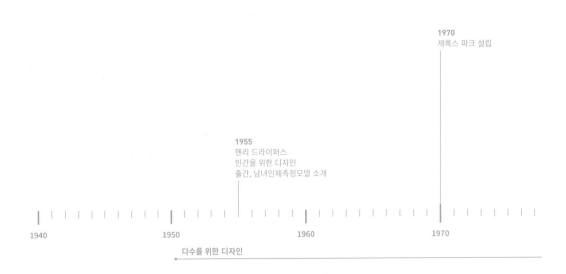

아주 초기의 사용자는 최대 다수를 만족시키기 위해 '평균적 신체 측정 지수, 혹은 평균적 선호도'의 통계 모델로 대변됐고, 사용성이 핵심 주제가 되면서 사용자는 컴퓨터 인터페이스를 인지하고 실행하는 '멘탈 모델'로 여겨지기 시작했다. 그러다가 디자인이 업무 환경과 맥락에 관심을 가지면서 사용자는 '사회적, 환경적 맥락에서 행동하는 인간'으로 여겨졌다. 이후 사용자에 대한 관점이 마침내 업무 환경 밖으로 나오면서 사용자는 드디어 '감정을 가지고 주관적 가치와 미래의 꿈을 가진 총체적 인간'이 될 수 있었다. 여기에 더해 최근에는 더 이상 수동적인 피관찰자가 아닌 '창의적이고 능동적인 참여자'로 사용자에 대한 인식이 변화하고 있다.

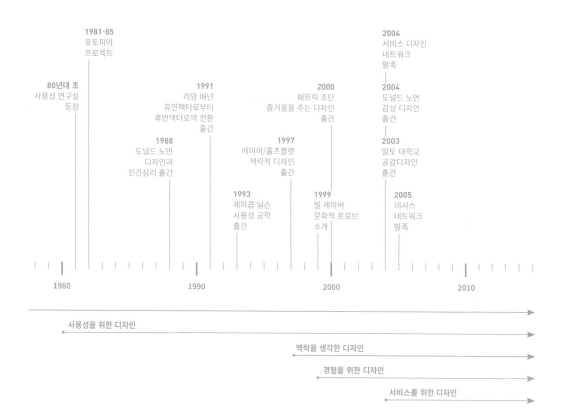

〈다수를 위한 디자인〉　　〈사용성을 위한 디자인〉　　〈맥락을 생각한 디자인〉

여기서 소개한 디자인 영역의 확장에서 오해하지 말아야 할 것은, 후에 등장한 개념이 이전의 개념을 전면적으로 대체한 것은 아니라는 점이다. 그보다는 이전의 개념이 확장되고 다양화됐다고 보는 것이 더 정확하다. 새로운 개념의 탄생으로 인해 기존의 개념이 사라지는 것이 아니라, 제품이나 서비스를 새롭게 개발하고 보완해나가는 과정에서 고려해야 할 사항이 늘어난 것이다.

	다수를 위한 디자인	사용성을 위한 디자인	맥락을 생각한 디자인	경험을 위한 디자인	서비스를 위한 디자인
지향 목표	• 다수의 소비자에게 적합 • 신체적 안전과 편안함 • 생산 공급의 최적화	• 과제 수행의 효율성, 정확성, 효용성	• 효율적인 협력	• 감성적 만족과 감동 • 삶의 경험 향상	• 개인 삶의 질 향상 • 사회문화적 공통 목표 실현 • 조직 및 사회 시스템 혁신
사용자에 대한 인식	• 평균적 선호도와 신체를 대변하는 통계적 모델	• 멘탈 모델	• 사회적, 환경적 맥락에서 행동하는 인간	• 감성과 주관적 경험, 문화를 가진 총체적 인간	• 복잡한 사회 시스템과 상호작용하는 능동적 인간
디자인 도구들	• 온라인 서베이 • 현장 설문조사 • 인체 측정법	• 실험실 환경 사용성 평가 도구들 (사고 구술 프로토콜, 인지적 시찰법 등) • 인터뷰 • 포커스 그룹	• 현장 관찰(디자인 에스노그라피, 맥락적 문의 등)	• 프로브, 코디자인 워크숍 등의 디자인적이고 창의적 도구들 • 현장 관찰과 디자인적인 도구들의 접목	• 서비스 디자인 도구들(고객여정지도, 서비스 블루프린트, 이해관계자지도)과 코디자인 워크숍의 접목

표 1. 사용자를 보는 관점과 디자인 목표의 확장에 따른 디자인 소사

그림 9. 사용자를 보는 관점의 진화 과정

〈경험을 위한 디자인〉 〈서비스를 위한 디자인〉

예를 들어 새로운 병원의 공간과 서비스를 디자인한다고 할 때, 환자의 감성적 경험과 아이디어에 초점을 맞춘다고 하더라도, 환자들의 신체 치수나 병원 웹사이트의 사용성은 기본적으로 고려하고 충족해야 할 요소들이다. 의사, 환자, 약사 등 다양한 유관자들과 코디자인 워크숍을 진행하여 디자인된 약국 창구라 해도 약사와 환자가 소통하는 카운터의 위치가 터무니 없이 높다면 그 결과가 성공적이라 할 수 없다. 혹은 새로운 개념의 예약 시스템 페이지를 개발했다고 해도 방문자가 중요한 버튼의 위치를 찾을 수 없다면 그 새로움은 의미 없는 시도로 끝나게 되지 않겠는가.

이 책 《새로운 디자인 도구들》에서는 사용자를 '감정과 주관적 가치와 꿈이 있고, 창조적이며 능동적인 인간'이라는 총체적인 관점으로 바라본다. 그렇다고 해서, 새로운 디자인 도구들이 서비스를 위한 디자인에만 한정된다거나, 사용자의 신체 치수나 인지 과정(멘탈 모델)을 고려하지 않는다는 것은 아니다. 가구를 디자인하더라도 사용자를 단순히 신체 측정 지수로만 보지 말고, 사회적 맥락과 감성을 가진 총체적 인간으로 본다면 더욱 성공적인 결과물을 만들 수 있을 것이다.

'새로운 디자인 도구'들은 그 형태도 이름도 다양하다. 우리는 이 많은 도구에 핵심 원리와 마인드세트mindset[34]를 제공한, 다시 말해 수많은 새로운 디자인 도구의 '원형'들을 선정해 그 기원과 활용 원리를 설명하려고 한다. 도구의 기원과 원리를 이해한다면 여기서 파생한 다른 어떤 도구도 쉽게 사용할 수 있고, 또 자신의 프로젝트에 적합하도록 새로운 도구를 만들어 사용할 수도 있기 때문이다. 원형과 핵심 원리를 이해하고, 요구되는 마인드세트를 가지고 사용자 조사를 할 때, 비로소 툴킷의 홍수에서 중심을 잃지 않고 원하는 결과물을 얻을 수 있다.

　이 책에서 우리는 다섯 가지 도구를 깊이 있게 들여다볼 것이다.

34　마인드세트는 마음의 자세, 태도, 습성이 된 심적 경향, 사고방식을 의미한다.

관찰 도구: 디자인 에스노그라피
새로운 디자인 도구들에 마인드세트를 제공하는 현장 관찰법

　"에스노그라피? 그거 사용자 따라다니면서 관찰하는거 아냐?"

완전히 틀린 말은 아니지만 사용자의 행동을 보고, 사진을 찍고, 기록을 해왔다고 해서 디자인 에스노그라피를 했다고 할 수는 없다. 디자인 에스노그라피의 핵심은 사용자의 현장에서 그들과 충분한 시간을 함께 보내며 현장에 스며들 수 있는 자세라고 할 수 있는데, 관찰하고 있는 자신을 외부의 객관적 관찰자로 여기기보다 관찰 대상의 사회와 환경에 몰입해 그들의 눈으로 상황을 보는 것이다. 디자인 에스노그라피의 이러한 원리들, 즉 '객관적 관찰자가 아니라 사용자의 입장이 되어 공감하기', '숨은 맥락과 의미를 파악할 수 있는 민감함'은 이 책에서 소개하는 모든 도구가 지향하는 근본적인 마인드세트다. 따라서 디자인 에스노그라피는 그 자체로 하나의 디자인 도구이기도 하지만, 이 책에 등장하는 다른 도구들을 잘 이해하기 위한 통찰력을 기를 수 있는 기본기로 생각하는 것이 좋다.

대화 도구: 프로브

사용자의 삶과 디자이너의 스튜디오 사이의 대화

프로브는 초기 사용자 중심 디자인 방법들이 지나치게 과학적 타당성에 의존했던 까닭에 디자인 영감을 충분히 발현시켜 주지 못했던 한계를 극복하고자 탄생했다. 프로브는 디자이너들이 사용자 조사를 할 때 완전히 객관적이 될 수 없다는 것을 인정하고, 사용자와 디자이너의 세계를 오가며 그 둘의 대화를 가능하게 하는 도구다. 디자이너는 다양한 시각적, 발상적 과제들로 프로브 패키지를 구성하여 사용자에게 건네고, 사용자들은 그 과제들을 통해 자신의 경험과 상상력을 표현한다. 매우 '디자인적인' 방법의 소통을 통해 디자이너와 사용자는 일종의 '파트너십'을 형성하는 것이다.

협력 도구: 코디자인 워크숍

서로를 이해하고 함께 디자인하기

코디자인 워크숍은 사용자의 창의성에 주목하고, 디자인 과정에서 그들과의 능동적인 협력을 추구한다. 사용자를 '자신의 경험에 관해 가장 잘 아는 전문가'로 바라보고, 그들의 창의적 잠재성을 디자인 과정에 능동적으로 활용하기 위해 그들을 디자인의 초기 단계부터 참여시켜 함께 해결책을 구상한다. 사용자뿐만 아니라 다양한 분야의 전문가 간의 협력을 돕는 데도 코디자인 워크숍은 매우 유용하다.

해석 도구: 어피니티 다이어그램

연결 지어 해석하기

> "디자인 에스노그라피도 하고, 프로브도 해서 많은 양의 자료는 확보했는데, 이제 어떻게 하죠?"

다양한 사용자 조사 방법을 통해 얻은 자료와 정보를 의미 있는 아이디어로 연결시키고, 프로젝트의 큰 그림을 그리는 것은 디자이너 개개인의 경험과 창의적 능력에 크게 의존하기 때문에 경험이 없는 디자이너에게는 매우 막막한 부분이다. 어피니티 다이어그램은 수많은 정보의 조각을 그 의미에 따라 연관 지음으로써 개별로 보았을 때는 생각지 못했던 새로운 연결점들을 찾아 통찰을 얻게 하는 도구다. 팀 중심의 도구로서, 각자의 발견점을 팀원들과 공유하고 접착식 메모지를 활용하여 함께 정보를 배치, 재배치해 나가며 큰 그림을 이해할 수 있도록 한다.

활용 도구: 퍼소나

사용자 정보를 공감적으로 활용하기

관찰과 해석의 단계를 거쳐 사용자에 대한 이해와 통찰을 얻었다. 그렇다면 이를 실제 디자인 과정에 어떻게 전략적으로 활용할 수 있을까? 퍼소나는 실제 관찰을 통해 얻은 통찰을 효율적으로, 또 공감적으로 활용하기 위해 만든 가상의 인물이다. 가상의 인물이지만 실제 정보를 종합하여 만들었기에 허구의 인물이라고 할 수는 없다. 오히려 실제보다 더 진짜 같은 퍼소나를 만든다면 다양한 디자인 도구를 통해 얻은 정보들을 난삽하게 나열해 두는 것보다 새로운 디자인이 제공할 기능이나 상황에 어떻게 반응할지 공감적으로 예측하는 데 유용하게 사용될 수 있다.

새로운 디자인 도구들?

이 다섯 가지 도구들 중 몇 가지는 독자들에게 새로울 수 있겠지만, 몇몇 도구들, 특히 디자인 에스노그라피나 퍼소나 같은 도구들은 한국에도 이미 오래 전에 소개됐기 때문에 그것들이 왜 '새로운' 디자인 도구들인가 의아하게 여기는 독자도 있으리라고 생각한다. 우리가 비교적 친숙한 도구들도 새로운 디자인 도구들에 포함한 데는 세 가지 이유가 있다.

첫째, 이미 익숙한 이름의 도구들도 새로운 디자인 문제에 대응하여 더욱 적절하게 활용할 수 있기를 바라는 마음에서다. 디자인 에스노그라피나 퍼소나 같은 경우, 원래는 소프트웨어와 웹사이트 디자인을 위해 개발됐기 때문에 도구 설명이나 사례가 아직까지 그 영역에 치우쳐 있다. 이 책에서는 그 도구들이 가진 기본 원리와 지향 목표를 재조명하고, 공공서비

스나 사회문제 해결을 위한 프로젝트에 활용된 사례를 주로 소개하고자
한다.

둘째, 그 도구들을 활용했다고 이야기하는 사례에서도 도구들의 이름과
형식만 따라한 까닭에, 그 도구들이 진정으로 제공해줄 수 있는 효과를 십
분 활용하지 못한 경우를 종종 관찰했기 때문이다. 각 도구의 기본 원리와
마인드세트에 대한 이야기를 전달함으로써 독자들이 이미 이름이 익숙한
도구들도 새롭게 이해하고, 더욱 적절하게, 그리고 창의적으로 활용했으면
하는 바람으로 이와 같이 선정했다.

셋째, 이 도구들을 통해 '새로운 디자인 도구들'의 큰 맥락을 이해하고,
이 책을 읽은 뒤에도 만나게 될, 수많은 툴킷에 휩쓸리지 않도록 돕기 위해
서다. 앞서도 언급했듯이 다양한 툴킷이 쏟아지고 있는데, 같은 도구를 각
기 다른 툴킷에서 다른 이름으로 소개하는 경우도 많고, 심지어는 하나의
도구를 두 개의 다른 도구처럼 소개하는 경우도 있다. 이 책에서 소개하는
도구들의 원형을 이해한다면 이런 혼란을 줄이고 유연하게 활용할 수 있을
것이다.

새로운 디자인 도구	사용 목적	핵심적 속성
디자인 에스노그라피	현장 관찰	사회 구성원의 눈으로 참여적 관찰, 민감함 기르기, 맥락적 이해
프로브	대화를 통한 관찰	사용자가 직접 시각적으로 표현하는 개인 경험에 관한 이야기들, 열린 해석, 상상력 자극, 지속적인 쌍방향 대화, 파트너십
코디자인 워크숍	협력을 통한 관찰	사용자, 전문가, 이해관계자 간의 협력, 상호 이해를 바탕으로 공통의 목표 수립, 미래 지향적 사고, 그리기/만들기로 함께 아이디어 발상
어피니티 다이어그램	해석	분석이 아닌 해석, 팀 중심의 도구, 연결 짓고 큰 그림을 이해해 발상하기
퍼소나	활용	실제 자료에 바탕을 둔 전략적 선택과 집중, 공감적 전달

표 2. 다섯 가지 새로운 디자인 도구들의 사용 목적과 핵심적 속성

1장
관찰 도구
디자인 에스노그라피

에스노그라피는 원래 18세기 인류학에서 새로운 지역의 사람들을 연구하기 위해 개발된 참여 관찰 방법이었으나, 이후 여러 분야에서 받아들여지면서 그 형식과 활용법이 매우 다양해졌다. 디자인에서는 80년대부터 사용자 행동의 맥락과 그들의 잠재적 욕구 그리고 사회적 의미를 파악하기 위한 현장 관찰 도구로 차용됐고, 이후 다양한 사용자 경험 조사 도구의 바탕이 되고 있다. 디자인 에스노그라피design ethnography는 단순한 정보의 수집보다는 관찰 대상이 되는 사람들의 상황에 공감하고 디자인 영감을 얻는 데 그 목표가 있다.

관찰의 힘

세계적인 숙박 공유 서비스 에어비엔비Airbnb의 창업자들은 초기에 큰 어려움을 겪었다. 온라인에서 일반인의 집을 호텔처럼 빌린다는 혁신적인 아이디어를 실행에 옮기고 언론에 소개되기도 했지만, 정작 사용자는 늘어나지 않아 몇 년간이나 투자 유치에 실패한 것. 이들은 당시 에어비엔비를 이용하는 고객의 집을 찾아 그들이 예약을 어떻게 관리하는지 관찰했다. 이 과정에서 자신들은 두세 번의 클릭으로 처리할 수 있을 것이라고 생각했던 업무를 실제 사용자들은 10번에서 20번의 클릭을 통해 해결한다는 것을 알게 되었고, 이를 통해 서비스를 크게 개선할 수 있었다.[1] 국내의 한 제조사는 인도인

1 National Public Radio. "How I built this with Guy Raz", Joe Gebbia(Airbnb). *https://www.npr.org/2016/10/17/497820565/airbnb-joe-gebbia*

의 세탁 패턴을 관찰하던 중 4~8m에 이르는 전통의상 '사리'가 세탁기 안에서 쉽게 엉켜버려, 어쩔 수 없이 손빨래를 한다는 것을 발견했다. 이 제조사는 인도 시장을 위한 세탁기에 유속과 탈수 속도를 정밀하게 조절한 '사리 세탁' 기능을 추가했다. 또 다른 제조사는 인도에서 실제로 세탁기를 작동하는 사람이 영어를 읽지 못하는 가사 도우미인 경우가 많다는 것을 발견하고 세탁기에 음성 기능을 탑재해 지역 언어로 작동을 안내할 수 있게 했다.[2]

이처럼 사용자의 현장을 관찰하면서 사람들의 가려운 곳을 긁어줄 수 있는 실마리를 발견한 사례들은 국내외에서 어렵지 않게 찾아볼 수 있다. 디자인 과정에서 사용자의 상황을 이해하기 위해 할 수 있는 가장 본질적인 활동 중 하나가 그들이 생활하는 현장을 방문해, 있는 그대로 관찰하는 것이기 때문이다.

에스노그라피, 사용자 현장 관찰의 원형

2013년 한국에서는 얀 칩체이스Jan Chipchase의 책 *Hidden in Plain Sight*[3]가 큰 관심을 끌었다. '디자인계의 인디애나 존스'로 불리는 칩체이스는 과거 노키아 리서치 센터Nokia Research Centre와 프로그 디자인Frog Design에서 일하며 세계 곳곳의 사람들을 관찰하고 이를 통해 얻은 문화와 인간에 관한 통찰을 디자인 결과물에 연결해 왔다. 책에는 그가 동료들과 함께 아프리카, 남미, 아시아 할 것 없이 대륙을 넘나들며 각 나라의 시장 변화와 사람들의 행동을 결정짓는 단서를 파악하기 위해 발로 뛰고 피부로 호흡하며 다양한 형태의 데이터를 채집하는 장면들이 생생하게 묘사되어 있다.

칩체이스는 택시를 타기보다는 걷거나 자전거로 이동하고, 사람들이 출근하기 전에 거리로 나가 동네 빵집에서 빵 하나를 사 들고 각 도시의 아침이 어떻게 시작되는지 살펴본다. 중국 상하이에서는 핸드백을 움켜쥐고 한시도 긴장을 놓지 못하는 여성들을, 태국에서는 가짜 치아 교정기를 유행처럼 사용하는 십대 소녀들을 발견한다. 칩체이스와 그의 동료들은 현상을 발견하는데 머물지 않고 그 이유를 알아내기 위해 쉬지 않고 관찰하고, 물어보고, 그렇게 얻어낸 실마리들을 끊임없이 연관 짓고 해석한다. 사람들이 일상 생활을 영위하는 현장에서 그들도 미처 인식하지 못하는 행동을 관찰

2 Wharton University of Pennsylvania, Knowledge @Wharton, "Management-Korean Conquest, How LG and Samsung Won Over the Indian Market". *http://knowledge.wharton.upenn.edu/article/korean-conquest-how-lg-and-samsung-won-over-the-indian-market*

3 번역서로 《관찰의 힘》 (2013, 위너스북)이 있다.

하고 기록하여 그 행동이 말이 되게 하는 상황적 배경, 사회적 동기, 문화적 가치, 즉 사용자 행동의 맥락을 파고드는 도구가 바로 디자인 에스노그라피이다.

디자인 에스노그라피의 기원은 인류학에서 특정 지역의 사람들을 이해하기 위한 목적으로 탄생된 연구 방법론인 '에스노그라피'이다. 에스노그라피는 이후 사회학 등 다양한 분야에서 받아들여져 활용되다가, 80년대 와서 디자인 분야에 유입됐다. 컴퓨터 기술이 사람들의 업무 현장에 본격적으로 유입되던 이 시기에, 사람들의 행동과 상호작용 방식을 현장 관찰을 통해 이해하여 컴퓨터 기술 디자인에 활용하기 위한 목적이었다.

이미 몇십 년 동안 디자인에 활용되어온 디자인 에스노그라피가 어떻게 '새로운' 디자인 도구들에 포함됐는지 의아해하는 독자들이 있을 것이다. 이 책에서는 두 가지 중요한 이유 때문에 디자인 에스노그라피를 첫 번째 도구로 선정했다.

첫째, 에스노그라피가 디자인에서 이미 다양한 모습으로 활용되어 왔음에도 불구하고, 어떻게 해야 이를 제대로 활용할 수 있는지에 대한 깊은 이해 없이 수박 겉핥기 식으로 활용한 경우를 어렵지 않게 관찰할 수 있기 때문이다. 디자인 에스노그라피는 관찰자의 마인드세트와 민감함sensitivity이 그 효용성을 결정짓기 때문에 아무 준비 없이 도구함에서 꺼내어 바로 사용할 수 있는 도구가 아니다. 디자인 에스노그라피의 기본이 되는 철학과 마음가짐을 익혀 디자이너 스스로를 좋은 관찰 도구로 만들어야 한다.

둘째, 디자인 에스노그라피가 가지는 기본적인 철학과 마인드세트 그리고 민감함은 이 다음 장들에서 소개될 프로브, 코디자인 워크숍 등 다른 많은 디자인 도구의 근간이 되기 때문이다. 따라서 이 장에서는 디자인 에스노그라피를 통해 사용자의 관점에서 상황을 본다는 것이 무엇을 의미하는지, 왜 공감이 중요한지에 대해 이야기하고자 한다.

관찰을 넘어 통찰로

관찰observation이 눈에 보이는 것을 보는 것이라면, 통찰insight은 눈에 보이지 않는 것까지 보는 것이다. 디자인 에스노그라피는 사용자를 단순히 관찰하는 것이 아니라 그들이 당면한 상황과 전체적 맥락, 잠재적 욕구에 대해 통찰하고 이를 디자인을 위한 기회로 연결시키는 것이 핵심이다. 사용자들의 행동이나 순간순간의 결정들은 당면한 현장에서 잠재의식적으로 이루어지거나, 그들에게는 지극히 당연한 행동들이라 미처 깨닫지 못하는 경우가 많다. 사람들이 매우 익숙하게 하고 있는 행동들이 어떤 이유에서, 어떤 방식을 통해 이루어지는지 그리고 그것들이 디자인 제안에 무엇을 의미하는지 통찰하고자 하는 것이 디자인 에스노그라피의 목표라고 할 수 있다.

전문 에스노그라퍼ethnographer들은 사람들의 행동과 그 의미를 파악하기 위해서는 단순히 자세히 보는 것이 아니라 그 현장에 스며들 수 있는 자세가 필요하다고 강조한다. 관찰하고 있는 자신을 외부의 객관적 관찰자로 여기기보다 관찰 대상의 사회와 환경에 몰입해 구성원의 눈member's point of view으로 상황을 보라는 것이다.

사용자 조사를 하는데 객관적 관찰자가 아니라니, 의아해하는 독자들이 있을 것이다. 에스노그라피는 관찰하는 사람이 객관적이 되도록 노력할 수는 있겠지만 결코 완전히 객관적이 될 수는 없다는 것을 인정하고 시작한다. 대신 자신이 어떤 배경과 선입관을 가지고 있었는지 곰곰이 생각해보고 그것이 관찰에 불필요한 영향을 미치지 않도록 주의하라고 강조한다. 이 부분에 관해서는 잠시 뒤 '디자인 에스노그라피 마인드세트'(54쪽)에서 좀 더 자세하게 다룰 것이다.

에스노그라피의 기원

새로운 땅을 개척하기 위해 원주민 사회를 관찰하다

에스노그라피는 그리스어로 사람, 민족, 국가를 의미하는 명사 에스노스ἔθνος와 기록을 의미하는 동사 그라포γράφω가 합쳐진 단어로, 연구자 본인의 선입관을 최대한 배제한 상태에서 대상의 사회적 의미와 일반적 행동을 관찰하는 기법을 말한다. 에스노그라피에서의 데이터 수집은 외부의 영향이 없는 환경에서 사람들의 일상적 행동과 그 행동의 기반이 되는 사회적 의미를 담아내려는 목표가 있다. 이때, 직접 관찰하고 기록하는 연구자가 연

4 John Brewer. *Ethnography.* McGraw-Hill Education, 2000, p.10.

구 도구가 되기 때문에 연구자 본인의 선입관을 최대한 배제하는 것이 중요하다.[4]

에스노그라피는 최초로 북극 시베리아 해안과 북미 해안선의 일부를 지도로 그려낸 18세기 러시아의 캄차카 대탐험Great Northern Expedition, 1733-1743에 참여했던 독일 역사학자 게르하르트 뮐러Gerhard Friedrich Müller에 의해 처음 사용된 것으로 기록됐다. 뮐러는 이 탐험에서 시베리아 소수민족의 의복, 종교, 의식을 정리했는데 그는 이를 민족묘사Völker-Beschreibung라 칭했고, 후에 다른 연구자들에 의해 '에스노그라피'라는 이름으로 학계에 자리 잡게 된다.

Az 에스노그라피는 한국에서 종족지학, 민속기술지, 민족기술지, 문화기술지, 기술민족학 등으로 분야에 따라 다양하게 불리고 있는데, 한자로 번역할 때 그 용어가 분야별로 쓰임새가 달라 혼동을 초래한다. 이것은 에스노그라피를 사용해 연구하는 대상이 과거에는 민족, 종족 중심이었던 것이 최근에는 문화, 하위문화, 사회, 단체, 집단, 기업, 가족 등으로 다양화되고 있기 때문이다. 또한 민속지, 민속기술지는 다른 말로 민속지학이라고도 불러 민속학(folklore)과의 혼동을 초래하는 문제도 있다. 이 책에서는 이런 문제를 피하기 위해 영어 단어를 음독한 '에스노그라피'를 사용한다.

이후 에스노그라피는 다양한 연구 분야에서 받아들여져 그 활용의 폭이 크게 넓어졌다. 20세기의 가장 중요한 인류학자 중 한 명인 브로니슬라브 말리노브스키Bronisław Kasper Malinowski는 1910년대 파푸아 뉴기니의 트로브리안드 군도의 선물 교환 의식인 쿨라 링Kula Ring을 연구하여 트로브리안드 군도인들에게 '합리적 의사결정'이 무엇을 의미하는지 그리고 그 사회에서의 특정 물건이 어떠한 문화적 속성을 가지고 있는지를 설명했다.

말리노브스키는 어떻게 트로브리안드 군도인들을 연구할 수 있었을까? 말도 통하지 않고 문화도 이해할 수 없는 그들을 이해하는 방법은 그들의 현장에 들어가 아주 오랜 시간 동안 그들과 함께 생활하고, 그들의 언어를 배우고, 대화를 나누는 것 뿐이었다. 말리노브스키는 이 '실제 생활의 측정 불가능한 면'은 오직 오랫동안 토착인들과 같이 생활해야만 터득할 수 있는 경험이라고 설명했다. 관찰자의 직접적인 경험을 통해서만 미묘한 인간행동의 의미를 문화적이고 사회적인 관점으로 파악할 수 있다는 것이다.

'쿨라 링'이란 트로브리안드 군도의 18여 개 섬이 참여하는 선물 교환의식이다. 한 섬에서 다른 섬으로 원을 그리며 카누를 타고 이동해 음식, 조개팔찌와 목걸이를 교환하고 전달하던 의식인데 이동거리가 무려 수십 킬로미터에 달한다고 한다. 외부인이 보기에는 자칫 가치가 낮아 보이는 장식품을 목숨 걸고 전달하는 이 행위가 비합리적이고 무모해보일 수도 있지만, 트로브리안드 군도인에게는 사회적 의미가 굉장히 큰 의식이었다. 장식품을 과거에 소유했던 인물들의 이야기가 쌓여 현재의 전달자를 장구한 역사의 중요한 참여자로, 또한 위험을 극복하면서 선물 전달에 성공한 존경받는 영웅으로 만들어주는 의식이었던 한편, 의식을 계속하지 않으면 명예를 잃거나 죽임을 당할 수도 있어, 마치 자발적인 것처럼 보이지만 실제로는 반드시 실행해야 할 의무였다.

이 연구는 원주민들의 열정, 동기, 규범을 이해함으로써 의식의 보편성과 기능성을 밝혀냈다. 서구사회와 쿨라의 사회가 지리적, 문화적 배경의 차이가 있을 뿐 동일한 원리로 가동되고 있다는 것을 밝혀, 인종과 지리를 막론하고 인류의 보편적인 사회 구성 및 작동 원리를 이해하는 초석이 됐다. 현대 사회에서도 이런 예시는 얼마든지 찾아볼 수 있다. 예를 들면 아이들의 생일파티에는 케이크나 축하 노래, 카드, 선물, 음식 등 당연시되는 준비와 절차가 있고, 초대되는 가족들은 대부분 이미 우리 가족을 초대했거나 나중에 자신을 초대할 가능성이 있는

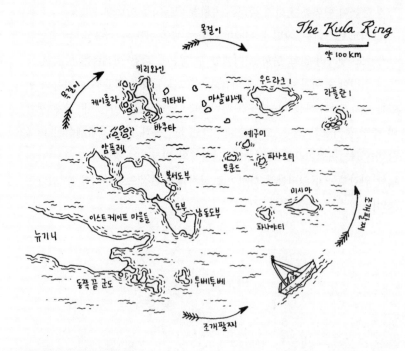

그림 1.1. 말리노프스키의 쿨라 링 지도. 시계 방향으로는 목걸이가, 반시계 방향으로는 조개팔찌가 전달됐다.

사람들로 구성된다. 이렇게 유지되는 의무를 지키는 것은 인간관계를 유지하고 사회활동을 계속해 나가는 데 중요한 기능을 한다.

현대의 도시 원주민

현대에 이르러 에스노그라피는 전후의 혼란과 급격한 도시화를 겪고 있는 사회를 이해하기 위한 연구 도구로 채택됐다. 한 예로 미국의 사회학자 윌리엄 풋 와이트William Foote Whyte는 1930년대 말 이탈리아 이주민들이 집거하는 보스턴의 한 빈민가에 들어가 생활했다.[5] 범죄가 끊이지 않는, 일부는 무솔리니 파시스트라는 소문도 있었던 이곳에서 3년간 생활한 와이트는 그중 절반의 시간을 이탈리아인 가족과 한 집에서 생활하면서 슬럼의 다양한 구성원과 그들이 형성하고 있는 작은 사회를 관찰했다. 이탈리아 동향 출신의 사람들이 사는 모습에서부터, 열심히 공부해 미국 사회에 적응하며 성공을 꿈꾸는 젊은이들의 삶 그리고 범죄 조직이 형성되고 운영되는 방식까지, 와이트는 현장에 스며들어 얻을 수 있는 지식의 범위를 여과 없이 보여주었다.

미국의 산업디자이너 패트리샤 무어Patricia Moore는 좀 더 극적인 방식으로 사람들의 삶에 스며들었다. 최근에는 노령화 전문가로 활동하고 있는 무어는 26세이던 1979년부터 총 3년간 80세 노인처럼 분장하고 생활했다.[6]

> "당시 건축이나 디자인은 물론이고 사회 전반에 노인은 소비자가 아니라는 잘못된 시각이 있었죠. 근본적으로 노인을 무시하는 경향이 있었습니다. 관찰이나 설문조사 같은 방법도 있지만, 그런 방법으로는 충분히 소통하기 어렵다고 판단했습니다. 3년간의 경험으로 저는 젊은 사람들을 위해 만들어진 세상에서 노인의 삶이 어떤 것인지 알 수 있었습니다."[7]

무어는 거리의 소년이나 시장의 상인이 자연스레 도움의 손길을 내밀만큼 감쪽같이 분장한 것은 물론, 귀는 솜뭉치로 틀어막고, 눈 주위에는 바셀린을 바르고, 다리에는 나무 판지를 대어 청력, 시력, 근력까지 노인들처럼 만들어 생활했다. 지팡이와 보행기, 휠체어를 사용해 불편한 움직임도 경험

5   William Foote Whyte. *Street Corner Society: The Social Structure Of An Italian Slum (1st edition).* The University of Chicago Press, 1943.

6   Patricia Moore, Charles Paul Conn. *Disguised: True Story.* Word Books, 1985.

7   《월간디자인》, 2012년 9월호, "26세의 나이에 80대 노인으로 변장한 디자이너, 패트리샤 무어가 말하다" 중에서 발췌. 최수신 신시내티 산업디자인학과 교수 인터뷰, 김영우 기자.

그림 1.2. 패트리샤 무어가 80대 노인으로 변장한 모습(좌)과 당시 20대이던 무어의 실제 모습(우)

했으며 다양한 의상을 준비해 노숙자, 하녀를 거느린 부잣집 노인 등 9명의 노인으로 변장했다. 그녀의 실험은 미국과 캐나다의 14주와 116개의 도시를 방문할 때까지 계속 됐고, 이런 그녀의 경험은 훗날 세계적으로 성공한 옥소Oxo사의 굿 그립Good Grips을 탄생시키는 데 중요한 역할을 했다.

디자인 에스노그라피의 탄생

인류학에서 만들어져 사회학을 비롯한 다양한 학문에 적용되던 에스노그라피는 이후 기술과 디자인 분야에서 본격적으로 활용되기 시작한다. 무어가 특정 계층을 깊이 이해하기 위해 개인적인 연구를 진행했다면, 이제는 많은 세계적 기업이 사용자의 현장을 이해해, 더 나은 제품과 서비스를 제공하기 위해 보편적으로 에스노그라피를 활용하기 시작했다.

에스노그라피, 컴퓨터 기반 업무 환경을 만나다

80년대 말 다양한 기관의 업무에 컴퓨터 시스템이 매우 빠른 속도로 보급되기 시작했다. 연구자들을 중심으로 워크 스테이션, 정보 처리 프로그램, 이메일, 일정 관리 소프트웨어와 같은 시스템을 개발할 때 사용자의 업무 특성과 환경에 대한 심층적인 이해를 바탕으로 하려는 시도들이 활발히 이루어졌고, 이는 인간-컴퓨터 상호작용Human-Computer Interaction, HCI 분야의 핵심 주제가 됐다.

사람들이 자신의 업무를 달성하기 위해 하는 행동과 그 맥락을 심층적으로 이해하기 위해 IBM, 애플Apple, 인텔Intel 같은 주요 제조사 및 연구 기관에서 전문 에스노그라퍼들을 다수 고용하기 시작했고, 제록스 파크Xerox Palo Alto Research Center는 1984년에 이미 사용자가 복사기를 사용하는 모습을 비디오로 관찰해 사용성을 연구했다. 초기 시스템 엔지니어들의 기계중심적 설계가 실제 업무 환경에서 문제를 드러내면서 컴퓨터 시스템을 사용할 인간에 대한 이해가 중심이 되어야 한다는 인식이 자리잡기 시작한 것이다.

하지만 초기 컴퓨터 시스템 분야에서 활용된 에스노그라피의 경우 문제 진단에 치중한 나머지 문제점은 세세하게 짚어냈지만 그를 통해 얻은 정보를 창의적인 디자인으로 연결시키지는 못했다. 이에 연구원들은 에스노그라피를 디자인 프로젝트의 목적에 효과적으로 활용할 수 있는 방법들을 고안하기 시작했고 이 방법들은 새롭게 '디자인 에스노그라피'라는 이름으로 소개됐다.

디자이너의 전략적 의사결정 참여

인텔에서 사용자 경험을 연구하던 토니 살바도르Tony Salvador, 제네비브 벨 Genevieve Bell 그리고 켄 앤더슨Ken Anderson은 에스노그라피가 디자인 프로젝트에 어떻게 활용될 수 있고, 어떠한 효과를 불러올 수 있는지 다음과 같이 설명했다.

"오늘날 다양한 디자인이나 프로젝트에 디자이너들이 제품의 요구사항을 정의하는 과정에 참여하는 것은 고무적이다. 하지만 안타깝게도 큰 전략적 의사결정들이 모두 만들어진 뒤 참여하게 되는 경우가 대다수이다. 누군가가 큰 틀을 정한다. 예를 들어 새로운 제품이나 서비스의 정보제공 방식을 인터넷 홈페이지라고 결정한다. 하지만 이 당연해 보이는 홈페이지가 여러분의 제품이나 서비스를 이용하는 사람들에게 편리한 방식이 아니라면 어떤가? 모든 기술적 요구사항, 수정에 수정을 거친 디자인 제안, 세계적 수준의 사용성 테스트도 이 아이디어를 성공적으로 만들 리 만무하다."[8]

8 Tony Salvador, Genevieve Bell, Ken Anderson. Design Ethnography. *Design Management Journal*, 10(4), 1999, pp. 35-41.

이들에 따르면 디자인 에스노라피는 '무엇을 디자인할 것인가'를 정의하는 초기 의사결정 단계에서 중요한 역할을 한다. 디자인 에스노그라피를 통해 디자이너의 역할이 새로운 서비스 혹은 제품 개발의 초기 단계로 앞당겨진 것이다. 살바도르의 예시로 보면 '홈페이지를 개발하겠다'고 결정하기 전으로 말이다. 이렇게 디자인 에스노그라피는 디자이너들이 프로젝트 초기 단계에서 미래의 사용자들에게 진정으로 필요하고 의미 있는 것이 무엇인지 파악해 새로운 디자인 기회를 포착할 수 있도록 하고, 새로운 제품이나 서비스 안을 제안하는 전략적 과정에 디자이너들이 참여할 수 있도록 문을 열어주었다.

업무 환경 밖으로 나와 사람들의 일상으로

컴퓨터 기술이 점차 가정, 공공장소, 사람들의 일상의 환경에 보급되기 시작하면서 디자인 에스노그라피의 활용 범위도 업무 환경을 넘어 사람들의 일상 곳곳으로 확장되기 시작했다. 가족들이 생활하는 집안 환경부터, 식당, 버스 안, 지하철 역, 쇼핑몰, 공원, 거리에 이르기까지 오늘날 디자인 에스노그라피가 활용되는 현장은 그 어느 때보다 다양하다.

업무 환경에서는 효율성, 정확성 같은 가치가 우선시된다면, 일상에서는 즐거움, 감정, 문화 같은 가치가 더 중시된다. 따라서 디자인 에스노그라피를 수행할 때의 초점도 업무 과정 및 방식의 정확성, 효율성보다는 사람들의 일상을 구성하는 다양한 맥락과 그에 따른 사람들의 경험으로 옮겨가게 됐다.

엄밀히 말하자면 디자인 에스노그라피는 전통적인 에스노그라피를 디자인 과정에 맞게 변형한 연구 방법이기에 '디자인에서 사용되는 에스노그라피스러운 연구법ethnographic method in design'이라고 부르는 것이 더 정확할지도 모른다. 앞에서 소개한 바와 같이 인류학이나 사회학에서의 에스노그라피는 짧게는 몇 개월, 길게는 몇 년에 걸쳐 진행된다. 특정 사회나 집단에 대해 전체적이고 깊은 통찰을 얻는 것이 목표이기 때문이다. 이 장기 관찰의 결과물은 세밀하고 자세한 관찰 일지로 전달된다.

이에 비해 디자인 에스노그라피는 짧게는 며칠, 길어도 몇 개월 정도에 그친다. 디자인 프로젝트의 목적에 유관하다고 여겨지는 대상이나 현상을 집중적으로 관찰하고 기술하는 것이 목표이기 때문이다. 디자인 에스노그라피의 궁극적 목적은 새로운 디자인 기회를 모색하는 것이기에 그 해석도 디자인 해결책을 위한 시사점들을 중심으로 진행된다.

우리는 디자이너가 직접 디자인 에스노그라피를 수행하는 것을 추천한다. 기록되는 주요 시사점 외에도 현장의 느낌과 영감을 활용할 때 더 좋은 디자인 결과물이 나올 수 있기 때문이다. 하지만 실무에서는 다양한 이유로 디자이너가 에스노그라피를 직접 수행하지 않고 에스노그라퍼에게서 발견점을 전달받는 경우도 있는데, 이때에도 발견점들을 최대한 서술적, 시각적으로 구성해 이를 활용할 디자이너가 최대한 관찰 현장과 디자인 대상에 공감할 수 있도록 하는 것이 좋다.

스텝 바이 스텝

디자인 에스노그라피를 사용하면 삶의 현장을 직접 관찰하고, 사람들의 가려운 곳을 긁어줄 수 있는 실마리를 발견할 수 있다. 사용자의 입장에서 그들의 상황을 직접, 혹은 함께 경험해보고, 그들에게 의미 있는 제품이나 서비스를 제공할 수 있는 기회를 포착하는 것이다.

디자인 에스노그라피는 널리 활용되는 만큼 특별한 훈련없이 누구나 바로 쓸 수 있는 도구처럼 여겨져 안타깝게도 '표면 복제'가 흔히 일어나는 도구이기도 하다. 조금만 깊이 이해하면 정말 많은 것을 얻을 수 있기에 이런 현상이 더욱 안타까운데, 어떻게 하면 더 체계적으로 디자인 에스노그라피를 활용할 수 있는지 다음과 같이 네 단계로 나누어 살펴보자.

- 첫째, 관찰의 초점 잡기
- 둘째, 관찰하며 기록하기
- 셋째, 팀원들과 공유하기
- 넷째, 두꺼운 기술을 통해 현장의 맥락 이해하기

이 네 단계는 반드시 순차적으로 진행되는 것은 아니다. 경험이 많은 디자이너라면 기록하면서 관찰의 초점을 잡거나, 현장에서 눈에 띄는 관찰 내용을 팀원들과 공유하며 새로운 관찰의 초점을 찾을 수도 있다. 하지만 경험이 쌓이기 전에는 바쁘게 돌아가는 현장에서 어느 정도의 지침이 도움이 될 것이다.

첫째, 관찰의 초점 잡기

디자인 에스노그라피를 처음 시작할 때 겪는 어려움 중의 하나는 '도대체 무엇부터 관찰해야 하는가'일 것이다. 막상 복잡한 현장을 맞닥뜨리면 생각했던 것과 달리 관찰할 것이 너무 많아 도대체 어떤 각도에서 접근해야 하는지 모르는 혼란스러운 상황에 빠질 수 있기 때문이다. 그럴 땐 다음과 같은 네 가지 초점들 중 하나를 시작점으로 삼아보자.

장소 중심

특정 장소에 머무르며 그곳에서 일어나는 일들과 사람들의 행동, 사람과 주변 환경 간의 상호작용을 관찰한다. 예를 들어 응급실에서 관찰을 진행하다가 대기 장소에서 일어나는 사건들에 대해 흥미로운 점을 발견하기 시작했다면, 그곳에 충분한 시간을 할애해 관찰을 진행할 수 있다. 또는, 어떤 사람들이 어떤 동선으로 움직이는지, 얼마 동안 그곳에 머무는지, 그 장소에서 어떤 상황이나 문제점들이 발생하는지 등에 대해서 관찰하고 기록한다.

사람 중심

프로젝트에서 이해하고자 하는 대상, 혹은 프로젝트에 유의미한 정보를 얻을 수 있는 대상 중 한두 명의 참여자를 집중적으로 따라다니며 관찰한다. 예를 들어 응급실 서비스 개선을 위한 프로젝트라고 한다면 응급실에서 근무하는 간호사나 환자를 선정하여 그들의 업무상 책임, 맞닥뜨리는 상황, 혹은 사람들과의 상호작용에 대해 파악할 수 있다.

사물 중심

업무나 활동을 진행하는 일련의 과정에서 어떤 사물들이 어떻게 사용되는지 관찰한다. 다시 한번 응급실을 예로 들어보자. 응급실처럼 매우 긴박하

1. 관찰의 초점잡기   2. 관찰하여 기록하기   3. 팀원들과 공유하기   4. 두꺼운 기술을 통해 현장의 맥락 이해하기

그림 1.3. 디자인
에스노그라피의 진행 순서

고, 작은 실수가 치명적인 결과를 낳을 수도 있는 환경에서는 최대한 신속하고 정확하게 일을 처리하기 위해 다양한 도구를 활용한다. 간호사가 환자의 정보를 기록하고 열람하기 위해 어떠한 물건들을 어떤 방식으로 활용하는지 살펴볼 수 있다.

활동 중심

현장 관찰을 하는 단위를 특정 활동의 시작과 끝으로 지정하여 할 수도 있다. 예를 들어 응급실에서 이루어지는 수많은 활동 중 응급실에 들어서는 환자들의 '접수'라는 활동에 초점을 두고 이 활동의 시작부터 끝까지 면밀하게 관찰할 수도 있다. 이 일련의 과정에서 환자들이 어떤 사람들과 상호작용하는지, 어떤 순서로 진행하는지, 누구와 어떤 대화를 나누는지 등에 대해 집중적으로 관찰한다.

초점을 잡는다고 해서 그 초점에 해당하는 것만 보라는 것은 아니다. 눈앞에 펼쳐진 수많은 관찰 대상 중 가장 먼저 집중할 시작점을 마련하는 것이다. 이 시작점을 활용하여 들여다보면 흥미로운 것들이 눈에 띄기 시작할 것이다. 이로부터 관찰 영역을 확장해 나가거나, 새로운 초점을 잡고 그 부분을 좀 더 자세히 들여다볼 수 있다.

예를 들어 사람을 중심으로 시작해 간호사의 일상을 동행하며 관찰하다가 환자 접수가 눈에 띈다면 이에 집중해 그 일이 진행되는 일련의 과정과 필요한 정보나 지식, 혹은 활용되는 사물들에 대해서 집중적으로 관찰할 수 있다. 여러 명의 팀원이 함께 관찰한다면 각자 다른 초점을 정해두고 진행할 수도 있다. 이 장의 뒤에 나오는 '케이스 스터디: 인지 건강 마을(79쪽)'에서는 다양한 전문분야를 가진 팀원들이 '사람을 중심으로' 그리고 '공간을 중심으로' 역할을 나누어 디자인 에스노그라피를 진행했다.

사람을 중심으로 동행 관찰을 하는지, 혹은 장소에서 다양한 사람이 마주하는 상황에 대해 관찰을 하는지에 따라 다양한 형태의 현장 관찰 기법들이 파생됐다. 예를 들어 사람을 중심으로 동행 관찰을 하는 방법은 쉐도잉 shadowing이라는 이름으로 알려졌고, 장소를 중심으로 머물러서 관찰을 하는 방법은 타운 워칭town watching이라고 불리기도 한다. 다양한 형태로 파생된 디자인 에스노그라피 기법들은 이 장의 뒤에서 좀 더 자세히 살펴보기로 한다 (64쪽).

둘째, 관찰하며 기록하기

초점을 정했다면 현장에 나가 관찰하면서 동시에 관찰 내용을 수첩에 기록한다. 사진이나 동영상으로 기록하는 것이 충분하다고 생각할 수 있지만 그렇지 않은 경우가 많다. 사진이나 동영상에 담기는 내용은 우리가 현장에서 관찰할 수 있는 내용의 일면일 뿐이다. 또, 숨가쁘게 돌아가는 디자인 프로젝트에서 장시간 촬영한 동영상을 돌려보며 중요한 내용을 포착하기란 쉽지 않다. 따라서 현장에서 본 것을 그 자리에서 빠르게 메모하고 사진이나 동영상은 보조적으로 사용하는 것이 현명하다.

메모는 관찰과 동시에 진행하기 때문에 나중에 상세한 내용을 기억해낼 수 있을 수준으로 간결하고 빠르게 하는 것이 핵심이다. 나중에 좀 더 체계적이고 상세하게 기술할 것을 염두에 두고 자신이 나중에 알아보고 관찰한 내용을 기억할 수 있을 정도의 수준으로 간단한 메모나 스케치를 한다. 그 현장에 어떤 사람들이 있었는지, 누가 누구에게 어떤 이야기를 했는지, 그들이 앉아 있던 위치는 어디였는지, 그 장소의 물리적 특성은 어떠했는지 등에 대해서, 나중에 보았을 때 자신이 그 내용의 핵심을 기억해내고 좀 더 상세하게 기술할 수 있을 정도로 간단하게 메모한다. 현장 관찰자는 수첩이나 사진기 등의 기록 도구를 항상 손에 쥐고 사건이나 사람들의 행동이 발생함과 동시에 기록할 수 있도록 해야 한다.

현장 기록은 현장 관찰자 자신을 위한 것이다. 다른 사람이 읽고 이해할 수 있을 만큼 기록하는 것이 목적이 아니기 때문에 자신이 알아보고 내용을 기억해낼 수 있을 정도의 메모면 충분하다. 다른 사람들과 공유하기 위한 문서 작성은 현장 기록 후 그 다음 단계에서 진행한다.

현장에서 기록하느라 눈 앞에서 일어난 일을 놓칠 수도 있기에 이를 보충하기 위해 사진이나 짧은 동영상 촬영 혹은 녹음을 병행하기도 한다. 하지만 촬영과 녹음 같은 행위는 자칫 참여자(관찰 대상)의 부자연스러운 행동을 초래할 수 있다. 예를 들어 멋진 사진을 남기겠다고 커다란 일안식 카메라를 들고 다니는 것은 참여자들을 불편하게 할 수 있을 뿐 아니라 관찰의 기동성마저 떨어뜨릴 수 있다.

💡 휴대폰의 기능이 좋아져 사실 대부분의 시청각 기록이 가능해졌으니 이를 적극 활용하는 것도 방법이다. 휴대폰으로 녹음이나 녹화하는 도중에 전화나 문자 메시지가 오는 상황에 대비하여 휴대폰을 비행모드로 전환하고, 배터리를 짬짬이 충전할 수 있게 휴대용 배터리를 별도로 소지하는 것이 좋다.

⚠️ **사생활 침해는 금물**

동영상이나 사진 촬영 그리고 녹음은 반드시 사전에 허락을 받는다. 우선 촬영을 한 뒤 나중에 보여주고 허락을 받겠다는 태도는 관찰자와 관찰 대상 간의 신뢰 관계에 손상을 입히므로 지양해야 한다. 촬영이나 녹음 전에 관찰 자료의 용도를 잘 설명하는 동의서를 준비해 서명을 받는 것이 바람직하다.

참여자가 하는 행동이나 말이 동시에 기록되고 있다는 사실을 인지하면 참여자가 자연스러운 행동을 보여주지 못하거나 진솔한 이야기를 끄집어내지 못할 수 있다. 이럴 때는 우선 기록 없이 관찰을 하되 주기적으로 화장실이나 계단 통로, 아무도 없는 구내 식당 등 참여자가 볼 수 없는 곳으로 잠시 물러나 빠르게 기록을 하고 다시 현장으로 돌아오는 방법도 있다.

현장 관찰자들은 참여자들이 개인적으로 기밀에 대해서 이야기한 것이나, 참여자가 수치심을 느낄 가능성이 있는 내용들은 기록하지 않도록 한다. 또한 참여자의 개인적 신변을 지나치게 드러내거나 사생활을 침해할 수 있는 내용은 기록하지 않도록 한다.

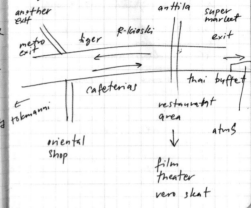

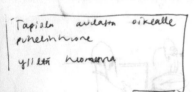

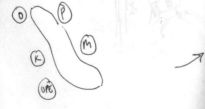

그림 1.4. 현장 기록의 예시: 장소 중심

그림 1.5. 현장 기록의 예시: 사람 중심

May 13 — Train from Vaasa to Seinäjoki

17:50 Two elders enter and find numbers. Given that train's no seat number assigned to this train they must have confirmed with on next train. they have big umbrellas.

18:00 train leaves

the three appear to be acquaintances or family. they discuss a lot and sporadically.

There are thirteen rows seating facing different directions.

CLV by they seem **18:10** the investigator enters and comfortable with each other. he by default use the QR machine. Some customers use their phones and some use printed ticket. These elders use a printed ticket (A4 size) the lady has it

window the couple

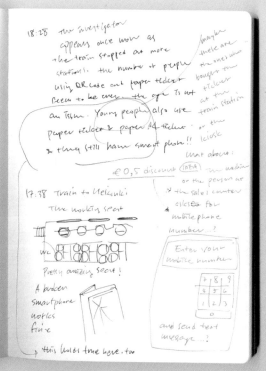

18:28 The investigator appears once more as the train stopped at more stations. The number of people using QR code and paper ticket seem to be even. the age is not an issue. Young people also use paper ticket & paper A4 ticket. or they still have smart phone!!

Maybe there are the one who bought the ticket at the train station kiosk

what about:

€0,5 discount (IKEA) — the machine or the person at the sales counter asked for mobile phone number...?

17:38 Train to Helsinki. The working seat

we Pretty amazing seat!

A broken smartphone works fine

this holds true here. too

Enter your mobile number

7	8	9
4	5	6
1	2	3

and send text message ...?

그림 1.6. 현장 기록의 예시: 사물 중심

그림 1.7. 현장 기록의 예시: 활동 중심

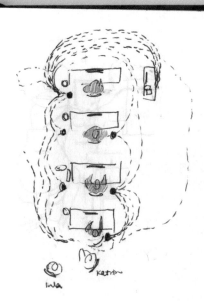

Students (from front):
Kasper, Olavi, Petteri, Mika

12.45

있는 그대로 기록하고 추측한 내용은 구분해서 표기하자

디자인 에스노그라피를 진행하다 보면 눈앞에서 벌어지고 있는 현상에 대한 개인적 판단과 추측, 새로운 아이디어들이 디자이너의 머릿속에 떠오르게 된다. 이렇게 떠오르는 단상은 훌륭한 디자인 결과물을 만드는 데 효과적으로 사용될 수도 있지만, 동시에 선입관을 형성해 이후의 관찰을 방해하고 새로운 것을 볼 수 있는 가능성을 닫아버릴 수 있다.

따라서 이를 인지하고 초기 아이디어와 성급한 사랑에 빠지지 않도록 조심해야 한다. 현장 관찰 중 떠오르는 추측이나 궁금한 점, 혹은 디자인 아이디어들은 현장 기록과 구분해서 표기해 두고 다른 팀원들과 활발한 의견 교환을 통해 개인적인 선입관에 영향을 받은 것이 아닌지, 무리한 가정은 아닌지 다양한 측면에서 해석하고 검토하는 것이 좋다. 가능하다면 다시 현장을 방문하거나 추가 인터뷰를 통해 자신이 내린 판단을 검증하는 것도 좋은 방법이다.

현장 기록 자체가 관찰 도구이다

앞서 설명했듯이 에스노그라피의 어원은 '사람에 대해서 기술하기'이다. 관찰하기observation가 아니라 기술하기description임을 기억하자. 이는 에스노그라피에서 관찰만큼이나 기록이 중요함을 방증한다. '기술하기'는 단순히 관찰한 현상을 글로 표현하여 문서를 작성하고 다른 사람에게 전달하는 것 이상의 의미이다. 현장 관찰 중 보고 경험한 것을 기록하는 행위를 통해 지금 보고 있는 것이 무엇을 의미하는지 생각해보게 되고, 이를 통해 자연스럽게 다음 관찰의 방향성을 정하게 되기 때문이다. 이런 의미에서 디자인 에스노그라피에서의 현장 기록은 실험실 연구에서 실험 결과를 기록하거나 보고서를 작성하는 것과는 그 결이 다르다.

현장 기록은 그 자체가 관찰의 도구이자 판단의 도구라고 이해하는 것이 정확하다. 따라서 현장 기록을 할 때 관찰자는 기록할 것과 기록하지

💡 관찰하면서 동시에 현장을 기록한다는 것은 결코 쉬운 일이 아니므로 연습을 통한 숙련이 필요하다. 여러 차례의 연습과 경험을 통해서 자신에게 맞는 방법을 개발해 나가도록 하자. 실제 디자인 프로젝트에 참여하지 않더라도 개인적으로 연습이 가능하다. 예를 들면 손에 메모장과 필기도구를 쥐고 달리는 지하철에 앉아 사람들의 행동과 대화를 관찰해보자. 그리고 빠른 속도로 글 혹은 그림으로 기록하는 연습을 해보자.

지하철에서 하차한 후 도서관이나 카페에 앉아 현장 기록을 살펴본다. 이를 바탕으로 사람들의 행동, 대화, 어떤 위치에 누가 앉아 있었으며 어떻게 움직였는지 등에 대한 좀 더 상세한 내용을 기억해내고 다른 사람이 이해할 수 있을 정도의 수준으로 기술해보자. 현장 기록을 바탕으로 좀 더 상세한 문서를 작성하는 것은 관찰 중간중간 짬을 내어 해도 좋고, 하루의 관찰이 끝난 후에 해도 좋다. 하지만 시간이 지날수록 기억이 희미해지기 때문에 가능하면 하루를 넘기지 않는 것이 바람직하다.

않을 것을 직관적 혹은 의도적으로 선택하게 되는데, 이를 통해 관찰하고 있는 내용에 대한 일차적인 선별filtering 혹은 틀짓기framing가 이루어진다고 할 수 있다. 관찰하고 있는 일련의 사건들, 사람들의 행동, 상호작용 그리고 경험을 포함한 모든 내용을 기록하는 것이 현실적으로 불가능하기 때문인데, 따라서 흥미롭게 느껴지는 사건들, 장면들, 사람들의 행동과 대화 내용, 사물들을 기록하는 과정에서 디자인 프로젝트의 목표와 관찰자의 관심사가 반영되는 것은 디자인 에스노그라피에서 자연스러운 현상이라고 할 수 있다.

셋째, 팀원들과 공유하기

한 단위의 현장 관찰이 끝나면 팀 구성원들이 모여 자신이 관찰한 내용 중 가장 인상 깊었던 점들을 이야기하고 공유한다. 현장에서 찍은 사진이나 비디오 등을 함께 살펴보는 것도 좋다. 이때, 현장을 관찰한 시기와 공유 시기 사이의 기간이 너무 길지 않도록 하자. 가급적이면 현장 관찰자의 기억이 생생하게 남아 있는 그날 저녁에 할 수 있도록 하고, 늦어도 다음날을 넘기지 않는 것이 좋다. 따라서 수일간 계속되는 관찰이라면 공유를 위한 시간과 장소를 미리 정해두는 것이 현명하다.

현장 기록 내용을 참고해 가장 인상 깊었던 점을 하나씩 돌아가며 이야기하고, 다른 팀원들도 같은 관찰을 했는지, 같은 관찰에서 다른 어떤 점을 발견했는지 공유한다. 한 명의 관찰자가 발견한 내용을 다른 팀 구성원들에게 설명하고 그 내용에 대해서 서로 어떻게 생각하는지 함께 이야기하는 활동은 매우 유용하다. 자신이 흥미롭다고 생각한 현상의 의미를 함께 해석함으로써 발견점에 개인적 선입관은 없었는지 점검할 수 있고, 또 미처 생각하지 못했던 점들을 발견할 수도 있다.

프로젝트에서 두세 명이 팀을 이루어 현장을 관찰한다면 무엇보다 각 관찰자가 관찰한 내용을 중간중간 효과적으로 공유하고 이에 대한 의견을 지속적으로 나누는 것이 매우 중요하다. 관찰 시작 전에 모두 같은 초점을 가지고 할지, 사람, 장소, 사물, 활동 등 초점을 나누어 할지 미리 상의한다. 현장의 상황에 맞추어 이를 변경하는 것 역시 중요하다. 예를 들어 2시간마다 15분 정도 시간을 내어 중간 점검을 하고 역할을 바꾸거나 관찰의 초점을 한 곳으로 모을 수 있다.

넷째, 두꺼운 기술을 통해 현장의 맥락 이해하기

현장에서 돌아왔다면 이제 관찰한 내용과 마주할 차례다. 숨가쁜 현장에서 빠르게 만들어진 현장 기록물을 바탕으로 현장에서 새롭게 알게 된 내용을 상세하고 생생하게 풀어 기술한다. 우선은 메모와 기억에 의존해 기술하고 사진이나 동영상 자료가 있다면 이 자료들로 기술한 내용을 보충한다.

디자인 에스노그라피의 이 '상세하기 기술하기'는 문화인류학자 클리포드 기어츠Clifford Geertz가 그의 저서 *The Interpretation of Cultures*[9]에서 '두꺼운 기술thick description'이라는 개념 및 기법으로 소개했다. 두꺼운 기술이란 단지 많은 양을 기술하는 것이 아니라 현장에서 일어난 일을 그 고유한 맥락 및 상황적 조건과 함께 가능한 한 생생하고 구체적으로 그리고 현장에서 찾은 표현을 활용하여 치밀하고 풍부하게 묘사하는 것을 의미한다. 관찰한 인간 행동이나 현상을 해석할 때 단순히 표면적으로 판단하는 것을 피하고 현장의 고유한 맥락과 문화 안에서 특정 현상이 갖는 의미를 두꺼운 기술을 통해 파악하는 것이다.

관찰자는 이렇게 관찰 내용을 상세하고 치밀하게 기술하는 과정을 통해 피관찰자의 경험, 주관, 목적과 가치, 사회적 통념 등을 마치 본인이 그 사람들이 된 것처럼 느낄 수 있게 된다. 마치 소설가나 극작가가 글을 쓸 때 특정 사건을 매우 상세하게 묘사함으로써 작가 자신이 마치 등장 인물이 된 듯한 경험을 하는 것과 비슷하다고 할 수 있다. 단, 디자인 에스노라피에서의 두꺼운 기술은 허구가 아니라 실화true story를 기술하는 것이지만 말이다. 현장 특유의 상황과 그 구성원들의 관점을 생생하게 기술하는 과정은 관찰한 내용의 의미를 깊이 있게 해석할 수 있도록 하고, 그 맥락 안에서의 체험적 의미에 좀 더 가까이 다가갈 수 있게 한다.

현장 관찰 후 시간이 지날수록 현장의 맥락을 생생하고 풍부하게 기억해 묘사하는 것이 어려워진다. 따라서 두꺼운 기술은 가능한 한 현장 관찰 당일 진행하도록 하고, 늦어도 다음날을 넘기지 않도록 이를 위한 시간을 미

9 번역서로 《문화의 해석》 (2009, 까치)이 있다.

리 배분해 두도록 한다. 현장 기록, 사진, 동영상이 도움이 되긴 하지만, 다감각적으로 느낀 현장의 느낌을 대신할 수는 없기 때문이다.

다시 한번 강조하지만 두껍게 기술하기는 단순히 관찰한 내용을 기록하거나 전달하기 위한 활동이 아니다. 두껍게 기술하는 그 행위 자체를 통해 관찰 대상에 대해 조금씩 더 공감할 수 있게 되고 이를 바탕으로 관찰한 내용의 맥락과 사회적 의미를 이해할 수 있게 된다. 따라서 이 과정을 생략해서는 안 된다. 사용자 관찰을 하고 난 뒤 관찰 내용을 해석하는 과정이 없다면 사용자 관찰은 하나 마나 한 활동이 될것이다. 두꺼운 기술이 바로 이 해석의 첫걸음임을 잊지 말자.

디자이너로서 시각적으로 두껍게 기술하기

디자이너들 중에는 관찰 내용을 글로 상세히 기술하는 것에 익숙지 않은 사람들도 있을 것이다. 그렇다면 시각적 방법으로 두껍게 기술해도 무방하다. 예를 들어 그림 1.8에서처럼 현장 기록에 담긴 관찰 내용을 만화 형식으로 만드는 방법도 있다. 주의할 점은 두껍게 기술하기의 기본 원칙, 즉 표면적인 관찰 내용만을 묘사할 것이 아니라, 관찰 대상의 상황에 공감하고 현장의 디테일을 포함해 전체적인 맥락을 놓치지 않도록 노력해야 한다는 것이다.

현장 기록에서 만들어진 현장 스케치나 사진 자료를 두꺼운 기술에 함께 활용하는 것도 좋은 방법이다. 현장 기록으로부터 발전시킨 글의 내용을 사진 자료 등과 함께 활용하여, 시각적인 게시판을 만드는 것이다. 이렇게 만든 자료를 늘 볼 수 있는 곳에 걸어두면 프로젝트를 진행하면서 매일 이 정보 보드와 마주치며 영감을 얻을 수 있다. ◐많은 양의 자료를 디자인 프로젝트를 위해 해석하는 방법은 이 책의 '4장 해석 도구: 어피니티 다이어그램'에서 자세히 다룬다.

그림 1.8. 시각적으로 두껍게 기술하기

⚠️ 맥락은 단순히 배경만을 의미하는 것이 아니다

디자인 에스노그라피에서 '맥락'은 사용자가 지금, 여기서 하고 있는 일련의 행동들이 말이 되게 하는 혹은 이해가 되게 하는 요소들을 의미한다. 우리가 이를 강조하는 이유는 관찰 경험이 많지 않은 디자이너가 사용자 맥락을 단순히 물리적 환경, 사회적 위치, 문화적 배경 등 1차적 배경으로 한정 지어 생각하는 실수를 저지를 수 있기 때문이다.

한 예로 병원에서 일하는 간호사를 보자. 지금 간호사의 저 행동은 무엇 때문일까? 하얀 벽, 그녀를 기다리는 환자의 수, 병원의 계단, 혹은 그녀가 일하는 사무실의 크기 때문일까? 또는 의사가 아니라 간호사라는 역할이, 환자가 아니라 간호사라는 입장이 그런 행동을 가능하게 할까? 그것이 전부라면 모든 간호사는 다 똑같은 방식으로 업무를 처리할 것이다. 하지만 실제로는 모든 간호사가 각자 조금씩은 다른 방식으로 업무를 처리하는데, 이런 부분은 단순히 간호사라는 직업이나, 병원의 물리적 환경, 현재 병동의 상황으로만 설명하기 어렵다.

다른 예를 보자. 저자 중 한 명인 나(이승호)는 핀란드에서 디자이너로 활동하는 한국인이다. '디자이너'라는 직업, '한국인으로서의 문화적 배경' 그리고 '핀란드에서 거주한 10년의 시간' 등이 나의 행동을 설명하고 이해할 수 있는 맥락의 구성요소들이 될 수는 있겠지만, 내가 수많은 상황에서 하는 다양한 행동이 이 세 가지 요소로 모두 설명될 수 있거나 직접적인 맥락을 제공한다고 보기는 어렵다. 오히려 잠시 후 닥칠 상황이라든지, 지금 대화를 나누고 있는 사람과의 관계 등이 지금 행동에 매우 결정적인 맥락을 제공할 수도 있다. 예컨대 내가 도서관에 앉아 30분 후에 시작할 프로젝트 경과 보고를 위해 바쁘게 준비 중인데 서울에 계신 부모님으로부터 전화가 온다면 이 상황에서 나의 행동을 핀란드에서 디자이너로 활동하는 한국인 남자라는 배경으로만 해석하기에는 무리가 있다. 직업, 나이 등 관찰 대상의 사회적 상황이나 인종, 국적 등의 표면적인 배경으로 특정 행동을 설명하기엔 부족하다는 것이다.

또 같은 장소, 같은 시간대에 관찰되는 다양한 행동이 모두 그 물리적, 시간적 요소에 영향을 받아 일어났다고 단정하기에도 어려움이 있다. 같은 버스 정류장에서 동시에 버스를 기다리고 있는 사람들이 하는 행동도 누구를 만나러 가는지, 약속 장소에 늦었는지, 늘 타던 버스인지 혹은 처음 타는 버스인지 등에 따라 영향을 받을 수 있다.

이처럼 사용자 맥락은 '왜 이 사람이 이 상황에서 이런 행동을 할까?'라는 질문에 다양한 측면에서 답을 줄 수 있어야 한다. 쉽게 눈에 띄는 사용자의 표면적인 환경, 혹은 특정 집단에 대해 가질 수 있는 고정관념에 방해받지 않도록 주의하자.

지금까지 디자인 에스노그라피가 무엇이고, 또 어떻게 진행하는지에 대해 살펴보았다. 이제 성공적인 디자인 에스노그라피를 위해 필요한 자세와 주의점을 들여다보자.

스스로 관찰 도구가 되자

디자인 에스노그라피를 진행할 때는 상자에서 도구를 꺼내 쓴다고 여기기보다 자기 자신이 바로 관찰 도구라고 생각하고 시작해야 한다. 관찰을 잘할 수 있게 도와주는 전략이나 체계적인 과정이 필요하긴 하지만, 결국 디자인 에스노그라피의 성패를 좌우하는 것은 관찰하는 사람의 마인드세트, 민감함 그리고 통찰력이기 때문이다. 관찰자에게 요구되는 마인드세트는 다음과 같이 요약할 수 있다.

첫째, '진짜 이야기'는 이론이 아니라 실제 일어난 일에 있다. 디자인 에스노그라피를 통해 얻은 발견점은 있는 그대로의 환경을 직접 관찰하여 얻은 '경험을 통한empirical' 결과물이다. 미리 세운 가설이나 아이디어를 뒷받침하는 상황을 찾거나, 기존에 존재하는 이론을 바탕으로 연역적으로 아이디어를 만드는 것과는 다르다.

둘째, 상세하게 관찰하되 넓은 맥락에서 이해해야 한다. 어떤 특정 행동을 관찰하더라도 항상 더 큰 범주의 맥락을 찾고, 그 안에서 이해하고 해석하도록 하자. 한두 번의 관찰로 멈추기보다 관찰한 내용을 더 넓은 관점에서 이해하기 위해 다른 관찰을 진행하거나 인터뷰를 통해 좀 더 풍부한 맥락을 탐험하는 것이 바람직하다.

셋째, 판단은 일단 접어두고 경험한 것만 최대한 상세하고 풍부하게 기술한다. 이때 관찰자의 섣부른 판단은 보류한 채 있는 그대로 기술하도록 한다. 그렇지 않으면 사람들의 행동을 자신의 선입관으로 판단하게 되고, 결국 기술한 내용은 실제 사람들이 한 행동이기보다는 자신의 판단으로 쓰여진 평가서가 되어버린다.

마지막으로, 항상 관찰하고 있는 사회나 집단의 구성원, 즉 사용자의 입장에서 현장과 상황을 보려고 노력하자. 물론 관찰자가 완벽하게 관찰 대상의 상황을 이해하긴 어렵다. 하지만 '나는 어차피 외부자'라는 생각으로 피상적인 관찰을 진행하는 것을 피하기 위해서라도 사용자의 입장에 공감하기 위한 노력은 필수적이라 할 수 있다.

객관적인 관찰이란 애초부터 불가능하다

디자인 에스노그라피를 진행할 때 가장 먼저 받아들여야 하는 것은 관찰자 스스로가 결코 객관적인 관찰 도구가 될 수 없다는 것이다. 사람은 자신이 인지하든 그렇지 못하든 간에 항상 어떤 관점을 통해서, 어떤 가정을 가지고 특정 현상을 바라보게 마련이다. 관점과 가정 없이 관찰한다는 것은 갓난 아이가 아니고서는 어려운 일이다.

처음에 어떤 관점을 가지고 접근하느냐는 나중에 디자인 아이디어로 이어지는 발견점과 통찰에 지대한 영향을 준다. 부적절한 가정을 가지고 관찰을 시작해 끝까지 그것을 버리지 못한다면 관찰 과정에서 숨은 보석을 발견하지 못하고 지나칠 수 있다. 자신이 무엇을 모르고 있었는지, 실은 무엇을 발견했어야 했는지 그 실마리도 얻지 못한 채 엉뚱한 관찰 결과물을 들고 돌아올 수도 있다. 이 책의 도입부에서 소개한 일화(2쪽)에서 수영장을 찾는 시민들의 발길이 줄어든 이유는 수영장 시설의 문제가 아니라, 수영장으로 오는 버스 시간표가 그들의 하루 일과에 맞지 않았기 때문이었다. 수영장 시설의 문제였다는 잘못된 가정에서 출발하면 시민들이 수영장 시설을 어떻게 사용하는지, 어떤 불만이 있는지에 대해서만 관찰하게 될 것이다.

노인들을 위한 건강관리 서비스 디자인 프로젝트에서 노인 가정이나 복지 회관에 방문하여 디자인 에스노그라피를 진행한다고 하자. 이때 '노인들은 정보기술에 대한 지식이 없고, 수동적이며 항상 도움이 필요한 존재'라는 선입관을 가지고 관찰한다면 관찰자의 눈은 노인들이 도움을 필요로 하는 난처한 상황만 좇게 될 것이고, 어떻게 즉각적인 도움을 줄 것인가 하는 쪽으로만 디자인 방향을 풀어가려고 할 것이다. 하지만 미리 자신이 이러한 선입관을 가지고 있다는 사실을 인식한다면 노인들이 일상에서 느끼는 즐거움이나 능동적이고 자립적으로 문제를 해결하는 상황들 역시 관찰할 수 있을 것이고, 이러한 발견점들은 전혀 다른 디자인 안으로 이어질 수 있다.

먼저 자신의 관점과 선입관을 인식하자

자신의 관점을 완전히 배제하고 열린 자세를 유지하는 것은 쉽지 않다. 하지만 그보다 더 어려운 것은 자신이 어떤 가정이나 선입관을 가지고 관찰에 임하는지 인지하는 일일 것이다. 실제로 에스노그라퍼들은 관찰자로서의 자신이 순수히 객관적인 관찰 도구가 될 수 없다는 것을 인정하고 이 한계를 극복하고자 노력했다. 주관적인 관점을 배제할 수 없다면 그 관점이 무엇인지 미리 알고 시작하자는 것이 그들의 생각이었다.

관찰자가 자신의 선입관을 인지할 수 있는 방법 중 하나는 관찰 전 자신이 어떤 배경을 가지고 있고, 관찰 대상에 대해 어떤 경험을 가지고 있고, 무엇을 알고 있다고 생각하는지 써보는 것이다. 자신의 관점에 영향을 미칠 만한 것들을 적어내려가는 과정을 통해, 자신이 어떠한 선입관과 가정을 가지고 있는지 깨닫게 된다. 다른 사람을 관찰하기 전에 자신을 대상으로 관찰하고 기술한다는 점에서, 즉 스스로에 대해서 에스노그라피한다는 점에서, 이를 '자가 에스노그라피auto-ethnography'[10]라고 부르기도 하는데, 자가 에스노그라피는 나중에 다른 사람이나 집단을 관찰할 때도 자신의 배경 및 가정이 기록과 해석에 어떤 영향을 미치고 있는지, 혹은 잘못된 편견을 가지고 있는 것은 아닌지 확인하는 데 도움이 된다.

관찰 현장에 도착하기 전 그리고 관찰 후 해석 전에 자가 에스노그라피를 읽어보고 꾸준히 자신의 관점이 관찰에 미치는 영향을 상기해보도록 하자. 여러명이 함께 디자인 에스노그라피에 참여한다면 관찰에 임하기 전 서로의 자가 에스노그라피를 공유하고 가볍게 토론해보는 것도 좋다. 관찰에 있어 개개인의 강점은 물론 팀으로서의 부족한 점도 확인할 수 있는 기회가 될 것이다. 사람의 관점은 매우 복합적인 것이어서 한번 작성한 자가 에스노그라피를 미래의 모든 프로젝트에 사용하긴 어렵다. 새로운 프로젝트에 들어갈 때마다, 혹은 주기적으로 자신의 자가 에스노그라피를 업데이트하는 것이 좋다.

자신이 가지고 있던 가정 및 선입관을 인지하기 위해 좀 더 시각적인 기술 방법도 활용할 수 있다. 예를 들어 관찰 전, 혹은 프로젝트가 시작되기 전에 주제에 대해 알고 있는 것과 알고 있다고 생각하는 것에 대해 키워드

10 Carolyn Ellis. *The Ethnographic I: A Methodological Novel about Autoethnography*. AltaMira Press, 2004.

마인드맵은 시각적으로 정리된 정보의 다이어그램을 말한다. 마인드맵은 보통 하나의 콘셉트를 중심으로 가지가 뻗어나가듯 다양한 방향으로 키워드를 확장해 나가며 기록하는 형식을 가진다. 마인드맵이라는 이름은 영국의 심리학자이자 언론인인 토니 부잔(Tony Buzan)이 소개했지만 시각적으로 정보를 지도처럼 정리하는 방식은 수세기 전부터 존재해 왔던 것으로 알려져 있다.

나 그림으로 마인드맵mind map을 만들어 활용할 수도 있다. 이는 디자인 팀과 그룹으로 진행하면 매우 효과적이다. 자신이 경험한 것과 알고 있다고 생각하는 것에 대해 다른 팀원들에게 이야기하고, 자신의 생각과 다른 팀원의 생각을 비교해봄으로써 자신의 배경과 관점을 더욱 뚜렷이 인식할 수 있기 때문이다.

만들어진 마인드맵은 공유하는 공간에 잘 보이도록 비치하거나 소지하고 다니며 현장 관찰 전에 활용할 수 있다. 관찰의 초점, 해석하고 있는 방향, 그리고 디자인 아이디어가 자신의 선입관이나 가정에 여전히 영향을 받고 있는지, 아니면 처음의 가정을 넘어서고 있는지 지속적으로 체크한다.

그림 1.9. 싱가포르 국립대학교 학생팀이 디자인 에스노그라피를 진행하기 전 작성한 마인드맵. 외국인 가사 노동자에 대한 자신들의 관점을 기록하고 공유했다.

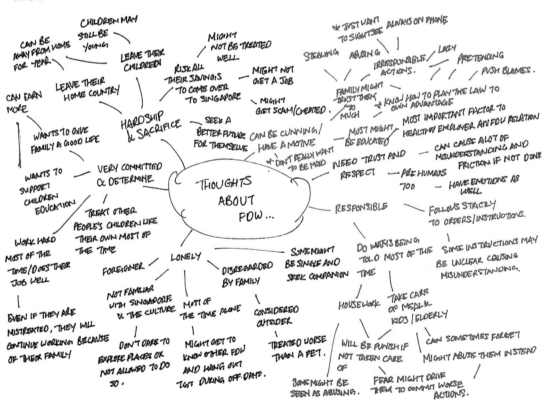

이제까지 디자인 에스노그라피를 이해하기 위해 간단한 역사, 진행 순서 그리고 마인드세트를 살펴보았다. 이제 성공적인 디자인 에스노그라피를 위해 기억해야 할 몇 가지 주의점을 짚어보자.

'이러이러한 것들을 이런 방식으로 관찰하고 기록해야 하며 저러저러한 것들은 무시해도 좋다'라고 짚어 알려주는 것은 다소 무의미하다. 무엇을 어떻게 관찰해야 유의미한 통찰을 얻을 수 있을지는 각 프로젝트의 고유한 상황에 따라 다르기 때문이다. 따라서 해당 프로젝트와 그 현장에 '스며들어 있는' 관찰자의 판단이 가장 정확한 기준을 제공할 것이다.

가이드라인이나 체크리스트를 바탕으로 관찰과 기록을 진행하면 당장의 불안감은 덜 수 있을지 모르지만, 정작 현장 관찰 중 당면한 유일무이한 상황에 눈을 닫아버리는 상황이 생길 수 있다. 실제 현장을 보기도 전에 '이러저러한 것을 중심적으로 보겠다'라고 임의로 정해진 틀에 답을 채워 넣는 형식으로 관찰하고 기록한다면 어떻게 예상치 못했던 새로운 통찰을 얻을 수 있겠는가.

따라서 우리는 가이드라인이나 체크리스트보다는 프로젝트마다 고유한 맥락을 가진 현장을 방문하고 기록할 때 어떤 각도로 접근해야 할지 그리고 어떤 부분을 유의해야 할지 소개하고자 한다. 아래 소개할 내용들은 십수 년의 경험을 가진 디자인 에스노그라퍼들이 공통적으로 강조하는 내용이다.

하나, 기억은 당신을 배신한다

현장 기록에 소홀한 채 나중에 기억해내려고 하면 뚜렷이 기억나지 않거나 잘못 기억하는 경우가 생각보다 많다. 앞에서 언급한 것처럼 관찰한 모든 것을 현장에서 기록할 수는 없겠지만 나중에 기억해낼 수 있도록 최대한 풍부하게 기록하도록 한다.

수술실, 응급실 등 촬영이나 녹음이 허락되지 않는 경우는 생각보다 많다. 허락을 받았다고 해도 녹음이나 촬영이 현장의 고유성을 해칠 수 있다면 글과 그림을 적절히 조합해 기록을 풍부하게 해보자. 참여자들이 자신의 사생활에 관련된 내용이 녹음되길 원치 않거나, 혹여 있을지 모르는 불이익을 우려해 솔직한 감정을 드러내지 못하는 등 녹음이나 촬영은 상황에 따라 얻는 것보다 잃는 것이 더 많을 수 있다. 효율적이고도 풍부한 기록은 연습을 통해서만 가능하다. ●현장 기록을 연습하는 방법은 앞의 '스텝 바이 스텝(44쪽)'에서 소개하고 있으니 참고하자.

둘, '무엇을' 하는지를 넘어 '어떻게' 하는지를 보자

현장 기록의 시작은 사람들의 행동을 매우 근접한 위치에서 관찰하며 무엇을 하는지 보고, 어떤 말을 하는지 듣는 것이다. 이때 중요한 것은 사람들이 '무엇을' 하는지보다 그것을 '어떻게' 하는지를 아주 세밀하게 관찰하는 것이다.

수년 전에 한 디자이너가 종합병원의 환자 관리 정보시스템을 개발하기 위한 목적으로 간호사들이 어떻게 입원 환자들의 진료 정보를 기록하고 관리하는지 관찰하고 있었다. 이 디자이너는 환자 진료 파일을 안고 병동 이곳저곳을 돌아다니며 업무를 보는 간호사를 따라다니던 중, 한 간호사가 환자 진료 기록의 귀퉁이를 다양한 방식으로 접거나 볼펜으로 깊게 눌러 자국을 내는 것을 발견했다.

그 이유를 물어본 결과 여러 환자를 짧은 시간 안에 돌아보며 그들이 최근 어떤 진료를 받았고, 다음에 어떤 진료를 받아야 하는지, 어떤 환자부터 보아야 하는지 파악하기 위해 사용하는 방법이라는 것을 알 수 있었다. 문서 안쪽에 필기를 할 수도 있지만, 그렇게 하면 많은 진료 정보 중 자신이 필요한 문서를 찾는 것이 쉽지 않아서, 여러 장의 문서 속에서 필요한 진료 기록을 재빠르게 찾기 위해 고안한 방법이었다.

이 간호사는 모든 것이 빠르게 돌아가는 병원에서 자신의 역할을 원활히 해내기 위해 문서 귀퉁이에 정보를 표시하기 시작했다고 한다. 이를 통해 고유의 정보관리체계를 구축하고, 그를 통해 많은 양의 정보를 빠른 시간 내에 효율적으로 실수 없이 관리할 수 있게 됐다. 놀라운 것은 시간이 지나면서 이 방식이 동료 간호사들 사이에서 마치 그들만 아는 암호처럼 공유되어서 업무를 교대할 때도 별도의 요청 없이 환자들의 진료정보를 공유할 수 있다고 한다.

단순히 간호사가 무엇을 하는지, 즉 '진료 기록을 관리하는 것'을 관찰하는 데 그치지 않고, 어떻게 그 일을 하는지, 즉 '진료 문서 귀퉁이에 자국을 내 환자 기록을 재빠르게 구분하는 방법'을 잡아낼 수 있을 때 간호사가 일하는 현장의 어려운 점이나 이를 해소할 수 있는 방안에 대한 통찰 역시 얻어낼 수 있을 것이다.

셋, 시공간적 상황을 살펴보자

다양한 활동이 일어나고 있는 물리적 환경이 어떻게 구성되어 있는지 상세하게 살펴보자. 그 안에서 사물, 벽, 통로, 방들은 어떻게 배열되어 있는가? 그 물리적 공간은 특정 활동이나 업무를 위해 최적화된 것인가? 특정 활동이나 업무는 그 물리적 환경에 의해 더 쉽게 일어나고 있는가, 아니면 반대로 사람들이 그 물리적 환경의 한계에도 불구하고 노력을 통해 활동을 이어나가고 있는가? 특별한 활동을 위해 할애된 특별한 공간이 있는가? 사람들은 어디에 어떻게 위치하고 있는가? 그들은 그 공간에서 시간에 따라 어떤 방식으로 자신의 활동을 해나가는가?

넷, 사람과 사람 간의 상호작용에 관심을 기울이자

사람들의 행동 양식을 관찰할 때 그들의 사회적 관계를 이해하는 것은 매우 중요하다. 누구와 함께 있는지, 어떤 성격의 그룹에 속해서 일을 하는지, 그룹의 목표, 다른 그룹과의 관계 등 다양한 상호작용이 사람들의 행동에 결정적인 영향을 미칠 수 있기 때문이다.

사람들의 행동을 관찰할 때 다음과 같은 사항을 눈여겨 보자. 여러분이 관찰하는 사람은 보통 누구와 함께 있는가? 혹시 일종의 그룹을 구성하고 그 안에 속해 있는가? 여러분은 어떻게 그들이 하나의 그룹이라고 생각하게 됐는가? 그들이 하나의 그룹에 속해 있다는 것을 알아차리게 해준 특징이나 지표는 무엇인가?

영화관의 자동 티켓 발부 기계를 사용하는 사람들의 행동을 관찰한다고 하자. 혼자 와서 기계를 사용하는 사람, 연인과 함께 사용하는 사람, 혹은 친구들 서너 명이 우르르 기계를 둘러싸고 사용하는 경우도 있다. 이와 같은 사회적 상호작용이 그 사람의 행동에 영향을 미칠 수 있다.

예를 들어 한 사람이 예약번호 등의 정보를 불러주고 다른 사람이 버튼을 눌러 입력하는 장면을 관찰할 수도 있고, 서너 명이 어떤 정보를 선택해야 하는지 상의하느라 시간을 지체하는 장면도 관찰할 수도 있다. 따라서 누군가의 행동을 관찰할 때, 그 행동을 개인과 사물만의 상호작용으로 보는 것이 아니라 그 사람이 속한 사회적 맥락 속에서 사람들 간의 상호작용 그리고 그 안에서 사물의 역할을 파악하는 것이 중요하다.

쇼핑몰에서 두세 명이 무리 지어 쇼핑하거나 공항에서 여럿이 출국 절차를 밟는 사람들의 모습을 볼 수 있는데, 이들이 하나의 무리인지 알아차리는 것은 그리 어렵지 않다. 어떤 행동과 물리적 단서가 그 사람들이 하나의 무리임을 드러내는지 눈여겨 관찰하면, 그 무리의 성격과 목표를 파악하거나 그 다음 행동을 예측하는 데 도움이 된다. 예를 들어 사람들이 걸어 다닐 때 서로 어느 정도의 거리를 유지하는지, 여행 가방이나 지도 등 서로의 소지품을 어떤 방식으로 공유하는지, 멀리 있을 경우에 어떤 방식으로 서로를 호출하고 알아보는지 등을 관찰해보자. 그 무리의 성격을 파악할 수 있을 것이다.

다섯, 협력이 이루어지는 방식에 관심을 기울이자

서비스를 공급하고 활용하는 과정에는 여러 명의 동시다발적인 혹은 순차적인 협력이 필요하다. 따라서 서비스 디자인 프로젝트에서는 사람들이 어떻게 협력하고 서로의 행동을 조정해 나가는지 관찰하는 것이 중요하다. 예를 들어 패스트푸드점 서비스 개선을 위한 프로젝트라면 직원들이 손님의 목적을 충족시키기 위해 어떤 방법으로 협력하고 조율하는지 파악하기 위해 다음과 같은 점들을 눈여겨 관찰할 수 있다.

- 직원의 협력: 카운터의 직원은 당면한 일을 수행하기 위해 누구와 함께 일을 하는가? 그들은 동료로부터 어떤 것을 필요로 하는가? 그들은 누구로부터 일을 넘겨받고 어떻게 일을 진행하는가? 그들은 일을 누구에게, 어떻게 넘겨주는가?

- 손님의 행동: 손님들은 손님으로서 어떤 역할을 수행하는가? 손님들은 자신을 '손님'으로 이해시키기 위해 어떻게 행동하는가? 그들은 서비스 과정의 다양한 단계마다 어떤 식으로 행동을 하는가? 각기 다른 목적을 가진 손님들은 어떤 위치와 동선을 취하는가?
- 직원과 손님 간의 소통과 상호협력: 직원과 손님은 손님이 원하는 서비스를 달성하기 위해 어떻게 협력하는가? 그들은 일련의 행동을 어떻게 조화롭게 구성하는가? 어떤 부분을 암묵적으로 합의하고, 어떤 부분을 표면에 드러내 조정하고 합의하는가?

여섯, 문제상황 속에 보석이 숨어있다

문제가 발생하는 상황 그리고 그 문제를 해결하기 위한 사람들의 행동은 평소에는 표면적으로 관찰하기 힘든, 사람들 간의 암묵적 동의 혹은 기대 등을 파악할 수 있는 좋은 기회가 된다. 무엇이 문제를 초래하는가? 문제들은 어떻게 눈에 드러나게 되는가? 일을 하는 도중에 문제가 발생하면 사람들은 어떤 대안을 생각해내는가? 이럴 때 어떤 '그들만의 방식'을 발견할 수 있는가?

저자 중 한 명인 나(이정주)는 싱가포르 노동부와 서비스 디자인 프로젝트를 수행한 적이 있다. 상당수의 외국인 노동자가 일하고 있는 싱가포르에는 외국인 노동자를 대상으로 비자 관련 업무를 비롯, 임금 문제, 산업재해 등을 처리하는 고객서비스 센터가 있다. 하루 수백 명의 외국인 노동자가 다양한 문제를 해결하기 위해 이 센터를 방문하는데, 문제들 중 80%는 실제로 고객서비스 센터에 찾아올 필요 없이 인터넷이나 전화로 해결할 수 있는 일들이다.

이에 싱가포르 노동부는 고객서비스 센터의 혼잡함을 줄이고 직원의 업무량을 덜기 위해 센터 내 직원과의 상담 없이 스스로 문제를 처리할 수 있도록 주제별로 각종 브로슈어와 포스터를 분류해 비치해둔 '정보 갤러리'를 설치했다. 센터를 방문하는 외국인 노동자들이 노동부 직원을 만나기 위해 번호표를 뽑고 오랜 시간 기다릴 필요 없이 브로슈어나 포스터를 보고 비치된 컴퓨터를 활용해 스스로 문제를 해결할 수 있도록 하는 것이 목적이었다.

그림 1.10. 정보 갤러리를
지나가는 노동부 직원에게
문의하는 방문객과 그 뒤에 줄을 선
다른 방문객들

하지만 결과는 노동부가 예상했던 것과 반대였다. 고객서비스 센터 방문객들은 정보 갤러리에 관심을 두기보다는 센터 직원이 지나갈 때 그들을 붙잡고 자신이 방문한 목적을 설명하기 시작했다. 센터 직원들은 그 문제를 듣고 정보 갤러리에 비치된 브로슈어를 보고 스스로 해결할 수 있도록 안내하려 했지만 한 명의 방문객이 노동부 직원과 대화를 하기 시작하면 그 뒤에다른 방문객들이 줄을 서기 시작했다. 센터를 방문하는 방문객들의 혼잡도를 줄이려고 만든 정보 갤러리는 방문객들이 공간의 한복판에 줄을 서게 함으로써 오히려 혼잡을 일으켰다.

온라인으로 정보를 찾아보았지만 확신을 가질 수 없었던 방문객들은 급박함과 걱정을 안고 고객서비스 센터를 찾았다. 그런 그들에게 정보 갤러리의 벽을 따라가며 비치된 브로슈어를 찾아읽을 여유는 없었다. 업무의 효율을 높이고 방문객들의 문제를 더 쉽게 해결해주기 위해 설치한 정보 갤러리는 이러한 심리를 이해하지 못하고 고안됐기에 문제를 해결하긴커녕 예상치 못하게 늘어선 줄 때문에 정보를 활용하기도 어려운 결과를 초래했다.

서비스 센터 정보 갤러리 앞에 벌어진 이 예기치 못한 현상은 방문객들이 센터 직원이 아닌, 정보로 가득한 벽을 마주했을 때 드러나는 '그들만의 방식과 심리'를 보여주는 좋은 예시다. 서비스 센터를 방문하는 사람들에게는 줄을 서야 하는 불편함을 감내하더라도 신뢰할 수 있는 노동부 직원에게 직접 자신의 상황을 설명하고 안내받는 것이 심리적인 안정과 확신을 가질 수 있는 방법이었던 것이다.

일곱, 특정 업무나 상황에서 발휘되는 현장 특유의 지식에 집중하자
지금 하고 있는 일을 수행하기 위해 사람들이 어떤 기지를 발휘하는지 관찰해보자. 그들은 그들만의 노하우를 가지고 있는가? 그들은 어떤 경험과 경로를 통해 그 지식을 얻게 됐는가? 그들은 어떻게 그 노하우를 활용하는가? 사람들은 특정 업무나 활동을 이어나가기 위해 어떤 사물을 활용하는가? 그 사물들은 정확히 어떨 때, 어떤 용도로 사용되는가?

이미 언급한 간호사들의 진료 기록의 귀퉁이가 좋은 예가 될 것이다. 간호사들이 진료 기록에서 환자들을 쉽고 빠르게 구별하고 찾기 위해 기록부 귀퉁이를 접거나 볼펜 자국을 내는 행동은 어떤 지침을 통해 배운 것이 아니다. 오랜 시간 동안 일하면서 현장이 돌아가는 상황을 누구보다 잘 파악하고 있고 자신의 역할에 대해 잘 알고 있기에 개발할 수 있었던 현장 고유의 지식이다.

디자인 에스노그라피의 여러 가지 형태＿＿＿＿＿＿＿＿＿＿＿＿＿＿＿＿
앞서 현장 관찰을 시작할 때 크게 장소 중심, 사람 중심, 사물 중심 그리고 활동 중심으로 초점을 잡을 수 있다고 이야기했다(42쪽). 지금부터는 그 네 가지 초점 중 하나의 초점을 중심으로, 혹은 두 가지 이상의 초점을 결합하여 발전된 디자인 에스노그라피의 여러 가지 형태를 소개한다.

다양한 형태로 파생, 발전한 디자인 에스노그라피 기법들을 살펴보면서 지금 진행하려는 디자인 프로젝트에는 어떤 기법이 가장 적절한지 생각해보자. 여기 소개하는 기법들을 그대로 사용해야 하는 것은 아니다. 이들을 참고삼아 필요하다면 현재 진행하는 프로젝트에 가장 적절한 기법을 개발하는 것을 추천하고 싶다. 디자인 에스노그라피를 할 때 어떤 형태의 관찰

그림 1.11. 헬싱키 지하철 티켓 발급기: 장소 관찰

이 지금 여러분의 프로젝트에 가장 적절한 방법인지 정답은 없다. 프로젝트의 목표, 프로젝트 팀의 자원적 혹은 기술적 여건, 관찰 대상의 특수성 등 적절한 현장 관찰 방법을 결정하는 데 고려해야 할 조건들이 너무도 다양하기 때문이다.

실무를 진행하다 보면 현실적인 여건으로 인해 특정 기법을 이상적인 시나리오대로 활용할 수 없는 경우도 많다. 예를 들어, 의료 서비스 개선 프로젝트에서 환자 의료정보 보호 정책 때문에 특정 질환을 앓고 있는 환자를 병원 측을 통해 소개받는 것이 어렵다거나, 단순히 프로젝트의 비용이 적어 디자인 에스노그라피에 충분한 시간을 할애하지 못할 수도 있다. 실제 프로젝트에서 그 도구들을 불가피하게 변형시켜야 할 때 이로 인해 얻는 것과 잃는 것이 무엇인지 정확히 이해하고 프로젝트에 가장 적합한 버전으로 도구를 변형하여 활용하는 것이 중요하다.

한자리에서 관찰하기: 장소 관찰

가장 기초적인 관찰 방법 중 하나는 한자리에 머물러 그곳에서 일어나는 다양한 행동을 관찰하고 기록하는 방식일 것이다. 예를 들어 지하철 지도를 확인하는 사람들이나 티켓 발급기를 이용하는 사람들, 열차를 기다리는 승객들이나 휴게소에서 호도과자를 사기 위해 줄을 서는 사람들, 헬스클럽에서 운동하는 사람들 등 꾸준히 사람이 드나드는 곳에서 한 자리를 지키며 다양한 사람의 행동을 관찰한다.

덴마크의 한 초등학교에서 다문화 갈등을 완화하는 서비스 디자인을 진행하던 팀은 쉬는 시간에 아이들이 노는 모습을 멀리서 지켜보았다. 그 결과 한 가지 놀라운 점을 관찰할 수 있었는데 저학년 아이들이 서로의 피부색을 전혀 신경 쓰지 않고 서로에게 장난을 치며 놀고 있는 것이었다. 흥미롭게도 이런 모습은 고학년으로 갈수록 찾기 힘들었다. 디자인 팀은 한자리에서 관찰하기를 통해 '무엇이 고학년 아이들에게 인종 간의 거리를 만드는가'라는 흥미로운 질문을 도출할 수 있었다.[11]

11 *DSKD Method Cards*, 13
The observer

✏️ 극단적인 장소 관찰의 예: 영화 〈키친 스토리〉

2003년 칸 영화제에서 화제작으로 떠올라 한국에서도 개봉한 적이 있는 노르웨이 영화 〈키친 스토리Kitchen Story〉에는 장소 관찰의 예가 잘 나타나 있다. 세계대전 이후 스칸디나비아 지역의 주거 문제 전문가들은 부엌 도구의 재배치로 동선을 줄이는 것이 가계에 큰 도움이 된다는 것을 밝혀냈다. 스웨덴 가정연구협회는 독신남들의 부엌 내 동선을 파악하기 위해 18명의 연구원을 노르웨이의 작은 마을에 파견한다.

이 영화를 통해 우리는 에스노그라피가 어떤 장점을 가지고 있는지, 또 현장에서 어떤 어려움에 직면할 수 있는지 엿볼 수 있다. 연구원들은 부엌에 사다리 의자를 설치하고 일거수일투족을 빠짐없이 기록하고 동선을 파악하되, 절대 피관찰자의 일상에 관여해서는 안 된다는 지침을 받았다. 하지만 우선 사다리 의자 위에 앉아 거실에서 하는 관찰이 과연 일상에 관여하지 않는 것인지 고민하게 된다. 또 방해가 되어선 안 되기에 이해할 수 없는 행동을 하는 관찰 대상에게 직접적으로 특정 행동을 한 이유를 물어볼 수도 없다. 예를 들면 마을 사람들이 서로에게 전화를 걸되, 전화를 받아 통화를 하지는 않았는데, 나중에야 연구원이 원칙을 포기하고 마을 사람들과 대화를 나누고 나서야 그들이 비싼 전화요금을 피하기 위해 전화벨이 울리는 횟수로 서로에게 신호를 보낸다는 것을 알게 됐다.

그림 1.12. 핀란드 전역에서 찾아볼 수 있는 건조대

여담이지만 비슷한 시기 핀란드에서도 이 영화에 등장하는 연구와 비슷한 프로젝트가 진행됐다. 핀란드 업무효율협회 Finnish Association for Work Efficiency는 여성의 사회진출을 지원하기 위해 집안일 부담을 줄일 수 있는 방법을 찾고 있었는데, 현장 관찰을 통해 많은 가정이 설거지를 하고 그 그릇을 천으로 닦아 말리는데 굉장히 많은 시간을 할애한다는 것을 알게 됐다. 1944년 마이유 게브하르드Maiju Gebhard가 디자인한 이 건조대는 여전히 대다수의 핀란드 가정과 사무실에서 찾아볼 수 있다. 개수대 바로 위는 서너 층의 금속 망이 있다. 씻은 접시와 컵을 금속 망에 차곡차곡 올리면 모든 물이 개수대로 떨어지며 빠르게 자연 건조된다. 이제는 식기세척기를 사용하는 가정이 대부분이지만, 이 개수대는 수건으로 그릇을 닦아 말리는 전통적인 방식과 비교해 한 사람의 인생에서 약 삼만 시간을 아껴줄 수 있었다고 한다.

따라다니며 관찰하기: 동행 관찰

동행 관찰은 말 그대로 일정 시간 동안 사용자를 쫓아다니며 지속적으로 관찰하는 것을 말한다. 관찰 대상의 자연스러운 일상과 행동에 최대한 영향을 미치지 않는 선에서 일정 거리를 유지하며 관찰하고 기록해야 한다. 동행 관찰이라고 불리기도 하고, 영어로는 그림자처럼 쫓아다닌다는 뜻으로 쉐도잉shadowing 혹은 쉐도우 트래킹shadow tracking 등으로 불리기도 한다. 이 방법의 한 종류로 '일상의 하루a day in life'가 있는데, 이는 하루 동안 피관찰자의 일상을 따라다니며 관찰하는 방법이다.

따라다니며 관찰할 때는 피관찰자에게 반드시 미리 동의를 구해야 한다. 자연스러운 행동에 영향을 주지 않겠다는 명목으로 동의 없이 관찰하는 것은 심각한 법적, 윤리적 문제를 불러일으킬 수 있으니 주의하자. 처음엔 관찰 대상이 관찰 상황을 인지하게 되어 다소 자연스럽지 못한 행동을 유발할 수도 있지만, 시간이 지날수록 익숙해져 크게 부자연스러운 행동으로 이어지지 않는다. 또, 위험한 산업 현장이나 경찰 업무를 관찰하는 상황처럼 동의를 구하지 않고는 동행 관찰을 전혀 진행할 수 없는 경우도 있다. 무엇보다 미리 허락을 받는다면 사진이나 동영상 등의 보조자료 역시 쉽게 확보할 수 있고, 동행 관찰이 끝난 후 바로 궁금한 점에 대해 질문을 할 수도 있어 합리적이다.

동사무소에 들어와 가족관계증명서를 발급받아 나가거나, 작은 가게에서 먹거리를 구매해 돌아가는 등 작은 공공장소에서 짧은 시간 안에 이루어지는 '한자리에서 관찰하기'는 사진이나 동영상 촬영이 없다면 관찰 대상의 동의 없이도 이루어질 수 있다. 공공장소에서는 누구나 서로가 서로를 관찰하며 일상을 보내기 때문이다. 하지만 관찰 내용을 정리하고 기록으로 남기는 과정에서 관찰 대상의 권리가 침해되지 않도록 주의해야 한다. 피관찰자의 개인정보가 노출되지 않도록 관찰 대상에 대한 세부 정보를 추상화해 기록에 남기도록 한다. 동의 없는 사진이나 동영상 촬영은 절대 금물이며, 메모와 스케치로만 관찰 내용의 핵심을 남기도록 한다.

프로젝트를 소개하고 동의를 구할 때 피관찰자가 평가받는 느낌이 들지 않게 주의한다. 예를 들어 채식 식당 체인을 위한 프로젝트를 진행하기 위해 동행 관찰을 한다면 '채식 식당 체인을 위한 참여조사'라고 설명하기보다는 '새로운 식당 체인을 위한 참여조사'라고 소개하는 것이 더 자연스러운 관찰 결과를 낳는다. 프로젝트의 의도를 떠나 채식에 대해 특별한 입장을 가진 피관찰자가 있을 수 있기 때문이다.

장소 관찰과 동행 관찰을 병행할 수도 있다. 우선 작은 수의 피관찰자에게 동의를 구하고 '일상의 하루'를 진행한 뒤 그중 흥미로운 관찰 지점들만 장소 관찰로 다시 들여다볼 수 있다. 혹은 그 반대도 가능하다. 예를 들어 동사무소에서 많은 방문객을 관찰한 뒤 흥미로운 행동을 보이는 특정인에게 동의를 구하고 '일상의 하루'를 진행하는 것이다. 이는 윤리적 맹점을 극복하면서도 두 방법의 장점만 취할 수 있는 방법이 될 것이다.

현장에서 질문하기: 맥락적 문의

앞서 설명한 '한자리에서 관찰하기'와 '따라다니며 관찰하기'가 최대한 관찰 대상의 활동에 영향을 주지 않고 관찰하는 것을 원칙으로 한다면, '현장에서 질문하기' 혹은 '맥락적 문의contextual inquiry'는 피관찰자의 행동을 관찰하는 도중 궁금한 것이 있으면 바로바로 현장에서 질문을 던지는 방법을 의미한다. 여기서 현장과 관찰 대상은 공항(현장)에서 티켓을 발부하는 공항 직원(관찰 대상)일 수도, 젊은이들이 주로 찾는 쇼핑몰(현장)을 방문한 55세 직장인 남성(관찰 대상)일 수도 있다. 이 과정에서 관찰 대상은 맥락을 이해하게 하는 데 아주 중요한 정보와 설명을 제공해 줄 수 있다. 따라서 '맥락적 문의'에서의 관찰 대상은 수동적인 관찰 대상을 넘어 능동적인 '참여자'로 볼 수 있다.

참여자들은 그들 자신에게는 익숙하지만 관찰자에게는 생소한, 그래서 새롭게 여겨질 수 있는 행동, 습관, 규칙, 사물과 환경, 혹은 용어들에 대해서 직접 설명해 줄 수 있다. 또한 관찰된 활동이나 현상의 이유, 앞뒤 관계, 맥락 등을 전반적으로 설명해 줄 수도 있다. 현장에서 바로 관찰하고 이야기를 나눌 수 있기 때문에, 관찰자는 관심 있는 활동이나 사물의 사용 방식을 참여자에게 보여주고 설명해달라고 요청할 수 있고, 그 사물들을 활용하여 특정 활동을 재연해달라고 요청할 수도 있다.

맥락적 문의를 활용할 때는 사용자의 현장이 어디인지 이해하는 것이 매우 중요하다. '현장은 당연히 사용자가 일하는 곳'이라 생각할 수 있지만 그게 그렇게 간단한 일이 아닌 경우도 많다. 예를 들어 택시 기사들 간의 원활한 의사소통 및 정보교환을 위한 디자인을 한다고 했을 때, 흔히 택시 안이 당연히 기사들의 현장이라고 생각하기 쉽다. 하지만 진정한 의사소통의 실마리를 찾을 수 있는 현장은 의외로 차고지나 기사식당이 될 수도 있다. 앞서 '관찰의 초점잡기(42쪽)'에서 이야기한 것처럼 처음에는 택시 기사라는 '사람'과 '행동'을 초점으로 관찰을 시작한 뒤 의미 있는 '현장'을 발견했다면 그 현장에서 심층적으로 맥락적 문의를 진행하는 것도 좋다.

참여자에게 먼저 방문에 대한 양해를 구하는 것과 참여자와의 시간을 충분히 확보해두는 것 역시 중요한데, 전문가들은 특정 업무에 대한 이해를 위해 맥락적 문의를 진행할 때는 보통 적어도 두 시간 이상을 확보하는 것을 추천한다.

✏️ 맥락적 문의 vs. 맥락적 디자인

맥락적 문의는 휴 바이어Hugh Beyer와 캐런 홀츠블랫Karen Holtzblatt이 소프트웨어 시스템 디자인을 위해 1997년 저술한 *Contextual Design*[12]의 일부로 처음 소개됐다. '맥락적 디자인'은 맥락적 문의를 시작으로 해석 및 디자인 방향 도출을 더한 전체적 디자인 프로세스다.

바이어와 홀츠블랫이 소개하는 맥락적 디자인은 첫째, 맥락에 참여하기context, 둘째, 협력하기partnership, 셋째, 해석하기interpretation 그리고 마지막으로 디자인 초점 맞추기focus 이렇게 네 단계로 이루어져 있다.

첫째, '맥락에 참여하기'는 관찰이 사용자의 실제 현장에서 이루어지고, 관찰하고 있는 대상이 그 현장의 맥락 속에서 이해되어야 함을 의미한다. 예를 들어 응급실 현장에서 의료진의 업무를 관찰하거나, 명세서를 처리하는 직원이 관련 시스템을 사용하는 것을 관찰하거나, 혹은 청소부가 지자체에서 제공하는 청소도구를 사용하는 것을 관찰하는 것이다. 그리고 그 사람들의 행동은 그 현장의 장소적, 시간적, 사회적, 문화적 맥락 속에서 의미를 가진다.

둘째, '협력하기'는 디자이너와 참여자(관찰 대상)의 협력 아래 관찰이 이루어짐을 의미하는데, 바로 이 부분 때문에 맥락적 문의는 앞에서 소개한 장소 관찰, 동행 관찰과 차별화된다. 사용자를 수동적인 관찰자로 보기보다 협력적 참여자로 보고, 사용자가 자신의 행동을 직접 설명하거나, 관찰자가 사용자에게 질문을 던져 관찰의 깊이를 더하는 것이다. 사용자의 행동 중 상당수는 수없이 반복해서 더는 생각하지 않고 처리하는 일이거나, 자신에겐 너무 자연스러운 결정과 행동이어서 특별히 설명할 필요를 느끼지 못하는 것일 수 있다. 이것을 관찰자가 포착해 그 행동의 기저에 자리잡은 의도나 근본적 이유를 수면 위로 떠오르게 할 수 있다. 참여자가 행하는 특정 활동이 프로젝트에 중요한 의미를 가진다면 참여자에게 그것을 평소처럼 진행해달라고 부탁하고 그 과정을 따라가면서 하나하나의 행동에 이유를 설명해달라고 부탁할 수 있다.

셋째, 이렇게 해서 수집된 정보를 가지고 '해석' 단계에 간다. 관찰자는 자신의 시각으로 수집한 정보를 정리한 뒤 다른 참여자와 함께 논의한다. 이 단계는 오류를 수정하고, 정보의 깊이를 더한다.

12 Hugh Beyer, Karen Holtzblatt. *Contextual Design: A Customer-Centered Approach to Systems Designs*. Morgan Kaufmann, 1997.

넷째, '디자인 초점 맞추기'는 앞의 모든 단계를 거친 정보와 통찰을 프로젝트에 참여한 다양한 팀원과 공유하고, 함께 해석하고 상의해, 이중 실제 프로젝트의 목적이나 범위에 맞는 것을 선택해 창의적인 디자인 아이디어를 찾는 과정을 의미한다.

홀츠블랫은 2004년 제서민 번스 웬들Jessamyn Burns Wendell, 셸리 우드Shelley Wood와 함께 맥락적 디자인을 바쁜 실무에서 활용하기 쉽게 정리한 *Rapid contextual design*[13]을 펴내기도 했다.

13 번역서로 《컨텍스트를 생각하는 디자인》(2008, 인사이트)이 있다.

정반대를 관찰하기

정반대를 관찰하기Investigate Opposites는 완전히 반대가 되는 두 성향을 가진 대상을 관찰을 통해 영감을 얻고, 그 사이에 존재하는 다양한 사람들을 예측해볼 수 있는 방법이다. 양극단을 관찰함으로써 상황의 큰 그림을 볼 수 있고, 행동에 중요한 영향을 미치는 요인도 찾을 수 있다. 이 방법은 인구표준분포 중간에 위치한 비슷비슷한 사람들을 관찰하는 것보다 더 빠른 시간 안에 많은 정보와 영감을 얻을 수 있다는 장점이 있다.

새로운 스포츠 프로그램을 기획하던 덴마크 스포츠 TV 채널의 기자들은 어떤 스포츠 프로그램도 보지 않는 사람들과, 스포츠 뉴스부터 실황까지 스포츠라면 축구든 자전거든 권투든 가리지 않고 시청하고 인터넷 스포츠 뉴스와 스마트폰 앱까지 사용하는 시청자들을 인터뷰하고 관찰했다. 이 양극단에서 스포츠 프로그램을 기획하는 데 영감을 주는 새로운 시각을 얻을 수 있었고, 기존에 몰랐던 문제점을 인식할 수 있었으며, 또 유익한 정보들을 얻을 수 있었다.[14]

14 *DSKD Method Cards*, 23 Investigate Opposites

적절한 가격에 유기농 식품을 주기적으로 배달하는 온라인 서비스를 디자인하고 있다고 가정하자. 길거리 떡볶이나 라면, 햄버거 등을 주로 먹고 소매점에서 판매하는 과자를 늘 집에 채워두고 소비하는 사람과, 집에서 요리하지 않은 음식은 먹지 않고 유기농이 아니면 구매하지 않으며, 농산물 직거래도 모자라 텃밭을 임대해 야채를 키우는 사람을 인터뷰하면 어떨까? 이 두 사람은 이 서비스에 굉장히 상반된, 하지만 흥미로운 영감을 제공할 수 있을 것이다.

사용자가 되어보기: 직접 경험

이름이 시사하듯 특정 서비스 제품을 디자이너가 직접 경험해보는 방법이다. 한 제품이나 서비스를 직접 경험함으로써 관찰만으로는 놓칠 수 있는 내용을 스스로 경험하게 되는데, 서비스 사파리service safari라고 부르기도 한다.

직접 경험은 특정 브랜드의 제품이나 서비스를 경험해 보기 위해서 특정 기계나 전자제품을 사용해보거나, 특정 패스트푸드 식당을 경험해본다거나 하는 식으로 사용될 수도 있고, 한 카테고리의 다양한 제품이나 서비스를 경험해보기 위해 다양한 브랜드의 진공 청소기를 번갈아 사용해보거나, 다양한 패스트푸드 체인을 경험해봄으로서 공통점과 차이점을 확인하는 식으로 사용될 수도 있다. 혹은 서비스를 새로운 관점에서 바라보기 위해 그 폭을 넓혀 다양한 청소 도구를 사용해보거나, 포장이나 배달이 가능한 다양한 음식점들을 경험해보거나 하는 식으로 사용될 수도 있다.

직접 경험에서 주의해서 볼 것들은 제품이나 서비스를 이용하는 단계, 제품을 사용하거나 서비스가 제공되는 데 관련된 사람들과 그들의 업무 그리고 그들이 제품의 경험이나 서비스의 경험에 기여하는 부분들, 서비스를 이용할 때 어떤 물건이나 공간, 정보가 제공되는지 그리고 그것이 전체적인 경험에서 갖는 의미 등이라고 할 수 있다. 직접 경험은 생각보다 짧은 시간 안에 진행되므로 관찰 내용이나 느낀 점을 모두 기록하기가 어려울 수도 있다. 따라서 진행 전 다음과 같은 체크리스트를 인쇄해서 소지하면 중간중간 관찰 목표를 상기하는 데 도움이 될 수 있다.

- 관찰한 제품/서비스는 무엇인가?
- 제품/서비스 경험자로서 난 무엇을 했는가?
- 제품/서비스가 제공되는 데 어떤 사람들이 관여되는가?
- 어떤 정보가 제공되었는가?
- 제품/서비스를 사용하는 데 어떤 소통의 방법이 사용되었는가?
- 제품/서비스를 경험하는 공간이나 환경의 특징은 무엇인가?
- 어떤 점이 좋았으며 긍정적 경험을 주었는가?
- 어떤 점이 불편했는가?

중요한 경험을 했을 때 사진이나 짧은 비디오로 기록해두는 것 역시 분산된 기억을 연결하는 데 도움이 된다. 또, 직접 경험에 함께 참여한 팀원들과 앞에 소개된 목록을 중심으로 경험을 공유해 정리하는 것이 좋다. 경험이 공유됐다면 어피니티 다이어그램(도구 4) 등을 통해 해석한다. 동시에, 제품 디자인 프로젝트라면 유스케이스use case를, 서비스 디자인 프로젝트라면 고객여정지도customer journey map를 작성해보는 것도 좋다.

유스케이스는 제품의 다양한 사용을 정의하거나 시각화하는 방법이다. 이 책에서는 소개하지 않지만 간단한 인터넷 검색만으로 많은 예시를 찾을 수 있다.

고객여정지도는 고객이 서비스를 이용하는 일련의 과정을 순차적 단계로 나누어 시각화하는 방법이다. 고객이 해당 서비스에 대해 알게 되는 처음 터치포인트(touchpoint)부터 서비스 이용이 끝나는 지점, 서비스 이용 후 서비스에 대해 다른 사람들에게 알리거나 평가하는 지점까지의 여정이 단계별 활동들과 그 단계에서 상호작용하는 터치포인트로 시각화된다. 서비스를 이용하는 다양한 단계에서 고객이 느끼는 감정을 함께 표시하기도 한다.

직접 경험에서 돌아왔다면 찍은 사진들을 정리하고 출력해 벽에 붙여놓자. 프로젝트와 유관한 내용에 시각적으로 계속 노출되는 것은 기억을 상기하고 미처 생각지 못한 새로운 질문을 떠올리게 하는 데 효과적이다. 조금이라도 의문이 드는 부분이 있다면 주저하지 말고 직접 경험으로 돌아가 관찰하고 스스로에게, 혹은 유관자에게 질문을 던진다. 현장과 유관자를 자주 방문하는 것이 이미 찍어둔 사진보다 효과적이라는 것은 두말할 나위가 없다.

비디오로 기록하기: 비디오 에스노그라피

비디오 에스노그라피video ethnography는 말 그대로 사용자 관찰을 비디오로 하는 방법이다. 동행 관찰을 할 때 비디오를 들고 다니면서 촬영할 수도 있고 관심 있게 보고 싶은 특정 장소에 일정 기간 동안 비디오를 설치해두는 방법도 있다. 비디오 에스노그라피는 관찰자의 기억보다 훨씬 더 복잡한 상황을 모두 기록해두기 때문에 녹화된 내용에 대해 아주 세밀한 관찰과 해석이 가능하다. 일이 일어난 순서대로 관찰할 수 있어 앞뒤 정황과 인과관계를 따라갈 수 있고 기록의 신뢰도가 높다. 또한 기록된 영상을 추후 사용자와 디자이너가 함께 보면서 대화를 나눌 수 있어서 더 깊이 있게 해석할 수도 있다.

가정집이나 교실처럼 여러 가지 이유로 관찰자가 오랜 시간 참여하여 관찰하는 것이 힘든 경우에 비디오 에스노그라피가 유용하다. 해당 장소에 카메라를 설치해두고 나중에 촬영된 비디오를 분석하는 것이다. 실제로 2000년대 초반 한국의 전자제품 회사가 새로운 청소기를 개발하고자 참여자 집의 거실에 비디오를 설치해두었는데, 주부들이 청소기를 돌린 후에도 무릎을 꿇고 두 손으로 물걸레질하는 것을 발견할 수 있었다. 그 결과 이 회사는 두 개의 모터가 달린 회전식 물걸레 청소기를 개발했다.

생산공장의 엔지니어나 항공기 파일럿, 혹은 주방장 등 고도의 기술을 가진 전문가들을 관찰할 때도 비디오 에스노그라피가 유용하다. 이들의 행동은 고도로 숙련되어 있어 본인들도 그 일을 진행하는 순서나 이유를 일일이 기억하지 못하는 경우가 있고, 한치의 실수도 용납될 수 없는 현장에서 업무의 맥을 끊어가며 맥락적 문의를 진행하기가 어렵기 때문이다. 이런 경우 우선 비디오로 업무 현장을 관찰한 뒤 기록된 영상을 전문가와 함께 보며 해석할 수 있다.

비디오 에스노그라피는 이렇게 장점이 많은 반면, 각별히 주의를 기울여야 하는 사항들도 많다. 우선 영상에 담기는 관찰 대상 모두가 촬영과 프로젝트의 목적을 인식하고 동의를 구했느냐 하는 윤리적 사항과, 동의를 구하고 비디오 촬영을 했을 때 관찰 대상이 촬영에 지나치게 의식한다면 과연 자연스러운 일상을 해석하는 것이 가능할 것인가 하는 점이다. 또, 관찰자가 비디오 촬영에 몰두한 나머지, 정작 중요한 순간을 놓치거나 현장 기록을 소홀히 하는 실수를 저지를 수도 있다.

또, 비디오 촬영과 편집은 생각보다 많은 시간과 수고가 드는 작업이며, 상당한 전문성을 요구한다. 비디오 에스노그라피는 촬영자와 편집자가 프로젝트에 대해 잘 이해하고 있어야 가치 있는 영상을 데이터로 확보할 수 있다. 그렇지 않다면 프로젝트를 담당하고 있는 디자이너가 직접 영상을 편집하는 데 많은 시간을 할애해야 하며, 촬영된 내용을 편집 없이 모두 함께 돌려보는 것은 시간상 불가능한 경우가 많다. 초보 에스노그라퍼나 디자이너 들이 너무 많은 양의 비디오를 촬영해 데이터를 잔뜩 쌓아놓고는 결국 해석하기를 포기하게 되는 경우가 빈번한 것이 바로 이런 이유에서다.

따라서 전문가들은 철저한 계획을 바탕으로 다른 에스노그라피 기법과 동시에 비디오 에스노그라피를 실행할 것을 권한다. 비디오로 촬영해 깊이 있게 들여다볼 내용을 전략적으로 선정하고 다른 기법과 시너지를 낼 수 있는 방향으로 계획한다. 촬영의 양은 최소한으로 하고, 촬영 중에도 촬영하고 있는 내용들을 노트에 틈틈이 기록하면 비디오를 돌려보고 편집하는 시간을 최소화하고 효율을 높일 수 있다. 전체적인 맥락은 다른 관찰 기법으로 파악하되 중요한 일부의 내용만 비디오로 면밀히 들여다보는 것이다.

디자인 에스노그라피의 원리를 바탕으로 파생한 도구들_____

지금부터 소개하는 기법들은 엄밀히 말해 디자인 에스노그라피라기보다는 그 원리를 바탕으로 응용한 기법들이거나, 디자인 에스노그라피를 할 때 함께 쓰일 수 있는 기법들이다. 이 장의 시작에 강조했듯 디자인 에스노그라피는 단순한 정보 수집이 아니라 관찰 대상이 되는 사람들에게 공감하고 디자인 영감을 얻기 위한 목적으로 활용된다. 이 원칙에서 벗어나지 않는 선에서 아래 기법들을 어떻게 활용할 수 있을지 고민해보자.

관찰 대상의 역할을 맡아보기: 역할놀이

이름이 시사하듯 역할놀이role-playing는 사용자의 상황을 사용자의 역할이 되어 연극을 하듯 가상으로 경험해보는 것이다. 앞에서 설명한 '직접 경험'에서 관찰자가 실제 자신으로서 제품 혹은 서비스를 체험하는 것이라면, 역할놀이에서는 관찰 대상이 되는 사용자의 입장이 되어 상황을 경험한다.

관찰자가 직접 역할놀이를 하는 것뿐만 아니라, 실제 제품이나 서비스를 이용해보지 않은 사용자에게 일일 체험을 하게 하고 그 과정을 관찰하고 기록한 뒤 인터뷰를 진행하는 것도 역할놀이의 일종이다. 이런 과정을 여러 명의 참여자와 진행한 뒤 제품 개발자나 서비스 제공자와 그룹 인터뷰를 진행하거나, 혹은 가상으로 서비스 제공자와 사용자의 역할을 바꾸어 체험의 과정을 연극처럼 재연해보는 것도 좋다. 입장이 다른 관여자들의 상황을 확인하고, 재연의 과정을 통해 아주 작은 디테일까지 추후 토론의 소재로 꺼내놓을 수 있기 때문이다.

제품 개발자나 서비스 공급자는 하루 동안 사용자가 되어보면서 자신의 선입관을 깨고 사용자와 함께 새로운 제품의 디자인이나 서비스의 형태를 위해 고민할 수도 있다. 역할놀이의 원리는 간단하지만 어떻게 응용하는가에 따라 다양한 통찰을 얻을 수 있다.

미래 현실에서 에스노그라피하기

디자인은 존재하지 않는 것을 만드는 작업이기 때문에 태생적으로 미래지향적이라고 할 수 있다. 디자인 에스노그라피는 현존하는 경험을 관찰하여 디자인 아이디어로 연결시키는 것이 그 목적이기에 현재에 대한 이해를 넘어 미래를 그려보고자 하던 디자이너와 연구원들은 '미래 현실에서의 에스노그라피'라는 개념을 만들어 소개했다.

미래 현실에서의 에스노그라피는 다양한 형태로 진행될 수 있지만, 간단하게는 참여자의 손에 아주 단순한 형태의 물체를 쥐어 주고 순간순간의 상황 및 경험에서 떠오르게 되는 아이디어를 표현해달라고 부탁할 수 있다. 일례로 2000년대 초 새로운 휴대전화의 기능과 새로운 상호작용에 대한 탐색이 한창일 때, 헬싱키 공과대학의 한 연구팀은 휴대전화 크기만 한 아주 단순한 형태의 물체를 사용자에게 제공하고, 이를 마법의 물건magic thing이라고 소개했다.[15]

사용자는 여느 에스노그라피에서처럼 일상을 보내다가 특정 상황에서 '이 마법의 물건이 이런 기능을 할 수 있었으면 좋겠다'라는 아이디어가 떠오를 때 그 기능을 마치 연기하듯 표현한다. 사용자와 동행하던 관찰자는 마법의 물건이 사용되는 미래의 상황을 관찰하고 참여자에게 좀 더 심층적인 질문을 던질 수 있다. ●2장 대화 도구: 프로브의 케이스 스터디 중 KT에서 진행한 '웨어러블 기기를 위한 프로브'는 이 마법의 물건과 프로브의 중간 형태를 취한 사용자 조사의 예를 보여주니 참고하자(157쪽).

디자인 에스노그라피를 산업에 소개했던 살바도르는 '포커스 트루페focus troupe'라는 이름으로 미래 현실에서의 에스노그라피 기법을 소개하기도 했다.[16] 포커스 트루페라는 이름은 마케팅 조사에서 활용되던 포커스 그룹focus group에서 '그룹'이라는 단어를 유랑 집단이라는 뜻을 가진 트루페로 바꾼 것이다. 포커스 트루페는 포커스 그룹과 유사하게 20명 정도의 사용자를 특정 공간에 초대한다. 포커스 그룹과 다른 점은 이미 판매하고 있는 제품이

15 Giulio Iacucci, Kari Kuutti, Mervi Ranta. On the move with a magic thing: Role playing in concept design of mobile services and devices. *Proceedings of the 3rd Conference on Designing Interactive systems(DIS)*. ACM Press, 2000, pp.193-202.

16 Steve Sato, Tony Salvador. Methods and tools: Playacting and focus troupes: theater techniques for creating quick, intense, immersive, and engaging focus group sessions. *Interactions*. ACM Press, 1999, pp.35-41.

[Az] 포커스 그룹은 특정 목적을 위해서 준비된 화제를 그 목적에 따라 모인 소수의 사용자들이 그룹을 이루어 토론하는 정성적 조사 도구다. 원래는 사회학, 도시계획에서 특정 주제나 문제에 대한 사회적 의미를 조사하기 위해 개발됐는데, 기업 환경에서는 참여자에게 새로운 제품, 서비스, 광고 등을 보여주고 그들이 자연스러운 토론을 나누는 것을 관찰한다. 보통 숙련된 사회자가 참여자들의 상호작용을 돕고 토론을 진행한다.

나 서비스가 아닌, 에스노그라피를 통해 얻은 통찰을 바탕으로 디자인한 가상의 제품이나 서비스를 연극과 같은 형식으로 보여준다는 점이다. 이후 이 제품이나 서비스에 대해 사용자의 다양한 의견을 듣는데, 이를 통해 디자이너와 사용자는 함께 미래의 제품을 경험하거나 서비스 현장을 거닐며 새로운 아이디어를 모색할 수 있다. 살바도르의 연구팀은 좀 더 명료하고 건설적인 토론을 위해 에드워드 드 보노Edward DeBono의 '여섯 개의 생각하는 모자기법Six Thinking Hats'[17]을 활용하기도 했으니 참고하자.

17 번역서로 《생각이 솔솔 여섯 색깔 모자》(2011, 한언출판사)가 있다.

디자인 에스노그라피가 설문조사나 인터뷰보다 나은 게 뭐지?

덴마크 디자인센터의 CEO 크리스티안 바손Christian Bason은 사람들의 설문조사가 가진 함정을 이야기한다. 설문조사를 통해 '조금 더 비싸더라도 환경을 위해 유기농 채소를 선택하겠는가'라는 질문을 던졌을 때 60%가 그렇다고 답한 반면, 시장에서 소비자들을 관찰해본 결과, 실제로는 15%만이 친환경적인 선택을 했다고 한다. 이처럼 설문의 결과와 사람들의 실제 행동에는 차이가 있다.

또한 설문조사는 설문지에 나와 있는 질문 이상의 정보를 얻을 수 없다는 한계도 있다. 앞에 소개한 '우린 우리가 아는 것은 알지만, 무엇을 모르는지는 모른다(2쪽)'는 마르코 스테인베리Marco Steinberg의 말처럼 설문지를 만든 사람이 현상에 대해 깊은 이해가 없다면 설문의 결과 역시 무의미해질 수 있다.

사람들이 일상에서 영위하는 행동은 말로 설명하기가 생각보다 어렵다. 예를 들어 누군가가 '여러분이 양치하는 방법을 설명해주세요'라고 부탁한다면 어디서부터, 어떻게 말로 설명해야 할까. 사람들의 행동 방식, 행동 의도 및 이유, 규칙 등은 그 행동을 직접 하거나 관찰했을 때 포착할 수 있다. 누군가 양치하는 모습을 관찰하다가 독특한 행동을 발견했을 때 그것에 대한 질문을 던지는 것이 더 효과적일 것이다.

이 장의 시작 부분에 언급된 인도 시장을 위한 냉장고를 떠올려보자. 인도인들은 다른 나라보다 채소를 더 많이 소비하지만 정작 그들은 그것에 대해 특별히 의식하고 있지 않다. 따라서 '평소 냉장고를 사용할 때 독특한 점이 있다면 무엇인가요?'라고 묻는 것보다는 동의를 구하고 비디오 카메라를 설치하는 것이 더 효과적일 수 있다. 이런 무의식적인 행동과 잠재적인 동기는 새로운 디자인 아이디어에 실마리를 제공할 수 있다.

누군가는 이런 질문을 던질지도 모른다. "그렇다면 그들이 원하는 것이 무엇인지, 그들이 새로운 아이디어를 어떻게 받아들일지 인터뷰를 통해 직접 물어보면 되지 않을까?" 하지만 자신이 진정 원하는 것이 무엇인지 알고 있는 경우는 많지 않다. 존재하지 않는 것에 대해서 어떻게 자신이 원하는지 그렇지 않은지를 판단할 수 있을까. 노키아Nokia는 90년대 포커스 그룹을 통해 '소비자들은 폴더형 휴대전화기를 원치 않는다'는 결론을 냈다. 이후 노키아가 폴더형 휴대전화의 생산을 중단한 사이 후발주자들의 폴더형 기기들이 크게 성공하면서 그들에게 고가 휴대폰 시장의 점유율을 내주어야 했던 것은 유명한 일화다.

사용자들에게 그들이 원하는 것이 무엇인지 직접 묻는 것은 경험해보지 못한 것에 대한 판단을 요구하는 것이다. 또, 사실상 그들의 삶에 큰 영향을 미치는 감정이나 가치에 충실한 대답보다는 무리하게 이성적으로 합리화한 답, 혹은 관찰자를 만족시키기 위한 답을 제공할 가능성도 있다. 개인의 행동에 논리적인 판단만큼이나 사회적이고 감정적인 판단이 개입된다는 점을 감안한다면, 에스노그라피는 인터뷰나 설문조사로서는 결코 얻지 못하는, 사람들이 현장에서 상호작용하는 방식 및 행동을 초래하는 근본 이유에 대한 실마리를 찾을 수 있는 기회를 제공한다.

한국과 일본, 그리고 중국의 수저 사용 문화는 각각 다르다. 우리는 식사 내내 숟가락을 사용하고, 일본에서는 거의 젓가락만을 사용해 식사한다. 중국은 보통 국물을 먹을 때만 숟가락을 사용하는 반면, 한국인은 숟가락으로 그릇에 남은 내용물을 모아 떠먹고, 숟가락으로 밥을 떠 그 위에 반찬을 올려 한입에 먹기도 한다. 정확한 원인은 알기 어렵지만, 중국의 젓가락이 길고 뭉툭한 것을 회전식 원탁을 돌리며 기름지고 뜨거운 음식을 나누어 먹는 문화를 반영한 것으로 보는 시각도 있고, 일본의 젓가락이 상대적으로 짧고 뾰족한 것을 일본인의 식단에 생선이 거의 빠지지 않았던 것이나 그릇을 들고 쓸어 먹는 습관을 반영하는 것으로 보는 시각도 있다. 한국인이 숟가락을 식사 내내 사용하는 것을 고려 시대 이후 우리 식단에 국이 빠지지 않았기 때문으로, 혹은 그릇을 들어 음식을 쓸어내는 모습을 천하게 여긴 문화 탓으로 보는 시각도 있다. 수백 년 이상의 역사를 지닌 각국의 수저 사용 문화의 면면을 모두 설명하기는 쉽지 않겠지만, 각 나라의 문화와 식기가 연관성을 보인다는 점만큼은 부인하기 어렵다.

이처럼 우리 삶에 당연시되는 제품이나 서비스에도 깊은 문화적 배경이 담겨 있다. 자세히 들여다보지 않았을 때는 드러나지 않아서 단지 모양에 대한 취향 정도로 가볍게 생각할 수 있지만, 행동을 관찰해보면 그 원인을 이해할 수 있다. 디자이너가 특정한 문제를 해결하기 위해 개발한 디자인 제안은 다양한 사회적, 문화적 맥락에 놓여질 것이고, 디자이너 본인도 예상하지 못한 하위문화에 속한 사람들에 의해 새로운 방식으로 사용될 수도 있다. 그들이 필요한 것을 그들의 입장에서 제안하기 위해 디자인 에스노그라피는 유용한 도구가 된다.

케이스 스터디
인지 건강 마을(사이픽스, 2014-2015)

- 고객기관: 서울특별시
- 디자인: 사이픽스Cyphics
- 자료제공: 사이픽스 이경미 대표, 비즈나이츠 박수진 대표

노인을 꼼꼼하게 배려하는 공동체 공간으로

인구 고령화는 먼 나라 이야기가 아니다. 한국은 현재도 이미 65세 이상의 인구가 전체의 7%를 넘어서고 있고, 2030년이 되면 21%가 넘어서는 초고령사회에 진입할 것으로 예측된다. 많은 전문가는 노인들의 건강보호 및 장기요양 비용 증가와 사회 서비스 비용 증가가 사회적 부담이 될 것으로 전망하고 있다.

이에 따라 서울시는 노인들이 살던 곳에서 최대한 오랫동안 건강하게 지

낼 수 있는 환경과 서비스를 제공하기 위한 연구 프로젝트를 발주했다. 노인들이 가족과 멀리 떨어져 요양원에서 지내지 않아도 되면 새로운 환경에 적응하는 어려움을 겪지 않아도 되고, 가족들의 경제적 부담을 포함해 사회적 비용을 줄일 수 있기 때문이다.

나이가 들면 신체 기능과 함께 인지 기능도 전반적으로 감퇴하는 경향을 보이는데, 특히 경도 인지장애 또는 초기 치매가 주요 문제로 부각되고 있다. 보건복지부의 2014년 자료에 따르면 치매를 초기에 발견할 경우 증세의 발전 속도를 최대 5년까지 지연시켜 삶의 질을 높일 수 있으며, 이는 국가적으로 약 2조 8천억 원의 비용 절감 효과가 있다고 한다. 하지만 이를 위해서는 적절한 진단 및 약물 치료뿐만 아니라, 주거 및 생활환경 개선과 관련 서비스를 제공받을 수 있어야 한다.

디자인 자문회사 사이픽스가 수행한 이 프로젝트에는 심리학자, 건축가, 인지장애 및 치매 연구자, 의료진, 작업치료 전문가, 실내 디자이너 등 다양한 전문가가 참여했다. 프로젝트 팀은 우선 문헌조사를 통해 관련 지식을 익히고 프로젝트의 방향을 정했다. 기초적으로 신체 기능과 인지 기능의 감퇴에 대한 연구 자료를 검토하고 프로젝트를 진행하면서, 특히 신경 써야 할 점과 우리가 사례로 삼고 있는 마을은 어떤 특이점이 있을지 기초 자료를 통해 분석했다.

노인들이 생활하던 곳에서 최대한 오랫동안 건강하게 지낼 수 있는 환경과 서비스를 제공하기 위해 우리는 세 방향으로 조사를 진행했다. 첫 번째는 노인들 및 그 가족과 묻고 답하는 형식의 심층 인터뷰, 두 번째는 노인들의 평소 행태를 파악하기 위한 동행 관찰, 마지막으로 노인들의 눈으로 마을을 해석하는 활동이었다.

가정방문 심층 인터뷰

우리는 총 열 명의 노인 및 그 가족들과 가정방문 심층 인터뷰를 진행했다. 인지장애나 치매의 경우 스스로 그 증세를 인정하는 것이 어렵고 그 변화에 스트레스를 받는 경우가 많기 때문에 인터뷰를 허락할 노인과 가족을 찾는 과정이 쉽지는 않았다. 다행히 지역 보건소와 치매지원센터의 협조를 통해 인지 프로그램 이용자와 그 가족을 만날 수 있었다. 제한된 인터뷰 안에서 최대한 다양한 어려움을 파악하기 위해 성별, 학력, 함께 사는 가족의 구성, 애완동물 유무, 파킨슨 병이나 편마비 등의 경도 인지장애나 초기 치매 외의 질병이나 증상도 고려해 다양한 가족을 만나볼 수 있도록 했다. 참여 가족은 3대, 혹은 2대가 같이 사는 가족, 자녀가 이미 결혼을 한 가족, 미혼인 참여자, 혹은 비가족 동거인과 함께 사는 가족 등 다양하게 구성됐다.

인터뷰에 응해준 노인들이 평소에 알고 지내던 사이가 아니고, 또 다른 프로젝트에서처럼 직접 섭외한 인터뷰 대상자도 아니기 때문에, 우리는 그들의 마음을 조금 더 쉽게 열 수 있도록 평소 자주 만나는 보건소 직원들과 함께 방문했다. 방문 전에는 객관적 자료 조사를 위해 노인과 그 가족을 위한 질문지를 따로 준비했다. 하지만 막상 만나보니 증상이 생각보다 빠르게 진행되거나 다른 증세와 함께 합병증을 앓고 있어서 스스로 답변이 어려운 분들도 있었다. 이럴 때는 가족과 함께 인터뷰를 진행했다. 또 문헌조사를 통해 만든 체크리스트를 미리 준비해, 가정방문을 진행하는 동안 집 안팎의 구성요소를 면밀히 조사하며 위험 요소는 없는지 확인했다.

노인들은 대체로 물건을 잘 버리지 못하는 경향이 있었으며, 이 때문에 집안에 많은 물건이 불규칙하게 놓여있고, 이것이 동선을 방해하여 골절의 위험요인이 되기도 했다. 또한 오래된 주거공간에서는 낡은 문이 저절로 잠겨서 안에 갇힐 위험이 있었으며, 전기 콘센트가 낡고 노출되어 있어서 화장실 등 물을 사용하는 곳에서는 감전 위험도 있었다.

젊었을 때는 문제가 되지 않던 문턱이나 계단이 신체 기능의 감퇴로 인해 보행과 이동에 장애가 되는 경향이 있었으며, 특히 난간이 없는 계단은 매우 위험한 것으로 나타나 핸드레일이 필요했다. 오래된 벽지의 복잡한 무늬 등은 특히 경도 인지장애나 초기 치매를 겪는 노인들에게 시각적 혼란을 초래할 위험이 있었으며, 제때 가스 밸브를 잠그는 것을 깜박하기 쉽기 때문에 화재 발생 가능성이 있는 등 여러 위험요인이 도처에 자리하고 있었다.

혼자 지내는 어르신들의 경우 목욕을 자주 하는 것이 쉽지 않은데, 잦은 배변으로 화장실 출입 횟수는 증가하고 몸에 더러운 것이 묻었을 때 인지하는 감각은 둔해져 복합적으로 위생 문제를 일으킬 수 있는 것으로 나타났다.

마지막으로, 노인들은 시간의 흐름에 대한 감각이 떨어지고, 무료하고 반복적인 일상에 방치됨으로써 자존감이 떨어지고 우울해지는 경향을 보였다.

동행 관찰

가정방문을 통한 심층 인터뷰 대상자 10명 중 바깥 출입을 적극적으로 하시는 4명을 성비를 고려하여 선정해서 동행 관찰을 진행했다. 2인 1조로 한 명은 현장 기록에 집중하고, 다른 한 명은 비디오 촬영을 병행했다. 촬영 내용을 나중에 분석하려면 촬영 시간의 몇 배에 해당하는 시간이 걸리기 때문에 현장 기록에 최대한 노력을 기울이고, 중요한 내용이나 불확실한 내용을 확인해야 할 때만 비디오로 촬영해둔 내용을 확인했다.

어르신들이 우리가 동행하는 것에 영향을 받을까 걱정이 되기도 했지만, 우려와는 달리 크게 신경 쓰지 않으셨다. 경로당, 놀이터, 보건소, 교회 등 평소 자주 가는 곳들을 자유롭게 다니는 동안, 짧게는 반나절, 길게는 하루를 동행했다. 짧은 동선을 가진 분들의 경우 동네를 걸어 다니는 정도였지만 버스를 타고 비교적 먼 거리를 이동하는 경우도 있었다.

이 프로젝트의 대상이 됐던 지역은 언덕이나 개천, 또는 소위 랜드마크가 될 만한 건물 등 특별한 지형지물이 없는 주택가였다. 전체적인 동네의 모습 또한 하늘에서 보았을 때 거의 직사각형을 비스듬히 누인 것 같은 형상이었다. 가까이에 있는 지하철역을 가려 해도 버스를 타야 되는 곳으로, 외곽에 아파트 건물이 조금 있을 뿐 대체로 붉은 벽돌의 단독 또는 다세대 주택으로 이루어져 있었다. 따라서 경도 인지장애나 초기 치매를 겪는 노인

그림 1.13. 동행 관찰

들은 특히 길 찾기에서 어려움을 겪기 때문에 이러한 생활환경에서 노인들은 길을 잃기가 더 쉬웠다.

노인의 눈으로 마을을 해석하기

골목들의 모습이 비슷비슷하고 준거가 될 만한 지형지물이 없는 이 마을에서는 노인들뿐 아니라 프로젝트를 진행하는 우리도 위치를 파악하기가 쉽지 않았다. 따라서 우리는 노인들의 눈으로 지역을 바라보기로 했다.

우선은 지도로 지역을 분석한 뒤, 온라인 지도에 이미 올라와 있는 사진, 혹은 직접 촬영한 사진들을 준비해 보건소를 방문했다. 보건소에서 진행하는 인지 프로그램에 참여하는 노인들에게 사진을 보여주며 그곳이 어디인지 기억하는지, 기억한다면 어떻게 기억하는지 물었다. 또, 노인들에게 마을 어귀에서 집까지 찾아가는 길, 집에서 보건소까지 오는 길을 손주들에게 설명하듯 약도로 표현해달라고 부탁하고 그 약도에 등장하는 준거가 되는 지점들의 공통점을 확인했다.

그림 1.14. 노인들이 그린 약도

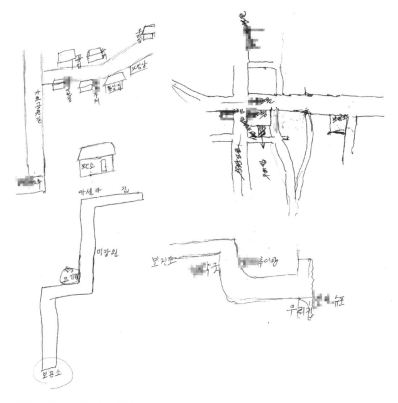

흥미로운 점은 노인들이 간판에 쓰인 글씨의 구체적 내용에는 관심이 크게 없었다는 것이었다. 방향 판단의 준거점들은 비교적 독특한 모습을 오랜 시간 유지하고 있는 장소들인 경우가 많았는데, 이는 심층 인터뷰에서의 발견점과도 다르지 않았다. 예를 들어 업종은 기억하지 못하지만 독특하게 가게 앞에 화분을 많이 내놓고 관리하는 가게라거나, 혹은 이미 폐업했지만 수년째 새로운 가게가 들어서지 않은 채 유지되고 있는 간판 등을 준거로 삼는 경향이 있는 반면, 막상 자신의 집 바로 앞에 있는 가게 이름은 잘 모르는 경우가 많았다.

집에서부터 특정 서비스 시설들까지의 경로를 스스로 그리게 했을 때 노인들은 비교적 단순한 형태로 경로를 인지하고 있었다. 또 생활권 내의 가게 등을 주요 거점으로 삼고 있는 경향이 있었다. 이때도 본인이 이용하는 가게의 명칭을 정확히 기억하기보다는 익숙한 이미지의 가게라는 정도로만 기억하고 있어서 길을 쉽게 잃을 뿐 아니라, 길을 잃었을 때 집을 찾을 수 있게 다른 사람이 도와주는 것도 쉽지 않다는 것을 알 수 있었다.

이러한 자료 분석 결과를 토대로 노인들의 이동 시간과 거리를 고려하여 단위 생활권을 설정했다. 그 다음에 건강을 위한 산책 및 생활 서비스를 이용하기 위한 동선 그리고 해당 거점을 강화하는 방안들을 제안할 수 있었다.

기관 종사자 인터뷰

이 외에도 우리는 노인들이 어떤 서비스를 제공받고 있는지 확인하기 위해, 관련 업무를 맡은 공공기관 및 사설기관 종사자들을 인터뷰했다. 그들로부터 노인들이 평소 어떤 어려움을 가지고 있는지도 파악했다.

기관 간 공조와 소통이 부족해 유사한 서비스가 중복되어 다른 기관에서도 제공되는 경우가 있는가 하면, 필요한 서비스가 제공되지 못하는 경우도 있었다. 이에 따라 조기 진단이 중요한 경도 인지장애 및 초기 치매에서 진단 시기나 대응이 늦어지는 경우가 발생할 가능성이 있었고, 적절한 교육이나 서비스가 제공되지 못해 특정 질병의 진행을 지연시키지 못할 가능성도 발견됐다. 또한, 청장년만큼이나 다양한 성향과 수준을 가진 노령 인구를 '노인'이라는 하나의 범주 안에 묶음으로써, 세분화되고 다양한 서비스가 제공되지 못하는 점도 개선되어야 할 사항으로 드러났다.

통찰에서 아이디어로

이 다양한 관찰 과정에서 우리는 약 50명의 일반인과 약 10명의 기관 종사자 및 전문가를 만났다. 이를 통해 얻은 수많은 정보를 어피니티 다이어그램을 통해 정리하고 퍼소나를 만든 후 이를 바탕으로 아이디어 워크숍을 진행했다.

그림 1.15. 어피니티 다이어그램과
아이디어 워크숍

큰 맥락에서 볼 때 노인들의 현재 상태는 일종의 섬처럼 고립되어 있는 것으로 나타났다. 우선 많은 분이 '치매노인'이라는 눈총을 받을까 봐 두려워했는데, 이것이 초기 진단이 어려운 원인이 됐다. 따라서 자존감을 보호하면서도 아직 남아 있는 인지 능력을 보존하고, 물리적으로 안전하고 편안한 환경을 조성하기 위한 디자인 안을 도출했다. 또한 그들의 기억 속에 분절되어 있는 서비스들을 연결해주는 것이 디자인 안을 만드는 핵심 원칙으로 선정됐다.

고립되어 있는 노인들에게 가장 필요한 것은 사람, 생활 그리고 서비스 측면에서 지역 생활환경과 다시 연결되는 것이었다. 우선 주거환경 내에서는 서로 다른 공간으로 이동하는 데 불편이 없도록 동선을 정리하고 계단이나 문턱 같은 위험 요소를 없애거나 안전하게 만들어 주는 것이 필요했다. 사회 활동의 측면에서는 정서적 지지를 위해 다른 노인들 또는 청장년층과

PERSONA TYPE A

나왕성

- **인구 통계학적 특징**
  남성 70대 신월1동 오래 거주
- **가족 관계**
  자녀들과 왕래가 끊겨 혼자 삶

- **섬이 사항**
  신월1동에 오래 거주하여 동네 친구들이 많고, 수입을 위해서 노인 일거리를 찾아 함

- **주거 공간**

위생	남자 혼자 살다 보니 날짜 지난 음식도 먹게 됨. 목욕탕에 가는 데 돈이 없어 자주 목욕을 하지는 않음
영양	요리하는 법을 알지 못해 대충 사 먹음
정서	친구들과 만날 생각만 하면 마음이 들뜨고 신남
안전	외출할 때, 문단속을 깜빡할 때가 있음

- **외부 공간**

운동	경로당에 다니면서 자연스럽게 산책을 하고, 주워 모은 깡통을 팔기 위해 고물상에도 오감
길찾기	교차로에 서면 어디로 가야 하는지 확인이 필요하고, 지나는 길에 무료로 이용할 수 있는 화장실이 있으면 좋겠음
사회적 교류	오랜 동네 친구들과 모여 화투도 치고 술도 가끔 마심

PERSONA TYPE B

나무료

- **인구 통계학적 특징**
  남성 70대 가족3대 동거
- **가족 관계**
  배우자와 가족들이 잘 보살펴줌

- **섬이 된 이유**
  중복 질환으로 인한 거동 불편

- **주거 공간**

위생	일어섰다 앉았다 하는 게 불편하여 목욕을 할 때 어려움
영양	가족들이 잘 챙겨주기는 하나, 입맛이 없음
운동	집 안에 별다른 지지대가 없어서 운동은 둘째치고, 거동도 불편함
정서	젊어서는 여행을 즐겼는데, 지금은 TV를 보는 것 외에 마땅히 할 일 없어 무료함

- **외부 공간**

운동	바깥에 운동하러 나가기는 어려움
길찾기	거동이 불편해진 후로는 혼자 돌아다니지 않으며, 번호키로 되어있어서 혼자 나가면 집에 들어올 수도 없음
사회적 교류	거동이 불편해서 외부에서 모임을 갖기는 어렵고, 종교활동을 따로 하지 않기 때문에 가정방문 해주는 사람도 없음

PERSONA TYPE C

나소심

- **인구 통계학적 특징**
  여성 60대 무학
- **가족 관계**
  맞벌이하는 자녀는 늦게 퇴근하며 중학생인 손자를 돌봄

- **섬이 된 이유**
  문맹이며 남편도 없는 처지라 자격지심 있음. 게다가 남들이 내가 치매인 걸 알면 더 무시할 것 같아 외출하기 싫음

- **주거 공간**

위생	깔끔한 성격이라 빨래와 청소를 자주 하는데, 물건을 정리해도 어디에 뒀는지 몰라 찾기가 어려움
영양	혼자 먹기 싫어 끼니를 자주 거름 약을 먹었는지 자주 깜빡함
정서	TV를 봐도 흥미를 끌만한 요소가 없고 젊어서부터 지금까지 인생이 한탄스러움
안전	가끔 혼자서 가스 볼 켜고 요리를 하다가 깜빡해서 불을 낼 뻔한 적이 있음

- **외부 공간**

운동	놀이터까지만 가끔 나가지만, 막상 거기서도 할 일이 딱히 없음
길찾기	시장이 매우 가까워서 가끔 가고, 버스로 나가면 곳은 갈 수 있지만, 길을 잃을까 불안해서 외출을 자제함
사회적 교류	노래 부르기를 좋아하기 때문에 노래 부를 수 있는 공간이 있었음 좋겠음

PERSONA TYPE D

나잘난

- **인구 통계학적 특징**
  남성 80대 고학력
- **가족 관계**
  배우자는 사회 활동을 꽤 하는 편이라 외출이 잦음

- **섬이 된 이유**
  본인과 같은 수준의 사람을 만나 대화하기가 쉽지 않음

- **주거 공간**

위생	오래 살다 보니 집 안에 쌓인 물건도 않음
영양	낮동안 혼자 지내다 보니 끼니를 거를 때도 있음
정서	잘 나갔던 젊은 시절이 그립고, 지적 활동을 계속 하고 싶음
기타	매일매일 일기를 쓰고 있음

- **외부 공간**

운동	길에 앉아서 쉴만한 자리가 없어서 집 주변만 가볍게 산책함
길찾기	집들이 다 똑같이 생겨 길을 잃고 헤맨 적이 있음
사회적 교류	지적 수준이 높은 사람들과 교류할 수 있는 공간이 필요함

PERSONA TYPE E

나꿍꿍

- **인구 통계학적 특징**
  여성 70대 부부치매
- **가족 관계**
  근거리에 살고 있는 자녀가 매일 들러 돌봐줌

- **섬이 된 이유**
  3층에 거주하여 1층까지 이동하기 어려움 남편이 누워만 있는 환자라 늘 돌봐줘야 함

- **주거 공간**

위생	문턱이 높아 화장실에 가기가 불편하고, 냉온수기가 통합형이 아니라 가끔 온도 조절에 실패함
영양	기본적인 반찬거리는 자녀들이 준비해주어 전자렌지에 데워 먹음
운동	실내에서 어떻게 운동해야 하는지 방법을 모름
정서	사람을 만나고 싶고 외로움을 느낌
안전	전기 배선이 노출되어 위험함

- **외부 공간**

운동	사람 구경을 하러 나가려 해도 엘리베이터 없는 3층이라 힘듦
길찾기	장을 보러 나갈 때는 자녀가 동행하며 가까운 가게는 가끔 이용함
사회적 교류	남편에 대한 불안으로 외부에서 모임을 갖기는 어려우나, 교회에 다니기 때문에 가끔 가정방문 해주는 분들은 있음

그림 1.16. 노인들의 퍼소나

함께 할 수 있는 시간과 활동이 필요한데, 이를 위해서 외부 출입 시 안전이 보장된 경로가 필요했다. 또한 분절된 서비스들을 이어주고, 기억력이 감퇴하고 있는 노인들의 정서적 안정을 위해 과거 기억을 현재와 이어주는 장치들이 필요했다.

아이디어 워크숍은 전문가 그룹, 디자이너 그룹, 그리고 내부고객 그룹과 함께 총 3번으로 나뉘어 진행됐다. 전문가 그룹 워크숍에는 광역 치매센터, 작업치료 전문가, 의료 전문가, 건축 및 실내디자인 전문가, 경도 인지장애 및 치매 관련 연구자 등을 초대했고, 내부고객 워크숍에는 구청 및 주민센터, 보건소 및 지역 치매지원 센터, 서울시 관계자들을 초대했다. 우리는 퍼소나와 어피니티 다이어그램의 결과물을 공유하고 다양한 현장 사진 등 시각적인 자료도 함께 제공했다.

주로 문서로만 노인들의 상황을 접해 오던 전문가들은 현장감 있는 자료들에 공감하며 다양한 아이디어를 도출했다. 이 아이디어들은 비용, 현실성 등 다양한 제약을 바탕으로 여러 번 걸러지거나 발전하는 과정을 거쳤다. 병원에 초점을 둔 기존의 의료 프로젝트들과는 달리 이 프로젝트가 가진 현장의 특수성 때문에 다양한 측면이 고려되어야 했다.

우선은 병원처럼 닫힌 공간이 아닌 열린 공간에 디자인 결과물이 설치되어야 하기 때문에 변화무쌍한 날씨나 설치물을 지나칠 수도 있는 불특정한 변수들을 고려해야 했다. 또 병원에서처럼 누군가에게 책임을 부여하는 것으로 끝나지 않고 지역주민들의 협조나 동의를 구해야 하는 어려움도 있었다. 경도 인지장애나 초기 치매를 경험하는 노인들을 위한 프로젝트지만, 그 의도가 너무 뚜렷하게 드러날 경우 정작 노인들이 두려워하는 '치매노인'이라는 낙인을 부여하고 노출시키는 결과가 되기 때문에 노인들뿐 아니라 지역주민 모두의 삶을 개선하는 프로젝트가 되어야 했다.

실내 환경을 위한 제안, '한국형 뇌건강 주거환경 가이드북'

집 안에서 노인들의 건강한 생활을 위한 기준은 안내 지침서의 형태로 작성됐다. 인지 기능이 약화된 노인들이 주거공간에서 일상을 잘 유지시키는 것을 돕기 위해 '한국형 뇌건강 실내 환경 가이드북'을 제작했는데, 이는 문헌조사와 현장조사가 합쳐진 결과물이었다.

먼저 실내 공간에서의 시각적 혼란 요소, 물리적 안전 위협 요소, 그리고 인지적 위험 요소를 정의했다. 가이드북은 시각적, 물리적으로 위험한 물건을 보관하는 방법 등 노인의 안전을 위해 기본적으로 지켜야 하는 원칙들을 비롯해 침실, 욕실, 화장실, 거실, 주방, 현관, 다용도실, 계단, 정원 등 공간별로 세부적인 안전 원칙과 현재 우리 집의 상태를 점검해 볼 수 있는 체크리스트, 안에 들어있는 물건들을 쉽게 기억할 수 있도록 표시할 수 있는 스티커 등으로 구성됐다.

실외 환경을 위한 제안

프로젝트 팀이 집 밖 환경에서 가장 신경을 쓴 부분은 노인들의 물리적 생활권에 기반을 두고 환경을 개선하고 서비스를 제공하는 것이었다. 청장년층에게 5-10분 거리의 생활권이 약 500m-1km인데, 노인들의 경우는 그 거리가 약 절반 수준으로 떨어진다. 또한 경도 인지장애나 초기 치매가 없는 분들도 이동할 때 힘이 들기 때문에 산책 중 약 100m마다 벤치 등의 쉴 수 있는 공간이 필요했다. 따라서 단위 생활권 내에 100m를 기준으로 준거로 삼을 수 있는 뚜렷한 시각적 거점을 만들고, 이 인지 거점들 사이에서 길을 잃었을 경우 사람들이 도울 수 있도록 2차 거점들을 확보해서 사람과 거점이 연결될 수 있도록 했다.

그림 1.17. 한국형 뇌건강 주거환경 가이드북

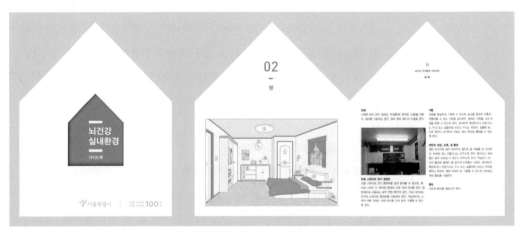

100m 이음길

대상 지역은 노인들이 산책을 하거나 길을 잃고 헤맬 때, 차와 사람이 함께 다니는 보행자-자동차 혼용도로를 이용할 수밖에 없어 안전하지 않은 상황이었다. 따라서 우리는 노인들이 출발한 곳으로 다시 돌아올 수 있는, 고리처럼 이어진 안전한 보행자 길인 '100미터 이음길'을 제안했다. 노면 채색을 통해 보행자 길을 시각화하고 안내문을 제작하여 설치하는 것이 이음길의 핵심이었다. 또한, 노인들의 배뇨 횟수가 잦다는 점을 고려하여 100미터 이음길 안에 공공기관을 중심으로 열린 화장실의 수를 늘려 외출할 때 안심할 수 있도록 했다.

그림 1.18. 기존의 혼용도로(좌)와 적용되어 시행 중인 100미터 이음길 그림(우)

우리는 이음길 내에 100m 간격으로 거점으로 기억될 수 있는 '기억쉼터'를 제안했다. 드물지만 노인들 중에 문맹인 경우도 있고, 또 노인들의 기억력이 예전 같지 않기 때문에 기억쉼터에는 노인들에게 익숙한 십이 간지 동물과 한 자리 숫자만을 적용해 연속성과 차별성을 동시에 부여했다. 이는 노인들이 익숙하고 쉬운 개념으로 거점을 기억할 수 있도록 함으로써 외출에 대한 두려움을 줄이는 게 목표였다. 또 저녁 시간에는 기억쉼터의 숫자에 조명이 들어와 어스름한 저녁 시간대에도 안심할 수 있도록 했다. 기억쉼터는 이외에도 노인들이 잠시 쉬어 가거나 우연히 만난 주민들과 이야기를 나누면서 유대를 쌓는 기회를 제공한다.

우리는 또 노인들의 외출에 대한 심리적 부담감을 감소시키고 이웃끼리

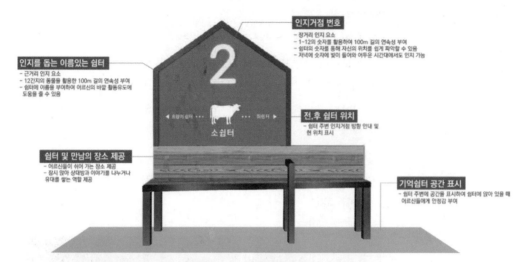

그림 1.19. 기억쉼터 제안(상)과 적용 사진(하)

살펴주고 도와주는 '길반장' 서비스를 제안했다. 길반장은 지역 상점들과 주민들이 참여하는 서비스로, 작은 슈퍼마켓이나 복덕방 등을 운영하는 소상공인이나 지역주민 누구라도 참여할 수 있다. 길반장으로 참여하는 가게에는 이를 표시하는 시각적 표지가 설치되어 노인들이 길을 잃어도 다시 안전하게 돌아올 수 있도록 해주는 준거점으로서의 역할을 한다. 눈에 쉽게 띄는 오렌지색 외관과 집을 연상시키는 뾰족한 마감, 100미터 이음길이 한눈에 보이는 지도, 기억쉼터와 연결되는 숫자 그리고 어스름한 시간대에 길을 밝혀주는 조명 등이 길반장의 디자인 요소다.

 길반장이 되면 지역 치매지원센터에서 치매에 대한 이해 및 안전 대응 교육을 받을 뿐 아니라 지속적으로 노인들의 거주 상황 변화에 대한 보고를

이음길을 한눈에 보여주는 키맵
- 12간지의 동물을 활용한 100m 길의 연속성을 잘 인지할 수 있게 도움
- 현재 자신의 위치를 파악하고, 이음길의 전체적인 모습을 이해할 수 있도록 함

인지를 돕는 이름있는 쉼터
- 근거리 인지 요소
- 12간지의 동물을 활용한 100m 길의 연속성 부여
- 쉼터에 이름을 부여하여 어르신의 바깥 활동유도에 도움을 줄 수 있음
- 잠시 앉아 이야기를 나눌 수 있는 동네 가게 사랑방 역할

어스름한 시간을 밝혀주는 조명
- 치매 어르신이 가장 위험한 어두운 시간에 동네 가게를 잘 활용 수 있도록 도움

인지거점 번호
- 장거리 인지 요소
- 1~12의 숫자를 활용하여 100m 길의 연속성 부여
- 쉼터의 숫자를 통해 자신의 위치를 쉽게 파악할 수 있음
- 제네의 숫자에 빛이 들어와 어두운 시간대에서도 인지 가능

길반장임을 강조하는 아이덴티티
- 길을 잃어도 다시 안전하게 돌아갈 수 있다는 심리의 안정감 제공
- 동네의 반장 역할을 부여하여 지역 주민으로서의 자부심을 고취시킴

그림 1.20. 길반장 제안(상)과 적용 사진(하).

받는다. 길반장 참여 주민들은 자신의 구역 내 거주하는 노인들을 파악해두고 있다가 혹시 길을 잃은 것처럼 보이면 다가가 말을 걸고 도움을 준다. 담당하고 있는 구역 내 어르신인 경우 임시보호 후 길반장 지도를 확인해서 보호자에게 연락하고, 구역 밖에 거처하는 분이라면 관할 경찰서에 연락해 안심귀가를 돕는다. 길반장 서비스는 단지 노인들을 돕는 것을 넘어, 주민들이 의미 있는 활동에 참여할 수 있는 기회를 제공해서 그들로 하여금 지역 구성원으로서의 자부심을 느낄 수 있도록 하고, 나아가 마을 내 끈끈한 유대관계를 형성하는 효과도 노린다.

남아있는 인지 능력을 강화하는 장치들

우리는 또 교차로의 노면 네 부분에 각기 다른 색을 적용했다. 이는 노인들이 위치를 기억하고 방향을 확인하는 데 도움을 주고 길을 잃을 때도 소통이 쉽도록 하여, 아직 남아 있는 인지 능력을 활용하고 강화하도록 돕는다.

우리는 문헌조사를 통해 확인한 과학적 근거를 바탕으로, 노인들의 운동을 독려하고 자연을 가까이 하게 함으로써 인지 능력의 개선에 도움이 되는 '치유정원'도 제안했다. 치유정원은 계절을 느낄 수 있는 한국 토종 식물들 그리고 감나무나 밤나무처럼 노인들의 향수와 기억력을 자극하는 수목으로 구성되어 있다. 텃밭을 제공해 손으로 흙이나 식물을 만지고 향기를 맡음으로써 인지 개선뿐 아니라 사회적, 신체적 적응력을 키울 수 있도록 했다. 또 다양한 크기의 벤치를 제공함으로써 다양한 방문자와의 우연한 만남과 소통을 통해 인지 능력과 정서 상태 유지에 도움이 되도록 했으며, 때로는 혼자 앉아 사색에 잠길 수 있도록 배려했다. 마지막으로 운동 감각 유지 및 강화를 위해 노인들에게 안전한 운동 기구와 그에 맞는 운동을 제안했다.

그림 1.21. 교차로 사진

그림 1.22. 치유정원 제안

프로젝트를 마치고

노인들의 건강은 그 누구에게도 남의 이야기가 아니다. 이 프로젝트를 진행한 팀원들 하나하나가 그 점을 분명히 알고 있었고, 그래서 프로젝트에 더욱 최선을 다했다. 무엇보다 어려웠던 점은 노인들이 가지고 있는 두려움을 전방위로 배려하는 것이었다. 우리는 프로젝트 기간에 몸과 기억력이 예전 같지 않다는 것을 매일 느끼고, 동시에 기억을 잃은 노인이라는 낙인을 두려워하는 노인들에게 정성적 관찰과 디자인을 통해 무엇을 해줄 수 있을지 치열하게 고민했다.

아직도 가야 할 길은 멀다. 우리가 프로젝트에서 다룬 어려움 이외에도 노인성 질병은 산재해 있으며, 이에 대한 사회적 인식은 아직 많이 부족한 편이다. 이 프로젝트 하나로 모든 것이 바뀌진 않겠지만 이를 기반으로 뇌건강이 약해진 분들과 가족의 삶이, 그들을 둘러싼 공동체가 좀 더 나아질 수 있도록 작은 도움이 될 수 있었으면 좋겠다. 이 자리를 빌어 많은 도움을 주신 노인들과 지역주민들, 보건소 직원을 포함한 공무원, 전문가 들에게 감사드린다.

18 팽한솔, (주)더케어컴퍼니 이사

전문가 조언: 팽한솔[18]

지난 몇 년간 서비스 디자인 프로젝트를 열심히 수행하면서 어느새 서비스 디자인 교육과정에서 조언을 하는 입장이 됐다. 다양한 프로젝트에서 디자인 도구들을 활용하는 데 초보 디자이너들에게 크게 세 가지를 조언하고 싶다.

첫째, 프로젝트에 주어진 재원을 고려해 전략적으로 도구와 관찰 대상을 선택하자.

많은 디자이너가 교육 과정에서 배운 모든 도구를 프로젝트에 사용해야 한다는 느낌을 가지는 것 같다. 나 역시 첫 서비스 디자인 프로젝트를 회상하면 재원을 고려하지 않고 너무 많은 도구를 사용하려고 했었다. 많은 재원이 주어진 성공적인 서비스 디자인 사례에서 영감을 받아 사용자 관찰 단계를 크게 키워놓고 정작 거기서 얻은 발견점을 결과물과 면밀하게 연결시키지 못했다.

최종 발표에서 '저희 팀 퍼소나는 이렇구요, 쉐도우 트래킹을 했구요, 저희 고객여정지도는 이렇습니다'라고 발표하는 것은 많은 초보 디자이너가 하는 공통적인 실수다. 다른 말로 하면 디자인 도구를 사용한다는 뿌듯함과 형식에 얽매이는 것이다. 중요한 것은 도구를 사용했다는 것을 강조하는 것이 아니라 거기서 얻은 통찰이 결과물과 어떻게 연결되느냐 하는 것이다.

한 예로, 사이픽스 시절 반년 넘게 진행했던 종합병원 서비스 디자인 프로젝트는 국내 병원 서비스 디자인에서는 규모가 가장 큰 편에 속했다. 따라서 디자인 에스노그라피에 사용한 시간만큼이나 해석 단계에 할애한 시간도 많았다. 하지만 모든 고객사가 이렇게 많은 재원을 제공할 수 있는 것은 아닌 만큼 현실적 제약에 맞추어 프로젝트 계획을 제안하고 실행해야 한다.

무작정 프로젝트를 시작하고 정보를 수집하다 보면 어느새 너무 많은 재원이 소요되어 마무리가 어려워질 수 있다. 프로젝트의 일정을 유심히 살피고 꼭 필요한 도구 몇 가지만 활용하여 적은 수라 할지라도 유의미한 관찰대상을 통해 깊이 있는 통찰을 이끌어내는 것이 중요하다. 많은 새로운 디자인 도구가 정량적이 아닌 정성적인 도구인 만큼 '양이 아닌 질'이 핵심이기 때문이다.

각 관찰 도구의 강점은 무엇이며 그에 따른 소요시간은 얼마나 될지 현실적으로 생각해보자. 디자인 팀이 프로젝트에 대해 이미 아는 것과 모르는 것 그리고 더 알고 싶은 것을 정리해보고, 가장 효과적인 관찰 대상과 그에 적합한 도구를 선택하도록 하자. 고객사 측의 전문가들과 초반부터 가장 효과적인 관찰 대상에 대해 상의하면서 프로젝트의 목적에 부합하는 사용자 그룹의 대표자들이 관찰 대상으로 선정됐는지, 프로젝트와 무관한 관찰 대상에 시간을 쏟고 있는 것은 아닌지 고민해야 한다.

둘째, 프로젝트의 성격이나 제약에 맞추어 도구에 변화를 주는 것을 두려워하지 말자.

앞서 언급한 종합병원 프로젝트에서 우리 팀이 만든 퍼소나들은 앨런 쿠퍼Alan Cooper가 처음 제안한 퍼소나와 그 구성이 약간 다르다. 퍼소나라곤 하지만 쿠퍼가 제안한 것처럼 퍼소나에게 실감나는 이야기를 부여하지도, 사람의 이름을 붙이지도, 사진으로 얼굴을 부여하지 않았다. 아마 건강검진 센터처럼 방문자의 성향이 매우 다양해서 퍼소나별로 전략적인 서비스 개선점을 도출하고자 한다면 퍼소나의 정성적인 이야기에 집중했을 것이다. 하지만 병원 내 공간을 다시 구성하는 데 역점을 두었던 당시 프로젝트에서는 감염 방지, 정보 전달, 프라이버시 보호 등의 목표를 달성하기 위해 모든 퍼소나의 요구사항을 만족하는 동선과 공간의 구획을 고안하는 것이 가장 중요한 핵심 중 하나였기 때문에 실감나는 이야기나 사진, 이름이 굳이 필요하다고 느끼지 않았다.

쿠퍼가 다루었던 문제들은 소프트웨어나 웹 서비스 등이었다. 소프트웨어나 웹사이트는 다양한 사용자가 동시에 한 프로그램을 사용해도 서버 트래픽 외에는 큰 문제가 생기지 않지만, 병원에서는 바로 이 동선이 가장 큰 관건 중 하나다. 환자 한 사람 한 사람이 모두 중요하기에 1순위 퍼소나를 하나로만 정할 수는 없었지만, 한 퍼소나를 만족시키는 제안이 다른 퍼소나의 요구를 희생시키지는 않는지 확인하는 과정을 거쳤다. 이처럼 디자인 도구들의 원리와 용도를 잊지 않으면서도 해당 프로젝트에 특화해 활용하는 것을 두려워하지 말아야 한다.

가장 빈번히 사용되는 해석 도구인 어피니티 다이어그램의 경우에도 시간이 촉박하면 최대한 효율적으로 진행하는 요령이 필요하다. 기존에 응급의료 프로젝트에 참여했던 디자이너들이 다수 참여해 다른 응급의료 프로젝트를 진행한다면 큰 골격을 유지하면서 새 프로젝트에 특화된 내용을 찾아내고 마인드맵을 활용하는 편이 처음부터 모든 과정을 새로 시작하는 것보다 시간을 절약할 수 있다.

또 관찰의 장면마다 시각적 정보가 굉장히 중요한 프로젝트가 있다. 팀원들이 시간과 장소를 나누어 관찰한 경우 서로가 관찰한 내용을 모두에게 공유해야 할 때, 이미지 편집 프로그램을 사용해서 사진과 메모를 결합한 형태로 출력해 벽에 붙여가며 작업을 하는 것이 시간을 아낄 수 있다. 때로는 데스크 리서치에서 찾은 내용, 인터뷰를 통해 찾은 내용 등으로 접착식 메모지의 색깔로 분류해 방대한 내용을 좀 더 쉽게 정리할 수 있도록 어피니티 다이어그램을 진행하기도 한다.

셋째, 자주 사용하는 도구들과 그들의 조합에 깊이를 추구하자.

숙련된 디자이너라면 누구에게나 가상의 도구 상자가 있고 프로젝트에 맞추어 적절한 도구를 꺼내어 쓰게 된다. 그리고 경험이 많이 쌓일수록 디자인 도구들을 처음 접했던 디자인 도구 툴킷, 예를 들어 IDEO의 인간 중심 디자인 툴킷[19] 등에서 지시하는 그대로 프로세스를 진행하는 일이 점점 줄어든다. 경험이 많은 디자이너는 상황과 관찰 대상에 맞는 최적의 도구를 선택해 조합할 수 있어야 한다.

누구나 할 수 있지만 잘 하긴 쉽지 않은 인터뷰를 예로 들면 정보의 일차적인 수집에도 활용할 수 있지만 동행 관찰에서 얻은 단편적인 통찰이나 아이디어의 근거가 있는지 확인하고, 그들을 연결하는 데 유용하게 사용할 수 있다. 동행 관찰이나 과제를 주고 관찰 후 바로 그 뒤에 인터뷰를 진행해서

19 Human-centered design toolkit, 2009, IDEO, http://www.designkit.org에서 내려받을 수 있다.

관찰과 인터뷰를 연결하는 등 다양한 변형이 가능하다.

　일대일 인터뷰와 그룹 인터뷰를 잘 조합해서 사용하는 것도 중요하다. 그룹 인터뷰는 내부 직원들과 함께 서비스의 흐름을 확인할 때 유용할 수 있다. 한 명의 의료진이 모든 과정을 알고 있는 경우가 많지 않기 때문에 여러 명과 동시에 인터뷰를 하면 시너지 효과를 볼 수 있기 때문이다.

　하지만 여러 명의 환자들이 함께 모여 인터뷰를 진행하면 오류가 생길 수도 있다. 자신의 개인적 경험에 대해 이야기하기보다 주변의 진술에 휩쓸리거나 처음 보는 사람 앞에서 의견을 피력하기 어려워할 수 있기 때문이다. 또는 함께 참여한 사람의 나이가 자신보다 많을 때도 자신의 생각을 솔직하게 꺼내지 못하는 등의 문제가 생길 수 있다.

　전략적인 도구의 선택, 과감한 도구의 변화 그리고 그들의 조합은 사실 서로 연결되어 있다. 본인이 진행하고 있는 프로젝트와 사용할 도구들의 특성을 잘 이해하고 주어진 시간 안에서 가장 효과적인 변화와 조합을 추구하는 것이야말로 성공적인 디자인 프로젝트를 위한 첫걸음이다.

　　팽한솔은 한국예술종합학교를 졸업하고 SK 텔레콤 HCI 팀과 컨티뉴Continuum 밀라노 사무소를 거쳐 사이픽스Cyphics에서 서비스 디자인 팀장 및 서울시 서울의료원 시민공감 서비스 디자인센터 팀장으로 일했다. 현재 (주)더케어컴퍼니 이사를 역임하고 있다.

전문가 Q&A: 잭 웨일런[20]

Q. 정통 인류학 교수를 거쳐 제록스 파크에서 일한 후, 현재 학생들에게 디자인 에스노그라피를 강의하고 계시는데요. 디자인 학생들에게 에스노그라피를 가르칠 때 특히 신경 써서 전달하고자 하는 점은 무엇인가요?

A. 인류학에 존재하는 수많은 이론과 방법론을 통해 결국 인류학자들이 깨달은 것은 다른 사람들을 이해할 수 있는 가장 좋은 방법은 바로 '그들이 되어보는 것becoming native'이라는 것이었죠. 사람들이 일상을 영위하는 현장에 참여해 그들과 충분한 시간을 함께 보내고, 그들의 언어를 이해하고, 그들의 행동을 자세히 들여다보고 또 질문하면서 관찰자 자신을 다른 이들의 세

20　잭 웨일런(Jack Whalen), 현 알토 대학교 겸임교수, 전 제록스 파크(Xerox PARC) 연구원

계에 '스며들게' 하는 것이 에스노그라피의 핵심이라고 할 수 있습니다. 이 '공감하는 법'을 익히는 것과 '그들의 세계에 깊이 스며드는 것'이 에스노그라퍼로서 갖추어야 할 첫 번째 자세라고 생각합니다.

또 하나 중요한 자세는 '최대한 자세하게 보고 기록'하는 것, 즉 디테일에 집중하는 것입니다. 관찰하고 있는 사회에 속하지 않은 구성원으로서 눈 앞에 펼쳐진 모든 것, 심지어 그 사회의 구성원에게는 매우 당연하여 지나치는 것들까지 관찰자의 눈에는 새로워보일 수 있죠. 에스노그라퍼들은 외부인이라는 장점을 가지고, 관찰하는 사회의 아주 당연한 것의 디테일까지 눈여겨 볼 수 있었고, 그곳 사람들과 함께 시간을 충분히 보내면서 그들의 행동을 설명해 줄 수 있는 '이유'와 '맥락'을 찾고자 했습니다.

공학 디자인engineering design이나 초기 사용자 중심 디자인에서는 디자인 에스노그라피의 결과물로 '디자인 요구사항design requirement'을 만들어내는 경우가 많았습니다. 현장 관찰 발견점을 시스템 모델이나 다이어그램 형태로 끼워 맞춘 꼴이었죠. 이러한 프로젝트에서 디자인 에스노그라피의 목표는 조사 자체를 위한 것이고, 객관적 발견과 과학적 분석을 통해 디자인 요구사항 목록을 얻어내고자 했습니다.

하지만 저는 디자인 에스노그라피는 객관적 조사 기법이라기보다 '미래에 무엇이 가능한가What is possible in the future'라는 질문을 마음에 담고, 그 실마리를 찾기 위한 활동에 더 가깝다고 생각합니다. 디자인 에스노그라퍼로서 저는 디자인 요구사항 목록을 뽑아내는 것보다 사람들이 가슴 깊이 원하는 것은 무엇인지, 또 무엇이 그들을 힘들게 하는지를 이해하는 데 더 관심이 있습니다.

Q. 현장 관찰에서 가장 중요한 것 중 하나가 현장의 문화를 이해하는 것인데, 특별한 방법이 있나요?
A. 매우 중요한 질문인 동시에 대답하기 까다로운 질문이네요. 아마 제가 진행했던 과거 프로젝트를 통해 설명하는 것이 가장 좋은 방법일 것 같습니다. 제록스 파크의 연구원으로 있을 당시 다양한 분과와 기능으로 분리되어 있던 제록스 고객지원 센터를 통합하려는 프로젝트가 있었습니다. 제록스

파크의 몇몇 연구원과 디자이너, 개발자가 한 팀으로 고객지원 센터를 어떤 식으로 통합해야 하는지에 대한 새로운 아이디어를 도출하고자 했죠.

저를 포함한 몇몇 현장조사자는 미국 텍사스의 고객지원 센터를 직접 방문했습니다. 우리는 센터에서 직원들이 어떻게 일하는지 알고자 했고, 아무 선입관이나 가설 없이 그들을 방문해 몇 시간이고 앉아 그들이 일하는 모습을 관찰하기 시작했습니다. 우리는 그 현장에서 직원들과 함께 시간을 보내며, 궁금한 점이 떠오를 때마다 바로바로 질문했습니다. 하루의 관찰이 끝나면, 조사자들이 모두 함께 모여 그날 보고 경험한 것들에 대해 많은 이야기를 나누었습니다.

그러다가 우리는 좀 더 효과적이고 체계적인 방법을 시도해보기로 했습니다. 고객지원 센터의 직원들에게 직접 업무 공간을 우리에게 안내해주도록 부탁한 것이죠. 그들의 안내를 받으며 우리는 그들의 컴퓨터에 붙은 메모지 하나하나를 관찰하고, 그들의 서랍이나 서류철도 열어보며 두 시간여 동안 아주 집중적인 관찰을 할 수 있었고, 그들이 일하는 방식에 대한 많은 발견점을 얻을 수 있었습니다.

이 과정을 통해서 우리는 그들이 일할 때 무엇을 사용하고 사용하지 않는지, 어떤 상황에서 무엇을 원하는지, 즉 그들이 일하는 현장의 문화를 이해할 수 있었습니다. 그들이 사용하는 물건과 공간의 활용 방법, 그들의 작업과 회사의 역사 등에 대해 알아가면서 고객지원 센터에서 행해지는 일들과 그들이 일하는 방법에 대한 심층적인 이해를 할 수 있었습니다.

Q. 매일 모여 관찰 결과를 소통했던 점이 흥미롭습니다. 현장 관찰한 내용은 어떻게 다른 팀원들과 공유했고, 또 어떻게 디자이너들에게 전달했나요?
A. 현장 관찰만큼 중요한 것이 우리가 관찰하고 이해한 내용을 디자이너들에게 전달하는 것이었어요. 처음부터 우리는 당시 리엔지니어링 팀re-engineering team이라고 불리던 디자인 팀에 소속되어 있었습니다. 우리는 관찰한 내용에 대한 생각, 필기한 내용, 사진과 그림 등의 시각 자료들을 공유하고, 관찰한 장면이 가지는 의미에 대한 우리의 의견을 디자이너들에게 공유했습니다.

이 모든 공유 활동은 기본적으로 아주 많은 대화를 나누는 것이었죠. 지정된 회의 시간이 있긴 했지만 실제로는 비공식적인 대화와 토론을 통해 공유 작업이 가장 효과적으로 이루어졌던것 같아요. 프로젝트의 초기, 현장 관찰한 내용들과 그것들에 대한 서로의 해석에 대해 이야기를 나누는 도중에 아주 자연스럽게 디자인 아이디어들이 떠오르곤 했습니다. 이런 경험으로 비추어볼 때 디자인 팀에서 디자이너와 현장조사자들이 함께 관찰 내용에 대해 이야기하는 과정에 '현재에 대한 이해'와 '미래를 위한 디자인'이 자연스럽게 공존한다고 볼 수 있을 것입니다.

Q. 그런 비형식적인 대화 과정이 현장 관찰에서 얻은 발견점을 디자이너에게 전달하는 데 중요한 역할을 했나요? 격식 없는 대화 이외에 관찰한 내용을 일정한 형태의 보고서나 시각 자료 등으로 만들어서 전달하지는 않았나요?
A. 보고서를 만들긴 했지만, 디자이너들은 보고서를 읽는 데 큰 관심이 없었습니다. 그들은 빨리 이해할 수 있는 방식을 원했어요. 실제로 디자이너들과 현장조사자들이 격식 없이 대화를 나누며, '왜' 사람들이 '어떻게' 하는지 매우 다양한 시각으로 해석해보고 더불어 아이디어를 떠올리는 것이 가장 효과적인 방법이었던것 같아요.

발견점을 전달할 때 우리가 촬영한 비디오를 보여준 적은 있습니다. 비디오는 사람들의 실제 삶을 보여주기 때문에 글로 된 시나리오보다 강력한 효과를 가질 수 있습니다. 재차 강조하지만 디자인 에스노그라퍼로서 우리는 '실제의 것real things'을 전달하고 그로부터 디자인 영감을 얻을 수 있도록 노력했습니다. 가공되고 재구성된 것이 아니라 실제의 것 말이죠.

💡 실제로 웨일런은 인터뷰 중 'real things!'에 강세를 주며 거듭 강조했다.

Q. 디자인 에스노그라피가 '실제의 그와 그녀'를 이해하고 그것을 전달하고자 하는 것이라면 몇 명을 관찰하는 것이 충분할까요?
A. 이런 질문을 받을 때마다 저는 항상 괴테Goethe가 말한 구절을 인용합니다. "매 사건 하나하나가 강력하다. 왜냐하면 그 사건은 실제로 일어난 것이기 때문이다A single action or event is interesting, not because it is explainable, but because it is true."[21]

21 요한 볼프강 폰 괴테(Johan Wolfgang von Goethe), 프란츠 보아스의 다음 논문에서 재인용, Franz Boas. The study of geography, *Science Supplement*, 1881, p.139.

우리가 관찰하는 단 하나의 사건도 '실제'라는 사실 자체로 매우 의미 있고 설득력이 있을 수 있습니다.

물론 '몇 명이 충분한가'는 디자인 목표에 따라 다릅니다. 예를 들어 공공 시설을 디자인하기 위해 사람들이 모이는 공간을 관찰한다고 하죠. 그 장소에 머무르며 다양한 시간대에 다양한 사람을 관찰할 것입니다. 반면 경찰서 응급 콜센터 시스템을 디자인하기 위해 에스노그라피를 실행한다면 콜센터 직원 몇 명과 함께 앉아 그들의 일하는 모습과 환경을 집중적으로 관찰하고 질문할 것입니다. 그러다 보면 매우 자연스럽게 '흥미로운' 관찰 대상을 발견하게 되고 그 사람과 좀 더 많은 시간을 보내며 관찰할 수 있을 것입니다. 이런 과정은 매우 직관적이고 자연스럽게 진행됩니다.

경찰서 응급 콜센터에서 진행한 에스노그라피의 경우 처음에는 12명 정도의 사람들과 시간을 보내며 관찰하는 것으로 시작해, 점차 6명 정도의 사람들과 '훨씬 더 많은' 시간을 보내게 되

> 💡 인터뷰 내내 웨일런은 사람들을 '관찰한다(observe)'라는 표현을 거의 쓰지 않고 대신 '함께 시간을 보낸다(hang out with them, spend time with them)'라는 표현을 사용했다. 이 표현은 에스노그라퍼로서의 그의 자세와 마음가짐을 잘 보여준다.

고, 그러다가 2-3명의 사람들이 벌이는 독특한, 혹은 의미 있어 보이는 행위나 상황에 집중했습니다.

Q. 소수의 사람을 심도 있게 관찰하기 때문에 누구를 관찰할지 선정하는 것이 매우 중요할 것 같습니다.

A. 바로 앞에 이야기한 직관적이고 자연스러운 샘플링sampling 과정을 위해서는 관찰자로서 '열린 시선'과 '기회를 찾으려는 시선' 그리고 '배우려는 자세'가 중요하다고 생각합니다. 과거 제록스 파크에서 일할 때, 한 기업의 업무 현장에서 에스노그라피를 진행하려고 했는데, 그곳의 매니저는 우리의 관찰 대상으로 경험이 많고 일을 아주 잘 하는 사람을 소개해주려고 했습니다. "이 사람이 우리 팀에서 경력이 많고 일을 잘 처리하는 사람이죠. 얻어낼 것이 많을 거에요"라고 말이죠.

하지만 이미 몇 년간의 경험과 경력을 가진 사람들은 종종 가장 지루한 관찰 대상이 될 때가 있어요. 이미 그 일들이 그 사람에게는 매우 익숙하고, 혹은 너무나 일상화되어버려서 특별할 것이 없기 때문에, 관찰자인 우리로

서도 흥미로운 발견점을 찾기 힘들 수 있어요.

반면에, 매니저가 소개해주기를 꺼리는 아주 신참이나 이른바 골치거리인 직원을 관찰할 때 디자인의 실마리를 위한 발견점을 얻는 경우가 종종 있었습니다. 어떤 까닭에서 이 직원이 문제를 발생시키는지, 어떤 부분에서 실수를 하는지, 일을 실수 없이 하기 위한 기술을 익히기 위해서는 어떤 것이 필요한지를 생각하다 보면 좋은 영감과 통찰을 얻을 수 있기 때문이죠.

따라서 누구를 관찰할 것인지 선택해야 할 때는 디자인 기회에 대한 실마리를 어떤 부분에서 가장 잘 얻을 수 있을까에 대해 민감하게 그리고 열린 마음으로 끊임없이 질문해야 합니다.

Q. 그렇게 한다고 해도 혹시 선택한 대상이 결국 '잘못된 대상' 혹은 '덜 적절한 대상'이었던 경험은 없나요?
A. '잘못된 관찰 대상'이란 존재하지 않는다고 생각합니다. 디자인 질문이 확실하다면, 어떤 관찰 대상에 대해서도 배울 점이 항상 있습니다. 디자인 에스노그라피에서 얻어야 할 것은 '대표성what is representative'이 아니라 '가능성what is possible'이라는 점을 항상 명심해야 합니다.

Q. 우리 책에서는 디자인 에스노그라피를 디자인 도구 중 하나로 소개하고 있지만, 사실 에스노그라피는 하나의 도구라기보다 기본적인 기술, 혹은 민감함으로 볼 수 있다고 생각합니다. 디자인 에스노그라피의 핵심이 되는 마인드세트 또는 기술은 무엇이라고 생각하나요? 그리고 그들을 함양하기 위해서는 어떤 노력이 필요할까요?
A. 우선은 관찰하는 대상의 디테일에 관심을 가질 수 있어야 하겠죠. 처음에는 매우 간단하고 당연한 것처럼 보이는 것도 디테일을 보려는 눈으로 보면 사실 굉장히 복합적인 일련의 과정과 의미가 숨어 있는 경우가 많습니다. 다시 말해 '디테일에 아름다움이 있다'고 할 수 있죠.

아까 예로 든 고객지원 센터 프로젝트에서 공급 물자를 주문하고 있는 직원의 행동을 관찰한다고 합시다. 전화 통화를 하면서 어떤 물건을 얼마나 주문하고, 또 언제까지 배송되길 원하는지를 이야기하고 정보를 처리하는 모습은 첫눈에는 매우 일상적이고 특별할 것이 없는 지루한 반복적 업무처럼 보일 수 있습니다.

하지만 무엇을 어떤 순서로 주문하며, 그에 상응하는 정보를 어떻게 다양한 채널에 기입하고, 또 오로지 목소리만을 통해서 이루어지는 전화 통화로 자신이 원하는 바를 상대방에게 전달하고자 취하는 말투와 말하는 방식 등을 관찰하고 있노라면 그 사람이 행하고 있는 행동 하나하나에 실제로 '아름다움'이 존재합니다! 그들은 도대체 '어떻게' 그것들을 할 수 있는 것일까? 이런 디테일에 관한 질문을 계속해나간다면 예상치 못했던 발견점을 얻게 될 것입니다. 비슷한 의미로, 관찰하는 어떤 것도 아주 당연하다거나, 혹은 질문을 던질 가치가 없다거나 하는 것은 없다는 사실을 명심해야 합니다. 이런 연습을 하다 보면 어느새 관찰을 하는 '눈'을 가지게 될 것입니다.

다음으로, 관찰을 할 때는 의도와 상관없이 자신의 관점이 생기게 되고 이는 당연히 관찰 결과에 영향을 미치는데, 이를 알아차리고 받아들여야 합니다. 처음 관찰을 위해 현장을 나가면 눈앞에 벌어지는 일들에 대해 무엇을 관찰할지 몰라 허둥대는 경우가 있습니다. 따라서 경험이 쌓일수록 디자인 해결안을 염두에 두고 특정한 시선으로 관찰을 시작하게 되는데, 이로 인해 파생할 결과와 이로 인해 미처 보지 못할 것들이 존재함을 이해해야 합니다. 모든 것을 한꺼번에 관찰할 수는 없습니다. 당신이 현재 관찰하고 있는 것들은 의식적으로 혹은 무의식적으로 선택한 관점을 통해 보이는 것임을 항상 의식해야 합니다.

마지막으로, 열린 마음을 가지고, 관찰자 자신이 현재 관찰하고 있는 현장을 리드하는 것이 아니라, 현장이 자신을 리드하도록 해야 합니다. 그래야만 전혀 예상치 못했던 새로운 기회를 포착할 수 있을 것입니다.

잭 웨일런은 미국 오리곤 대학교에서 인류학과 교수로 일하다 제록스 팔로 알토 연구소Xerox PARC: Palo Alto Research Center에 합류해 15년간 일한 정통 에스노그라퍼이다. 현재 국제 비영리단체 '지속 가능한 어업 파트너쉽Sustainable Fisheries Partnership'에서 프로그램 디렉터로 일하고 있으며, 동시에 핀란드 알토 대학교의 겸임교수로 재직하면서 에스노그라피와 사용자 중심 디자인을 가르치고 있다.

마치며: 디자인 에스노그라피는 디자이너가 다른 사람의 환경에 스며들어, 그들의 일상과 행동, 주변과의 상호작용 방식을 관찰하고, 그 관찰을 통해 표면에 드러나지 않는 의미와 생활 양식을 이해할 수 있게 한다. 이러한 점에서 디자인 에스노그라피는 사용자 이해를 바탕으로 하는 다양한 디자인 영역에서 매우 대표적이고 기본적인 사용자 조사 방법으로 여겨져 왔다.

하지만 많은 현장 관찰 행위가 '디자인 에스노그라피'라는 이름으로 불리며 활용되는 데 반해, 그 관찰 행위들이 점차 디자인 에스노그라피의 본래 자세와 지향점으로부터 멀어지는 현상을 볼 수 있다. 디자인 에스노그라피는 객관적 분석 도구라기보다는 공감적 디자인 도구다. 현장조사자 자신이 관찰 도구가 되는 것을 인식하고, 혹시 어떠한 선입관을 가지고 지금 관찰하고 있는 대상을 보고 있는 건 아닌지 항상 스스로를 점검하며 열린 마음과 호기심을 간직하도록 하자. 그리고 지금 관찰하고 있는 것이 '왜' 그러한지 끊임없이 질문하고, 그것이 미래 디자인 해결책에 어떤 의미를 가질지 고민하는 자세를 가지자. 디자인 에스노그라피의 이러한 마음가짐은 다른 장에서 다루고 있는 프로브, 코디자인 워크숍과 같은 새로운 디자인 도구들의 바탕이 된다.

디자인 에스노그라피를 통해 얻은 사용자 지식의 상당 부분은 결국 직접 현장을 관찰한 조사자에게 내재되어 있다. 이를 디자인 프로젝트에 활용하기 위해서는 스케치, 크고 작은 발표 그리고 다른 팀원과의 대화를 지속적으로 이어나가야 함을 잊지 않도록 하자.

2장
대화 도구
프로브

프로브probes는 사용자가 특정 주제에 대해 자신의 경험, 의견, 감정, 바람 등을 그들의 실제 생활 공간에서 생각해보고 직접 표현할 수 있게 하는 방법이다. 일상적 경험이나 생각을 기록할 수 있는 다이어리, 사진 촬영 도구, 이미지 콜라주를 위한 도구, 엽서, 스티커 등으로 프로브 패키지를 구성하여 사용자에게 전달하면 사용자는 일정 기간 동안 자신의 일상 안에서 프로브 과제를 수행하고 기록한다. 작성 기간이 끝나면 디자이너는 프로브를 회수해 디자인 영감을 얻기 위한 해석을 시작한다.

프로브는 인터뷰나 디자인 에스노그라피로는 접근할 수 없는 사용자의 아주 개인적이거나 특수한 세계에 디자이너가 접근할 수 있는 기회를 제공한다. 또한 사용자가 고유의 환경에서 시간을 충분히 들여 숙고해서 대답해야 하는 주제에 활용하기 적합하다.

사용자 본인도 인지하지 못한 깊은 내면에 접근하자

앞장에서 살펴본 디자인 에스노그라피에서는 디자이너가 사용자의 일상으로 직접 들어가 사용자가 말로 설명하기 쉽지 않은 무의식적인 행동과 잠재적인 동기를 관찰한다. 즉, 인터뷰나 설문조사로는 이해하기 어려운 맥락을 찾아낸다.

오랜 시간 쌓여온 개인적인 경험과 그로 인해 형성된 가치관을 이해하고 싶다면 어떻게 해야 할까? 장기 질환을 앓는 청소년의 건강관리를 위한 디자인 프로젝트를 한다고 가정해보자. 청소년들이 건강관리를 위해 어떤 종류의 치료, 관리 활동을 하는지 알고 싶다면 인터뷰를 통해 직접 물어볼 수 있을 것이다. 그들이 특정 건강관리 활동을 어떤 환경에서, 어떤 절차를 통해 하는지 알고 싶다면 그 현장에 직접 참여하여 관찰할 수 있다. 하지만 오랫동안 질환을 앓아온 청소년이 어떤 감정적 고충을 겪었는지, 매일 반복되는 일상이 자신에게 어떤 의미인지, 자신의 미래를 어떻게 영위하고 싶은지 등에 대해서 알기 위해서는 어떻게 해야 할까?

이처럼 감성적이고, 개인적이며, 자신도 미처 인지하지 못하고 있는 내면에 접근하는 데 인터뷰와 디자인 에스노그라피로는 한계가 있다. 물어본다고 해서, 행동으로 보여달라고 해서 알아낼 수 있는 것이 아니기 때문이다. 디자인 프로브는 사용자 본인도 인지하지 못한 깊은 내면에 디자이너가 접근할 수 있도록 매개체 역할을 하기 위해 만들어졌다. 프로브는 이를 위해 인류학이나 마케팅과 같은 다른 학문 분야가 아니라 '디자인적인 표현 방법'에서 그 해답을 찾고자 했다.

사용자는 그림 그리기, 이미지 콜라주, 사진 촬영, 일기 등의 활동을 수행하면서 자신의 감성과 주관적 경험, 상상력을 표현하고, 디자이너는 암호를 풀 듯이 그 결과물을 해석한다. 그 후 디자이너와 사용자가 만나 사용자가 작성한 프로브 결과물을 함께 해석하며 그 의미를 찾아나간다. 이런 면에서 프로브는 사용자가 단순히 자신의 일상과 감정을 기록하여 디자이너에게 제공하는 '사용자 다이어리'와는 다르다고 할 수 있다.

프로브의 기원

기존 사용자 조사 도구들의 대안으로 탄생한 '문화적 프로브'

"우리는 기존의 사용자 관찰 방법들에 회의를 느꼈다. 데이터의 수치화와 객관화를 중요시하는 기존의 방법으로부터 사람들의 감정에 공감하고 디자인 영감을 얻기란 거의 불가능한 일이다. 그래서 우리는 프로브를 만들었다." —빌 게이버Bill Gaver 외[1]

1 Bill Gaver, Andrew Boucher, Sara Pennington, Brendan Walker, Subjective approaches to design for everyday life, *CHI Tutorial*, 2003.

90년대 후반, 사용자 중심 디자인의 화두 중 하나는 그동안 업무 중심의 사용성과 효율성에 초점을 두었던 디자인에서 벗어나 어떻게 하면 사용자의 감성적 경험을 증진시킬 수 있는 디자인을 할 수 있을까였다. 기존의 정량적이고 이성적 타당성을 따지던 디자인 이론과 방법론은 인간의 감성, 주관적 경험, 가치, 즐거움 같은 새로운 주제를 탐구하기에 부족했다.

당시 유럽위원회European Commission 연구 프로젝트였던 '프레젠스Presence, 1997-1999'에서 빌 게이버를 비롯한 RCARoyal College of Art, 영국 왕립예술대학교의 디자이너들도 비슷한 고민을 하고 있었다. 이들은 네덜란드, 이탈리아, 노르웨이의 작은 마을에 살고 있는 노인들의 사회적 고립을 완화하고 존재감을 향상시키기 위한 디자인 방안을 찾고 있었는데, 각 나라 노년층 지역민들의 인생 이야기와 일상적 경험, 걱정거리, 혹은 그들의 미래에 대한 시선을 이해하고 그들과 소통하는 것이 그 첫 번째 목표였다.

사는 지역도 다르고, 자라온 환경과 문화도 다르고, 나이도 다른 이 세 나라 노인들의 경험과 삶에 대한 시선을 영국의 젊은 디자이너들이 어떻게 이해할 것인가? 그들은 '평균'과 '효율'에 무게를 두는 기존의 사용자 조사 방법들은 이 프로젝트에 적합하지 않다고 느꼈다. 그 이유는 다음과 같다.

첫째, 기존의 사용자 조사 방법들은 수집한 자료 분석 과정의 엄밀함을 강조해 사용자 개개인이 가지고 있는 특별한 이야기들을 '기타 등등'으로 분류하는 경향이 있었다. 이는 자료를 분석해 평균 성향 도출에 치중하느라 빚어진 결과로, 자칫 중요한 영감이 될 수 있는 통찰을 놓칠 수 있는 위험이 있었다.

둘째, 사용자 평균을 대변하고 과학적 타당성을 강조한 사용자 조사 자료는 새로운 디자인을 위한 영감을 주기에 적합하지 않았다. 디자이너가 자료의 객관성을 위해 자신의 상상력을 발휘할 만할 기회를 얻지 못했던 것이다.

RCA의 디자이너들은 이러한 문제에 적극적으로 대응하며 새로운 접근을 시도했다. 노인들의 인생 경험과 일상에 대한 풍부한 이야기를 끌어내기 위해, 그들이 스스로의 삶을 되돌아보고 상상력을 발휘할 수 있도록 돕고 싶었다. 이에 RCA의 디자이너들은 다양한 질문 거리가 담긴 소책자, 일회용 카메라, 지도, 엽서 등을 패키지로 꾸린 후 각 마을에 배달했다. 프로브의 전신인

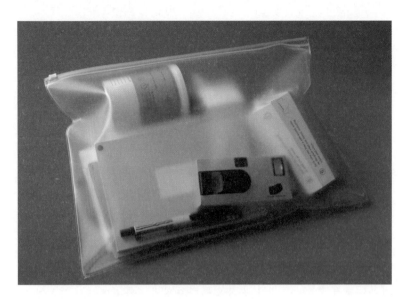

그림 2.1. 빌 게이버와 그의 팀이
사용했던 프로브 패키지 중 하나

'문화적 프로브Cultural Probes'는 이렇게 탄생했다.

사용자의 세계에 보내지는 탐사선

프로브는 우리 말로는 '무인 탐사선'이라는 뜻으로, 말 그대로 해양 과학자들
이나 우주 과학자들이 사용하는 무인 탐사선에서 따왔다. 과학자들이 직접
갈 수 없는 심해나 우주로 탐사선을 보내고 일정 기간 후 탐사선이 가지고 돌
아온 샘플을 분석하듯, 디자이너는 사용자의 삶이라는 미지의 세계로 프로브
를 만들어보내는 것이
다. 디자인 에스노그라
피나 인터뷰 같은 기존
의 도구로는 미처 닿을
수 없는 세계에서 프로
브는 사용자의 눈과 손
을 빌어 생생한 현장의
경험 및 사용자의 아주
개인적인 이야기에 접
근할 수 있다.

그림 2.2. 프로브는 마치 바다
속 미지의 세계에 보내지는 해양
탐사선처럼 사용자의 세계에
보내지는 탐사선과 같다.

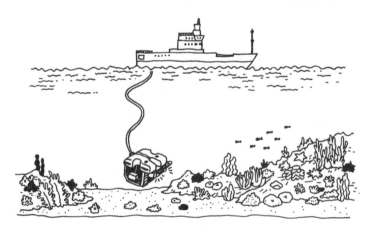

디자인 영감과 사용자 공감을 위해 과학자적 분석을 거부하다

RCA에서 만든 문화적 프로브 패키지에 담긴 과제들은 프로브를 받아든 노인들의 상상력을 자극하고 자신들의 생활을 돌아보게 만들기 위해 도발적이면서도 생소한 내용들로 구성되어 있었다. 예를 들어 일회용 카메라와 함께 제공된 촬영 과제 목록은 '당신을 지루하게 만드는 것', '당신이 원하는 것'과 같이 다소 모호하면서도 참여자에게 생각할 거리를 주는 과제부터, '당신이 오늘 착용할 것', '오늘 처음 만난 사람' 같은 직접적이고 생생한 일상을 담을 수 있는 과제들까지 포함하고 있었다.

문화적 프로브에는 다양한 형태의 지도도 담겨 있었는데, 이들은 노인들이 마을 구석구석의 공간에 어떤 가치를 부여하고 그곳에서 어떤 경험을 떠올리는지 시각적으로 표현할 수 있게 했다. 지도와 함께 주어진 질문들은 직접적인 것부터 은유적인 것에 이르기까지 다양했는데, '혼자 가고 싶은 곳', '공상하기 좋은 곳', '가고 싶지만 갈 수 없는 곳'과 같은 질문들에 대해 노인들이 곰곰이 생각해보고 그 대답을 지도에 그림이나 스티커 등으로 표시할 수 있게 했다.

네덜란드, 이탈리아, 노르웨이의 작은 도시에서 노인들이 직접 작성한 프로브는 하나하나 디자인 팀에게로 돌아왔고, 디자이너들은 친지가 보내온 소포를 열어보는 마음으로 프로브를 열어보았다. 패키지의 구성 자체에서 상상할 수 있듯이, 작성을 마친 내용물은 매우 시각적이고, 상징적이며, 또 개인적인 이야기들로 채워져 있었다.

기존의 전형적인 객관성과 엄밀함을 강조한 사용자 조사 방법에 익숙한 디자이너라면 이러한 결과물에서 일관적인 패턴을 정량적으로 뽑아내고 평균적 성향을 찾아내어 어떻게든 전체적인 퍼즐을 완성하려고 했을지 모른다. 하지만 앞서 이야기한 것처럼 RCA의 디자인 팀들은 이런 과학자적scientistic 분석보다는 이 자료들이 어떻게 디자인에 영감을 줄 것인가에 더 관심이 있었다. 그들은 프로브 결과물을 분석할 때도 과격적인 행보를 취했는데, 이는 바로 '분석하지 않는 것'이었다.

RCA의 디자이너들은 돌아온 프로브의 내용물 모두를 한곳에 펼쳐놓고 그것이 무엇을 의미하는지 이야기를 나누기 시작했다. 마치 자신들이 전날 저녁에 본 방송 프로그램에 대해 수다를 떨 듯, 세 나라의 노인들이 보내온 소포의 내용물에 대해 개개인의 주관적 해석을 공유하고 상상력을 보태며 이야기를 나눴다. 이 과정에서 프로브의 내용물은 자연스레 디자인 아이디어로 이어지게 됐고 스케치로 옮겨지기 시작했다.

한 가지 짚고 넘어가야 할 점은 최초의 문화적 프로브가 사용된 프로젝트인 프레젠스는 특정 문제를 해결하고자 하는 디자인 프로젝트가 아니었고 예술적 성격이 다소 강했다는 것이다. 따라서 RCA 디자이너들은 디자인 결과물의 현실적 기능보다는 상상력과 사회적 메시지에 좀 더 무게를 둔 방향으로 프로젝트를 진행했다. 이런 배경에도 불구하고 문화적 프로브는 인간의 감성, 주관적 경험, 가치, 즐거움 같은 새로운 주제를 탐구하고자 했던 디자이너들의 시선을 사로잡기에 충분했다.

프레젠스 프로젝트의 디자이너들

프레젠스 프로젝트는 90년대 말 정보기술 디자인 분야에 새로운 방향성을 제시했다. 프레젠스 프로젝트 팀은 업무 환경 중심의 빠른 기술fast technology 개발로부터 눈을 돌려, 컴퓨터 정보기술이 사람들의 일상 생활에서 어떤 새로운 경험을 제공할 수 있을지 새로운 디자인 영역을 모색하고자 했다. 이른바 느린 기술slow technology 디자인을 주창하며, 컴퓨터 정보기술이 가진 가능성을 활용하여 일상을 살아가는 사람들의 상상력과 감성적 경험을 풍부하게 하고, 그들의 사회적 관계를 증진시키는 것이 목표였다.

프레젠스 프로젝트는 디자인을 매개체로 사회에 대한 비평적 시각을 제시하는 비평적 디자인critical design의 일환이기도 했고, 프로젝트 팀은 스스로를 엔지니어나 연구원보다는 '예술가이자 동시에 디자이너artist-designer'라고 불렀다. 이들은 문화적 프로브를 통해 노인들이 마을에 대한 자부심도 느끼지만, 동시에 외부 인구가 빠르게 유입되는 현상에 대해 우려한다는 것도 파악할 수 있었다. 프로젝트의 결과물로, 마을 벤치의 등받이 부분에 마을 노인들이 공유하고 싶은 삶의 지혜나 경험을 보여주는 '슬로건 벤치slogan bench' 등의 전자 가구들이 곳곳에 설치됐다.

프로브, 사용자 중심 디자인에 새로운 바람을 일으키다

문화적 프로브가 소개된 이후 디자이너들은 빠른 속도로 이를 받아들여 다양한 형태의 프로브로 발전시켜 사용하기 시작했다. 프로젝트의 목적과 사용자 그룹의 특성, 혹은 프로브 형태에 따라 좀 더 구체적인 이름을 가지고 소개된 프로브들도 있었다. 도시 환경 디자인을 위해 사용된 도시 프로브urban probes[2], 가족의 삶을 이해하기 위한 가정환경 프로브domestic probes[3] 등을 예로 들 수 있다. 아날로그적으로 기록하는 방식을 벗어나, 디지털 기술을 활용한 프로브들도 소개됐는데, 휴대폰 카메라와 메신저 기능을 활용한 모바일 프로브mobile probes[4], 인터랙티브 프로토타입interactive prototype으로 사람들의 상상력을 자극하는 테크놀로지 프로브technology probes[5] 등이 주목을 받았다.

이 중 RCA의 문화적 프로브를 산업디자인에 체계적으로 소개한 대표적인 사례로 2000년대 초반 핀란드 알토 대학교에서 진행된 이디자인eDesign 프로젝트가 있다. 이 프로젝트의 디자이너들은 사람들이 '건강한 삶'이라는 주제에 대하여 어떤 경험과 견해를 가지고 있는지 그리고 어떤 걱정들을 하고 있는지 이해하는 데 프로브가 적절한 도구라고 판단했다. 이들은 예술적 성향이 강했던 문화적 프로브를 사용자 중심 디자인 과정에 좀 더 적합하도록 변형시켜 '디자인 프로브design probes[6]'라는 이름으로 소개했다.

문화적 프로브가 과학적 분석을 배제하고 사용자가 작성한 기록물의 조각들로부터 디자인 영감을 얻고자 한 도구라면, 디자인 프로브는 사용자의 경험에 대해 더 총체적이고 공감적인 이해를 얻는 데 무게를 두고 변형됐다. 이 책은 디자인에서의 활용에 좀 더 초점을 맞추기 위해 문화적 프로브보다는 디자인 프로브를 중심으로 소개한다.

프로브의 아주 중요한 특성 중의 하나는 '프로브란 이러이러한 것으로 구성되어 있고 이렇게 저렇게 진행한다'라고 말할 만한 규격화된 정답이 없다는 것이다. 프로브를 처음 소개한 RCA의 디자이너들은 "이 프로브는 바로 이 프로젝트만을 위해 특별히 개발된 것이며 여기에서 사용된 패키지가 프로브 방법론을 대변하진 않는다"라고 명시했다.

모든 프로브 패키지는 각 프로젝트 고유의 맥락과 특성에 맞게 재창조되어야 한다. 프로브를 각 프로젝트에 맞게 제작하는 과정은 디자이너에게 사

2 Eric Paulos, Tom Jenkins. Urban probes: Encountering our emerging urban atmospheres. *Proceedings of the SIGCHI Conference on Human Factors in Computing Systems.* ACM Press, 2005, pp. 341-350.
3 Bill Gaver, Andrew Boucher, Sara Pennington, Brendan Walker. Cultural probes and the value of uncertainty. *Interactions,* vol. 11, issue 5. ACM Press, 2004, pp. 53-56.
4 Sami Hulkko, Tuuli Mattelmäki, Katja Virtanen, Turkka Keinonen. Mobile probes. *Proceedings of the Third Nordic Conference on Human-computer Interaction.* ACM Press, 2004, pp. 43-51.
5 Hilary Hutchinson, et al. Technology probes: Inspiring design for and with families. *Proceedings of the SIGCHI Conference on Human Factors in Computing Systems.* ACM Press, 2003, pp. 17-24.
6 Tuuli Mattelmäki. *Design probes.* Aalto Press. 2006.

용자 세계와 프로젝트 목표에 더욱 민감해질 수 있는 기회를 제공한다. 프로브를 정형화된 디자인 도구로 오해하고 기존에 소개된 프로브의 구성을 그대로 가져와 적용한다면, 프로브의 적합성이 떨어질 뿐만 아니라 디자이너가 디자인 주제에 대해 깊이 생각해볼 수 있는 기회를 놓쳐 버리는 것과 같다.

스텝 바이 스텝

프로브를 사용하는 과정은 디자이너와 사용자가 프로브 패키지라는 매개체를 주고받으며 점진적으로 상호작용하는 과정으로 설명할 수 있다. 그림 2.3은 프로브 패키지가 디자이너의 작업실과 사용자의 현장을 오가며 둘의 상호작용을 촉진하는 과정을 단계적으로 보여준다. 디자이너가 자신의 작업실에서 프로브를 구상하고 제작하여 참여자에게 전달하면 참여자는 자신의 일상 현장에서 정해진 기간 동안 프로브를 작성한다. 사용자의 현장에서 작성된 프로브는 다시 디자이너의 작업실로 보내지고 디자이너는 프로브 결과물에 대해 1차 해석을 진행한다. 그 후 디자이너와 참여자가 다시 만나 해석 내용에 대해 심층적으로 인터뷰를 진행할 수 있다.

> 참여자: 프로브에서 사용자의 역할은 디자이너에게 정보를 제공하는 '수동적 피관찰자'라기보다 프로브 해석 과정에도 참여하여 디자이너와 파트너십을 형성하는 '능동적 참여자'이다. 다시 말해, 프로브의 과정에 들어온 사용자는 디자인 과정의 참여자가 되는 것이다. 따라서 본 장에서는 프로브 과정에 참여하는 대상을 지칭할 때 '사용자'와 '참여자' 이 두 용어가 혼용된다. 단, 영문으로도 우리말로도 이미 자리잡은 용어, 즉 사용자 조사(User Study)나 사용자 관찰(User Observation), 사용자 경험(User Experience, UX) 등은 그대로 '사용자'라는 단어를 사용한다.

지금부터 프로브의 진행 과정을 여섯 단계로 나누어 좀 더 상세하게 살펴보도록 하자.

첫째, 구상 및 사전조사

프로브 활용 목적 뚜렷이 하기

프로브를 활용할 때 그 목적을 제대로 파악하는 것은 매우 중요하다. 목적에 따라 프로브 패키지에 들어갈 질문, 참여자와의 소통 방식, 그리고 프로브 결과물의 해석 방법이 달라지기 때문이다.

문화적 프로브의 사례처럼 디자이너의 상상력을 자극하고 영감을 얻기 위한 목적으로 프로브를 활용할 때는 의도적으로 프로브 과제들을 모호하

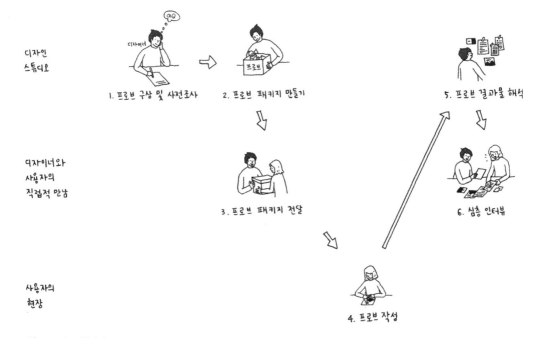

디자인
스튜디오

1. 프로브 구상 및 사전조사   2. 프로브 패키지 만들기

5. 프로브 결과물 해석

디자이너와
사용자의
직접적 만남

3. 프로브 패키지 전달

6. 심층 인터뷰

사용자의
현장

4. 프로브 작성

그림 2.3. 프로브 진행 순서

게 만들거나 도발적인 질문을 할 수 있다. 프로젝트의 주제가 어느 정도 잡혔을 때 참여자의 경험이나 일상, 생각 등을 좀 더 심층적으로 알아보는 것이 목적이라면, 프로브를 통해 더 상세하고 다양한 정보를 수집할 수 있도록 과제를 구성한다.

프로브를 활용하는 것이 풍부한 사용자 정보 수집을 목적으로 하는 것인지, 디자인 단계에서의 영감을 위한 것인지, 심층 인터뷰나 코디자인 워크숍 이전 단계에서 참여자와의 소통을 목적으로 하는 것인지 모든 팀원이 동일하게 이해하고 있어야 목적에 적합한 프로브 과제를 만들 수 있다. 또한 추후에 결과물을 해석할 때도 공통된 마음가짐으로 진행할 수 있다.

사전 맵핑을 통해 디자이너의 선입관 알아차리기

프로브를 제작하거나 결과물을 해석하는 과정에서 디자이너 자신도 모르게 자신이 이미 알고 있는 틀 안에서 질문을 만들거나 프로브 결과물을 해석하고 아이디어를 도출할 수 있다. 이렇게 되면 디자이너가 사용자의 세계를 탐구하면서 색안경을 끼고 보는 것과 다름이 없는데, 이를 피할 수 있는 한 가지 방법은 '사전 맵핑preliminary mapping'이다.

네덜란드 델프트 공과대학Delft University of Technology의 프라우케 슬레이스벡
비써Froukje Slesswijk Visser와 피터 얀 스태퍼스Pieter Jan Stappers는 사용자 관찰을 시
작할 때 디자인 팀 내부에서 사전 맵핑을 해보도록 추천한다.[7] 사전 맵핑은
팀 구성원들이 모여 프로젝트의 주제에 대해 자신이 미리 알고 있는 것, 알
고 싶은 것과 관심 있는 것 그리고 떠오르는 아이디어를 사전에 나누고 마
인드맵mind map 형식으로 그려보는 것이다. ◑ 이는 '1장 관찰 도구: 디자인 에
스노그라피'에서 에스노그라피를 하기 전 관찰자 자신의 선입관을 인지하
기 위한 방법으로 소개된 마인드맵과 상통한다(57쪽).

7   Froukje Sleeswijk Visser,
Pieter Jan Stappers, Remko
van der Lugt, Elizabeth B.-N.
Sanders. Contextmapping:
Experiences from practice.
CoDesign, 1(2), 2005, pp.
119-149.

이렇게 하면 팀 구성원들이 디자인 주제에 대해 가진 선입관이나 가정을
시각화하여 드러낼 수 있고, 프로브 제작이나 결과물 해석 과정에서 이들이
편견으로 작용하지 않도록 돕는다. 사용자 관찰을 시작하기 전에 디자이너
들이 미리 알고 있는 것, 알고 싶은 것과 관심 있는 것, 초기 아이디어들로
마인드맵을 만들어보는 것은 프로브뿐만 아니라 어떤 사용자 관찰 도구를
활용할 때도 매우 유용하다.

사전조사를 통해 프로브를 보낼 세계에 대해 감 잡기

적절하고 통찰력 있는 프로브 질문을 던지기 위해 인터넷, 전문 서적, 신문
이나 잡지 등을 보며 문헌조사를 하거나 전문가 인터뷰를 진행하는 것이 좋
다. 상상력을 자극하는 질문을 만들기 위해 주제와 관련된 영화나 광고, 만
화책 등을 통해 프로브 질문 및 과제에 대한 아이디어를 얻을 수도 있다. 이
는 전문적이거나 객관적인 지식을 얻기 위한 사전조사라기보다 디자이너 스
스로 프로젝트와 프로브 참여자의 맥락에 더 익숙하게 만드는 과정이다.

프로브 패키지를 참여자에게 보내고 나면 그 작성 과정을 통제하는 것은
거의 불가능하다. 따라서 프로브의 주제 및 참여자에 대한 사전조사를 통해
프로브가 작성될 환경과 맥락을 충분히 고려한 패키지를 만들어야 한다. 프
로브에 참여할 그룹이 이미 정해져 있다면 그들의 환경을 미리 방문해보거
나 사전에 가볍게 만나보는 것도 좋다. 참여자들의 물리적, 사회적 상황, 선
호도 등을 미리 어느 정도 파악한다면 더욱 효과적이고 흥미로운 프로브 과
제를 구성하는 데 도움이 된다.

이를테면 참여자의 사진 촬영에 대한 친숙도 혹은 그림 그리기 능력이나 참여자가 실제로 하루 일과 중, 어느 시점에 얼마나 프로브를 작성할 수 있는지 알고 있다면 참여자에게 더 적합하고 효과적인 방향으로 프로브 패키지를 디자인할 수 있다. 프로브 참여자와 만남에서 가볍게 이야기를 나누는 것은 생각보다 긍정적인 효과가 큰데, 디자이너와 프로브 참여자 간의 신뢰를 형성해 프로브를 좀 더 성실하게 작성하도록 하고, 또 참여자가 프로브 작성 전 특정 주제에 대해 미리 생각해볼 수 있어 그 주제에 대해 민감해 질 수 있는 기회를 제공하기 때문이다. 디자이너의 입장에서는 참여자 그룹을 미리 만남으로써 그들에 대해 가지고 있던 잘못된 편견에서 벗어날 수 있고 미처 생각하지 못했던 질문이나 과제를 프로브에 포함시킬 수 있는 기회를 얻을 수 있다.

이러한 사전 작업들은 프로브 패키지를 만들기 위한 별도의 노력이라기보다는 참여자들의 세계에 발을 들이고 그들의 경험을 이해하기 위한 과정이 시작됐음을 의미한다. 사전조사를 통해 얻을 수 있는 참여자 그룹의 물리적, 사회적 환경 및 개인적 여건에 대한 사전적 이해와 가벼운 만남을 통해 얻을 수 있는 신뢰 관계는 디자이너가 프로브를 구상할 때부터 참여자들에게 중요한 것이 무엇인지 그들의 입장에서 생각해볼 수 있는 기회를 제공한다. 이를 통해 디자이너는 프로브 구상 단계부터 참여자에 대한 '공감적 이해'를 향상시킬 수 있다.

정신과 간호사에게 프로브를 보내며 '휴대폰으로 사진을 찍고 그 전후에 있었던 일을 기록해 달라'며 일기장을 동봉한다면 십중팔구 사진 몇 장과 텅 빈 일기장을 돌려받게 될 것이다. 정신없이 바쁜 일정을 소화해야 하는 간호사의 일상을 전혀 고려하지 않은 채 구성한 패키지이기 때문이다. 까먹을 수 없을 만큼 커다란 폴라로이드 카메라를 안겨주며 사진을 찍은 후 바로 출력되는 사진의 여백에 그때의 상황을 나중에 설명할 수 있도록 키워드 두어 개만 적어달라고 하면 어떨까? 간호사가 느낄 부담을 크게 줄일 수 있을뿐더러 커다란 폴라로이드를 소지한 간호사와 환자 사이에 대화도 유도할 수 있을 것이다. 이는 알토 대학교에서 진행한 '헬싱키 시 정신과 진료와 이미지 향상을 위한 프로젝트'에서 실제로 있었던 일이다.

그렇다면 몇 명에게 프로브 패키지를 보내는 것이 좋을까? 프로브는 깊고 풍부한 사용자 경험을 이해하는 것을 목표로 하는 정성적 조사 방법이기에 딱히 정답이 있다고 할 수는 없지만, 보통 최소 다섯 명에서 최대 열 명 사이의 참여자를 대상으로 할 때 프로브 패키지 작성에 드는 노력 대비 만족할 만한 성과가 있다는 것이 전문가들의 중론이다.

⚠ 프로브는 오브젝트가 아니라 프로세스다

프로브가 보통 패키지 형태로 만들어지기 때문에 프로브의 핵심을 그 사물로 여기는 경우가 많다. 하지만 엄밀히 말하자면 프로브란 패키지로 대변되는 오브젝트가 아니라 프로브 패키지를 매개체로 이루어지는 전반적인 프로세스를 의미한다. 디자이너가 프로브를 구상하고, 사전조사하고, 패키지를 제작하고, 참여자들에게 전달하고, 또 결과물을 회수하여 해석하는 전체 과정이 프로브이다.

디자이너는 프로브를 사물적 도구가 아니라 과정으로 이해해야 디자인 프로젝트에서 프로브의 장점을 제대로 활용할 수 있다. 프로브의 진정한 효용 가치는 패키지가 작성되어 돌아오는 결과물뿐만 아니라 디자이너가 프로브를 만들고, 전달하고, 회수하여 해석하는 전반적인 과정에 있기 때문이다.

디자이너는 프로젝트 고유의 상황에 적합한 프로브를 만들기 위하여, 프로젝트 주제 및 사용자 환경에 대한 사전조사를 하고, 이로부터 얻은 통찰과 영감을 프로브 제작에 반영한다. 사전조사 때 참여자를 만나면서 참여자에 대해 가지고 있었던 자신의 사전적 이해를 고쳐나가거나 보충할 수도 있다. 프로브 패키지 안에 포함될 다양한 과제를 만들 때도 디자이너는 이러한 과제를 참여자가 어떻게 받아들일지, 또 어떤 상황에서 작성하게 될지 항상 생각하면서 참여자의 입장이 되어 공감하려고 노력한다. 참여자가 프로브를 작성하는 동안에는 디자이너가 관여할 수 없기 때문에 프로브 제작 과정에서 디자이너는 최대한 참여자의 입장에서 프로브 작성 경험에 대해 공감해보고자 노력한다.

프로브만의 특별한 점은 디자이너가 사용자의 입장에 대해 생각해보고 공감하는 과정이 머릿속에서만 이루어지는 것이 아니라 프로브 패키지를 구체화하는 과정에서 이루어진다는 데 있다. 디자이너는 자신의 손으로 프로브 패키지를 만들고, 일기장 양식과 표지를 만들거나, 참여자가 이해하기 쉬운 말투로 질문을 구성하면서 자신의 생각을 시각적, 입체적으로 나타낼 수 있다. 이렇게 체화되어 나타난 생각에 반응하여 수정하는 과정을 반복적으로 거치면서 프로브를 통해 알고자 하는 주제에 대해 그리고 프로브 작성에 참여할 사용자의 현장에 대해 조금씩 더 민감해질 수 있다.

이러한 측면에서 각 프로젝트에 특화되어 고유하게 제작된 프로브는 디자이너가 프로젝트 주제 및 참여자 현장에 대해 가지고 있는 호기심과 생각을 참여자에게 전달해주는 소통의 창구, 혹은 매개체라고 볼 수 있다. 프로브를 건네받은 참여자는 프로브 패키지에 담긴 디자이너의 의도와 표현에 반응하여 자신의 생각과 이야기를 표현하는 것이다.

참여자의 작성 기간이 끝나면 프로브는 다시 디자이너에게 보내지고, 디자이너는 참여자가 표현한 이야기를 해석한다. 디자이너가 궁금했던 내용에 대해 참여자는 어떤 경험과 이야기를 가지고 있는지, 디자이너가 미처 생각하지 못했던 어떤 놀라운 내용들이 있는지를 살펴보는 것이다. 1차 해석이 끝나면 참여자와 다시 만나 디자이너의 해석 내용에 대해 함께 이야기를 나누고, 프로브의 전반적인 과정에서 점진적으로 모습을 드러낸 흥미로운 발견점에 대해 깊이 있는 대화를 나눌 수 있다.

프로브 구상, 사전조사, 패키지 제작, 참여자의 내용 작성, 디자이너의 1차 해석 그리고 마지막으로 심층 인터뷰에 이르는 이 모든 과정을 아울러 프로브라고 부른다. 실제로 디자인 프로브를 개발한 뚤리 마뗄마끼 교수는 이러한 의미에서 명사로서의 '프로브probe' 보다는 동사로서의 '프로빙probing'이라는 표현을 선호한다고 한다(전문가 Q&A: 뚤리 마뗄마끼(164쪽)). 따라서 프로브를 사용할 때 단지 패키지를 만들고 보내는 것에 국한해 생각하는 오류를 범하지 말자.

둘째, 프로브 패키지 만들기

프로브 활용 목적이 정해지고 참여자 그룹에 대한 사전 이해가 이루어졌다면 이를 바탕으로 프로브 패키지를 제작한다. 아주 다양한 형태로 프로브를 만들 수 있으므로 효과적인 프로브 패키지를 구성하기 위해서는 어떠한 결과물이 돌아올지 예상을 해보면서 만드는 것이 좋다.

정성스러운 프로브 패키지를 통해 디자이너들은 프로브 참여자에게 느끼는 존중과 감사의 마음을 전달할 수 있고, 동시에 디자인 팀의 개성과 프로젝트 주제의 특색도 표현할 수 있다. 참여자의 흥미를 불러 일으키고 그들이 프로브를 작성하는 동안 흥미롭게 참여할 수 있게 하기 위해서도 프로브 패키지에 정성을 들이는 것은 중요하다.

프로브의 과제와 형태는 참여자가 이해하기 쉽고 시각적으로 흥미로워야 한다. 공장에서 대량생산된 규격화된 패키지라는 인상보다는 참여자만을 위해 특별히 제작됐다는 인상을 주는 것이 좋다. 이미 강조한 것처럼 프로브 구성에 '꼭 이러이러한 것이 들어가야 한다'라는 정해진 틀은 없다. 하지만 1999년 발표된 문화적 프로브 이후 수많은 프로브 사례를 살펴보았을 때, 자주 활용되는 과제나 기법이 있는데, 이를 다음과 같이 정리할 수 있다.

- **사진 촬영**: 참여자가 자기 일상의 순간이나 주위 환경, 의미 있다고 생각하는 경험에 대해 직접 시각적인 기록을 남길 수 있게 한다. 개인적 경험에 대한 생생한 시각 자료를 얻을 수 있을 뿐만 아니라, 무엇을 어떻게 찍을 것인가 생각하고 선정하기 때문에 참여자가 의미 있다고 생각하는 것이 무엇인지 그의 관점을 파악할 수 있다. ❍케이스 스터디 '사진가를 위한 프로브'에서 사진 촬영 과제의 활용 예시 참고(152쪽).
- **참여자의 행동, 일상의 리듬, 기분과 생각 들을 기록할 수 있는 일기장**: 참여자의 하루 일과 및 행동, 감정 변화의 흐름을 하루 혹은 일주일 단위로 파악할 수 있다. 또한 다양한 일과나 경험에서 참여자가 어떤 생각을 하고 어떤 기분이 드는지 표현하게 할 수 있다. ❍케이스 스터디 '웨어러블 기기를 위한 프로브'에서 일기장 과제의 활용 예시 참고(160쪽).
- **이미지 콜라주 혹은 시각적 맵핑**visual mapping: 말로는 쉽게 표현하기 어려운 참여자의 평소 생각 및 경험을 이미지 카드 등을 통해 표현할 수 있게 한다. 시각적 맵핑을 통해 참여자가 자신의 과거 경험 및 미래의 꿈을 어떻게 인지하고 있는지, 혹은 자신의 사회적 관계를 어떻게 인지하고 있는지 파악할 수 있다. ❍케이스 스터디 '만성질환 청소년의 건강관리를 위한 프로브' 중 '나의 미래로 가는 지도(140쪽)', '나의 사회적 관계도 만들기(145쪽)'에서 시각적 맵핑의 활용 예시 참고.
- **열린 질문이 담긴 엽서 혹은 소책자**: 어떤 현상이나 주제에 대해 참여자의 상상력을 자극하고 좀 더 심층적인 내면을 이끌어내기 위해 활용된

다. ●케이스 스터디 '만성질환 청소년의 건강관리를 위한 프로브' 중 '건강관리를 위한 나만의 다섯 가지 비결 카드(139쪽)', '낱말지도 만들기(148쪽)'에서 열린 질문이 담긴 엽서 혹은 소책자의 활용 예시 참고.

- 프로브 과제 이외에도 프로브 작성을 돕는 주변 도구: 디자인 팀 소개와 연락처, 프로브 작성 방법이 담긴 설명서 카드, 스티커나 배지 형식으로 규칙적인 프로브 작성을 돕는 체크리스트 역할을 할 수 있는 소품이나 여분의 노트와 필기 도구.

지금부터는 각 도구가 어떤 식으로 디자인될 수 있고 어떤 역할을 하는지 조금 더 자세히 설명하고자 한다. 하지만 이들은 어디까지나 독자가 참고할 수 있는 예시일 뿐이다. 각 프로젝트의 성격에 맞추어 창의적인 프로브 패키지를 구성할 수 있음을 기억하자.

참여자의 눈으로 현장을 담아내는 사진 촬영 과제

주어진 주제에 따라 참여자 스스로 일상의 현장에서 사진을 찍을 수 있도록 일회용 카메라나 폴라로이드 카메라 등을 제공한다. 필름 카메라를 활용할 경우 컷 수가 제한되어 있기 때문에 참여자가 한 컷 한 컷 무엇을 찍을 것인지 고민하고 선택하여 찍게 된다. 이 과정에서 참여자가 무엇을 중요하게 생각하는지 알아볼 수 있다는 게 장점이다. 또한 익숙한 생활 공간을 익숙하지 않은 카메라 렌즈를 통해 바라보게 해 참여자가 매우 당연하고 친숙하

그림 2.4. 사진 촬영 주제 목록을
인쇄해 입힌 일회용 카메라

게 여겼던 현상이나 환경을 새롭게 바라볼 수 있는 기회를 제공한다.

일회용 카메라의 경우 카메라에 새로운 커버를 씌워 프로젝트 특색이 드러나도록 흥미롭게 변화시킬 수 있고, 혹은 촬영 과제 목록을 인쇄하여 붙일 수도 있다(그림 2.4). 이렇게 커버가 특별히 디자인된 일회용 카메라는 참여자에게 프로브 과제나 사진 촬영의 주제를 상기시켜 줄 수 있고, 주어진 필름 컷 수 내에서 무엇을 찍을지

생각해 볼 수 있도록 해준다.

　요즘에는 많은 사람이 스마트폰을 휴대하기 때문에 스마트폰으로 사진을 찍고 그 디지털 이미지를 디자인 팀에게 즉시 전송하거나, 혹은 프로브 작성 기간이 끝난 후 함께 전송하는 방법을 활용할 수도 있다. ▶케이스 스터디 '웨어러블 기기를 위한 프로브' 활용 예시 참고(157쪽). 스마트폰으로 사진 촬영을 할 경우, 참여자가 따로 카메라를 들고 다닐 필요가 없고 디자이너가 촬영된 사진을 바로 받아볼 수 있다는 장점도 있지만, 너무나 손쉽게 촬영할 수 있다는 점 때문에 과제에 대해 깊이 생각해보지 않고 사진을 찍을 수도 있고, 또 바쁜 일상에서 사진 촬영 과제를 잊어버릴 수 있다. 프로젝트의 성격과 참여자의 상황에 따라 디지털 방식도 얼마든지 효과적인 방법이 될 수 있지만 이때는 어떻게 참여자의 흥미를 자극하고 꾸준히 프로브를 작성하게 할 수 있을지 디자이너의 고민이 필요하다.

　촬영 주제는 자유로이 주어질 수도 있지만 디자인 팀이 관심 있게 살펴보려는 사항에 따라 지정해주기도 한다. 예를 들면 디자이너가 접근할 수 없는 생활의 단편, 공간의 모습과 도구를 촬영 주제로 지정하는 것이다. 건강한 삶을 위한 디자인 프로젝트라면 '매일 냉장고 안을 찍어 주세요' 같은 주제를 줄 수 있다.

　이보다 더 주관적인 경험과 개인적인 삶의 이야기를 엿보고 싶을 때는 좀 더 열린, 흥미로운 주제를 줄 수 있다. '다른 사람의 도움이 필요한 상황' 혹은 '오늘 가장 행복했던 순간들' 같은 주제를 대했을 때 참여자는 일상의 경험을 좀 더 곰곰히 생각해볼 수 있다. '곤란한 상황', '도움이 필요한 상황'과 같은 주제로 촬영된 사진들은 참여자들이 경험하는 문제들 혹은 이 문제를 해결하는 방안들에 대한 내용을 담고 있을 것이다. '내가 가장 좋아하는 도구' 혹은 '내가 가장 싫어하는 전자 기기'와 같은 주제로 촬영된 사진들은 참여자들이 자신이 사용하는 도구들과 관련해 어떤 경험을 하는지 묘사해 줄 수 있다.

　예를 들어 새로운 지역이나 나라로 이주한 사람들에게 '내가 현지화됐다고 느끼는 순간'이라는 주제로 사진 촬영 과제를 내면 아주 개인적인 일상과 이주 후 자신의 생활에 대한 주관적인 평가를 엿볼 수 있다. 그림 2.5처럼 핀

란드 헬싱키에 거주하는 외국인들의 삶의 질 향상을 위한 프로젝트에서 '내가 핀란드화됐다고 느끼는 순간'이란 주제로 사진 촬영 과제를 냈을 때, 참여자 중 한 명은 매일매일의 아침 식사 사진을 찍어 보내왔다.

그림 2.5. 프로브 참여자들이 일회용 카메라로 직접 찍은 사진들. 요거트, 호밀 크래커 등 핀란드인이 즐기는 식품들이 보인다.

일상의 생각과 리듬을 기록할 수 있는 일기장

일기장은 참여자로 하여금 일상의 리듬이나 생각, 감정 등을 시간과 함께 기록할 수 있게 한다. 익숙한 공책 일기장이 될 수도 있고, 질문이나 그림이 담긴 소책자가 될 수도 있다. 프로브 패키지에 포함되는 일기장은 일정 기간 동안 시간별로 참여자들의 활동을 기록하도록 만들어질 수도 있고, 좀 더 전체적인 경험에 대한 이야기를 끌어내도록 만들어질 수도 있다.

예를 들어 참여자의 운동을 돕는 스마트 기기 디자인 프로젝트의 경우 '오늘 하루 운동한 종목과 시간을 적으세요'라고 직접적인 질문을 줄 수도 있지만, 운동과 건강에 대한 좀 더 전반적인 경험과 감정을 이해하기 위해 '오늘 하루 건강을 위해 한 활동들과 당시의 기분을 적어 주세요'라는 과제를 줄 수도 있다. ➲ 전자의 예는 케이스 스터디 '웨어러블 기기를 위한 프로브'(160쪽)에서 찾아볼 수 있고, 후자의 예는 케이스 스터디 '만성질환 청소년의 건강관리를 위한 프로브'(139쪽)에서 찾아볼 수 있다.

자신의 일과나 감정을 기록하는 것은 참여자에게 상당한 노력과 시간을 요하는 일이다. 그 수고를 덜 수 있도록 다양한 시각적 자료를 제공하는 것도 좋다. 예를 들어 그림이나 낱말이 인쇄된 스티커는 참여자가 감정을 표현하는 효과적인 도구가 될 수 있다. 감정 스티커로 하루의 감정 변화를 그래프처럼 표현할 수도 있고, 다양한 그림이나 사진이 인쇄된 카드로 자신의 활동이나 감정을 표현할 수도 있다. 유머와 위트가 있는 스티커나 카드들은

그림 2.6. 중국 소도시 노인들의
은퇴 후 삶을 알아보기 위해 제작한
프로브의 일부

참여자가 프로브를 작성하는 과정에서 흥미를 느끼게 하고 수고를 더는 데
도움이 된다.

그림 2.6은 중국 소도시 노인들의 은퇴 후 변화한 삶을 알아보기 위해 제
작한 프로브의 일부다. 매일 다른 형태의 질문을 접할 수 있게 했고, 영감을
주기 위해 사진과 그림이 인쇄된 카드를 함께 제공했다.

글로 쉽게 설명하기 힘든 것을 표현하게 돕는 시각적 맵핑

글로 표현하기 쉽지 않은 사회적 관계나 심리적 거리 등을 표현하게 하는
데는 시각적 맵핑을 활용하는 것도 좋은 방법이다. 예를 들어 참여자와 주
변인 사이의 다양한 관계와 관련된 경험, 소통 방법 등을 사람이나 사물(예
를 들어 소통에 활용하는 전화기, 이메일, 편지, 엽서) 모양의 스티커로 단
순한 형태의 지도 위에 표현하게 하는 것이다.

그림 2.7은 파티에 모인 사람들 사이의 친밀도와 관계의 의미 등을 표현
할 수 있도록 제공된 사회적 맵핑social mapping 과제다. 단순한 형태의 지도와
사람 모양의 종이 인형, 파티에 모인 사람들의 관계를 종이 인형들 간의 거
리와 간단한 글로 표현하는 과제를 주었다.

한 사람의 삶에 나타난 중요한 사건들의 서술을 수집하기 위해서도 시각

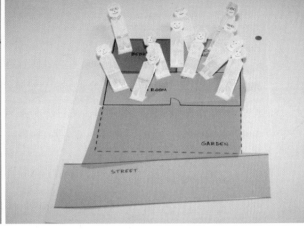

적 과제의 활용은 효과적이다. 그림 2.8은 '내 삶의 여정Road of My Life'이라는 제
목으로 참여자가 지금까지의 삶과 미래의 계획을 그래프로 표현하고, 과거 삶
에서 의미 있었던 경험과 미래에 경험하고 싶은 것을 사진을 이용해 시각화하
도록 한 과제다. 그림에 나타난 '내 삶의 여정'에서 그래프는 과거(왼쪽)에서
미래(오른쪽)로 시간의 흐름을 나타내고, 그래프의 높낮이는 참여자가 생각
하는 자기 인생의 고점과 저점을 나타낸다. 참여자는 그래프의 높낮이로 행
복했던 순간, 성취의 순간, 건강 상태 등 다양한 의미를 표현할 수 있다.

시각적 과제가 꼭 평면적일 필요는 없다. 참여자에게 재미를 주고, 또 주
제에 대한 새로운 자극을 줄 수 있도록 입체적인 표현 방법들을 활용한 예시

도 볼 수 있다. 프로젝트의 주제에 맞춰 다양한 메타포를 활용할 수 있는데, 예를 들어 자신의 바람을 쪽지에 적어 나무 모형에 묶는 과제를 제공하는 것이다. 마치 소원 나무에 소원 쪽지를 메다는 듯한 행위를 통해 과제에 더욱 흥미롭게 참여할 수 있고, 접고 묶는 행위를 하면서 몰입도를 높일 수 있다.

열린 질문이 담긴 엽서 혹은 소책자

일상의 활동이나 순간의 감정이 아닌 삶 전반에 대한 태도나 견해, 가치관에 대해 알아보기 위해서 열린 해석이 가능한 질문이 담긴 그림 엽서나 소책자들을 프로브 패키지에 담을 수도 있다. 특정 주제에 대한 질문들을 구상하고, 다소 도발적이거나 은유가 담긴 그림 엽서들 위에 인쇄해 동봉한다. 참여자들은 그림 엽서를 넘겨 보다가 자신의 흥미를 자극하는 질문을 선택해 간단한 기록이나 스케치를 남길 수 있다.

예를 들어 핀란드 헬싱키에 거주하는 외국인들의 삶의 질을 향상하기 위한 프로젝트에서는 참여 외국인들이 자신의 삶에 대해 생각해볼 수 있도록 다음과 같은 질문이 담긴 카드가 제공됐다(그림 2.9). '고향이 그리울 때는 주로 무엇을 하나요?', '핀란드에 온 후로 당신의 행동이나 습관에 변화가 있다면?', '핀란드에서는 표현할 수 없는 당신만의 무언가가 있나요?' 각 카드 뒷면에는 자석을 부착해 참여자가 이 카드들을 냉장고에 붙여두고 냉장고를 사용할 때마다 한 질문씩 생각해보고 답할 수 있게 했다.

그림 2.9. 헬싱키에 사는 외국인들의 삶의 태도를 알아보기 위한 열린 질문 카드

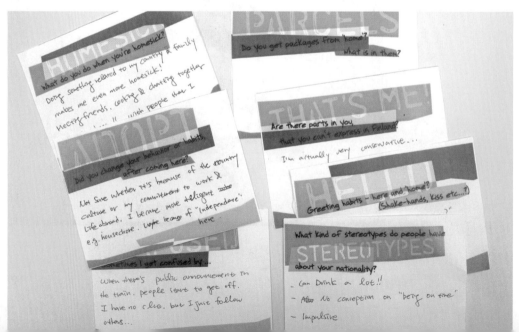

⚠ 현업에서 프로브를 활용할 때의 고민들

한국의 디자인 자문회사에서 10년 가까이 UX 현업에 종사한 디자이너의 경험에 따르면, 실제로 프로브를 활용하는 데 어느 정도의 제약이 있다고 한다. 프로브 제작 및 진행에 드는 시간과 비용에 대해 고객사의 동의를 구해야 하기도 하고, 적지 않은 수의 고객사는 '과학적 분석이 힘들다'라는 이유로 프로브를 통해 얻을 수 있는 매우 개인적이고 정성적인 결과물에 큰 관심을 보이지 않았다고 한다.

이는 단지 한국에서만 겪는 어려움은 아니다. 해외에서 프로브를 활용하는 경우에도 사용자의 현장에 대한 깊은 이해나 디자인을 위한 영감보다는 사용자 분석과 평균적 행동 패턴을 요구하는 경우도 볼 수 있다. 안타깝지만 이는 정성적인 디자인 도구를 정량적인 목적으로 사용하는 것과 같다.

그럼에도 불구하고 사용자와 긴밀하게 상호작용하고 사용자 경험에 대해 풍부한 이해를 얻고자 하는 노력이 계속되고 있기에, 현업에서 프로브를 좀 더 효율적으로 활용하기 위한 고민도 계속되고 있다. 예를 들어 예전에는 사용자 다이어리를 보내 일주일에 한두 번씩 진행 여부를 확인했다면 최근에는 다양한 스마트폰 메신저 애플리케이션이나 소셜네트워크 서비스를 활용해 매일매일 참여자와 소통함으로써 참여자의 부담은 줄이고 더 즉각적으로 소통하면서 프로브를 진행하는 방법이 고안되고 있다.

따라서 '프로브는 수고가 큰 디자인 도구'라거나, 혹은 '규모가 큰 프로젝트에서만 사용할 수 있다'는 생각은 오해다. 이 책에서 다양한 프로브의 예시를 살펴보면 간단하지만 매우 효과적인 방법으로 프로브를 활용할 수 있는 아이디어들을 발견하게 될 것이다. 여러분이 얻고자 하는 통찰과 그것을 담아낼 수 있는 도구가 무엇인지 충분히 고민한다면, 아주 간단한 과제 하나만으로도 훌륭한 프로브를 만들 수 있다.

종종 하나의 프로브에 몇 개 정도의 과제가 적당한지 질문을 받는다. 이 질문은 마치 광고 카피에 최적의 길이가 있는지 묻는 것과 같다. 길수록 많은 메시지를 담을 수 있지만, 동시에 대부분의 사람은 긴 광고 카피를 모두 기억하진 못할 것이다. 답은 '필요한 만큼 많이, 하지만 가능한 한 적게'라고 할 수 있다. 프로브 과제의 양이 많을수록 이를 준비하는 디자이너의 업무도 늘어나고 참여자에게는 부담을 주기 때문에 깊이 있고 진심 어린 답을 돌려 받기가 어려울 수도 있다.

셋째, 프로브 전달하기

이같이 고민을 거듭해 완성된 프로브 패키지는 우편으로 보낼 수도, 디자이너가 직접 참여자를 만나 전달할 수도 있다. 프로브 작성을 위한 설명이 필요하다면 디자이너가 참여자와 만났을 때 프로브 과제를 어느 정도 설명해줄 수도 있고, 참여자에게 스스로 탐색하고 발견하는 재미를 주고 싶다면 의도적으로 설명을 생략할 수도 있다.

참여자에게 프로브 작성에는 정해진 답이 없음을 강조한다. 대부분의 프로브 과제가 의도적으로 모호하거나 열린 해석이 가능한 질문을 담고 있기 때문에 그런 질문을 마주하는 참여자는 처음에 다소 당황스러워하거나, 자신의 대답이 어리석게 들릴까봐 걱정하는 경우가 많다. '프로브 질문에 맞고 틀린 답이란 없으며, 참여자 여러분이 작성하는 모든 이야기가 아주 소중하게 활용된다'는 것을 프로브를 전달할 때 잘 설명하거나, 프로브 패키지에 동봉하는 작성 요령 카드에 명시하는 것이 중요하다.

프로브 패키지를 전달할 때 참여자 한 명 한 명을 위해 특별히 제작됐다는 느낌을 줄 수 있도록 참여자들의 이름을 상자나 일기장, 설명서에 표시하는 것도 좋다. 우편으로 전달한다면 예상된 수취일에 맞추어 전화를 걸어 프로젝트에 참여해준 것에 감사를 전하거나 프로브가 잘 전달됐는지 확인하고 시작 전에 궁금한 점은 없는지 물어볼 수도 있다.

그림 2.10. 참여자의 이름표가 달린 프로브 패키지

넷째, 참여자의 프로브 작성

참여자가 프로브를 작성하는 시간은 보통 1주에서 2주 정도가 보통이다. 참여자의 생활의 흐름을 알아보고 싶다면 주중과 주말 모두 작성 기간에 포함시키는 것이 좋다. 일상의 패턴을 기록하는 일기장의 경우에는 매일 작성해 달라고 부탁하되, 그렇지 않은 과제의 경우에는 참여자들이 그날그날 과제들을 살펴보고 흥미를 느끼는 것을 선택할 수 있도록 자유도를 주는 것이 좋다. 당일의 기분이나 환경에 따라 프로브를 작성할 수 있는 여건이 달라질 수도 있고, 즐거운 프로브 작성이 더 충실한 결과물로 이어지기 때문이다.

참여자가 프로브 작성에 대해 지속적으로 흥미를 유지하도록 하기 위해 다양한 방법을 활용할 수 있다. 특정한 날에만 뜯어 볼 수 있는 프로브 과제를 동봉하여 호기심을 불러일으키거나, 프로브 작성 기간 동안 참여자에게 우편 엽서나 휴대폰 메시지를 보내 프로브 작성을 상기시킬 수도 있다. 참여자의 눈에 자주 띄는 곳에 프로브를 연상시킬 수 있는 사물을 놓아두는 것도 하나의 방법이다. 참여자의 사무실에 둘 수 있도록 프로젝트 팀의 로고 등이 인쇄된 카드를 동봉하거나, 프로젝트 팀의 로고가 인쇄된 필기도구 혹은 열쇠고리 같은 것을 동봉할 수도 있다.

그림 2.11. 프로브 패키지에 들어가는 소책자 표지에 각 참여자의 이름을 인쇄하여 붙였다.

다섯째, 프로브 결과물 해석

참여자가 정해진 기간 동안 프로브 작성을 마치면 디자이너는 직접 혹은 우편으로 이를 회수한다. 회수된 프로브는 디자인 팀이 그 내용을 바로 해석할 수도 있고, 1차 해석을 마친 후 참여자를 다시 만나 해석 내용을 바탕으로 인터뷰를 진행할 수도 있다. 프로브의 목적마다 해석 방법은 다르지만 프로브는 객관적 사실을 수집하기보다 참여자의 삶에 공감하고 영감을 얻기 위한 도구라는 것을 염두에 두자.

본격적 해석을 시작하기 전 디자인 팀이 가장 먼저 할 일은 프로브 결과물 하나하나를 충실하게, 호기심 어린 태도로 읽어보는 것이다. 마치 친구에게서 온 편지를 읽어보듯이 말이다. 이렇게 함으로써 프로브를 작성한 참여자에 대해 개인적이고도 총체적인 느낌을 받을 수 있다. 또, 프로브 결과물을 꼼꼼히 읽어보고 이를 잘 이해하고 있으면 추후 디자인 팀 내에서 본격적으로 프로브를 해석할 때 편린적인 정보를 전체적인 맥락에서 이해하는 데 큰 도움이 된다.

프로브 결과물을 해석할 때는 어피니티 다이어그램을 활용할 수 있는데 어피니티 다이어그램은 전체적인 그림을 그리고 발상을 하는 데는 매우 유용하나, 이를 자칫 잘못 사용하면 디테일에 숨은 보석을 놓칠 가능성이 있다(◑'4장 해석 도구: 어피니티 다이어그램' 참고). 심혈을 기울여 제작한 프로브를 통해 참여자로부터 매우 개인적이고 특별한 이야기들을 얻었는데 어피니티 다이어그램의 상위 키워드 찾기에 몰두한 나머지 그 개인적이고 특별하고 상세한 보석을 잃어버린다면 프로브를 진행한 의미가 없지 않을까. 따라서 프로브 결과물을 해석하면서 발견점에 대한 상위 개념을 추출할 때는 중요한 디테일을 놓치지 않도록 프로브 결과물 원본을 늘 비치하거나 상세한 이야기를 담은 접착식 노트를 상위 개념 옆에 위치시켜 언제든지 원 작성자의 이야기를 다시 확인할 수 있도록 하자.

프로브 결과물 원본의 '아름다운 디테일'을 놓치지 않기 위해서는 프로브 결과물에 담긴 내용을 일종의 스토리보드로 정리하는 것도 좋다. 이때의 목적은 프로브를 통해 수집한 편린적인 발견점을 전체 사용자 집단으로 일반화를 하려는 것이 아니다. 프로브에 참여한 개인의 다양한 이야기를 하나의 이야기로 정리함으로써 개인적 경험의 특색과 맥락, 의미 등을 풍부하게 표현하려는 것이다. 이렇게 만들어진 스토리보드는 퍼소나와 같이(◐'5장 활용 도구: 퍼소나' 참고) 디자이너가 참여자를 공감적으로 이해하고 디자인 안을 만드는 데 도움이 된다.

사용자 조사 결과물은 불완전할 수밖에 없는데, 사용자 조사를 통해 얻은 자료를 바탕으로 사용자에 대한 완전한 그림을 그리고자 하는, 다소 헛된 꿈을 꾸는 경우가 종종 있다. 이런 경우 불완전한 결과물을 가지고 완전한 그림을 그리고자 하기 때문에 해석의 비약이나 오류를 낳을 수 있다. 프로브는 사용자 조사 결과물을 해석할 때 그 불완전함을 인정하고 받아들이는 것을 전제로 한다. 결과물의 편린적인 속성을 받아들이되 오히려 이를 열린 해석의 원천으로 활용하여 다양한 각도에서 해석이 가능하게 하고 디자이너의 상상력을 자극하는 것이다. 다시 말해 프로브에 표현된 사용자의 이야기 조각들을 하나로 통일된 행동 패턴으로 정형화하려 하지 말고, 하나하나의 이야기에 귀기울여 다양한 편린적인 자료가 각 사용자에게 의미하는 바를 전체적으로 해석하라는 것이다.

여섯째, 심층 인터뷰

디자인 영감을 위해 프로브를 활용할 경우에는 디자인 팀의 해석으로 프로브 사용을 마칠 수 있지만, 사용자에 대한 심층적 이해를 목표로 프로브를 활용할 경우에는 해석의 타당성을 높이기 위해 디자인 팀 내부의 1차 해석을 마친 후 참여자들을 다시 만나 심층 인터뷰를 진행할 수 있다. 추가 질문을 통해 프로브 내용을 보충하거나, 프로브 결과물을 해석하면서 떠오른 의문점 혹은 불확실한 부분에 대해 참여자들과 함께 대화하는 것이다.

디자인 팀이 해석한 내용을 참여자에게 보여주고, 이를 검증하거나 추가적인 정보를 얻어낼 수도 있다. 심층 인터뷰를 진행할 때는 참여자가 작성한 일기, 시각적 과제 등을 함께 보면서 진행하는 것이 좋다(◐케이스 스터디 '웨어러블 기기를 위한 프로브'에서 프로브 진행 후 심층 인터뷰를 활용한 사례 참고(163쪽)). 기록 당시의 기억을 참여자에게 상기시켜 좀 더 상세한 이야기를 나눌 수 있기 때문이다.

프로브를 프로브답게 하는 특징

지금까지 프로브의 진행 과정 및 프로브 패키지에 포함될 수 있는 다양한 활용 예를 살펴보았다. 앞서 강조했듯이 이는 독자들이 영감을 얻고 참고할 수 있도록 다양한 프로브 활용 사례에서 종종 발견되는 것들을 소개한 것일 뿐, 프로브를 특정 형태로 단정지으려는 의도가 아니다. 각 프로브의 내용물과 과제는 프로젝트의 성격에 맞추어 창의적이고 적절하게 변형되어야 한다. 단, 프로브 패키지와 과제의 형태는 매번 바뀌더라도 프로브의 핵심 원리는 반드시 숙지하고 있어야 한다. 지금부터는 프로브를 프로브답게 만드는 원리를 자세히 살펴보자.

사용자의 공간과 시간에서, 그들의 눈과 손과 언어로 작성

디자인 에스노그라피나 인터뷰는 대부분의 기록이 디자이너에 의해 만들어지는 반면, 프로브의 경우 사용자가 자신의 생활 현장에서 직접 작성한다. 디자이너가 사용자의 작성 과정을 살펴보거나 통제할 수 없다는 점이 약점으로 작용할 수도 있겠지만, 동시에 사용자가 프로브를 스스로 작성하는 것에는 여러 가지 이점이 있다.

우선, 사용자가 실제 자신이 생활하는 바로 그 현장에서의 경험과 느낌을 그대로 살려 기록할 수 있다는 점이다. 디자이너나 외부 요소의 영향을 덜 받으면서 얻어지는 결과물이므로 현장에 충실한 기록을 얻을 수 있다. 또, 참여자 스스로 생각해볼 수 있는 충분한 시간과 자율성을 보장해 줌으로 프로브 참여자로 하여금 순간적인 반응보다 좀 더 깊은 내면의 이야기를 표현할 수 있게 한다. 비교적 즉각적인 대답을 해야 하는 인터뷰와는 달리, 프로브는 참여자가 주어진 질문에 대해 깊게 생각해볼 기회가 있다. 마지막으로, '가족들의 아침식사'처럼 아주 개인적이거나, 혹은 수술실이나 특수 병동처럼 외부인이 쉽게 접근할 수 없는 상황에 대한 간접적 관찰도 기대할 수 있다.

물론 참여자가 독립적으로 프로브를 작성하기 때문에 사용자가 과연 얼마큼 충실하고 진실하게 과제에 임했는지 파악하기 힘든 단점도 있다. 하지만 이것은 프로브 패키지를 만들고 전달할 때 디자이너의 노력으로 얼마든지 극복할 수 있는 부분이며, 우리의 경험으로 보았을 때 사려 깊고 주의 깊게 만든 프로브는 디자이너의 상상을 뛰어넘을 만큼 놀라운 영감으로 가득한 결과물로 돌아오곤 했다.

열린 해석이 가능한 질문들

프로브는 참여자가 이미 뚜렷이 알고 있는 표면적인 사실보다는 더 심층적인 내면의 경험에 접근할 수 있다는 데 그 사용의 의의가 있다. 따라서 프로브 패키지 안의 과제나 질문들은 일차적이고 직접적이기보다는 열린 해석이 가능하게 만든다.

모호하지만 호기심을 자극하는 과제나 질문이 주어지면 참여자는 이를 다양한 각도와 시선으로 생각해보고, 이에 대한 대답을 단답형이 아닌 이야기, 콜라주, 관계 지도와 같은 다양한 형식을 통해 자유롭게 표현할 수 있다. 참여자가 질문을 해석하는 방향이 그들의 개인적 관점이나 상황, 경험, 성향을 바탕으로 이루어지기 때문에, 디자이너는 열린 질문을 통해 단순하고 표면적인 사실을 넘어 참여자 개인에 대한 총체적인 실마리를 얻을 수 있다. 또한 질문이 다양한 방식으로 해석될 수 있기 때문에 디자이너는 전혀 예상치 못한 새로운 시선의 대답을 얻을 수도 있고, 나아가 영감을 얻을 수도 있다.

질문을 만들 때 전문적인 용어보다는 일상생활에서 흔히 사용하는 단어들을 활용하여 참여자가 쉽게 이해할 수 있게 하되, 구체적인 단어보다는 포괄적인 단어를 활용해 다양한 대답이 가능하도록 한다. 문화적 프로브 사례에서 설명한 '당신이 오늘 착용할 것'이라는 사진 촬영 과제를 예로 들자면 '당신이 오늘 입을 것'이라고 하면 참여자들은 '입는 옷', 즉 셔츠, 바지, 자켓 등만을 떠올리게 될 것이다. 하지만 '오늘 착용할 것'이라는 더 넓은 의미의 표현을 사용하면 옷뿐만 아니라 모자, 시계, 속옷, 신발까지 참여자가 생각해볼 수 있는 여지를 넓힐 수 있다.

참여자의 응답이 객관적 사실만을 담고 있는 것은 아니기 때문에 디자이너가 참여자의 응답을 해석하는 데도 이 열린 해석은 그대로 적용된다. 참여자가 표현한 다양한 이야기와 시각적 결과물은 디자이너의 경험, 상상력,

직관과 결합되어 다양한 해석을 낳는다.

'이 사진을 통해 참여자가 표현하고자 했던 것은 무엇일까? 이 그림이 의미하는 바는 무엇일까?' 디자이너는 팀원들에게 자신의 해석을 공유하고 함께 해석해보면서 때로는 뚜렷한 직관으로, 때로는 창의적 오해로 의미 있는 해석을 도출하고 디자인 영감을 얻을 수 있다. 해석 결과에 타당성을 더하고자 할 때는 참여자에게 추가 질문을 하거나 해석 결과를 보여주고 함께 프로브 결과물에 대해 이야기를 나눌 수 있다.

그리기, 잘라 붙이기, 만들기

프로브의 또 하나 중요한 특징은 시각적 사고와 표현, 만들기 등 디자이너에게 가장 친숙한 방법을 적극적으로 활용하여 참여자와 소통한다는 것이다. 프로브의 과제나 디자인에 시각적이고 창조적인 요소들을 활용하는 데 중요한 이유가 두 가지다.

첫째, 이미 언급했듯이 프로브를 통해 이해하고자 하는 참여자의 감성, 과거 경험, 가치 체계, 미래의 꿈 등은 질문을 던졌을 때 바로 대답이 나올 수 있는 성격의 것들이 아니다. 뚜렷이 인지하지 못하거나 말이나 행동으로는 표현하기 힘든 '잠재적 지식latent knowledge(182쪽)'에 가깝다. 시각화와 만들기는 이 잠재적 지식에 접근하는 통로를 제공해줄 수 있다.

둘째, 시각적으로 표현된 경험 정보는 디자이너로 하여금 열린 자세로 다양한 해석을 할 수 있게 하고 디자이너의 상상력을 자극해 영감을 준다. 풍부한 시각 자료는 디자이너가 아이디어를 도출하는 데 긍정적인 역할을 주고 퍼소나나 시나리오 등을 만들 때도 응용할 수 있다.

프로브를 사용할 때 기억해야 할 세 가지_____

프로브가 기존의 사용자 관찰의 한계를 넘어 지향하는 바는 다음의 세 단어로 정리할 수 있다. 바로 공감, 관계 맺음, 그리고 상상력이다. 이 세 가지 키워드를 기억한다면 프로브 사용의 목적을 정의하는 단계부터 프로브 패키지 제작, 결과물 해석까지 프로브가 필요로 하는 마인드세트를 일관적으로 반영해 프로브만을 통해 노릴 수 있는 효과를 얻을 수 있을 것이다.

즐거움과 감성을 목표로 디자인할 때는 기존의 사용자 조사와는 다른 접근 방식이 요구된다. 문제점을 정확히 짚어내고 적확한 해결 방법을 제공해야 하는 '사용성을 위한 디자인'(13쪽)에서는 외부 전문가의 시선으로 객관적인 데이터 수집이 더 유용할 수 있겠지만, '즐거움과 감성'이 목표일 때는 '내부의 문화'에 대한 공감적 이해가 더 필요하기 때문이다.

즐거움을 느끼는 대상과 상황은 사람에 따라 천차만별이다. 같은 대상에 대해서도 본인의 배경과 경험 그리고 상황에 따라 각자 다른 감정을 느끼기 때문이다. 객관적 시점에서 평균에 맞춘 객관적 답을 내놓는다면 그 누구도 즐거움을 느끼기 어려운, 미지근하고 멋없는 결과물이 나올 가능성이 높다.

우리가 누군가의 기분을 풀어주기 위해 농담을 던지거나 혹은 감사의 표시로 선물을 할 때도 소위 상대방의 '코드'를 이해해야 목적을 달성할 수 있다. 이는 즐거움을 위한 디자인과 감성적 경험을 위한 디자인에도 고스란히 적용된다. 내가 즐길 수 있는 것을 고안하는 것이 아니라 타인의 마음에 들어가 그의, 그녀의 코드를 이해하는 것이 바로 공감 그리고 공감적 디자인의 핵심이다. 공감을 이야기할 때 흔히 '다른 사람의 신발을 신는다stepping into someone else's shoes'라고 표현하듯 공감적 디자인의 전제는 타인의 상황을 좀 더 가까이 경험하려고 노력하는 것이다.

타인의 생각과 정서를 이해하고 그것을 통해 세상을 보는 것이 하루 아침에 가능한 것은 아니다. 프로브가 사용자와 디자이너 사이에 점진적으로 대화dialogue를 쌓아나가는 구조를 바탕으로 하는 이유가 여기에 있다.

물론 디자이너가 프로브를 만들기 전 사용자에 대해 어느 정도 사전조사를 한 후, 알고 싶은 것을 질문과 과제로 프로브 패키지에 실어 보내면 참여자는 디자이너가 던진 질문에 대해서 곰곰이 생각해보고 응답한다. 프로브 패키지를 돌려받은 디자이너는 참여자의 응답을 우선 해석하고 영감을 받은 후, 참여자를 초대해 자신의 해석과 영감에 대해 이야기하면서 사용자가 의미한 바를 이해해 나간다. 이 과정에서 디자이너와 사용자는 서로의 입장을 좀 더 이해할 수 있게 되고 조금이나마 상대의 눈으로 세상을 볼 수 있게 되는 것이다.

다시 한번 강조하지만 이 점진적 대화는 단순히 사실이나 정보에 대해 묻고 정답을 모으는 과정이 아니다. 그러기엔 한두 시간의 인터뷰가 오히려 효과적일지도 모른다. 프로브를 통해 디자이너가 얻을 수 있는 것은 사용자 스스로도 미리 인지하지 못했을 수 있는, 하지만 실제로 삶을 형성하는 중요한 것들, 예를 들어 '내가 진짜로 좋아하고 원하는 것들', '나를 기쁘게 하거나 우울하게 하는 것들', '미래의 꿈' 같은 내용이다. 프로브 과제의 시각적, 은유적 표현 방법들은 사용자가 마음을 열고 마음속에 간직하고 있던 지극히 개인적인 이야기를 꺼내 디자이너와 대화하는 데 도움이 된다.

둘째, 사용자와 디자이너의 파트너 관계 형성

사실 요즘 우리가 접하는 거의 모든 관찰 도구가 사용자의 참여를 내세우고 있는데, 프로브에 참여하는 사용자의 역할은 좀 더 능동적이고 자율적이다. 프로브는 디자이너와 프로브 참여자의 관계를 '전문가와 정보 수집 대상'이 아닌, 서로를 알아가고자 하는 '파트너 관계'로 본다. 참여자는 단순히 주어진 질문에만 답하는 것을 넘어, 자신의 지식과 경험을 바탕으로 프로브 과제를 해석하고, 과제를 통해 자신의 경험과 삶에 대해 깊이 생각해보며 프로브를 작성한다.

디자이너가 사용자에 대해 알고 싶은 만큼이나 사용자도 주고받는 과정을 통해 디자이너의 관심사와 목표에 대해 좀 더 깊이 알게 되면서 프로젝트에 기여하고자 하는 능동적 태도를 가질 수 있다. 다시 말해 인터뷰나 사용성 평가 실험처럼 통제된 상황에서 주어진 과제를 수동적으로 수행하는 것이 아니라 질문과 과제를 능동적으로 해석하고 자기 삶의 단면을 깊이 생각해본다는 것이 프로브만의 매력적인 특징이라고 할 수 있다.

참여자의 능동적인 참여를 유도하려면 정해진 시간 안에 정해진 과제를 차례대로 수행하게 하는 것보다 다양한 형태의 과제와 질문을 제공하고 참여자가 의미 있다고 생각하는 과제를 원하는 시간과 환경에서 유연하게 수행하도록 하는 것이 더 효과적일 수 있다. 모든 과제를 수행하게 하는 것보다는 참여자 본인이 흥미를 느끼고 적합하다고 생각하는 과제를 골라 수행하는 것을 목표로 하는 것이다. 경우에 따라 사용자의 일과 흐름을 이해하기 위해서나 특정한 경험을 이해하기 위해서 정해진 시간과 환경에서 프로브를 작성하게 해야 하는 경우도 있다. 하지만 이때도 참여자들의 행동을 통제하기보다는 자발적으로 작성하도록 장려하는 것이 더 효과적이다.

셋째, '모호함'을 활용한 상상력 자극

앞에서도 여러 번 강조했지만 프로브는 단순히 객관적 사실을 수집하고자 하는 조사 도구가 아니라 디자인을 위한 영감과 이야기를 얻고자 하는 도구다. 따라서 사용자의 상상력을 자극할 수 있도록 프로브 과제와 질문, 그리고 형식을 의도적으로 열린 형태로 만든다. 다소 모호한 질문이나 과제를 마주한 사용자는 그 질문이 의미하는 바가 무엇인지 자신의 경험과 지식을 토대로 해석하여 대답하고, 디자이너는 그의 대답을 해석한다. 이를 통해 참여자의 평소 관점을 파악할 수 있을 뿐만 아니라 이 과정에서 일어날 수 있는 '창의적 오해'를 통해 새로운 디자인 영감을 떠올릴 수도 있다.

특정 공간에서 바꾸고 싶은 것에 대해 생각해보게 하거나, '내 방에 들어왔으면 하는 환경들'을 사진으로 찍게 하는 과제들로 참여자들이 다양한 상상의 나래를 펼칠 수 있게 한다. 이러한 과제의 결과물들은 참여자들이 직접 작성한 스케치, 콜라주, 사진 등 다양한 해석이 가능한 시각적인 자료들이 많기 때문에, 자연스럽게 결과물을 대하는 디자이너의 상상력을 자극하는 효과도 낳는다. 프로브의 시각적 결과물들을 해석하면서 디자이너는 '이러면 어떨까What if?'라고 미래 디자인 해결책에 대해 구상해볼 수 있다.

케이스 스터디 1
만성질환 청소년의 건강관리를 위한 프로브(존슨앤존슨, 2007-2009)

리빙 프로파일 프로젝트(만성질환 청소년을 위한 자발적 건강관리 시스템 디자인)

- 프로젝트 기관: 캘리포니아 파사데나 아트센터 디자인대학Art Center College of Design in Pasadena, 오렌지 카운티 어린이병원Children's Hospital of Orange County, 스탠퍼드 대학교Stanford University

- 후원기관: 로버트 우드 존슨 재단Robert Wood Johnson Foundation
- 자료제공 및 인터뷰: 리사 누젠트Lisa Nugent 당시 존슨앤존슨Johnson & Johnson 소비자 제품 연구팀 및 글로벌 전략팀 디렉터, 전 아트센터 디자인대학 교수, 현 암젠Amgen 전무 이사
- 프로젝트 웹사이트: *http://livingprofiles.net*

"특정 병의 상태보다는 한 사람으로서 봐주세요."

2007년부터 2009년까지 이루어진 리빙 프로파일Living Profile 프로젝트는 디자인, 의학, 의료 서비스, 심리학 등 분야를 넘나드는 협력을 통해 만성질환이 있는 청소년들이 스스로 자신의 건강 상태를 관리할 수 있는 방법을 개발하는 것이 목표였다.

리빙 프로파일 프로젝트가 10대 청소년에 주목한 데는 중요한 이유가 있었다. 기존의 의료 관리 모델은 주로 소아 아니면 성인, 이렇게 둘로 나뉘어 있는데, 청소년기는 사실 소아 관리 체계에서 성인 의료로 넘어가는 아주 중요한 시기다. 이는 청소년들이 의존적으로 관리를 받던 시기를 지나 스스로의 체계를 세우고 이에 적응해야 하는 것을 의미한다. 하지만 청소년의 이러한 과도기적 시점을 위해 특화된 관리 방법을 찾기 힘든 실정이었다.

리빙 프로파일 프로젝트의 목적은 이 한계를 극복하고 청소년들이 자신의 건강 상태에 대해 올바르고 주체적인 인식을 가지고 앞으로도 스스로 건강관리를 할 수 있도록 돕는 시스템을 디자인하는 것이었다. 특히, 청소년 스스로 자신의 건강 상태 및 관리 활동을 기록하고 다른 사람들과 공유할 수 있는 디지털 플랫폼을 개발하고자 했다.

청소년은 감정적으로, 사회적으로 예민한 집단인데 특히 어렸을 때부터 만성질환을 앓고 있는 경우에는 더욱 그럴 수 있다. 따라서 프로젝트 팀은 의학적이고 기술적인 접근보다는 청소년의 생각과 경험, 감정과 사회적 관계들을 총체적으로 이해하는 것이 중요하다고 판단했다.

청소년을 위한 건강관리 플랫폼 개발을 위해서는 무엇이 그들에게 동기부여가 되는지, 그들이 자신의 삶에서 중요하다고 생각하는 것은 무엇인지

그리고 그들의 관심을 지속적으로 유지할 수 있는 방법은 무엇인지 이해하는 것이 중요했다. 이러한 목적을 위해 프로젝트 팀이 선택한 디자인 도구는 바로 프로브였다.

만성질환 청소년 30명에게 전달된 여덟 가지 과제의 프로브

프로브를 통해 우리는 다음과 같은 주제들을 알고자 했다.

- 청소년에서 성인으로 변화하고 있는 이 시기를 그들은 어떻게 경험하고 있는가
- 본인만의 목표를 위해 나아가는 자신의 능력과 노력에 대해 어떻게 인식하고 있는가
- 그들에게 건강하고 행복하게 사는 삶이란 무엇을 의미하는가
- 그들은 디지털 기술과 어떤 관계를 맺고 있는가

이 주제들을 탐구하기 위해 다음 여덟 가지의 과제로 프로브 패키지를 구성했다.

- 건강관리를 위한 나만의 다섯 가지 비결 카드
- 나의 미래로 가는 지도
- 신체, 지성, 마음의 양식
- 나만의 음악 CD 만들기
- 휴대폰 사진 과제와 감정 일기장
- 나의 사회적 관계도 만들기
- 내가 직접 만든 건강 기록표
- 낱말지도 만들기

최종 완성된 프로브 패키지에는 과제들과 함께 다음과 같은 내용의 안내 카드를 넣었다.

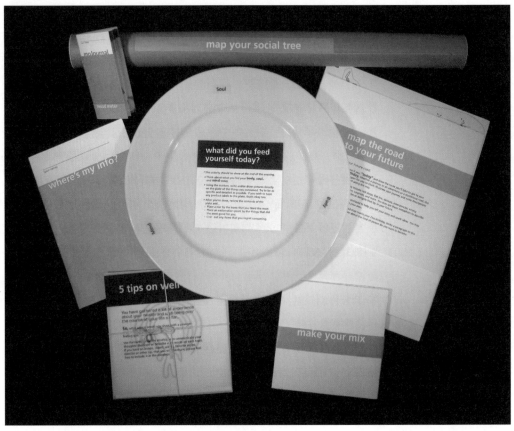

그림 2.12. 리빙 프로파일
프로젝트에서 만성질환이 있는
청소년들에게 보낸 프로브 패키지

"이 상자에는 당신이 앞으로 2주 동안 스스로 수행할 다양한 활동 과제가 담겨있습니다.
과제를 수행하기 전에 하나씩 살펴보고 시작하시면 됩니다. 동봉한 필기구와 이미지들도
자유롭게 사용하세요.

   당신이 이 프로브를 즐겼으면 좋겠어요. 프로브 작성에는 정답이 없답니다! 모든 활
동 과제를 마친 후에는 그대로 상자에 넣어서 보내주시면 됩니다. 참여해 주셔서 고맙습
니다. 다시 만나 건강과 행복에 대해 여러분의 견해를 들을 수 있는 날이 기대되네요!"
― 리빙 프로파일 팀으로부터

우리는 총 5시간에서 7시간이면 작성이 가능할 정도로 전체 프로브 활동 과
제를 구성했다. 완성된 프로브 패키지들은 만성질환을 앓고 있는 총 30명의

청소년에게 보내졌다.

　이제 그들의 프로브 패키지를 열어보고 어떤 활동 과제가 담겨 있었는지 하나씩 살펴보도록 하자.

건강관리를 위한 나만의 다섯 가지 비결 카드

청소년들에게 건강하고 행복한 삶이란 어떤 것을 의미하는지 글, 그림 혹은 이미지 콜라주를 통해 표현하게 한 과제다. 답변을 자연스럽게 끌어내기 위해 건강하고 행복한 삶에 대한 청소년 자신들만이 가지고 있는 비결을 더 어린 친구들에게 전수하는 형식으로 질문을 만들었다. 청소년 스스로가 자신의 건강관리에 대해서 전문가적인 태도를 가질 수 있도록 유도하는 것이 목적이었다.

　각 질문들을 하나씩 카드로 만들어, 청소년들이 카드에다 자신의 대답을 작성하게 했다.

- 카드 1: 어디서 가장 소중하고 믿을 만한 정보를 얻나요? 반대로 믿지 못할 정보를 제공하는 곳은 어디인가요?
- 카드 2: 당신에게 힘을 주는 것은 무엇인가요? 반대로 무엇이 당신을 지치게 하죠?
- 카드 3: 몸 상태를 끌어올리려면 어떻게 하나요? 영혼을 재충전하기 위해 어떤 방법이 있죠?
- 카드 4: 몸과 마음이 좋지 않을 때는 어떤 방법으로 해결하죠? 통증이 심상치 않다는 것은 어떻게 판단하나요?
- 카드 5: 건강한 몸 상태를 위해서 당신만의 비법이나 민간 요법이 있나요? 기존의 많은 민간 요법 혹은 미신들 중에서 무엇이 거짓된 정보인가요?

참여 청소년들은 각 카드에 담긴 질문에 대해 글, 그림, 사진 등으로 자신의 경험과 생각을 공유했다. 그림 2.13을 보면 한 청소년이 '과일이나 요거트 등의 건강한 음식을 먹고 운동을 하면 몸이 좋아지며, 성당에 가서 기도를 하거나 묵주를 손에 들고 있는 것, 성당 캠프에서 만든 초를 켜는 것만으로

What tunes up your body?

When I eat healthy foods like fruits & yogurts & work out.

What recharges your spirit?

Going to church & praying or even just holding my rosery in my hand or lighting a candle that I had made at church camp.

그림 2.13. '건강관리를 위한 나만의 다섯 가지 비결' 카드의 뒷면

영혼을 재충전할 수 있다'고 대답했다. 글로 적은 것과 더불어 관련한 이미지(예를 들어 과일이나 묵주 사진 등)을 잘라 붙인 것을 볼 수 있다.

이 과제를 통해 우리는 청소년들이 건강하고 행복한 삶에 대해 어떤 구체적인 단어나 이미지를 떠올리는지 알아볼 수 있었다. 또한 청소년들이 기입한 내용들을 통해 어떤 정보가 중요하다고 생각하고 있는지 혹은 불확실하다고 느끼는지도 파악할 수 있었다.

나의 미래로 가는 지도

청소년들이 향후 10여 년 동안 자신의 삶에서 희망하는 것과 예상하는 것들을 지도의 형태로 표현하는 과제다. 성인이 되면서 이루고 싶은 목표와 희망뿐만 아니라 그것들을 달성하면서 겪게 될 장애물에 대해 생각해보고, 제공된 그림 스티커와 낱말 스티커 등을 활용하여 길 위에 표현하게 했다. 참여 청소년들이 자신의 미래에서 중요하다고 생각하는 것들은 무엇인지, 그리고 목표와 희망을 이루기 위해 지금의 행동을 바꿀 만큼 영향력이 있는 것들은 무엇인지 알아보기 위해서였다.

이 과제에는 다음과 같은 안내서가 동봉됐다.

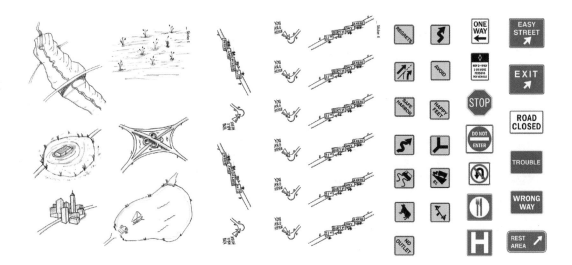

그림 2.14. 나의 미래로 가는 지도 과제를 돕기 위해 제공된 다양한 스티커들. 실제로 다양한 형태의 지형이 그려진 스티커와 도로 표지판 등의 그림 스티커가 동봉됐다.

"여러분의 미래로 가는 지도를 그려보세요. 오늘 날짜부터 시작하여 스물 한 살 생일까지를 연결하는 길을 그릴 겁니다. 그 길 위에 여러분이 예상하거나 희망하는 다양한 모험과 신비로운 순간, 이루고 싶은 것을 표시하고, 각 지점이 무엇을 의미하는지 설명을 달아주세요.

그 길 위에는 휴게소도 있을 수 있고, 돌아가야 하는 길 혹은 우회전해야 하는 지점, 잘못 온 지점, 타이어가 펑크 난 지점이 있을지도 모르겠네요. 이러한 다양한 지점을 앞으로 여러분이 갈 길에 나타날지도 모를 장애물 또는 기회의 순간이라고 생각해보고, 주어진 스티커를 활용해 표현해보세요. 길의 끝에 도착할 곳은 여러분의 스물 한 살 생일입니다. 이 지점에 도착했을 때 여러분은 어떤 사람이 되어 있을지 표현해 주세요."

우리는 참여 청소년들이 작성한 지도를 통해 공통적으로 나타나는 목표뿐만 아니라, 독특한 목표 혹은 장애물이라고 인식되는 것들이 무엇인지 살펴볼 수 있었다. 미래로 가는 지도가 순수히 청소년들만의 언어와 표현 방법으로 제작됐기 때문에 이를 통해 청소년들이 어떤 용어와 표현 방법으로 건강하고 행복한 삶에 관련된 주제들을 설명하는지도 파악할 수 있었다.

그림 2.15. 나의 신체와 지성과
마음이 오늘 하루 섭취한 것

신체, 지성, 마음의 양식

이 과제는 단순히 무슨 음식을 먹었는지 묻는 것이 아니다. 하루를 마감하
며 참여자가 그날 하루 자신의 신체, 지성 그리고 마음을 위해 무엇을 했는
지 돌아보고 제공된 접시에다 그것들을 기록하는 과제였다. 글을 쓰거나,
그림을 그리거나 혹은 음료수 병에서 떼어낸 라벨을 붙여 접시를 채우게 하
되, 최대한 구체적으로 표현하도록 안내했다.

자신이 하루 동안 신체, 지성 그리고 마음을 위해 섭취한 것들을 접시에
표시한 후에 그렇게 채워진 접시를 보며 그중 자신이 가장 좋아하는 것이
무엇인지 생각해보며 별 모양 스티커를 붙이고 간단한 설명을 더하도록 했
다. 먹은 것을 후회하는 것들 위에는 빨간 줄을 치도록 했다.

우리는 이 과제를 통해 청소년들이 자신의 신체와 지성과 마음을 어떻게
구분 지어 인식하는지, 자신이 섭취한 것들 중 어떤 것을 중요하게 여기는
지, 또 그 이유는 무엇인지 파악할 수 있었다. 또한 청소년들이 스스로의 영
양에 대해 얼마나 신경을 쓰고 있는지도 살펴볼 수 있었다.

나만의 음악 CD 만들기

건강하고 행복한 삶에 대한 청소년의 개인적인 관점과 감정을 음악이라는

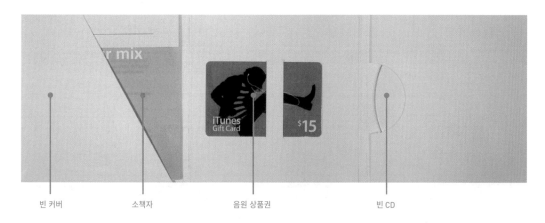

빈 커버   소책자   음원 상품권   빈 CD

그림 2.16. 나만의 음악 CD 만들기
패키지

매체를 통해 알아보고자 한 과제였다. 청소년들은 종종 음악을 통해 자신의 감정을 표현하거나 절제하곤 한다. 또한 음악과 자신의 삶, 가치 등을 연관시키기도 한다. 따라서 좋아하는 노래, 좋아하는 가사 등을 통해, 참여 청소년의 감성과 그들이 의미 있다고 생각하는 것에 대해 파악할 수 있다고 판단했다.

이 과제에는 노래 선정을 위한 주제들과 함께 빈 CD가 제공됐다. 목록에는 '평소 좋아하는 노래', '소중한 사람에게 들려주고 싶은 노래', '이 노래에서 가장 좋아하는 가사는 어떤 구절인가요?', '내가 가사를 더할 수 있다면 어떤 구절을 넣고 싶나요?' 같은 질문들을 적었다.

참여 청소년은 이 질문들을 통해 자신이 평소에 좋아하고 의미 있다고 생각하는 노래를 생각해보고 CD에 하나씩 담아서 자신만의 사운드트랙 CD를 완성했다. 청소년들이 쉽게 음악 파일을 구할 수 있도록 음원 상품권을 함께 제공하여, 자신이 고른 음악을 구입해 CD에 담을 수 있게 했다.

"겨우 15분의 상담으로 청소년과 터놓고 대화를 나누는 건 거의 불가능합니다. 하지만 음악은 그 아이들의 목소리를 대변할 수 있죠…. 청소년과의 소통에서 음악은 과소평가 되곤 합니다. 시한부 선고를 받은 환자들이나 다른 의료 활동에서도 음악을 활용해보았 습니다. 자신이 좋아하는 음악을 CD로 만드는 활동은 당장의 프로젝트를 떠나 엄청난 잠 재력을 가지고 있어요." — 오렌지 카운티의 유아청소년과 의사

[track 01]

가장 좋아하는 노래

콜드플레이(Coldplay)의 Clocks

(노래 제목/가수)

• 가사 중 가장 마음에 드는 부분은?

결코 끝나지 않는 혼돈,
출구가 없는 벽과 째깍거리는 시계...
나는 치료제의 일부였던 걸까요,
아니면 병의 일부였던 걸까요.

• 이 노래에 가사를 더할 수 있다면?

내가 구원받을 수 있는
바로 그 사람일까요,
아니면 내가 마지막일까요.

그림 2.17. 참여 청소년이 직접 그린 CD 커버와 '내가 평소 좋아하는 노래'에 대한 설명

주제 목록을 따라가며 모든 노래의 선정이 끝나면, 완성된 CD의 커버 이미지와 케이스도 직접 디자인해보게 했다.

휴대폰 사진 과제와 감정 일기장

참여 청소년들의 주변 환경(사람, 장소, 사물을 포함)과 그에 대한 인식을 알아보기 위해 사진 촬영 과제와 일기장 과제도 포함했다. 총 7일간 작성할 수 있도록 날짜별로 만든 소책자에는 날마다 다른 주제의 촬영 목록을 적었다. 예를 들어 첫째 날에는 '주변인들(친구들, 나에게 힘이 되는 사람, 내가 가장 좋아하는 사람, 똑똑하다고 생각하는 사람, 내 담당 의사)', 둘째 날에는 '장소(가장 좋아하는 곳, 내가 내 마음에 들게 바꾼 장소, 내 방에서 가장 좋아하는 물건, 내가 물건을 숨기는 곳)' 같은 식이었다.

또한 날짜별 주제에 대해 휴대폰으로 사진을 찍고 연관된 감정도 함께 기록하도록 했다. 작은 책자에 날짜별로 다섯 개에서 여덟 개의 주제들이 적혀 있었는데, 참여자들은 그중 원하는 것을 찍어, 우리의 휴대폰에 바로 전송해 주었다. 이미 찍은 사진은 소책자의 목록에 체크하고 일기장에 그림과 글로 감정을 기록한다. 우리는 이 과제를 통해 참여 청소년이 자신의 일상이 건강하다고 느끼는지, 그렇다면 어떤 순간에 그렇게 느끼는지, 무엇이

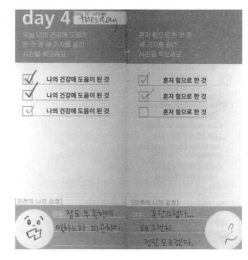

그림 2.18. 제공된 휴대폰과 감정 일기장, 그리고 참여 청소년이 작성한 촬영 완료 표시와 그날의 감정

그들로 하여금 건강함을 느끼게 하는지, 그들의 다양한 상황과 건강 상태와의 관련성은 어떠한지 알고자 했다.

다섯 째 날은 '엄마 인터뷰하기'라는 주제를 넣었는데, 이는 참여 청소년이 가족 구성원, 주변 사람들과의 관계에 대해 어떻게 생각하는지, 그 관계에 대한 인식이 참여 청소년에게 어떤 영향을 미치고 있는지 파악하기 위해서였다. '엄마 인터뷰하기'에는 다음과 같은 항목들이 포함되어 있다.

- 엄마에게 '엄마가 만일 동물이라면 어떤 동물일까?' 질문하고 그 답변을 디자이너에게 문자로 보내기
- '내가 만일 동물이라면 어떤 동물일까?' 생각한 후 그 답변을 문자로 보내기
- 엄마가 알레르기가 있는지, 있다면 어떤 것에 있는지 질문하고 그 답변을 문자로 보내기
- 나는 어떤 것에 알레르기가 있는지 문자로 보내기

나의 사회적 관계도 만들기

참여 청소년이 자신의 사회적 관계도를 그리면서 자신의 관계와 이에 대한 자신의 인식을 표현할 수 있게 하는 과제였다. 한 면에는 가족과의 관계를, 다른 한 면에는 친구들과의 관계를 그리도록 유도했다.

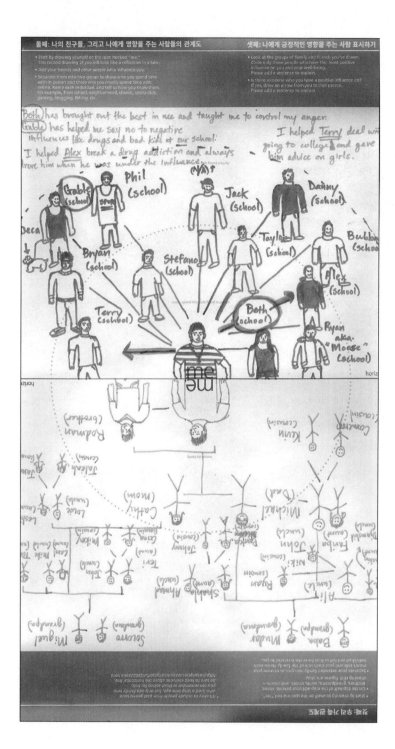

내가 직접 만든 건강 기록표

자신의 건강 상태가 기록되고 다른 사람에게 보여지는 방식에 대해 청소년들이 어떻게 생각하고 있는지 알아보기 위한 과제였다. 보통 참여 청소년의 건강 기록표는 이들이 병원에 방문할 때마다 의사가 만들고 확인하기 마련이다. 따라서 매우 의사 중심적인 견해와 용어를 담고 있는데, 이 건강 기록표를 청소년 자신이 직접 만든다면 어떠한 사항을 어떻게 기록하고 싶어할지 알아보고자 했다.

청소년들은 주어진 소책자를 바탕으로 자신의 건강 기록표를 구성할 수 있는데, 건강관리 및 진료와 직접적으로 관련된 경험뿐만 아니라 자신의 행복에 관련이 있다고 생각하는 순간과 활동, 당시 느껴진 감정들과 육체적, 심리적 상태에 대한 기록들로 건강 기록표를 만든다. 예를 들어 팔이 부러진 사건을 적을 수도 있고, 헤어 스타일이 마음에 들지 않아 만족스럽지 못했던 경험도 기록할 수 있다. 이런 식으로 재구성한 건강 기록표에는 어떤 정보를 다른 사람에게 공개해도 될지 그리고 어떤 정보를 공개하고 싶지 않은지도 표시하도록 했다.

그림 2.20. 한 참여 청소년이 기록한 나만의 건강 기록표

건강 기록표의 형식도 스스로 다시 구성해 볼 수 있게 했는데, 기존의 표와 전문 용어가 아니라 사진, 그림, 이야기, 생각, 질문 등을 포함시킬 수 있는 방식이었다.

1. 당신의 건강 기록

병원이 당신의 방문 기록을 관리하고 있지만,
이번 기회에 당신의 개인 건강 기록을 만들어 보세요.

제공된 서식에 당신에게 정신적으로, 신체적으로,
심적으로 중요했던 순간들을 기록해 보세요.
팔을 다친 적이 있나요? 머리 스타일이 마음대로 되지 않았나요?

1. 우선 당신의 건강 상태에 대해 기록해 보세요.

음… 고등학교 1학년이었던 14날,
피부 경책을 진단받았다.
야단법석을 부렸었다.
하하… 그 전도 아니고.

2. 오른쪽의 빈칸을 이용해 당신의 건강의 중요한 순간들을 시간순으로 기록해 보세요.
3. 기록을 마쳤다면 기록한 내용을 의료진에게 공개해도 좋을지, 본인만 알고 싶은지 표시해 보세요.
4. 마지막에 있는 상자를 이용해 자신에게 진단을 내려보세요. 무엇을 더 해야 하나요? 무엇을 일 해야 하나요? 스스로에게 상기시키고 싶은 것이 있다면?

① 음… 처날때
예수를 나의 구원자로 받아들이고
기독교인이 되었다. 그리고 14날에
세례를 받았다(공개 가능).

②

(공개 불가)

③ 그 후
지속적으로 나아졌다. 급성 발진은
없었다 !!
(공개 가능)

더 할 것: 잠, 운동, 휴식,
친구들과의 시간.

덜 할 것: 할 일을 미루기,
알려지지 있는 음식 먹기

(공개 가능)

그림 2.20의 예시에는 참여자가 자신이 열네 살 때 루퍼스병을 진단받았던 기억에 대해 이야기하고 있다. 괜찮아지고 있다고 이야기하면서도 당시의 충격을 적은 폴

더는 '비공개'로 하고 싶어하는 것을 알 수 있다. 자신이 직접 작성한 처방전에는 '잠자기, 운동, 휴식, 친구와 시간 보내기'라고 적혀 있다.

낱말지도 만들기

수많은 점이 찍힌 종이와 다양한 낱말이 적힌 카드를 제공하여, 선택된 낱말 간의 관계를 시각화할 수 있는 과제였다(그림 2.21). 참여 청소년은 낱말 목록을 살펴보고 자신의 경험과 연관 있다고 생각하는 낱말을 선택한다. 선택한 낱말을 점들 위에 배치하고 선택한 낱말과 관련된 다른 낱말을 가까이에 배치하는 과정을 되풀이하면서 낱말 간의 관계를 시각적으로 나타내었다.

점과 점을 연결해 그림을 완성시키는 것처럼 낱말들을 연결하여 '건강하고 행복한 삶'이라는 주제에 대한 자신만의 시각적 단어장을 만들 수 있게 했다.

프로브 결과물 해석

가정방문 인터뷰를 통해 해석에 깊이를 더하기

청소년들이 작성한 프로브를 받고 프로젝트 팀 내에서 일차적으로 살펴본 후 참여 청소년의 집을 직접 방문하여 심층 인터뷰를 진행했다. 이는 참여 청소년이 생활하고 있는 환경을 직접 관찰하고, 프로브 결과물에 대해서도 함께 이야기함으로써 참여 청소년에 대한 우리의 이해를 더 높이기 위해서였다. 인터뷰에서는 참여 청소년들의 친구도 함께 초대하여 같이 대화를 나누었는데, 이는 인터뷰 과정에서 참여 청소년들이 좀 더 편하게 마음을 열 수 있도록 하기 위한 목적도 있었지만, 이를 통해 참여 청소년들이 친구들과 어떻게 소통하는지도 관찰하기 위해서였다.

저를 특정 병의 상태보다는 한 사람으로 봐주세요

프로젝트 초기에 우리는 참여 청소년들이 어렸을 때부터 만성질환을 겪으며 자랐기에 그들이 건강을 이야기할 때는 자신의 질환 상태, 병원 진료 기

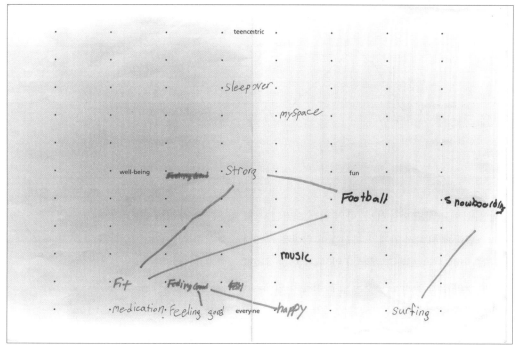

그림 2.21. 낱말지도 만들기 예시: 낱말 목록(상)과 일정 간격으로 점이 찍힌 종이(하)가 제공됐다.

록 및 치료 계획 등을 중심으로 이야기할 것이라고 생각했다. 하지만 우리의 예상은 완전히 빗나갔다.

청소년들에게 건강이란 질환의 상태로 설명되는 것이 아니라 다른 사람들과 맺고 있는 관계로부터 오는 행복, 가족들의 지원 그리고 자신들이 매일매일 만드는 건강한 하루를 위한 선택들 그리고 이를 통해 얻게 되는 만족과 성취감으로 설명할 수 있는 것이었다. 예를 들어 일곱 번째 프로브 과제 '내가 직접 만든 건강 기록표'에서 미래의 건강을 위해 해야 하는 일들을 적은 내용 중 병원 치료나 신장 이식, 약물 치료 같은 이야기는 찾아볼 수 없었다. 청소년들은 대신 대학 입학, 홍콩 여행, 취업 준비에 대한 이야기를 하고 있었다.

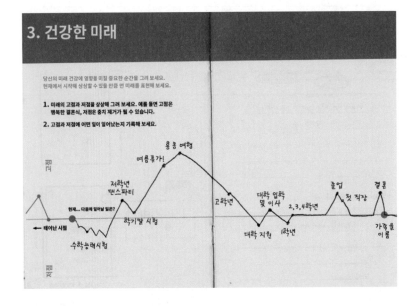

그림 2.22. 건강한 미래. 이 그래프에서 병원 진료나 약물 치료, 신장 이식에 대한 내용은 전혀 찾아볼 수 없다.

'나의 사회적 관계도 만들기'나 '나의 미래로 가는 지도' 같은 과제에서 우리는 청소년들의 사회적 관계가 자신들의 일상을 구성하고 건강한 삶을 결정 짓는 데 얼마나 큰 역할을 하는지 발견했다. 만성질환을 앓고 있는 청소년들에게 삶의 질을 결정짓는 것은 병원 치료 이외에 주변 사람들과의 관계를 의미 있게 유지하고 감정을 공유하는 것이었다.

청소년들은 그동안 담당 주치의나 의료진과의 대화, 혹은 건강 기록표를 통해 소통할 때, 본인이 진료 기록과 다양한 수치적 측정 결과로 표현되는 것에 대해 부정적인 감정을 가지고 있었다. 그들이 작성한 프로브는 담당 주치의가 자신을 병의 상태와 진료 기록으로 정의하기보다 한 사람의 개인으로 보아주기를 원한다는 것을 표현하고 있었다.

이러한 발견점을 바탕으로 우리는 'QLTQuality of Life Timeline, 삶의 질 타임라인' 이라는 퍼스널 건강 미디어 플랫폼을 제안했다. QLT는 만성질환을 가진 청소년들이 스스로 일상의 다양한 측면을 관찰하고 소셜 미디어에 공유하면, 이러한 일상적 경험을 의료 정보와 통합할 수 있게 하는 플랫폼이다. 기존의 건강정보 관련 기술들은 전문적 지식에만 치중하다 보니 개인의 경험과 감정을 아우르지 못하거나 음악, 비디오와 같은 미디어의 가능성을 제대로 활용하지 못하던 한계가 있었는데 이 점을 극복하기 위한 제안이었다.

청소년들은 주치의에게 자신의 개인적 경험이나 감정, 흥미에 대해서는 거의 표현하지 않는데, 이로 인해서 환자에 대한 깊은 이해가 형성되지 못하고, 종종 의사 소통에 문제를 불러 일으키기도 했다. 개인의 경험과 흥미를 공유하는 것이 청소년들이 자기 표현을 하는 데 매우 중요한 역할을 한다는 점에 착안하여 이를 개인 건강 기록표에 통합시키는 아이디어를 낸 것이다.

우리는 웹 기반 인터페이스와 휴대폰을 연동하여 QLT 프로토타입을 제작했다. 만성질환 청소년들의 약 복용 패턴 등의 건강관리 활동뿐 아니라 일상에서 경험하고 표현하고 싶은 것들을 사진, 글, 비디오, 블로그 등을 통해 공유하면 QLT는 이 데이터를 종합해 시간의 흐름에 따라 시각적으로 보여준다.

예를 들어 QLT의 기능 중 하나인 '감정 미터'는 청소년들이 휴대폰을 통해 자신의 감정 상태를 공유하면 이 데이터를 종합하여 하루 중 감정 상태의 변화를 실시간으로 보여주고 감정의 기복이 있는 순간에 어떤 일이 있었는지도 좀 더 상세하게 보여준다.

감정 미터는 사실 프로브 과제 중 하나였던 '감정 일기장'의 결과물에서 디자인 영감을 얻은 것이다. 청소년들이 감정 일기장 과제를 수행한 결과물을 보면서, 그들이 자신의 감정과 경험을 시각적으로 표현하는 활동이 자신을 다른 사람들에게 표현하는 데 큰 동기를 부여한다는 것을 발견했다. 또한 담당 주치의가 청소년을 이해하는 데 이러한 정보가 중요한 역할을 할 수 있다는 것도 발견할 수 있었다. 따라서 참여 청소년들의 감정적 경험을 이해하고자 만든 프로브 과제 자체로부터 청소년들이 자신의 감정을 표현하고 다른 사람들과 공유할 수 있는 플랫폼에 대한 아이디어를 착안한 것이다.

케이스 스터디 2
사진가를 위한 프로브(핀룩스, 2008)

꾸밈없는 일상을 촬영하기 위한 프로브

- 프로젝트 기관: 디자인 자문회사 퓨전Design Agency Fusion Ltd
- 자료제공: 이승호, 당시 퓨전 선임 디자이너

핀룩스Finlux는 이스꾸 제철Iskumetalli이 1964년 만든 회사로 한때 핀란드를 대표하는 텔레비전 브랜드였다. 내가 핀란드 디자인 에이전시인 퓨전에 입사한 2008년, 터키의 전자제품 대기업 베스텔 전자Vestel Electronics는 핀룩스를 인수하고 제품 디자인부터 브랜딩까지 모든 작업을 퓨전에 일임했다.

2006년 베스텔은 유럽 TV 판매의 25%를 차지할 정도로 유럽에서 TV를 가장 많이 생산해 판매한 기업이었다. 하지만 독일의 SEG, 영국의 텔레텍Teletech 등 저가 브랜드를 인수해 그 이름으로 TV를 생산해 유럽 시장에 판매해 왔고, 또 일본의 산요Sanyo, 히타치Hitachi 등의 브랜드 위탁 생산을 맡아왔기에 수익의 폭이 작았다. 이에 베스텔은 북유럽에 잘 알려진 핀룩스를 인수하여 그 수익의 폭을 넓히고자 했다.

베스텔의 이런 요구를 파악한 퓨전의 디자인 팀은 '꾸밈없는 일상을 위한 핀룩스Finlux for Real Living'이라는 브랜드 콘셉트를 도출했다. 아르떽Artek, 마리메꼬Marimekko, 이딸라iittala 등 핀란드를 대표하는 브랜드들은 저가는 아니지만 질리지 않는 디자인에 품질이 좋아 오래 사용할 수 있는 제품을 만든다. 세계 어디보다 중산층이 두터운 북유럽 시장을 위해 누구나 조금만 욕심내면 구매할 수 있는 중가의 합리적인 제품을 생산해 일상의 일부가 되게 한다는 것이 새로운 핀룩스가 추구하는 미래였다.

북유럽인들이 선호하는 깔끔하고 직선적인 TV 외양을 디자인하는 것만큼이나 중요한 것이 새로운 브랜드의 가치를 소통하는 일이었다. 이를 위해 퓨전의 디자인 팀은 조금 다른 접근 방식을 시도하기로 했다. 스튜디오를 집처럼 꾸미고 모델을 섭외해 촬영하기보다 일반인의 집에서 실제 일상을 촬영하기로 한 것이다.

하지만 몇 가지 염려 사항도 있었다. 첫째, 사진가가 아닌 일반인에게 카메라를 맡기면 결코 홈페이지나 브로슈어 같은 브랜딩 매체에 활용할 만큼 감각적인 사진이 나오지 않는다는 점이다. 둘째, 사진가에게 촬영을 맡기고 모델이 아닌 일반인의 가정을 방문하게 하면 그 가정에서 생활하는 사람들이 즐기고 사랑하는 실제 모습이 드러나기보다 사진가의 시선에 '멋져 보이는' 뻔한 사진이 나올 수 있다는 것이었다. 그렇다고 일반인의 집에 들어가 무작정 사진을 찍겠다고 사생활을 침해할 수도 없는 노릇이었다.

고민에 고민을 거듭한 결과 디자인 팀은 프로브를 활용하여 이 문제를 해결하기로 했다. 우선 우리의 요청에 응해준 네 가족에게 프로브를 보내고, 그 결과물을 디자이너와 사진가가 함께 해석한 후 사진가는 각각의 프로브를 들고 가정을 방문해, 그들이 소중하게 여기는 것, 집에서 가장 마음에 드는 것, 주말에 시간을 보내는 방법 등에 대해 가족들과 대화를 나눴다. 사진가는 프로브의 내용 및 가족들과의 대화로부터 영감을 받아 최소한의 연출만으로 사진을 찍었다.

디자인 팀은 아주 간단하게 프로브를 구성했다. 누구나 쉽게 사용할 수 있는 소형 디지털 카메라와 촬영하는 동안 구매한 제품이나 식품의 영수증을 모을 수 있는 작은 반투명 봉투, 작은 일기장과 접착식 메모지 그리고 스티커를 준비해 상자에 넣었다.

우리는 일기와 사진 촬영 외에는 어떤 과제도 특별히 부탁을 하지 않았다. 다만, '일상의 증거'가 될 만한 것들을 모아달라고 부탁했다. 예를 들면 슈퍼마켓에서 받은 영수증, 교통권, 누군가를 만나고 받은 명함, 여행지에서 받은 브로슈어 등이었다. 일기장에는 그날 있었던 일 이외에 그때그때 느꼈던 감정이나 생각을 담아달라고 부탁했다. 단지 있었던 일을 나열한 것으로는 디자이너와 사진가가 영감을 받기 어렵기 때문이었다.

그림 2.23. 참여자들이 보내온
프로브 결과물의 일부

프로브를 보낼 대상은 고객사가 주요 타깃으로 생각하는 연령대 중 학생, 젊은 직장인 커플, 신생아가 있는 커플, 청소년이 있는 가정으로 정했다. 프로브를 받은 가족들은 정성스레 3일간의 일상을 기록해 보내주었다. 집에서 보낸 시간, 가족을 위해 장을 보는 모습, 여행 중에 구입한 엽서에 적은 메모 등 다양한 자료들은 디자인 팀과 사진가의 영감을 자극하기에 충분했다.

결과는 대성공이었다. 사진가는 물론이고 디자인 팀과 고객사도 모두 만족하는 사진이 나왔다. 모델이 아닌 일반인의 진짜 현장에서, 일상의 행복이 드러나는 전문적인 사진들이 촬영됐고, 그것들은 브로슈어, 홈페이지, 그리고 다양한 광고 매체에 활용됐다.

그림 2.24. 사진가가 촬영한 사진

그림 2.25. 사진가가 촬영한 사진

그림 2.26. 사진가가 촬영한 사진

그림 2.27. 사진가가 촬영하는 모습. 프로브 디바이스가 활성화되어 있다.

케이스 스터디 3
웨어러블 기기를 위한 프로브(kt, 2014)

웨어러블 기기 서비스 콘셉트 디자인을 위한 프로브

- 프로젝트 기관: 한국통신주식회사 kt
- 자료제공: 김무현, kt 마케팅 그룹 디바이스 사업부 UX 업무 담당 매니저

"이 손목밴드는 당신이 원하는 기능을 뭐든지 수행할 수 있습니다."

프로젝트가 진행된 2014년에는 다양한 사물이 상호 연결되는 사물인터넷In-
ternet of Things, IoT 환경에서 스마트워치smart watch가 효율적인 정보의 최종 입출
력 도구로서 주목받고 있었다. 스마트폰 혁신을 주도했던 주요 사업자들뿐

아니라 전통적인 시계 제조사들도 이 새로운 경쟁에 가세하고 있었고, 이에 스마트워치의 소비자 노출 빈도도 점점 높아지고 있었다.

하지만 제조사들의 기대에 비해 시중에 나온 스마트워치 기기들은 아직 장기적 관점에서 소비자들을 설득하지는 못한 것으로 보였다. 영국과 미국에 지사를 두고 있는 기술 컨설팅 전문회사인 엔데버 파트너스Endeavour Part-ners가 미국의 소비자 수천 명을 대상으로 2014년에 실시한 조사에 따르면 웨어러블 기기를 구매한 소비자 중 1년 후에도 지속적으로 사용하는 비율은 절반이 겨우 넘는 것으로 드러났고, 대부분의 웨어러블 제품은 사용자와의 지속적인 소통을 유지하지 못하는 것으로 나타났다.[8]

우리는 단순히 '시계'라는 틀을 벗어나 이미 다양한 kt 제품이 활용되고 있는 집 안에서 '사용자가 많은 정보를 기록할 수 있고 또 확인할 수 있는 손목 착용 기기가 어떤 새로운 경험을 제공할 수 있을까'라는 고민을 시작하게 됐다. 특히, 장기적인 관점에서 지속적으로 활용될 수 있는 서비스를 개발하는 것이 목표였다.

팀 내부 회의는 한 건물 안에서 일하는 엔지니어, 개발자, 기획자의 경험 그리고 그들이 평소 관찰하는 주변인들에 비추어서 생각할 수밖에 없다 보니 한계가 있었다. 업무에 관련된 사람들은 결국 어느 정도 전문가들이고, 그들의 주변인들은 우리 사회의 극히 일부만을 대변할 뿐이기 때문이다. 따라서 우리는 사용자의 삶을 깊이 살펴보고 그들 일상의 현장으로부터 영감을 얻기 위해 사용자 조사를 기획했다.

사용자 조사의 주제인 '집 안 환경'은 사적으로 민감한 공간인 만큼 사용자 조사 도구를 선택할 때 고민을 많이 하게 했다. 자연스러운 일상을 관찰하고 싶은데 매우 사적인 영역인 집 안에서 동행관찰을 할 수는 없고, CCTV를 설치해 비디오 에스노그라피를 하자니 사용자들이 느낄 불편함에 의한 행동의 제약 때문에 양질의 데이터를 얻을 수 없을 게 뻔했기 때문이다. 이에 우리는 외부로부터의 간섭이 적고 본인의 자연스러운 환경에서 일상을 기록할 수 있는 프로브가 우리의 요구를 충족시켜줄 수 있는 도구라고 판단했다.

8 Dan Ledger, Daniel McCaffrey. *Inside Wearables: How the Science of Human Behavior Change Offers the Secret to Long-Term Engagement*. Endeavour Partners LLC, 2014.

이 프로젝트에서는 다양한 주거환경과 사회적 상황 그리고 다양한 연령대에 있는 사용자들을 두루 관찰하고자 했다. 극적으로 다른 대상들을 관찰함으로써 흥미로운 영감을 얻을 수 있을 뿐만 아니라, 이번 관찰을 통해 향후 단계에서 집중할 주요 사용자 대상을 설정할 수 있기 때문이다.

프로브 참여자들은 아이가 둘 있는 남성 비행기 조종사, 이제 대학에 갓 입학한 여학생, 경력 10년의 남성 프리랜서 디자이너, 오랫동안 자취 생활을 한 커리어 우먼, 아이 엄마, 은퇴한 50대 남성 등으로 다양했다. 그들의 주거환경은 독립주택, 다세대 주택, 아파트, 오피스텔 등으로 그 형태와 크기가 다양했는데, 이 중 일부는 최근에 지어져서 홈 오토메이션 등의 기술 집약적 주거의 예를 대표할 수 있었다. 또 일부는 주거 단지 내에 운동을 할 수 있는 시설이 갖추어져 있기도 했다. 이는 흥미로운 시사점을 찾을 경우 다시 한번 사용자 조사를 계획할 때 참고하기 위한 전략적 선택이었다.

이렇게 다양한 참여자를 찾은 후에는 그들이 집안 환경에서 보내는 시간이 일정 시간 이상인지, 그들이 하는 활동의 종류가 다양한지, 성의 있게 프로브에 참여할 수 있는지 등에 대한 체크리스트를 바탕으로 우리의 관찰 목표에 따른 기준에 부합하는지 검토했다. 최종 선정된 총 6명의 참여자에게는 소정의 감사 표시를 하고 프로브의 목적과 작성법에 대해 샘플을 활용하여 설명했다. 이후 일주일 동안 프로브가 진행됐다.

프로브 패키지

우리가 만든 프로브 패키지는 작은 일기장, 손목에 착용하는 자석 달린 밴드, 역시 자석이 달린 접착식 메모지 그리고 펜으로 구성됐다. 사진기는 굳이 프로브에 포함하지 않았다. 대신 개인의 스마트폰을 활용해 촬영을 부탁하고, 이메일을 통해 파일을 받았다.

먼저 일기장에는 일주일 동안 참여자가 겪은 일련의 '사건'들을 기록하고, 이에 대한 자신의 '행동', '생각', '감정' 그리고 사건 이후 기억에 남는 '경험'에 대해 기록할 수 있는 공간이 마련됐다. 시간 순서대로 작성할 수 있는 일기장은 참여자의 일상에서 일어나는 각 사건의 전후 맥락을 파악할 수

그림 2.28. 프로브 패키지
내용물

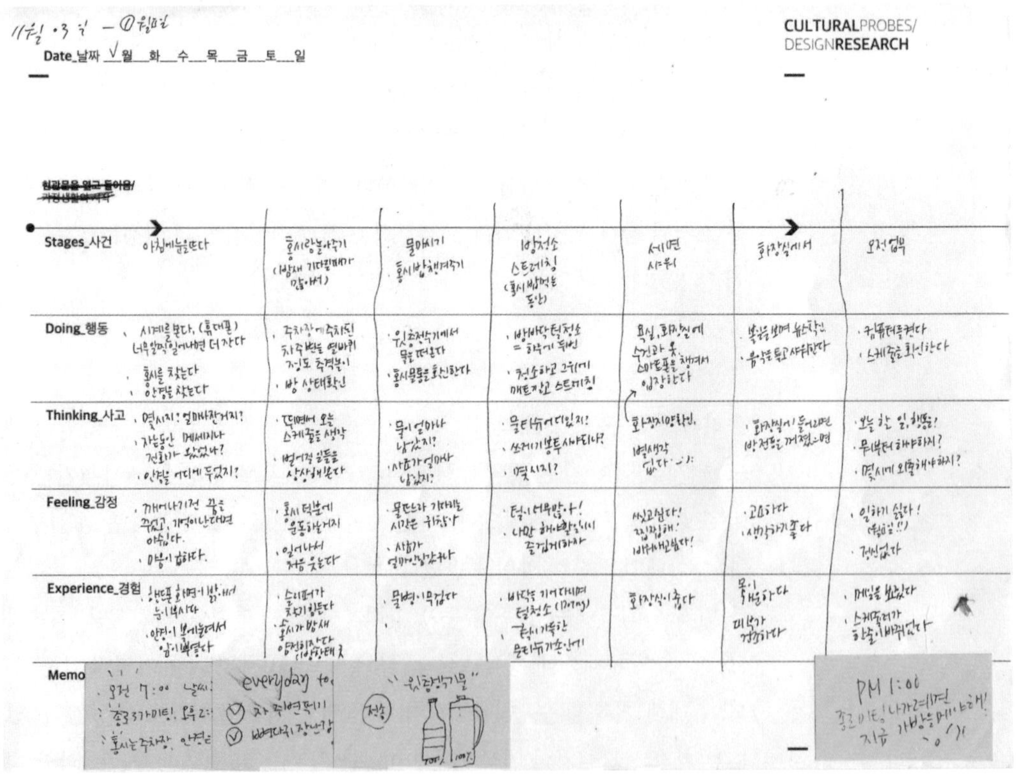

그림 2.29. 돌아온 프로브에
담긴 참여자의 기록

11월 · 3 ㅣ —① 김ㅇㅣ
Date_날짜 √월　화　수　목　금　토　일

Stages_사건	아침비늘뜨다	출사랑불ᄂ…키	물마시기	방청소 스트레칭	셔면 시뮈	화장실가다	오전 업무
Doing_행동							
Thinking_사고							
Feeling_감정							
Experience_경험							
Memo							

있게 도와주었으며, 이를 바탕으로 새로운 발견점을 도출하는 데 도움을 주었다.

예를 들면 한 참여자에게 강아지와의 산책이라는 '사건'은 주차장의 주변을 열 바퀴나 돌 정도의 추격 놀이라고 할 만한 '행동'이었고, 다소 단순한 행동이었기에 산책을 하는 동안 내일의 일정 등 다양한 것에 대해 '생각'할 여유가 있었다. 그래도 강아지와의 놀이가 주인에게 강아지 덕분에 운동을 하며 웃을 수 있는 즐거운 '감정'을 남기는 매우 소중한 시간이었으며, 또 가끔 넘치는 힘으로 밤에 집안을 어지럽히는 강아지를 조용히 재울 수 있다는 것을 알게 된 '경험'이기도 했다. 이 일련의 기록은 애완견을 키우지 않는 디자이너로서는 알 수 없는 디자인의 소중한 단서가 되는 셈이다.

자석이 달린 손목밴드는 생생한 경험의 현장에서 참여자들이 바라는 미래에 대한 상상력을 자극하고 그 밑에 숨은 욕구에 대한 통찰을 얻기 위해 고안됐다. 우리는 참여자들에게 '이 손목밴드가 일상의 어떤 순간에도 당신이 원하는 기능은 뭐든지 수행할 수 있다고 상상하고 순간순간 떠오르는 기능을 기록해달라'고 요청했다. 손목밴드에는 접착식 메모지를 부착할 수 있어 참여자들이 일상에서 밴드를 착용하고 있다가 사건이 발생할 때마다 신속하게 내용을 적을 수 있도록 했다.

그림 2.30. 참여자가 보내온 사진에 보이는 손목밴드

손목밴드를 착용하는 것은 참여자에게 일상 속에서 가상의 웨어러블 기기의 존재를 환기시켜주는 동시에, 참여자가 그날 일기를 작성할 때 기억을 상기하는 데도 도움을 주었다. 한 예로 강아지를 키우는 참여자의 경우 산책을 할 때 손목밴드가 할 일

을 알려주고 동시에 운동량을 체크해주는 도구로 사용됐으면 하는 바람을 표출했다.

프로브가 진행되는 동안 각 참여자에게 두세 번 정기적으로 전화를 해서 궁금하거나 어려운 점은 없는지 확인했다. 물론 문자로도 프로브 작성을 독려할 수 있지만, 통화를 통해 우리가 이 관찰에 얼마나 관심이 있는지 드러내고 참여자의 진행 상태를 확인할 수 있기 때문이었다. 통화를 하면서 참여자들의 궁금한 점을 수시로 해결해주면서 더욱 유용한 프로브 결과를 기대할 수 있었다. 프로브를 경험해 본 적이 없었던 참여자들은 우리가 작성법을 설명할 때는 예상하지 못했던, 진행하면서 생기는 자연스러운 궁금증에 대해 이야기했다.

한 참여자는 설문조사에 많이 응답해 봤지만 이렇게 자신의 생각과 느낌을 주관적으로 적는 참여는 처음이라며 굉장히 어색해했고, 통화를 하면서 자신이 어떤 것을 해야 하는지 조율해 나가는 과정을 매우 중요하게 생각했다. 내가 유학 시절 학생 아파트에서 세탁 습관 개선을 위한 프로젝트를 할 때 만났던 참여자들에 비해 한국의 참여자들은 더 조심스러운 모습을 보였다. 이런 문화적인 측면을 고려했을 때 통화는 참여자들에게 익숙하지 않은 도구인 프로브를 원활하게 작성하게 하는 데 큰 도움이 됐다고 생각한다.

통화를 통해 우리의 목적에 대한 오해도 바로잡을 수 있었다. 예를 들면 한 참여자는 처음에는 손목밴드에 대한 아이디어가 많이 떠올랐지만 시간이 지나면서 아이디어가 고갈되어 작성하는 내용이 너무 일상적이고 중요하지 않은 것 같다며 이걸 과연 적어야 하는지 고민이 된다고 했다.

이는 우리가 손목밴드를 소개하면서 상상력을 강조한 것에 대해 사용자가 부담을 느껴 발생한 결과였는데, 우리는 그런 일상적 내용이 더욱 영감이 될 수 있다며 작성을 독려했고, 결국 그 내용들은 우리에게 아주 중요한 시사점을 주었다. 우리는 참여자들의 일상에서 영감을 얻고자 한 것이지 그들이 우리를 위해 좋은 아이디어를 개발해주길 원하는 것이 아니었기 때문이다.

심층 인터뷰

일주일간의 프로브를 마치고 난 후 참여자들과 다시 만나 심층 인터뷰를 진행했다. 심층 인터뷰는 프로브에 표출된 내용의 근본적인 맥락을 이해하고 좀 더 상세한 이야기를 이끌어내기 위한 것이었다. 예를 들어 한 참여자의 프로브에서는 아이들과 놀았다거나, 쇼핑몰에 갔다거나 하는 내용을 많이 찾을 수 있었는데, 심층 인터뷰를 통해서 아이들과 쇼핑몰에 가는 과정에 대해 더 깊은 이야기를 들어볼 수 있고, 쇼핑몰을 선택하는 데 어떤 요소들이 중요하게 작용하는지도 들어볼 수 있었다.

kt 팀의 인터뷰 진행자는 인터뷰 수일 전에 프로브 결과물을 참여자들로부터 받아 참여자의 생활 패턴 및 성향을 미리 파악하고 주요 궁금증 등을 정리하여 인터뷰를 준비했다. 인터뷰를 진행할 때는 kt 팀과 프로브 참여자가 앉아 있는 테이블 중앙에 프로브 결과물을 펼쳐두었는데, 이는 인터뷰 진행 내내 kt 팀과 참여자 간에 훌륭한 매개체 역할을 했다.

그림 2.31. 프로브 결과물을 중심으로 진행된 심층 인터뷰

인터뷰 때 한 가지 예상치 못 했던 점은 참여자와 일기장에 대해 대화를 나누는 과정이 생각보다 어려웠다는 점이다. 진행자는 인터뷰 전에 프로브 결과물을 숙지하고 있어서 어려움이 없었지만, 참여자는 오히려 본인이 쓴 내용인데도 최소 수일에서 열흘 이상 지난 일의 기억을 환기하는 데 다소 시간이 걸렸다.

일기장을 글로 작성하는 것뿐만 아니라 그림을 그리게 한다거나, 감정의 변화를 그래프로 나타내게 하는 등 일상을 시각적으로도 표현하게 했더라면 참여자들이 좀 더 쉽게 기억을 떠올릴 수 있지 않았을까 하는 아쉬움이 남았다. 혹은 프로브 작성 내용 중 우리가 흥미롭게 생각되는 부분을 발췌하여 참여자에게 미리 보내줘서 인터뷰 전에 읽어볼 수 있도록 했다면 좀 더 원활한 진행이 되지 않았을까 하는 생각이다.

프로브와 인터뷰를 통해 도출된 데이터를 바탕으로 어피니티 다이어그램을 진행했다. 이는 발견점의 유사성에 따라 재분류하는 과정을 반복하며 공통된 의견을 발견하고 그 과정에서 영감과 통찰을 얻기 위함이었다. 이 과정을 통해 웨어러블 기기에 대한 사용자들의 다양한 인식을 확인할 수 있었다.

이번 사용자 조사를 통해 우리 팀이 가장 크게 깨달은 점은 웨어러블 기기가 가정 환경에서 사용자에게 어떤 가치를 제공해야 하는지에 대해 재고가 필요하다는 것이었다. 예를 들어 "집에 오자마자 가장 먼저 한 일은 편안한 옷으로 갈아입는 것…", "집에서는 외부의 거추장스러운 모든 것을 벗어두며, 가끔은 결혼 반지도 벗어 두고…", "두툼한 손목밴드는 사실 가장 먼저 벗어 두고 싶었던 것…"과 같은 내용들을 공통적으로 발견할 수 있었다. 이는 연령, 사회적 환경, 직업을 떠나 집안에서는 편안함과 자연스러움이 다른 모든 고려 사항을 앞설 수도 있다는 것을 시사하는 부분이었다. 즉, 스마트워치와 함께 제공할 서비스가 무엇이 되든 간에 집 안에서 활용될 때 가장 중요하게 생각해야 할 가치는 바로 '편안함'이라는 것이 우리의 가장 큰 발견점이었다.

전문가 Q&A: 뚤리 마뗄마끼[9]

9　뚤리 마뗄마끼(Tuuli Mattelmäki), 알토 대학교 교수, 디자인 프로브 권위자

Q. 최근 진행했던 디자인 프로브 중 특히 성공적이었던 사례가 있다면 소개해 줄 수 있나요?

A. 2011년부터 2년에 걸쳐 헬싱키 시와 라우따사리Lauttasaari라는 헬싱키 서남쪽 지역에 거주하는 노인들의 건강관리 서비스 네트워크 개발을 위한 프로젝트를 진행한 적이 있습니다. 거동이 불편한 노인들이 본인의 집에 거주하며, 가족 구성원의 보살핌을 받거나 시에서 파견한 전문 관리인의 보살핌을 받고 있는데, 이들이 필요로 하는 건강관리 및 복지 서비스를 받을 수 있는 경로는 그야말로 뒤죽박죽이었죠.

헬싱키 시에서 다양한 업체에 수주를 주고 협력하고 있는데, 이 서비스 네트워크가 그야말로 정글 같아서, 노인들과 가족 구성원은 필요한 서비스

를 어떻게, 어떤 경로를 통해서 받을 수 있는지 파악하는 것이 매우 어려웠어요. 일명 '라우따사리' 프로젝트는 노인과 가족들이 정말로 필요로 하는 서비스를 파악하여 효과적으로 서비스를 전달하고, 또 노인들의 가족이 그들에게 적합한 서비스를 스스로 검토하고 계획할 수 있도록 체계적이고 고객 중심적인 서비스 공급 네트워크를 만들려는 목표로 시작됐습니다.

이 프로젝트의 주요 목표들 중의 하나는 서비스 개발자들과 공급자들, 즉 헬싱키 시 사회복지과의 공무원 및 서비스 공급업체들이 서비스 수요자인 노인들의 실제 생활과 그들이 경험하는 불편한 점을 공감적으로 이해하도록 하는 것이었어요. 노인들의 삶과 경험을 서비스 개발자들에게 전달하기 위하여 프로브를 활용했고, 총 열두 가정의 노인들이 프로브에 참여했습니다.

Q. 어떤 식으로 구성된 프로브였나요?
A. 사진 표지가 있고, 다양한 일러스트와 짧은 이야기들이 담긴, 얼핏 잡지 같은 형태의 프로브였어요. 가능한 미래에 대한 이야기들이 스토리보드 형태로 담겨져 있었는데, 프로브를 받은 노인들이 그 이야기들을 살펴보고 어떤 미래를 원하고 있는지 스스로 생각해본 다음 그들의 반응을 기록할 수 있게 하기 위해서였습니다. 다른 프로브 과제 중에는 일상의 활동들을 기록하게 하는 것도 있었고, 일상에서 어떤 어려움이 있는지 물어 보는 질문들도 있었어요.

Q. 이 프로브가 어떤 면에서 성공적이었다고 생각하나요?
A. 프로젝트 이후 헬싱키 시가 프로브라는 도구를 앞으로 헬싱키 시 자체에서 시민들을 이해하기 위한 도구로 채택하고 향후 개발하기로 결정한 점입니다. 이러한 의미에서 라우따사리 프로젝트의 프로브는 단순히 정보 수집 도구를 넘어서서 공공 기관으로 하여금 시민들의 경험을 이해하는 것에 대한 중요성을 깨닫게 하고, 그들의 업무에 '시민 경험 이해'라는 마음가짐과 활동을 적용하는 변화를 가능케 했습니다.

노인들이 작성한 프로브는 그들이 일상에서 반복적으로 겪고 있는 어려움과 자칫 매우 위험한 상황으로 이어질 수 있는 순간들, 예를 들어 아침에 침대에서 내려오다가 떨어져 혼자 일어나지 못한 경험들이 고스란히 담겨 있었어요. 또한 그들 스스로를 마치 감옥의 수감원이 된 것처럼 느끼거나 좀 더 자율적인 일상에 대한 갈망, 그들을 돌보는 가족들에 대한 미안함과 속상함 등이 담겨 있었습니다.

이러한 내용들은 특히 시에서 파견된 전문 관리인들로 하여금 철저히 전문지식을 바탕으로 노인 가족들의 우위에서 그들을 대하는 것이 아니라, 인간 대 인간으로서 그들을 바라볼 수 있게 도와주었어요.

Q. 프로브가 전문 관리인(서비스 공급자)과 시청 공무원들(서비스 개발자 및 집행자)에게 고객들에 대한 공감적인 이해를 할 수 있게 한 것 같습니다.
A. 그렇습니다. 하지만 그게 다가 아니에요. 제가 놀라웠던 점은, 헬싱키 시 사회 복지과에서 프로브라는 디자인 도구를 실제 자신들의 업무에 활용할 수 있는 매우 유용하고 기능적인 도구로 받아들였다는 것입니다.

Q. 반면에, 기대한 바를 충족시키지 못한 프로브 사례가 있다면요?
A. 이미 10년도 지난 프로젝트인데, 역시 노인층을 대상으로 한 것이었어요 (웃음). '콩카리Konkari'[10]라는 프로젝트인데, 이미 은퇴하고 제2의 직업을 찾아 일하고 있는 노인층들을 위해 신나고 행복감을 느낄 수 있는 업무 현장을 위한 디자인이 목표였어요. 이들을 대상으로 진행한 프로브 과제들 중 노인들이 하루 중 어떤 활동을 했는지 기록하는 일기 형식의 과제가 있었는데, 돌아온 프로브에서 그 과제 부분은 거의 텅텅 비어 있었죠.

Q. 이유가 무엇이라고 생각하나요?
A. 글쎄… 제가 생각하기에는, 당시 우리는 이 노년층 노동자들에 대해 충분히 파악하지 못했던 것 같아요. 그들은 원래 평소 자신의 일상을 기록하거나 일기를 쓰는 행위에 관심이 없었고, 익숙하지 않았던 것으로 생각해요. 물론 이것은 어느 정도의 일반화가 담긴 추측이지만 참여자의 대부분이 글로 무언가를 길게 기록하는 행위 자체에 흥미를 느끼지 못했던 것 같습니다.

10 한국어로 하자면 '신바람 나는 일터' 정도로 해석할 수 있다.

그들의 성향을 미리 파악했더라면 글로 일기를 쓰게 하는 과제보다는 좀 더 손쉽게 일상을 기록할 수 있는 이미지 콜라주 같은 과제를 제안했었을 것 같습니다. 아니면 이 부분에 대한 정보를 프로브를 통해 얻으려 하기보다는 인터뷰를 통해 물어보거나, 코디자인 워크숍을 하면서 얻으려고 했다면 좀 더 효과적이지 않았을까 생각해요. 그들이 글로 기록하는 것을 번거로워했기 때문에, 작은 녹음기를 주고 음성으로 기록하게 하는 것도 방법이었겠죠.

하지만 그렇다고 해서, 이때 노인 참여자들이 프로브 과제들을 전혀 보지 않았다는 것은 아닙니다. 그들은 분명히 우리가 전달한 프로브 제작물을 하나하나 들여다보고 읽어보았어요. 제가 이렇게 이야기할 수 있는 근거는 프로브를 한 후에 이들과 인터뷰를 진행했는데, 인터뷰 도중 이들이 들려주는 이야기의 상당 부분이 프로브에서 다루고 있던 주제였기 때문이에요. 그들이 프로브의 모든 과제를 빽빽히 수행하지는 않았더라도, 프로브에서 묻고 있는 주제를 살펴보고, 거기에 대해서 생각해봄으로써 이 주제에 대해 스스로 이미 민감해졌던 것 같습니다. 이런 의미에서 이 프로젝트에서 프로브는 완전한 실패는 아니었던 것 같아요.

참여자와 신뢰관계를 형성하는 것이 성공적인 프로브의 비법

Q. 디자이너와 떨어진 상황에서 프로브를 작성하는 참여자에게, 프로브 작성을 기억하고 또 계속 동기 부여를 할 수 있는 자신만의 전략이나 노하우가 있다면 알려주세요.

A. 한번은 당뇨병 환자를 대상으로 한 프로브에서, 그들이 프로브를 작성하는 2주 동안 그들의 집으로 열린 질문이 담긴 엽서를 며칠 간격으로 보낸 적이 있습니다. 우편을 통해 엽서를 받음으로써 참여자들은 프로브 참여를 새롭게 느낄 수 있고, 일종의 기대감과 예상치 못한 서프라이즈 효과도 불러올 수 있었습니다. 우편으로 엽서를 받는 기쁨을 증폭하기 위해서 엽서에 리본을 달기도 했죠.

제가 지도하던 학생들 중에는 프로브 과제들을 매일 진행할 수 있을 분량으로 나누고 개별적으로 포장함으로써, 한꺼번에 다 열어보는 것이 아니라 매일 새로운 프로브 봉투들을 개봉하게 한 경우도 있었어요. 프로브에 참여하는 동안 참여자들이 지루함을 느끼기보다는, 매일 어떤 과제가 담겨있을까 기대하게 하고 또 깜짝 선물을 받는 것 같은 느낌을 주기 위해서였죠.

무엇보다 중요한 것은 디자이너가 프로브 참여자와 미리 관계를 형성함으로써 참여자가 이 활동을 가치 있게 생각하고, 스스로 동기 부여를 하고 또 책임감을 느낄 수 있게 하는 것입니다. 제 경우에는 프로브를 전달할 때 직접 참여자들을 일일이 만나 프로젝트를 설명하고, 프로브를 전달하며 참여자와 저 사이의 개인적인 관계를 형성하고자 하는데 이 방법이 꽤 효과적입니다. 물론 일정의 사례금을 지급하여 동기 부여를 하는 방법도 무시할 수 없겠죠.

Q. 참여자들을 직접 만나 프로브를 전달할 때 어떤 식으로 프로브를 소개했나요? 대부분의 참여자에게 프로브란 전혀 새로운 것이고, 가끔은 프로브의 목적을 이해시키는 것이 쉽지 않았던 경우도 있었을 것 같습니다.

A. 프로젝트와 제 자신 그리고 프로브에 대해서 소개할 때는 무엇보다 '이 프로젝트가 당신에게 얼마나 관심이 있고 당신의 참여를 얼마나 가치 있게 생각하는지'를 전달하고자 합니다. 과장하거나 연기를 하는 것이 아니라 매우 진정성 있는 마음으로 말이죠.

동시에 참여자들이 프로브 작성에 대해 부담감을 느끼거나 어렵게 생각하지 않도록, 프로브 작성에 있어서 참여자 스스로가 얼마든지 자유로운 방법으로 작성할 수 있다는 점도 강조합니다. 다양한 프로브 과제를 살펴보고, 하고 싶은 것부터 골라서 시작한다든지, 별로 흥미롭지 않은 과제는 하지 않아도 된다든지, 열린 질문에 대해서는 어떤 대답도 가능하다든지 하는 점들 말이죠.

이런 개인적인 관계 형성과, 진정성 있는 태도, 또한 참여자들의 참여를 귀중하게 여기는 태도를 보임으로써 참여자로 하여금 신뢰를 형성하게 하는 것이 중요하다고 생각합니다. 참여자와 디자이너 간의 신뢰를 바탕으로 한 관계 형성은 프로브 뿐만 아니라 코디자인 과정에서도 매우 중요합니다.

Q. 프로브를 제작할 때 특별히 주의를 기울이는 부분은 무엇인가요?

A. 프로브를 활용하는 목적에 따라 차이는 있겠지만 다음 세 가지 측면에 대한 균형 잡기에 대해서 이야기하고 싶습니다.

첫째, 열림과 닫힘의 균형입니다. 상상력과 영감을 강조하는 열린 질문들과, 하루의 일과를 기록하게 한다거나 하는, 어느 정도 초점이 있는 질문들을 동시에 포함하도록 신경을 씁니다. 이런 점에서 프로브를 만들 때 하나의 패키지에 포함된 다양한 과제의 목적을 각각 제대로 이해해야 합니다. 열린 해석과 상상력을 들여다보고자 하는 과제는 최대한 열린 해석의 공간을 열어두고, 참여자들의 생활의 흐름이나 의견을 이해하고자 하는 과제는 참여자가 질문을 쉽게 이해하고 쉽게 작성할 수 있도록 해야 합니다.

둘째, 창의성과 명확성의 균형입니다. 감성과 창의성을 자극하되, 이해하기 쉽고 다루기 쉽도록 만드는 것입니다. 이 명확성을 위해서는 참여자가 프로브 과제를 이해할 수 있도록 그들의 언어로 쓴다든지, 프로브 과제를 지나치게 복잡하게 만들지 않는다든지, 혹은 프로브의 물리적 제작물 자체를 다루기 쉽게 만드는 것이 포함됩니다. 예를 들어 다이어리의 크기나 무게, 기록을 위해 충분한 여백을 둔다든지 하는 겁니다.

마지막으로, 프로브 질문들이 특정 주제에 직접적으로 국한되지 않도록 주의하는 것입니다. 프로브의 목표는 앞으로 프로젝트에서 어떤 주제에 초점을 잡아야 할 것인가를 파악하는 데 있기에, 그 '초점 잡기'를 위해 질문의 범위를 좀 더 넓게 잡는 것이 좋습니다. 종종 제가 지도하는 학생들이 프로브 결과물을 받은 후 '아, 우리 프로브 과제들이 이 질문에 더 초점을 두었어야 했는데!'라고 아쉬워할 때가 있어요. 하지만 생각해보면 이는 프로브 결과물을 받은 후에 비로소 깨달을 수 있는 것입니다. '어디에 초점을 둘 것인가'를 찾기 위해 프로브를 진행한 것인데 그 목표를 망각하고 아쉬워하는 것이지요.

Q. 프로브를 일차적으로 제작하고 난 후 파일럿 테스트를 하는 편인가요?

A. 파일럿 테스트를 한다면, 자신이 만든 프로브 과제가 어떻게 받아들여지

는지에 대해 참여자의 눈으로 볼 수 있고, 또 여러 가지 유용한 피드백을 얻을 수 있습니다. 반면에 잊지 말아야 하는 것은, 파일럿 테스트를 할 때 프로브의 정확성에 너무 집착해서는 안 된다는 것입니다.

프로브가 다른 디자인 도구들과 다른 점은, 다양한 방식으로 열린 해석이 가능한 질문이나 과제를 통해 참여자들로부터 개인 경험에 대한 이야기를 이끌어내고 그들의 상상력을 자극하여, 디자이너가 전혀 미리 생각해보지 못했던 새로운 방향으로의 문을 열 수 있다는 것입니다. 그런데 파일럿 테스트를 할 때 참여자들이 프로브 과제를 어떻게 이해하고, 어떻게 다룰지 미리 예측하고, 거기에 맞추려고 한다면 새로운 발견점을 얻을 수 있는 문을 닫아버리는 결과를 초래할 수도 있습니다.

제가 지도하는 학생들이나 프로브 제작에 대해 자문을 구하는 디자이너들로부터 쉽게 관찰할 수 있는 건 그들이 너무 '지나치게 친절한' 프로브를 만들려고 한다는 것입니다. 프로브가 가지고 있는 도발적인 특성을 잊지 말았으면 합니다. 그래야 참여자의 깊은 내면을 자극할 수 있고, 그들의 상상력에 노크할 수 있습니다.

프로브 마인드세트: '프로빙'하라

Q. 프로브는 되고, 다른 디자인 도구들은 안 되는, 프로브만이 할 수 있는 부분과 프로브만의 특성이 있다면 어떤 점을 들 수 있을까요?

A. 프로브를 계획하고 만드는 과정 자체는 매우 창의적인 과정입니다. 그 부분에서 프로브가 디자인 에스노그라피와 차별됩니다. 디자인 에스노그라피가 아무 선입관 없이 현장에 나가 사람들을 있는 그대로 관찰하는 것을 강조한다면, 프로브는 프로브를 만들 때부터, 참여자들이 누구인지에 대해 민감하게 주의를 기울여야 하고, 디자인 상상력을 자극할 수 있도록 프로브 질문들과 형태를 만들어야 합니다. 이런 점에서 디자이너는 이미 프로브를 만들면서부터 참여자의 입장에서 생각하기를 시작한다고 할 수 있습니다.

물론, 디자인 에스노그라피에 있어서도 현장 관찰을 하면서, 가능한 디자인 방향을 염두에 둔다든가, 이 상황에서 이런 디자인이 있으면 사람들이 어떻게 반응할까에 대해 끊임없이 상상할 수 있습니다. 하지만 프로브의 특이점은 디자이너가 프로브 과제와 패키지를 만들 때부터, 일러스트를 그리고, 과제를 배열하고, 스티커를 만드는 것과 같은 매우 창조적인 과정을 통해 디자인 아이디어 방향을 그려볼 수 있다는 것입니다.

Q. 마지막으로, 초보 프로브 활용자를 위한 조언 부탁드립니다.
A. 첫째, 프로브로부터 얻은 결과물을 가지고 과학적으로 신뢰성이 있느냐 없느냐로 평가하지 말아야 합니다. 프로브 활용의 핵심 목적은 참여자와 디자이너가 주제에 대해 '열린, 창의적 해석'을 할 수 있도록 함으로써, 새로운 디자인 방향의 가능성을 열기 위해서입니다.

　둘째, 회수한 프로브 결과물을 열어보면서 처음부터 그 결과물이 아주 놀라운 발견점이나 디자인 아이디어를 포함하고 있을 거라고 기대하면 안 된다는 것입니다. 제가 지도하는 학생들이 그런 기대를 가지고 있다가 프로브 결과물을 열어보면서 프로브에 적힌, 그다지 놀랍지 않은 내용이나 비어 있는 부분에 크게 실망하는 경우가 가끔 있습니다. 하지만 그런 마음으로 해석을 하면 흥미로운 발견점을 얻기 어려울 수 있습니다. 발견점과 디자인 영감은 겉으로 드러나는 것이 아니라, 프로브 결과물을 여러 차례 다양한 각도에서 바라보면서 해석할 때 마침내 표면으로 떠오를 수 있습니다. 여유를 두고 다양한 관점에서 프로브 결과물을 바라보고, 또 그 결과물에 대해서 다른 팀원들과 끊임없이 이야기를 나누어야 합니다. 갑자기 디자이너의 머릿속에 '땡' 하고 종이 울릴 수 있으니까요.

　마지막으로, 프로브를 '도구'가 아니라 '과정'으로 이해해주었으면 좋겠습니다. 프로브가 주로 잘 만들어진 패키지 형태의 모습을 가지고 있기 때문에 사물로 여기는 경우가 많습니다. 하지만 프로브는 디자이너가 프로브를 제작하여 참여자에게 전달하고, 또 참여자가 프로브를 작성하고, 디자이너가 회수한 후, 디자인 팀이 내용을 해석하는 일련의 과정 전체를 일컫습니다. 이런 의미에서 저는 동사 형태인 '프로빙probing'이라는 용어를 자주 사용합니다.

　마뗄마끼 교수는 현재 알토 대학교에서 전략 디자인strategic design과 서비스 디자인을 집중적으로 다루는 석사과정 'Collaborative and Industrial Design'의 교수로 재직하고 있다. 빌 게이버가 처음 소개한 문화적 프로브를 좀 더 사용자 중심 디자인 과정에 적합하도록 '디자인 프로브'라는 이름으로 체계화하여, 2000년대 초반부터 다양한 프로젝트에 활용해 왔다.

최근에는 디자인 프로브, 코디자인 워크숍 등의 디자인 도구들을 시민 중심의 공공서비스 디자인 및 정부의 다기관 협력을 위한 프로젝트들에 적용하고 있다. 2008년에는 핀란드 디자이너 협회 선정 올해의 산업 디자이너 상을 수상했다.

마치며: 디자인 프로젝트에서 사용자 조사의 가치는 사용자의 행동을 얼마나 과학적으로 설명하느냐가 아니라 사용자에게 새롭고, 즐겁고, 의미 있는 경험을 제공하기 위함이다. 어찌 보면 매우 당연한 이 생각을 디자이너에게 상기시켜 준 것이 프로브이다. 그동안 과학적인 방법을 차용하여 사용자 조사를 해야 했던 디자이너에게 프로브는 디자이너 고유의 기술과 시선으로 사용자와 의사소통하고 그를 이해할 수 있게 해주었다는 점에서 디자인 도구 역사에 있어 의미가 매우 크다.

디자이너가 프로브를 만들 때 명심해야 하는 것은, 각 프로젝트 고유의 상황과 목적, 사용자 그룹의 특성에 맞게 프로브를 새롭게 디자인하고 변형하여 적용해야 한다는 것이다. 어떻게 생각하면 매 프로젝트마다 새로이 디자인해야 하는 프로브의 효율성에 의문을 제기하는 독자들도 있을 것이다. 하지만 매 프로젝트의 특성에 맞추어 프로브를 만드는 것은 결코 부수적 노력이 아니라 디자이너로 하여금 사용자의 세계를 이해하고, 프로브를 통해 알고자 하는 것이 무엇인지 구체화해 나가는 중요한 과정이다. 이 장에서 소개한 프로브 과정과 다양한 프로브 과제의 예시들을 영감으로 삼아, 각 프로젝트의 성격에 맞게 나만의 프로브를 효과적으로 그리고 흥미롭게 만들어 활용할 수 있기를 바란다.

3장
협력 도구
코디자인 워크숍

코디자인 워크숍co-design workshop은 기존에는 디자인 과정에 참여하지 않았던 다양한 사람을 디자인 과정에 능동적인 참여자로 초대한다. 사용자를 비롯, 다양한 이해관계자와 전문가가 참여해 자신의 경험과 견해를 표현하고, 시각적이고 발상적인 기법들을 통해 함께 아이디어를 도출한다. 디자이너는 워크숍의 결과물 뿐 아니라, 참여자들이 의견을 공유하고 의사결정하는 과정을 관찰하며 통찰과 영감을 얻는다. 코디자인 워크숍은 사용자가 직접 디자인 과정에 참여한다는 점과 다양한 이해관계자의 상호 이해를 돕는다는 점에서 다른 디자인 도구들과 차별화된다.

관찰 대상에서 참여자로

세계적인 특송업체 페덱스FedEx는 장기 기증을 위한 생체 조직을 손상 없이 신속 배송하는 서비스를 제공하기 위해 외부의 의료 전문가, 물류 공급자, 환자, 페덱스 배송직원 들과 함께 위치, 온도, 압력 등 기존에는 고려되지 않았던 핵심 변수들을 고려하는 배송 기술을 개발했다. 마이크로소프트Microsoft는 콜센터의 서비스 품질을 높이기 위해 콜센터 서비스에 큰 불만이 있었던 고객들과 콜센터 직원들을 한자리에 초대해 더욱 인간적이고, 고객이 전담 상담원을 선택할 수 있는 콜센터를 디자인했다.[1]

기업들뿐만이 아니다. 핀란드 정부는 2012년 3월부터 시민들이 직접 법안을 제안할 수 있는 플랫폼 '깐사라이스 알로이떼Kansalaisaloite, Citizens' Initiatives

1 Francis Gouillart, Douglas Billings. Community-powered problem solving. *Harvard business review*. 2013.

in Finland'를 시작했다. 제안자가 홈페이지²를 통해 법안을 제안하고, 핀란드 인구의 약 1%인 5만명의 온라인 서명이 이루어지면 법무부Oikeusministeriö, Ministry of Justice가 법안화를 도와 국회에 제안할 수 있게 된다. 2014년 말 최초로 시민의 발안이 국회에서 통과되어 법제화되면서 선거를 통한 간접 민주제의 한계를 보완할 수 있는 대안으로 주목받고 있다.

2   Kansalaisaloite
www.kansalaisaloite.fi

서울시 역시 2012년부터 시민들이 생활 속의 크고 작은 문제들을 스스로 발견하고 해결책을 고안하도록 장려하는 참여 플랫폼 '위키서울'을 운영했었다. 이를 통해 천여 개의 아이디어가 위키서울 홈페이지를 통해 등록됐고, 청소년 문제, 청년 주거, 재래시장 활성화 방안 등 43개 시민 의제가 선정됐다. 나아가 2014년부터는 국민들이 직접 참여하여 지역의 문제를 해결하는 '정부 3.0 국민디자인단'³이 출범했다. 국민디자인단은 각 정부부처 및 관련 공공기관, 서비스 디자인 자문회사가 그 지역민들과 협력하여 함께 문제를 파악하고 해결책을 도출하는 플랫폼으로 지금까지 총 600여건이 넘는 과제를 수행했고, 그 참가자가 2017년 기준으로 이미 5천명이 넘었다.

3   국민디자인단
*https://cafe.naver.com/
govservicedesign*

이처럼 디자인을 비롯한 다양한 영역에서 '코크리에이션co-creation' 접근 방법이 적용되고 있다. 코크리에이션이란 개인이 아닌 두 사람 이상의 집단 활동에서 나타나는 창의성을 일컫는 '집단적 창의성collective creativity'을 바탕으로 한 활동을 일컫는 용어다. 이는 권력이나 자원, 전문성 측면에서 우월한 위치에 있는 개인이나 조직이 주도하는 창조와는 반대되는 개념으로, 집단의 구성원들이 동등한 위치에서 함께 창조하는 활동, 혹은 그 접근 방법을 일컫는다. 예를 들어 어느 마을의 주민들이 공동체를 형성하고 마을 정원을 함께 구상하여 만들었다면 이를 코크리에이션 활동이라고 부를 수 있다.

'코디자인co-design'은 전문적인 디자이너가 코크리에이션의 개념과 활동을 디자인 과정에 적용한 코크리에이션의 구체적인 한 분야라고 할 수 있다.⁴ 코디자인은 코크리에이션의 '집단적 창의성'을 디자인 과정에 적용해 기존에는 디자인 과정에 참여하지 않았던, 하지만 그 과정과 결과물에 영향을 미치거나 영향을 받는 다양한 배경의 사람을 디자인 과정에 능동적으로 참여시킨다. 이를 통해 그들의 경험과 견해를 공유할 수 있게 하고, 깊은 통찰과 혁신적인 아이디어를 도출할 수 있도록 돕는다.

4   Elizabeth B.-N. Sanders,
Pieter Jan Stappers,
Co-creation and the new
landscapes of design,
CoDesign, 4(1), 2008, pp. 5-18.

그림 3.1. 코크리에이션과
코디자인

┌─── 코크리에이션 ───
│
│ 집단적 창의성을 바탕으로 한
│ 전반적인 활동 - 구성원들이
│ 동등한 위치에서 자신들의 자원을
│ 모아 함께 창조
│
│ ┌─── 코디자인 ───
│ │
│ │ 코크리에이션의 개념과 활동이
│ │ 디자인 과정에 적용된 것
│ │
└──┴──────────────

코디자인은 우리말로는 '협동 디자인' 혹은 '협력 디자인'으로 표현할 수 있다. 코디자인의 과정에는 디자인 결과물을 사용하게 될 사용자는 물론, 프로젝트 기획자, 마케팅 관계자, 개발자, 전문 연구원 등 프로젝트의 각 단계에서 다른 업무를 맡은 사람들과, 중간 관리자 및 정책 입안자 등 디자인 결과물의 결정과 공급, 집행에 영향력이 있는 사람들까지 프로젝트의 목표에 따라 얼마든지 다양한 참여자가 초대되어 협동할 수 있다. 예를 들어 재래 시장 활성화를 위한 프로젝트에서 코디자인을 활용한다면 상인들과 시장을 자주 찾는 주민들은 물론, 관련 공무원이나 식품 위생 등 특정 분야의 전문가, 혹은 시장을 잘 이용하지 않는 사람들까지 초대해 함께 해결책을 구상할 수 있다.

'누구'와 '왜' 함께 디자인하는가?

코디자인은 기존에는 전문가의 영역으로만 여겨지던 디자인 과정에 사용자를 초대하고 그들의 의견을 반영한다는 점에서 기존의 사용자의 역할 및 디자인 과정과는 다른, 새로운 패러다임을 제시한다. '사업 기획 다음에 디자인, 그 다음에 개발' 식으로 유관자간 협력 없이 선형적으로 이루어지던 기존 디자인 과정을 협력적으로 개선함으로써 업무 과정에서의 의사소통과 아이디어 개발에 혁신을 도모한다.

코디자인 과정에 참여하는 모든 참여자는 각자의 분야를 대표하는 전문가로서의 자격을 가진다. 디자이너는 디자인에, 관리자는 자신의 관리 업무에, 마케팅 관련자는 마케팅에, 사용자는 실제 제품이나 서비스가 사용될 맥락에 관해 가장 잘 아는 전문가다. 디자인 교육을 받았거나 디자이너로 일했던 경험이 없더라도 사람들은 실제 삶 속에서 맞닥뜨리는 크고 작은 문제점들을 그들 고유의 경험과 지식을 활용하여 해결한다. 이 고유한 지식은 그 현장에서 살고 있는 사람들만 지니고 있는 것이며, 그 현장에서 생활하지 않는 디자이너들이 이것을 발견하는 데는 한계가 있다.

코디자인의 목적은 사용자 그룹의 현장 지식과 고유한 창의력을 디자인 과정에 적극 활용하는 것이다. 코디자인은 보통 워크숍 형태로 이루어지는데 워크숍 공간과 그 안에서의 활동을 바탕으로 참여자들이 그들의 현장 지식을 표현할 수 있도록 돕고, 이를 새로운 아이디어로 연결시킬 수 있도록 하는 다양한 도구와 기법을 활용한다.

초기 사용자 중심 디자인에서는 사용자 조사 단계와 디자인 단계 사이에 불가피한 틈이 있을 수밖에 없었다. 당시에는 프로젝트의 목표와 관찰 대상이 정해지면 연구원들이 조사를 실시하고 그 발견점을 보고서 형태로 정리하여 디자인 팀에게 전달하고, 디자이너들은 이를 바탕으로 디자인을 시작했다. 이러한 방식에서는 디자이너들이 디자인의 실제 대상이자 수요자인 사용자들과 직접적인 교류를 하는 경우가 드물었다. 따라서 정성적이고 감성적이며 맥락적이고 잠재적인 사용자 경험이 디자이너에게 고스란히 전달되기 매우 어려웠다. 연구자들이 사용자들을 직접 만나 관찰하고 그들과 교류하며 얻은 통찰의 핵심이 디자이너들에게 제대로 전달되진 못했던 것이다.

코디자인 워크숍은 연구원들과 디자이너들, 사용자들을 포함한 여러 이해관계자가 직접 만날 수 있는 물리적, 시간적 공간을 형성하여 이 간극을 극복한다. 코디자인 도구들을 통해 디자이너들이 사용자들과 직접 교류할 수 있게 하고, 단순한 이해를 넘어 시각적이고 발상적generative인 표현법을 통해 사용자를 비롯한 다양한 참여자와 함께 아이디어를 만들어 나가도록 돕는다.

단순히 디자인 과정에서 다수가 협력한다고 해서 코디자인이라고 할 수는 없다. 코디자인을 다른 디자인 도구들과 구분 짓는 가장 중요한 특성은

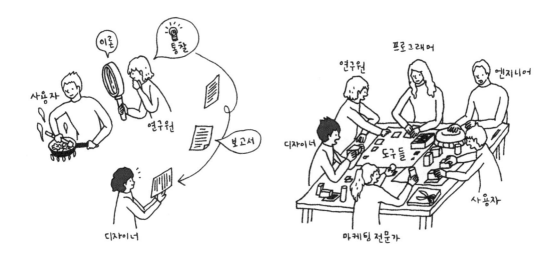

그림 3.2. 초기 사용자 중심 디자인 과정(좌)과 코디자인 과정(우)

'디자인 배경을 가지고 있지 않은 다양한 유관자가 디자이너와 함께, 혹은 디자이너의 도움을 얻어 협력'하는 데 있다.

코디자인의 기원

코디자인의 지향점과 마인드세트를 파악하기 위해 그 기원을 더듬어 보면 두 가지 큰 흐름을 찾을 수 있다. 하나는 이미 70년대 말부터 시작됐던 스칸디나비아의 참여적 디자인Scandinavian participatory design, 다른 하나는 90년대 말 북미에서 리즈 샌더스Liz Sanders를 선두로 소개된 집단적 창의성과 이를 이끌어내는 도구로서의 메이크툴즈MakeTools[5]인데, 이 두 흐름이 현재 코디자인 방법론에 근간을 제공했다고 할 수 있다.

5 MakeTools https:// maketools.com/about

스칸디나비아의 참여적 디자인

참여적 디자인은 1970년대 스칸디나비아 지역에서 사무 전산화 시스템을 개발하던 연구원들과 그 시스템을 사용할 그래픽 업무 종사자들이 협력을 추구하면서 시작됐다. 당시는 워크 스테이션[6], 이메일 등 업무 중심 컴퓨터 기술이 활발하게 개발, 확산되던 시기였고, 이른바 컴퓨터 지원 협업Computer Supported Cooperative Work에 대한 연구가 활발히 진행되고 있었다.

새로운 컴퓨터 기술을 인간중심적으로 개발하기 위해 실제 업무 종사자

6 공학 설계, 과학기술 연산, 금융 자료 분석, 통계 처리, 컴퓨터 그래픽 등 전문적인 작업을 위해 출시된 고성능 컴퓨터. 이후 기술 발전과 제조단가 하락으로 워크스테이션과 PC의 경계가 모호하게 됐다.

가 일하는 방식과 그들에게 필요한 것들을 이해하여 디자인에 반영하는 것이 중요한 화두로 떠올랐는데, 당시 스칸디나비아 지역의 연구원들은 업무종사자들을 실제로 디자인 과정에 참여시키는 방법을 착안하기에 이르렀다. 오늘날 다양한 코디자인 방법들의 근간이 되는 '스칸디나비아의 참여적디자인'의 시발점이다.

그 배경에는 스칸디나비아 지역에 자리잡은 사회민주주의social democracy가있었다. 실제 디자인 결과물을 사용할 이들을 디자인 과정에 참여시켜 그들의 경험과 현장 지식을 적극적으로 반영시키는 데는 더 좋은 결과물을 내고자 하는 실질적 목표도 있었지만, 그 외에도 디자인 과정을 민주화하고자하는 정치철학적 배경이 있었다.

이전까지는 디자인 과정이 전문가들의 고유 영역으로 여겨졌기에 실제최종 사용자는 디자인 과정에 직접적인 영향을 미칠 만한 권한이 없이, 완성된 결과물을 받아들이고 익히는 수동적 역할을 했다. 스칸디나비아의 참여적 디자인은 이런 기존의 패러다임을 깨고 '사람들은 자신이 사용할 기술과 공간에 영향을 미칠 권리가 있다'고 주창했다.

유토피아 프로젝트와 미래 워크숍

스칸디나비아의 참여적 디자인을 이야기할 때 빠질 수 없는 프로젝트가 바로 80년대 초반에 시작한 '유토피아 프로젝트Utopia Project, 1981-1985'이다. 유토피아 프로젝트는 1981년에 북유럽 그래픽 노동자 협동 조합The Nordic Labour Unions for Graphic Workers이 노르웨이, 스웨덴, 덴마크의 연구원들과 함께 시작한프로젝트이다. 워크스테이션이 막 소개된 1980년대 초 디자인, 인류학, 컴퓨터 공학 등의 다양한 배경을 가진 인간-컴퓨터 상호작용Human-Computer Inter-action, HCI 분야 연구원들은 그래픽 업무 종사자들과 함께 이 새로운 기기를좀 더 효율적이고 생산적으로 사용할 수 있도록 디자인하고자 했다.

유토피아 프로젝트에서 가장 대표적으로 활용됐던 방법은 바로 '미래 워크숍Future Workshop'이었다. 연구원들은 사용자의 현장에서 직접 몸을 움직이고 다양한 과제를 체험해보며 사용자의 경험과 그들의 고유한 현장 지식을심도 있게 이해하고자 했다. 그리고 사용자의 현장 지식과 연구원들의 기술

그림 3.3. 상자와 종이로 만든
단순한 프로토타입들을 활용한
미래 워크숍 현장

관련 지식을 바탕으로 함께 디자인 방안을 모색하고자 했다.

연구원들이 그래픽 업무 종사자들이 일하는 사무실을 처음 방문했을 때 '우리는 여러분으로부터 배우고, 여러분이 사용하실 컴퓨터 기술과 환경을 함께 디자인하러 왔습니다'라고 자신들의 목적을 밝혔다. 기존의 디자인 과정에서 연구원들이 전문가로서 자신의 전문성을 활용하여 사용자들을 '위해' (혹은 그들을 교육시켜가며) 제품과 시스템을 디자인했다면, 참여적 디자인에서는 연구원과 사용자가 파트너 관계를 맺고 '함께' 디자인하겠다는 목표를 전면에 내세운 것이다.

미래 워크숍은 먼저 연구원들이 사무실을 방문하여 그래픽 업무 종사자들의 현장을 관찰하는 1차 관찰로 시작됐다. 이때 그래픽 업무 종사자들에게 평소 일할 때의 상황이나 기존 시스템 사용 상황을 재현해보도록 하여, 그 현장에서 함께 문제점을 짚어내기도 하고 그 문제를 해결할 수 있는 방안에 대한 아이디어를 내기도 했다.

연구원들은 이를 통해 얻은 초기 디자인 아이디어들을 종이 상자 등과 같은 단순한 재료를 활용하여 프로토타입으로 만들어냈다. 이를테면 두꺼운 종이에 화면을 그려 '통신상황 관찰화면' 같은 식으로 가상의 기능을 부여하는 것이다. 이 원시적인 프로토타입들은 사무실 공간의 이곳저곳에 배치됐고, 그래픽 업무 종사자들은 이 프로토타입들을 이용해 실제 일을 하듯 업무 상황을 재연했다. 그래픽 업무 종사자들은 이런 식으로 직접 체감할 수 있는 환경 안에서 자신의 작업 환경을 좀 더 효율적이고 협력적으로 변화시킬 수 있는 아이디어를 떠올릴 수 있었다.

이처럼 프로토타입을 활용해 미래의 업무 환경에 대해 발상해보는 미래 워크숍은 나중에 '상자로 만든 사무실Cardboard Office'라 불리기도 했는데, 스칸디나비아의 참여적 디자인 분야의 권위자이자 당시 유토피아 프로젝트의 연구원이었던 펠레 엔Pelle Ehn은 상자로 만든 사무실을 처음 진행했던 당시를 이렇게 회상한다.

> "처음에 만났을 때, 그들의 반응은 냉담했습니다. '또 한 무리의 연구원들이 프로젝트를 한다고 왔구나…'라고 생각하는 것이 눈에 보였지요. 하지만 우리가 종이로 만든 프로토타입들을 들고 나타나자 그들의 태도가 바뀌기 시작했습니다. 그들은 프로토타입들을 사무실 이곳저곳에 놓아보고, 상자로 표현된 작업기기들이 서로 어떻게 연결되어야 하는지, 또 업무와 협력에 어떻게 효율적으로 활용되어야 하는지에 대해 열띤 토론을 시작했어요."

미래 워크숍의 중요한 의의 중 하나는 사용자에게 자신의 의견과 아이디어를 직접 표출할 수 있는 적절한 수단을 제공해 주었다는 데 있다. 사무실 작업 환경을 바꾸고자 하는 유사한 목적의 프로젝트는 그전에도 있었지만, 이전의 프로젝트들에서는 연구원들과 업무 종사자들의 직접적인 대면과 교감이 거의 없거나, 있다고 하더라도 격리된 유리벽 뒤에서 관찰하거나 인터뷰를 하는 정도가 전부였기 때문이다.

참여적 디자인 도구의 의의

스칸디나비아의 참여적 디자인에서 탄생한 미래 워크숍과 같은 사례는 인간-컴퓨터 상호작용 분야와 인간 중심 디자인Human Centered Design, HCD 분야에 새로운 지평을 열어 주었다. 스칸디나비아의 참여적 디자인이 제시한 새로운 패러다임은 다음과 같이 세 가지 관점에서 설명할 수 있다.

첫째, 디자인 과정에서 사용자 역할의 변화: 종이 상자 등 누구에게나 친숙하고, 다루기 쉬운 재료들을 활용해 실제 사용자들을 디자인 과정에 참여시켰다. 사용자들이 실제 일하는 것처럼 프로토타입을 활용해보고 직접 재구성하게 함으로써, 말로는 쉽사리 표현하기 어려운 그들만의 현장 지식을 표현할 수 있도록 했다. 이를 통해 사용자들은 수동적인 관찰 대상을 벗어나 능동적인 협력자로 디자인 과정에 참여하게 됐다.

둘째, 사용자 조사와 디자인 단계의 만남: 디자인 과정에 사용자들이 적극적으로 참여함으로써 사용자 조사 단계와 디자인 단계의 틈을 좁혀 주었다. 단순히 사용자가 디자인 과정에서 전문가에 의해 관찰되고 고려되던 소극적인 의미의 참여를 넘어, 프로젝트에 관련된 다양한 전문가와 직접 만나 함께 문제에 대해서 토론하고 새로운 아이디어를 제안하게 된 것이다.

셋째, 디자이너의 새로운 역할 대두: 참여적 디자인 과정에 필요한 디자이너의 새로운 역할을 대두시켰다. 스칸디나비아 참여적 디자이너와 연구원들은, 다양한 참여자의 경험, 사고방식, 소통방식 등의 차이에서 초래되는 문제를 최소화하고, 함께 아이디어를 발상할 수 있도록 돕기 위해 종이로 만든 프로토타입처럼 체험적인 도구들을 고안했다. 이는 디자이너의 역할이 디자인 결과물뿐만 아니라 디자인 과정에도 있음을 보여주었다.

현재에도 스칸디나비아 지역에서는 다양한 디자인 프로젝트에 참여적 디자인을 활용하고 있다. 사무공간을 넘어 사람들의 가정, 여가환경, 공공장소를 위한 프로젝트에서도 활용되고 있으며, 공공서비스 디자인이나 사회혁신 디자인 프로젝트에도 근본적인 방법론을 제공하고 있다.

참여적 디자인은 최근 비즈니스 전략이나 정부 정책의 수립에도 활용되고 있는데, 사용자뿐 아니라 프로젝트의 과정과 결과에 관여된 다양한 이해관계자와 전문가가 협력할 수 있는 환경을 제공해, 함께 미래를 구상할 수 있도록 돕고 있다. 이는 최근의 디자인 문제들이 급속도로 복잡해지고 복합적으로 변해가는 것을 고려할 때 자연스러운 변화라고 할 수 있을 것이다. 보통 소비자, 시민, 수혜자로 대표되던 전통적 의미의 사용자뿐 아니라, 상담 직원, 공무원, 전문가 등의 다양한 유관자 역시 넓은 의미의 사용자로 보고, 그들이 필요로 하는 것들을 이해해야 함을 의미하기 때문이다.

샌더스의 집단적 창의성

스칸디나비아에서 참여적 디자인이 활발하게 진행되던 80년대 즈음 북미의 사용자 중심 디자인 전문가들 사이에서도 사용자 참여가 화두로 떠올랐다. 하지만 선형적이고 전문가 중심적이던 기존의 사용자 중심 디자인의 틀을 크게 벗어나지 못했다. 북미에서 코디자인의 문을 연 것은 90년대 말, 오하이오 주에 거점을 둔 소닉 림Sonic Rim의 공동창립자였던 샌더스가 소개한 메이크툴즈라고 할 수 있다.

샌더스는 집단적 창의성의 중요성을 강조하며 코디자인을 주창했다. 그녀는, 모든 인간은 창의적이기 때문에 사용자와 디자이너가 함께 발상한다면 디자이너 혼자서는 미처 발견하지 못할 통찰과 아이디어를 찾을 수 있고, 따라서 좀 더 의미 있는 디자인 결과물을 고안할 수 있다고 설명했다.

지식의 세 단계와 그에 적합한 조사 도구들

"개개인의 생활에서 자기 자신보다 더 전문가는 없다. 사용자 중심 디자인에서 전문가는
디자이너가 아니라, 바로 사용자여야 한다."

샌더스는 사용자를 디자인 과정에 효과적으로 참여시키고 가능한 미래를 함께 그려볼 수 있는 도구로 메이크툴즈를 소개했다. 메이크툴즈는 그 이름처럼 사용자가 만드는 행위를 통해 자신의 경험과 의견을 표출하고, 새로운 아이디어를 낼 수 있게 하는 도구다. 그렇다면 왜 만드는 행위일까?

샌더스는 인간의 지식의 개념을 세 단계로 설명한다. 첫 번째 단계는 인간이 인지하고 있고 말로 표현할 수 있는 명시적 지식explicit knowledge, 둘째는 체화되어 언어나 기호로 표출하기는 힘들지만, 행동 관찰을 통해 파악할 수 있는 암묵적 지식tacit knowledge 그리고 인지할 수 있는 범위 밖에 잠재되어 있어 표출이나 관찰이 어려운 잠재적 지식latent knowledge이다.

그림 3.4. 지식의 단계와 각 단계에
적합한 조사 도구들

1. 명시적 지식
인지하고 있고 말로 쉽게
표현할 수 있는 것들

**"하루 중 언제
청소를 하시나요?"**
설문, 인터뷰, 포커스 그룹 등
글, 말, 대화를 통한 조사

2. 암묵적 지식
말로 표현하긴 어렵지만
행동으로 나타나는 것들

청소의 과정과 방법
현장 관찰, 에스노그라피 등
행동과 컨텍스트 관찰을 통한 조사

3. 잠재적 지식
내재되어 있지만
인지하기 힘든 것들

더 쉽고 즐거운 청소법?
프로브, 메이크툴즈 등
만들기, 공동창작을 통한 조사

샌더스가 정리한 지식의 단계는 디자이너가 얻고자 하는 통찰의 종류에 따라 어떠한 디자인 도구를 활용해야 하는지 결정하는 데 매우 유용하다. 예를 들어 쾌적하고 편리한 청소를 가능하게 하는 새로운 청소도구를 디자인한다고 하자. 하루 중 청소 시간이나 주간 청소 횟수 같은 사용자의 기본적인 생활 패턴이나, 스팀 청소기의 사용 여부, 선호하는 제조사 등은 사용자가 인지하고 있고, 그렇기 때문에 질문했을 때 쉽게 대답이 가능한 지식들이다. 이러한 지식을 획득하기 위해서는, 사용자가 생각하여 언어로 표현할 수 있는 설문조사나 인터뷰, 포커스 그룹 등이 적합할 것이다.

이제 사람들이 실제로 어떻게 청소를 하는지 알고 싶다고 하자. 누군가에게 '주방 청소를 어떻게 하시나요?'라고 묻는다면, 막상 질문을 받은 사람은 하루에도 몇 번씩 주방청소를 한다고 해도 이를 말로 설명하기에는 난처함을 느낄 것이다. 주방 청소라는 것은 이미 그 사용자에게 체화된 지식이기에 말로는 표현하기가 어려운 것이다. 누군가에게 자전거를 타는 방법을 설명해 달라고 해도 상대방은 말로 설명하기보다는 직접 보여주는 것을 선호할 것이다. 이처럼 말로 표현하긴 어렵지만, 체화되어 행동으로 드러내기 쉬운 지식을 획득하기 위해서는 관찰 도구를 사용하는 것이 적합하다. 따라서 디자인 에스노그라피가 이 단계의 지식에 접근하는 데 적합한 방법이 될 것이다.

자, 이제 사람들이 '깨끗한 집'이라는 목적을 달성하는 데 희망하는 이상적인 청소 방법을 알아내려고 한다. 평소에 어떤 청소 방법을 꿈꾸어 왔는지 단도직입적으로 묻는다면 어떨까? 늘 생각해오던 몇 가지 뚜렷한 아이디어가 있는 사람이라면 자신의 단편적인 아이디어를 몇 개 내어 놓을 수도 있겠지만, 대부분의 경우 이런 질문을 받으면 자신에게 현재보다 큰 만족감과 더 나은 경험을 안겨줄 아이디어를 즉시 떠올리기는 어려울 것이다. 더군다나 기존에 본 적이 없는, 아직 존재하지 않는 제품에 대한 상상을 요구한다면, 평소 깊이 고민했던 부분이 아니기 때문에 자신이 정말 바라는 제품이나 서비스를 묘사하기란 더더욱 어렵다.

사람들은 평소 막연한 희망사항이나 소망을 가지고 있지만, 대부분은 자신이 무엇을 원하는지, 무엇이 필요한지, 어떤 것이 새로운 경험과 만족을 안겨줄지 인지하지 못하고 살아간다. 눈으로 보거나 직접 경험하지 않았으니 어쩌면 인지하기 어려운 것이 당연할지도 모른다. 이처럼 자신의 마음속에 추상적으로 내재되어 있지만, 존재하는지조차 미처 인식하기 힘든 단계의 지식을 잠재적 지식이라고 한다.

잠재적 지식에는 사용자 자신도 미처 깨닫지 못한 문제 해결의 단서가 숨어있기 때문에 디자이너가 영감을 얻는 데 큰 도움이 된다. 샌더스는 인지하기 어렵고 언어나 행동으로 표현하기 힘든 이 잠재적 지식에 접근하기 위해서는 그림을 그리거나 모형을 만드는 것 같은 시각적이고 발상적인 행위가 유용하다고 믿었다. 이러한 행위를 통해 사용자와 디자이너가 함께 희망하는 미래의 실마리를 발견하고 표현할 수 있다는 것이 샌더스가 소개한 메이크툴즈의 기본 원리다.

메이크툴즈: 그리고, 만들고, 이야기하면서 잠재적 지식에 접근하다
코디자인 워크숍에서는 그리기나 만들기 방법을 자주 활용하는데, 사실 이 원리는 특별히 새로운 것이 아니다. 상상하고 원하는 것을 그림으로 표현하

고 만드는 것은 누구나 어렸을 때 했을 법한 아주 보편적인 활동이기 때문이다. 아이들은 그림, 콜라주, 블록 쌓기, 만들기 등을 통해 자신의 상상을 표현하고, 그 과정에서 아이디어에 형태를 부여하며 생각을 확장해 나간다. 코디자인에서 사용되는 다양한 소품과 활동은 이 원리에 기반했다고 해도 과언이 아니다.

메이크툴즈는 그리기나 만들기에 자신이 없는 사람들도 누구나 쉽게 다룰 수 있는 단순한 소품과 활동으로 구성되어 있다. 메이크툴즈는 각 프로젝트의 특성에 따라 그 구성을 다양하게 바꾸어 쓸 수 있는데, 아래 몇 가지 기본 구성을 살펴보자.

- 소품: 참여자는 나무 도형, 끈, 상자, 조립식 블록 등의 소품을 통해 아이디어를 표현하거나 가상의 제품을 형상화할 수 있다. 소품들은 쉽게 붙이고 뗄 수 있도록 벨크로가 부착되어 있는 경우도 있다.
- 이미지 카드: 다양한 이미지 카드를 이용해 자신의 경험이나 느낌을 표현할 수 있다. 이미지 카드들은 추상적 이미지와 구체적 상황에 대한 이미지 모두를 포함하고 있어, 전체적인 분위기나 특정 색상, 혹은 세부적인 부분을 풀어갈 실마리나 힌트를 얻을 수 있다.
- 종이 도형: 네모, 동그라미, 화살표, 나선형 등 다양한 모양과 색상을 가진 종이 도형들은 프로젝트에서 다루고 있는 내용들 간의 인과 관계나 연관성을 다양한 참여자가 함께 파악하는 데 도움이 된다. 예를 들어 화살표를 이용해 시간의 흐름이나 인과 관계를 표현할 수 있고, 동그라미, 네모 등의 기본 도형을 활용해 각 부분의 특징을 드러내거나 비슷한 내용끼리 묶을 수 있다.
- 벨크로 도형: 벨크로로 만든 다양한 크기와 형태의 도형들로 디지털 기기의 버튼 레이아웃 등을 표현할 수 있다.
- 스티커: 다양한 색상과 이미지의 스티커는 특이사항이나 느낌을 표현할 때 사용할 수 있다.

그림 3.5. 메이크툴즈의 종이
도형을 활용하여 그림 카드와
메모들을 묶고 연관성을 표현하는
모습

메이크툴즈가 처음 소개되던 90년대 말은, 휴대폰 시장이 세계적으로 폭발
적인 성장세를 보이던 시기였다. 대규모의 제조사들이 '북미향', '남미향',
'유럽향' 등 앞다투어 세계 다양한 지역과 문화에 특화된 전화기를 내놓고
있었고, 사막에서 사용할 수 있는 통신기기, 갱도에서 사용할 수 있는 통신
기기 등 특정한 상황에 놓인 소수의 직업군을 위한 다양한 기기 역시 활발
히 연구되던 시기였다. 메이크툴즈는 그 당시 다양한 사용자가 잠재적으로
원하는 통신기기를 표현할 수 있게 특화되어 있었지만, 현재는 제품 디자
인, 서비스 디자인 등 다양한 디자인 분야에서 활용할 수 있는 코디자인 워
크숍 도구로 진화했다.

코디자인 참여자들의 상호 이해 및 협력을 돕고 그들의 창의성을 이끌어내기 위해서는 코디자인 워크숍을 목적에 맞게 디자인하고 진행하는 역량이 매우 중요하다. 코디자인 워크숍을 활용하는 목적은 다양하겠지만 크게 다음과 같이 네 가지로 정리할 수 있다.

- 기존의 제품/서비스 개발 과정에서는 보통 만나지 않았던 다양한 이해관계자가 서로 만나게 하기 위해
- 참여자 사이의 서로 다른 상황과 견해 그리고 전문성에 대해 함께 이해하기 위해
- 서로에 대한 이해를 바탕으로 공동의 목표를 수립하고 공유하기 위해
- 공동의 목표를 달성하기 위한 방안을 함께 모색하고 구체화하기 위해

프로젝트의 범위에 따라 이 네 가지 목적 모두를 달성하고자 할 수도 있고, 때로는 특정 몇 단계만을 목표로 할 수도 있다. 예를 들어 서로 다른 배경의 프로젝트 관계자를 한자리에 모으고, 서로를 이해하게 돕는 단계까지만을 목표로 삼을 수도 있다. 혹은 경우에 따라 디자이너나 다양한 이해관계자가 실제 사용자를 깊이 이해하게 하는 데 조금 더 무게를 둘 수도 있고, 혹은 협력을 통해 새로운 디자인 아이디어를 발견하는 데 집중할 수도 있다.

공공서비스 개발과 같은 프로젝트에서는 다양한 분야의 전문가가 직접 만나 정보를 공유하고 새로운 방안을 도출하는 것이 필요한데, 실제로는 기관별 혹은 부서별로 따로 일을 진행하는 경우가 많다. 코디자인 워크숍은 서로 만나지 못했던 다양한 이해관계자가 직접 만날 수 있는 기회를 마련해, 정보 교환 및 공통의 목표를 수립하는 바탕을 제공할 수 있다. 나아가 이를 통해 지속적인 협력 관계를 형성할 수 있도록 한다.

이처럼 다양한 목적을 위해 활용될 수 있는 코디자인 워크숍은 일반적으로 다음의 네 단계로 진행된다.

그림 3.6. 코디자인 워크숍 진행 과정

〈워크숍 참여 전〉
1. 사전과제로 주제에 대해 민감하게 하기.

2. 경험을 공유하고 서로를 이해하기

3. 아이디어 생각해내기

4. 발표하고 토론하기

첫째, 사전과제로 주제에 대해 민감하게 하기

둘째, 경험을 공유하고 서로를 이해하기

셋째, 아이디어 생각해내기

넷째, 발표하고 토론하기

지식을 차곡차곡 쌓아 올리는 이 네 가지 단계는 마치 집을 지을 때 탄탄하게 땅고르기를 하고 벽돌을 쌓아올리는 것과 같다. 참여자들이 워크숍 장소에 오기 전에 미리 주제에 대해 생각해볼 수 있도록 사전과제를 전달해 '민감하게 하기sensitization'로 땅고르기를 하고, 그 위에 개인적인 경험을 나누고 서로에 대해 이해할 수 있게 하는 활동을 통해 첫 번째 층을 쌓는다. 이렇게

그림 3.7. 코디자인 워크숍에서
단계별로 지식의 블록 쌓기

기본 틀을 튼튼하게 잡은 뒤, 이를 바탕으로 아이디어를 생각해냄으로써 다음 층을 쌓는다. 끝으로, 도출된 아이디어를 팀 단위로 정리해 발표하고, 서로 피드백을 주는 것으로 코디자인 워크숍을 마무리한다.

첫째, 사전과제로 주제에 대해 민감하게 하기

코디자인 워크숍을 시작하기 1, 2주 혹은 며칠 전에 참여자가 워크숍의 주제에 대해 생각해보고 자신의 경험을 상기할 수 있도록 간단한 사전과제를 줄 수 있다. 주제와 관련된 키워드에 대해 사진을 찍어 온다든지, 간단한 그림일기를 그려 온다든지, 혹은 관련된 물건을 가져오는 방법으로 참여자로 하여금 그들의 일상에 대해 되돌아보고, 바라는 것이 무엇인지 생각해볼 수 있는 기회를 제공하는 것이다. 이러한 사전과제는 다양한 배경의 참여자가 워크숍 공간에 도착하기 전에 소위 '관심의 스위치'를 미리 켜둘 수 있게 해서 워크숍의 효율을 높인다.

참여자가 작성한 사전과제 결과물을 코디자인 워크숍을 시작하기 전 미리 회수해 참여자를 이해할 수 있는 자료로 활용할 수도 있다. 혹은 사전과제 결과물의 내용을 코디자인 워크숍을 계획할 때 반영하거나, 그 자체를 코디자인 워크숍의 도구로 활용할 수도 있다. 예를 들어 참여자에게 사전과제 결과물을 워크숍에 가져오게 해 워크숍을 시작할 때 그들이 각자 어떤 내용을 작성했는지 다른 참여자들과 공유하도록 하는 것이다.

이러한 활동은 워크숍을 시작할 때 여러모로 도움이 된다. 같은 주제의 사전과제에 대해 각자 다른 결과물을 가져오기 때문에 참여자들은 다른 사람들의 결과물에 호기심을 느끼고, 이를 공유하는 과정에서 어느 정도 서로의 배경을 이해할 수 있다.

이제 사전과제로 활용할 수 있는 도구들의 예를 몇 가지 살펴보도록 하자. '가장 효율적인, 만능 사전과제'라는 것은 없다. 프로젝트의 고유한 목적과 특수한 맥락을 고려해 창의적인 사전과제를 준비하도록 하자.

🖋 '민감하게 하기'란?

민감하게 하기sensitisation란 '…을 …에 대하여 민감하게 하다' '느끼기 쉽게 하다' 혹은 '필름 등에 감광성을 주다' 정도로 해석되는 동사 'sensitize'의 명사형이다. 이 책에서는 코디자인 워크숍 참여자들이 특정 주제에 대해 생각해볼 수 있는 기회를 제공하는 것을 의미한다.

워크숍 주제에 대한 참여자의 사전 민감성은 코디자인 워크숍에서 얻을 수 있는 정보와 통찰의 질에 큰 영향을 미친다. 짧게는 2-3일, 길게는 2주 정도까지 진행할 수 있는 민감하게 하기는 참여자 한 명 한 명에게 연락해서 신경을 쓰고, 중간중간 잘 진행되고 있는지 확인하거나, 워크숍 수일 전 사전과제를 상기시켜 참여자 모두가 코디자인 워크숍에 준비된 상태로 올 수 있도록 하는 것이 좋다.

하지만 바쁘게 돌아가는 현장에서 코디자인 워크숍 이전의 과정에 많은 노력과 시간을 들이기에 어려움이 있을 수 있다. 프로젝트의 일정과 예산에 맞추기가 어려울 수도 있고, 또 참여자에게 부담을 안길 수도 있다. 따라서 참여자의 부담을 줄이면서도, 동시에 워크숍 주제에 대해 생각해볼 수 있는 기회를 제공할 적절한 사전과제에 대해 고민하는 것이 바람직하다.

관련 주제에 대해 사진 찍어오기

이 장의 케이스 스터디로 소개하고 있는 '상자로 만든 병원'(227쪽) 프로젝트 팀은 참여자에게 워크숍 한 달 전부터 '자신에게 긍정적인 경험을 주는 공간과 분위기를 연상시키는 장소'의 사진을 직접 촬영하거나 인터넷에서 검색해 간단한 설명과 함께 전송해 달라고 부탁했다. 참여자가 자신이 경험

그림 3.8. '상자로 만든 병원'
프로젝트의 워크숍 참여자들이
사전과제로 찍어온 사진들

하고 싶은 병원은 어떠한 모습인지, 혹은 꼭 병원이 아니더라도 다양한 공
간이 자신에게 어떠한 영향을 미치는지에 대해 미리 생각해보게 하기 위해
서다. 이 사전과제는 환자가 자신이 바라는 병원의 모습과 서비스에 대해
적극적으로 의견을 도출할 수 있도록 도와주었다.

개인의 경험을 담은 그림일기 그려오기

그림일기는 참여자가 워크숍 주제와 관련된 자신의 개인적 경험을 돌아볼
수 있게 돕는다. 긍정적이거나, 혹은 부정적인 경험에 대해 간단한 형식의

그림 3.9. 초등학생과의 코디자인
워크숍에서 사전과제로 쓰인
그림일기장

그림일기를 작성하면서, 참여자는
자신의 경험 중 어떤 부분을 공유하
고 싶은지, 왜 그 부분이 자신에게
유의미한지 생각해볼 수 있다. 그림
일기는 사진촬영보다 자신의 경험
에 대하여 좀 더 회고적으로 돌아볼
수 있게 하는 효과가 있다. 무엇이
자신에게 좋은 경험으로 남았는지,
또 어떤 부분이 실망스러웠는지 생
각해보고 이를 워크숍 현장에서 표
현할 수 있게 돕는다.

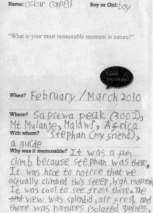

그림 3.10. 초등학생 참여자들이
작성해 코디자인 워크숍에 가지고
온 그림일기 예시

종종 그림일기는 어른들보다는 어린이들 혹은 학생들을 대상으로 한 코디
자인 워크숍에 더 효과적이다. 어렸을 때는 누구나 매일같이 했던 활동임에
도 불구하고, 그리기에 특별히 흥미나 재주가 있지 않고서는 많은 어른들이
부담과 어색함을 느끼기 때문이다. 그림일기를 어색해할 만한 참여자와 워
크숍을 준비 중이라면 흥미로운 스티커를 많이 준비해 그중 일기의 내용과
어울리는 스티커를 골라 붙여달라고 부탁할 수도 있다.

핀란드 알토 대학교에서 석사 연구로 진행된 프로젝트에서는 초등학생
을 위한 자연 체험학습 서비스를 개발하기 위해 초등학생과 코디자인 워크
숍을 진행했다.[7] 워크숍 사전 과제로 참여 학생들에게 자연을 경험하며 좋
았던 기억을 그림일기로 표현해달라고 부탁했다. 아이들은 자신의 이야기
를 담은 그림일기장을 가지고 워크숍에 참여했다. 워크숍을 시작할 때 자신
의 그림일기를 다른 친구들에게 소개하도록 했는데, 이 활동을 통해 아이들
은 서로의 일기 내용에 관심을 가지고 질문을 하기도 하며 워크숍에 집중할
수 있었다.

7   Jungha Ku. *A Holistic
Approach for a Visionary
Map-based Multi-channel
Service*, Master's thesis, Aalto
University School of Arts,
Design and Architecture, 2012..

미래 디자인의 키워드 뽑아오기

참여자에게 코디자인 워크숍의 주제와 관련된 키워드를 미리 뽑아 오라고
하면 새로 디자인할 제품이나 서비스가 고려해야 하는 사항을 논의하는 데
도움이 된다. 이는 그리거나 만드는 행위에 거부감을 느끼는 참여자나, 기

업 간부나 대학 교수처럼 조금은 정적인 형식으로 접근해야 할 참여자 그룹에게 효과적일 수 있다.

과제를 부탁할 때는 '키워드'라는 일반적인 단어보다는 프로젝트의 목적에 맞추어 적절한 비유를 활용하도록 하자. 2008년 핀란드 알토 대학교는 다학제적인 협력을 촉진하기 위한 플랫폼으로 디자인 팩토리Design Factory[8]를 준비하고 있었는데, 디자인 팩토리의 지향 가치와 목표 수립, 미래 활동과 공간 디자인을 위해 코디자인 워크숍을 활용하기로 했다. 워크숍에는 디자인 팩토리를 자주 방문하고 활용할 학생들과 교수들, 그곳에 입주할 스타트업 회사들, 상주 연구원들과 엔지니어들이 참여했다. 디자인 팀은 워크숍 2주 전에 그들에게 유명인이나 위인 그리고 만화나 영화의 등장인물 사진들을 보내고 '디자인 팩토리가 가져야 할 DNA를 뽑아와 달라'고 부탁했다.

8   핀란드의 알토 대학교는 각각 1849년, 1871년, 1904년에 설립된 헬싱키 과학기술대학교, 헬싱키 예술대학교, 헬싱키 경영대학교가 수년간의 준비를 거쳐 2010년에 하나의 대학으로 새롭게 출범한 대학교다. 이때 각자 독립된 학교 간의 다학제적인 협력을 강화하고, 그와 관련된 다양한 활동을 지원하기 위해 디자인 팩토리, 미디어 팩토리, 서비스 팩토리라는 다학제 플랫폼을 만들었다. 이 중 디자인 팩토리는 세계적으로 주목을 받아 호주, 인도, 중국, 칠레, 한국에도 출범했다. https://designfactory.aalto.fi

그림 3.11. 디자인 팩토리 코디자인 워크숍 참여자에게 제공된 '디자인 팩토리가 가져야 할 DNA를 지닌 인물' 사진들

마더 테레사로부터 '평등'이나 '헌신'을, 찰리 채플린으로부터는 '유머', 혹은 '지치지 않는 열정'을, 레이디 가가로부터는 '파격적 시도', '화려함' 등 참여자들은 같은 인물에 대해 각자 다른 키워드를 연상했다. 코디자인 워크숍이 시작되자 참여자들은 각자 뽑아온 키워드를 소개하고 왜 그러한 DNA가 중요하다고 생각했는지 다른 사람들에게 설명했다. 이를 통해 참여자들은 많은 이가 공통적으로 중요하다고 생각하는 핵심적 가치들을 파악하고, 토론

을 통해 핵심 가치들에 중요도를 매겼다. 그 결과 디자인 팩토리가 지향해야 하는 가치에 대해 공통된 목표를 세울 수 있었고, 이는 나중에 진행된 아이디어 도출 과정에 길잡이 역할을 했다.

개인의 경험과 가치관을 표현할 수 있는 물건 가져오기

참여자에게 코디자인 워크숍에서 다루어질 주제와 관련해 자신의 경험이나 가치관, 혹은 바라는 점 등을 표현해 줄 수 있는 개인의 소지품이나 상징적인 물건을 가져오도록 부탁할 수 있다. 이는 사전에 복잡한 과제를 진행할 시간이 여의치 않거나, 다른 일들로 바쁜 참여자의 부담을 최소화하고자 할 때 유용하다.

워크숍 현장에 가져올 물건은 자신의 평소 경험, 가치관 혹은 아이디어를 반영하기 때문에 참여자의 흥미를 불러일으킬 수 있다. 또한 어떤 물건을 가져오는 것이 좋을지 다양한 각도에서 생각해볼 수 있도록 해 워크숍에 참여할 준비가 되도록 돕는다. 틈 날 때마다 주제를 다양한 의미에서 생각하게 하고 자신의 경험을 돌아보게 하는 효과가 있으면서도, 별도로 무언가를 만들어야 할 부담감이 없기 때문에 간편하다.

알토 대학교 디자인 대학원 석사과정들의 웹사이트를 만들고 있던 '모이Moi' 프로젝트 팀은 워크숍에 참여할 학생들에게 '입학해 지금까지의 자신의 경험을 대변할 수 있는 물건을 가지고 와 달라'고 부탁했다. 워크숍 장소에 도착한 8명의 참여자는 차례로 자신을 소개하면서 각자가 가지고 온 물건과 그 이유를 설명했고, 나머지 7명은 이를 경청하며 연상이 되는 키워드를 도출했다. 이를 통해 참여자들은 같은 석사과정 안에서 각자 다른 학생들이 가졌던 다양한 경험과 관점을 접할 수 있었고, 이렇게 도출된 키워드는 다음 활동이었던 '사진 고르고 키워드 연상하기'에도 활용됐다.

한 학생은 '인터랙티브 프로토타이핑Interactive Prototyping' 수업에서 활용했던 아두이노Arduino를, 다른 학생은 '서비스를 위한 디자인Designing for Services' 수업에서 처음으로 코디자인 워크숍을 성공적으로 마친 뒤 뿌듯함에 소셜 네트워크 서비스에 올린 사진과 글을 출력해 가지고 왔다. 아주 기본적 디자인 도구인 펜부터 디자인 게임Design Game과 연관된 박사논문을 가지고 온 학생

그림 3.12. 알토 대학교 디자인 대학원 석사과정 학생들이 가지고 온 물건들

그림 3.13. 다음으로 이어진 사진 고르기와 키워드 도출의 결과물

들도 있고, 접착식 노트와 커피 포트 등 디자인과 학생의 일상에 연관된 물건도 있었다.

학생들이 가져온 물건과 이를 중심으로 나눈 이야기 속에서 서비스 디자인과 디자인 전략을 중심적으로 다루는 석사과정의 특성이 잘 드러났다. 또한 다양한 방법으로 협업하고 끊임없이 토론을 해야 하는 디자인 과정의 특징도 다룰 수 있었다.

이렇게 '민감하게 하기'를 위한 사전과제를 몇 가지 알아보았다. 프로젝트의 성격에 따라, 주어진 시간과 자원에 따라, 워크숍 참여자 그룹의 특성에 따라 그리고 디자이너의 역량에 따라 사전과제는 얼마든지 다양한 형태로 변화할 수 있다.

둘째, 경험을 공유하고 상호 이해하기

일반적으로 코디자인 워크숍의 최종 목표는 새로운 디자인 방안을 함께 모색하는 데 있다. 하지만 그전에 참여자들이 먼저 자신의 평소 경험과 상황에 충분히 몰입하고 이를 다른 참여자들과 소통함으로써 서로에게 공감하게 하는 과정이 반드시 필요하다. 이 과정은 우선 디자이너 및 프로젝트의 의사결정자 들이 사용자의 개인적인 경험이나 바람을 좀 더 심도 있게 이해할 수 있도록 돕는다. 그리고 워크숍 후반부에 이어질 토론이나 발상이 실제 경험에 기초를 두고 이루어지게 한다.

이 과정이 제대로 이루어지지 않으면 참여자들이 실제 맥락과 그다지 연관이 없는, 어쩌면 공상과학 영화에서 한번쯤 본 듯한, 혹은 머릿속에 무작위로 떠오르는 아이디어를 생각해내는 결과를 초래할 수 있다. 이는 코디자인 워크숍에서 실제로 빈번히 일어나는 가장 피해야 하는 현상이라고 할 수 있다.

사전과제를 마치고 코디자인 워크숍 현장에 도착한 참여자가 서로의 경험을 공유할 수 있게 하는 활동과 이에 필요한 소품을 몇 가지 살펴보자.

사전과제 결과물 공유하기

우선 각 참여자가 사전과제의 결과물을 공유하도록 하면서 코디자인 워크숍을 시작할 수 있다. 여기에는 몇 가지 긍정적인 효과가 있다. 무엇보다 모든 참여자가 자연스럽게 자기 자신을 다른 참여자에게 소개할 수 있기 때문에 긴장과 어색함을 풀어주는 아이스브레이커icebreaker로서의 역할을 한다. 또, 사전과제를 통해 어느 정도의 대화 소재를 준비할 수 있기 때문에 다소 내향적인 참여자라도 자신감을 가지고 워크숍에 임할 수 있게 도움을 준다. 마지막으로 다른 참여자들도 같은 주제에 대해 사전과제를 했기 때문에, 서로의 이야기에 귀를 기울이고 공감할 수 있는 기회를 제공한다.

예를 들어 자신의 주변 환경에 대한 사진을 찍어오거나 과거 경험에 대한 그림일기를 그려 오는 사전과제를 진행했다면, 이를 활용해 참여자의 실제 경험에 대해 이야기하는 활동으로 워크숍을 시작할 수 있다. 미래 서비스의 핵심 가치를 뽑아오는 사전과제라면 '나에게 중요한 것'과 같은 개인적인 가치나 미래의 서비스에 바라는 점에 대한 이야기를 나누는 워크숍 활동으로 이어질 수도 있다.

각 참여자가 발표를 할 때는 다른 참여자들이 의견을 더할 수 있도록 해 지속적인 대화를 유도한다. 예를 들어 참여자들이 본인이 뽑아온 키워드를 소개하면서 그 이유를 설명하고 있다면, 이 과정에서 유사한 키워드를 뽑았지만 그 이유가 조금 다른 참여자가 있는지 묻고 토론할 수 있도록 한다. 사진을 촬영해오는 과제였다면 다른 참여자가 소개하고 있는 사진을 보면서 발표 내용과 다른 느낌을 받은 참여자가 있는지 물어볼 수 있다.

참여자들이 가지고 온 사전과제 결과물을 두고 그 상대적 중요도나 연관성에 대해 토론하게 할 수도 있다. 예를 들어 참여자가 뽑아온 키워드를 설명하고 탁자에 올려 놓을 때, 본인에게 상대적으로 중요한 것은 탁자의 중

그림 3.14. 디자인 팩토리 코디자인 워크숍 첫 단계에서 사전과제로 뽑아온 핵심 가치를 소개하는 모습

앙에, 덜 중요한것은 바깥에 배치하게 한다. 그리고 참여자가 소개하고 있는 키워드가 이미 탁자에 놓여 있는 키워드들과 연관성이 있는지 다른 참여자들과 상의하고 배치하게 하면, 탁자의 중앙에서 바깥으로 그 상대적 중요도에 따라 모든 키워드들이 나열된다. 모든 참여자가 발표를 마치면 이를 바탕으로 어떤 가치들이 공통적으로 언급됐는지 다시 한번 살펴보고 토론을 통해 그들의 상대적 중요도를 정해보게 할 수 있다.

💡 사전과제의 결과물을 발표할 때, 참여자들이 워크숍을 통해 처음 만난 경우 먼저 말을 꺼내기를 꺼릴 수 있는데, 이럴 때는 워크숍의 주제나 참여자의 사회적 지위와는 무관한 기준으로 순서를 정하는 것이 좋다. 예를 들어 '가장 밝은 색의 상의를 입은 사람' 같은 다소 장난스러우면서도 주제와는 무관한 기준으로 순서를 정하면, 발표 순서에 대한 부담도 덜 수 있고 처음의 어색한 분위기를 누그러뜨리는 데도 도움이 된다. 주민 대표, 직장 상사 등 참여자의 사회적 위치와는 아무런 관련이 없는 기준이기 때문에, 참여자 간에 평등한 느낌을 조성하는 효과도 있다.

콜라주를 통해 개인의 경험 표현하기

디자이너가 이미지 카드와 키워드 카드들을 준비해두고, 이를 통해 참여자의 경험을 되살려 발표하게 하거나, 혹은 이를 활용한 콜라주를 만들게 할 수 있다. 워크숍의 목적에 따라 여러 요소들의 연관성이나 관계를 표현하는 콜라주를 만들게 할 수도 있고, 혹은 시간을 따라가며 과거의 의미 있는 경험들이나 미래에 소망하는 일들을 나열하는 인생 여정에 대한 콜라주를 만들 수도 있다.

콜라주 만들기를 개인별로 진행할 수도 있지만, 두 명이 짝이 되어 서로에게 설명을 하며 번갈아 진행하는 것도 효과적인 방법이다. 우선 한 사람이 자신의 경험을 이야기하면서 콜라주를 만든다. 이때 짝이 된 참여자의 역할은 콜라주를 만들고 있는 사람의 이야기를 경청하며 중간중간 궁금한 점이 있으면 질문을 던져 이야기를 더 풍부하게 만드는 것이다. 한 참여자가 콜라주를 마치면 역할을 바꾸어 두 참여자 모두 콜라주를 완성

그림 3.15. 이미지 카드를 활용해 자신의 경험을 콜라주로 표현하고 다른 참여자들과 공유하는 모습

한다. 예를 들어 새로운 도시로 이사한 주민들이 이사를 결정하게 된 계기
와 정착하기까지의 과정을 콜라주로 만든다고 하자. 이때 옆 사람에게 자신
의 이야기를 들려주면서 콜라주를 만들면 혼자 만드는 것보다 자신의 경험
을 떠올리고 이야기로 구성하는 과정을 훨씬 더 수월하게 진행할 수 있다.
또, 대화하는 과정을 통해 본인에게 의미 있었던 경험이 무엇이었는지 새삼
깨닫기도 한다.

이렇게 만든 콜라주 내용을 모든 참여자에게 설명하도록 한다. 만일 워
크숍 참여자 수가 너무 많다면 시간을 아끼기 위해 모두와 공유하기보다 세
부 그룹으로 나누어 공유하게 하는 것도 좋은 방법이다.

키워드 카드를 이용해 자신의 의견 표현하기

때로는 키워드만을 사용해 참여자가 마음속에 그리고 있는 경험이나 가치
를 표현하도록 유도할 수도 있다. 이를 위해 준비하는 키워드들에는 프로
젝트의 주제나 참여자의 평소 경험과 연관된 낱말들 뿐 아니라 무작위로 뽑
은 낱말들도 섞는 것이 새로운 관점을 자극할 수 있어 좋다. 워크숍을 계획
하는 과정에서 참여자 몇 명과 간단한 사전 인터뷰를 하고 이때 언급된 내
용들을 이용하거나, 혹은 사전과제 결과물을 워크숍 전에 받아볼 수 있다면
이 결과물을 이용해 키워드나 인용구를 발췌할 수 있다. 참여자가 워크숍에
서 쉽게 사용할 수 있도록 적당한 크기의 카드 형태로 준비한다. 참여자가
자신이 생각한 내용과 유사한 키워드를 찾을 수 없을 때를 대비해 아무것도
적히지 않은 빈 카드도 준비해 참여자마다 두세 장씩 제공한다.

참여자들을 작은 그룹으로 나누고 탁자 위에 놓여진 키워드들을 찬찬히
살펴보게 한다. 그리고 디자인하고자 하는 제품이나 서비스에 의미가 있거
나, 혹은 반영됐으면 하는 특징이나 가치를 나타내는 키워드를 몇 개 선택
하도록 한다. 우선은 돌아가며 자신이 선택한 키워드들을 소개하고 그 이유
를 설명한 뒤, 공통적으로 선택된 키워드들을 탁자의 중심에 배치한다. 그
러고 나서 연관된 다른 키워드들을 함께 선정하고, 선정된 키워드들의 상대
적인 중요도를 토론하며 결정하도록 한다.

접착식 메모지를 함께 활용해 여러 키워드 간의 관계를 표시할 수도 있

다. 한 키워드 카드 옆에 다른 키워드 카드를 놓으면서 둘의 관계에 대한 설명을 접착식 메모지에 적고 붙인다. 이렇게 하면 각 키워드끼리의 연관성을 생각해볼 수 있다. 이러한 과정을 거치면서 참여자는 핵심 키워드들로 이루어진 일종의 지도를 만들 수 있다. 이를테면 중앙에 위치할수록 중요도가 높아지고, 주변으로 갈수록 그 비중이 낮아지는 것이다.

💡 키워드를 카드 윗부분에 크지 않은 글씨로 배치하고 아래에는 충분한 여백을 남기는 것도 좋은 방법이다. 주어진 키워드에서 자신의 경험이나 생각을 떠올린 후 여백을 이용해 좀 더 개인적이고 구체적인 메모를 해달라고 참여자들에게 요청할 수 있다. 이렇게 하면 주어진 일반적인 키워드에 제한되지 않고 참여자 고유의 경험과 표현을 통해 토론에 참여할 수 있다.

이런 과정을 거치면서 참여자들이 공통적으로 어떤 가치들을 중요하다고 여기는지, 또한 어떤 점에서 의견 차이가 있는지 알 수 있다. 선택된 키워드만큼이나 그것을 설명하면서 서로에 대해 이해하는 과정도 매우 중요하다. 이 과정을 통해 차후에 진행될 '아이디어 생각해내기' 단계에서 서로의 의견을 조정, 통합하고 공통으로 지향하는 목표를 수립할 수 있기 때문이다.

그림 3.16. 지역 소도시의 경제 활성화를 위한 서비스 개발 프로젝트에서 새로운 서비스가 갖추어야 하는 핵심 가치에 대해 육각형 모양의 키워드 카드를 활용해 토론하는 모습

스스로를 묘사하는 프로파일 만들기

각 참여자가 워크숍에 참여할 때 자신의 역할과 배경을 뚜렷이 인지할 수 있도록 스스로를 묘사하는 프로파일profile을 만들어보는 방법을 활용할 수 있다. 이는 다양한 이해관계자가 협력해야 하는 코디자인 워크숍에서 각 참여자가 자신의 전문성이나 자신이 속한 조직의 입장을 대변해야 할 때 효과적이다.

앞에서 언급된 디자인 팩토리(193쪽)를 위한 코디자인 워크숍에서 미래의 사용자가 될 다양한 사람의 의견을 고루 반영하기 위해 각 단과대의 학생, 연구원, 교수, 기술자, 기업 관계자 등을 초대했는데, 프로젝트 팀은 이들에게 템플릿을 나누어주고 자신의 프로파일을 만들도록 했다.

Az 프로파일, 혹은 사용자 프로파일(user profile)이란 제품이나 서비스를 사용하는 사람에 대한 사실적 정보를 바탕으로 그 주요 특징을 나열한 것이다. 이 책의 뒤에 소개될 '퍼소나'와는 그 성격과 목적이 다른데, 퍼소나는 디자인 영감과 사용자에 대한 공감을 위해 매우 상세하게 묘사된 '전략적인 가상의 인물'인 반면, 프로파일은 문제 해결을 위한 자료로서 활용하기 위해 개인의 주요 정보를 분석적으로 나열해 놓은 것에 가깝다. 코디자인 워크숍 도중 '스스로를 묘사하는 프로파일 만들기' 활동은 참여자 개개인이 자신의 실제 배경과 상황, 입장이나 견해를 뚜렷히 표현하는 것을 말한다.

그림 3.17. 코디자인 워크숍에서 참여자들이 자신의 프로파일을 작성하는 모습

프로파일 템플릿은 참여자의 나이대, 직업, 취미 등과 같은 기본적인 정보부터 직업적으로 어떤 욕심을 가지고 있는지, 향후 5년 내, 혹은 최종적인 목표는 무엇인지, 이를 위해 당장 필요한 것들은 무엇인지, 또 참여자가 걱정하고 있는 것들은 무엇인지 등에 대해 적는 문항들로 구성할 수 있다. 참여자가 각자 프로파일을 작성한 후 다른 참여자들에게 자신이 작성한 내용을 발표하고 서로 궁금한 점에 대해 질문을 던지는 방식으로 진행한다.

사용자 퍼소나 완성하기와 역할놀이를 통해 사용자 입장에 공감하기

코디자인 워크숍은 서비스 공급자에게 사용자를 직접 만나 그들의 경험에 공감대를 형성할 수 있는 기회를 제공한다. 하지만 현실적인 여건상, 혹은 특별한 의도하에 공급자(혹은 의사결정자)와 사용자를 동시에 워크숍에 참여시키지 않는 경우도 있다. 예를 들어 은행의 경영진과 직원처럼 상하관계가 강하게 형성되어 있는 경우 어느 한쪽이 자신의 의견을 솔직하게 피력하기 어려운 상황이 생길 수 있기 때문이다. 혹은 각기 다른 기관을 대표하는 참여자들이 모여 새로운 협력 네트워크를 형성하고자 하는 코디자인 워크숍의 경우9, 그 자리에 사용자까지 초대하면 해당 워크숍이 다루는 문제가 너무 크고 복잡해질 수가 있다.

이 경우 사용자를 초대하지 않더라도 코디자인 워크숍의 참여자들은 항상 사용자에 대한 이해를 바탕으로 토론하고 해결책을 고민해야 한다. 각자 다른 이해관계를 가지고 있지만 사용자의 만족을 전제로 그들 간의 의견을 조율해 나가야 성공적인 제품이나 서비스를 디자인할 수 있기 때문이다.

이런 경우 디자인 팀은 미리 사용자 조사를 실시해 퍼소나나 시나리오 형태로 사용자의 의견을 코디자인 워크숍에 반영시킬 수 있다. 인터뷰, 디자인 에스노그라피, 프로브 등을 활용해 사용자의 실제 경험과 그들이 바라는 것들, 불편해하는 것들 등에 대한 정보를 구한다. 이렇게 얻은 사용자 정보를 서비스 공급자가 공감적으로 이해할 수 있도록 퍼소나나 시나리오로 구성해 코디자인 워크숍에서 활용하는 것이다. 혹은 코디자인 워크숍을 두세 차례로 나누어 첫 워크숍은 사용자들과, 두 번째 워크숍은 공급자들과 진행할 수도 있다. 첫 워크숍에서 얻은 사용자 정보를 두 번째 워크숍에서 활용해 간접적으로나마 사용자에 공감할 수 있도록 하는 것이다.

조사를 통해 얻은 사용자 정보를 퍼소나나 시나리오 형태로 코디자인 워크숍에서 활용할 때는 일부러 내용을 다 채우지 않은 틀을 제공해 워크숍 참여자가 직접 빠진 부분을 완성해 나갈 수 있도록 해보자. 완전히 가공된 정보를 받는 것보다 퍼소나의 빠진 부분을 채워나가면서 사용자의 입장에서 생각해보고 사용자에 대한 공감을 높일 수 있기 때문이다. 디자이너가 사용자 관찰을 통해 얻은 흥미로운 발견점, 인터뷰에서 발췌한 인용구, 프로브 결과물 등을 워크숍 현장에 제공하면 참여자는 그 자료들을 활용해 직접 퍼소나나 시나리오를 완성해 나갈 수 있다. 예를 들어 '5년 내에 꼭 해보고 싶은 일들'과 같은 사항들을 기입하려면 제공된 정보들을 주의 깊게 읽고 사용자의 입장에서 생각해봄으로써 퍼소나로 대변될 사용자의 입장에

9 최근의 서비스들은 단일 기관이 개발, 공급하는 것보다 다수의 기관들이 협력하여 서비스 네트워크를 형성하고 공급하는 경우가 더 많다.

좀 더 공감할 수 있다.

이를 위해서는 우선 퍼소나 템플릿을 만들고 퍼소나의 얼굴을 그림이나 사진으로 넣어둔다. 또 나이, 배경, 주거환경, 가족 관계, 건강 상태 등 프로젝트와 유관한 사실적인 정보들을 상세하게 기입해 둔다. 그리고 '인생에서 가장 중요하게 생각하는 점', '지금 가장 걱정되는 것들'과 같은 개인적이고 감성적인 부분에 대한 이야기도 상세하게 묘사함으로써 이를 읽는 서비스 공급자가 그 퍼소나의 내면을 들여다볼 수 있게 한다. 그 다음은, 퍼소나의 입장에서 상황을 이해해야만 완성할 수 있는 시나리오에 대한 질문을 빈칸으로 제공해 참여자가 직접 채워 넣게 한다.

이렇게 퍼소나나 시나리오가 완성됐다면 이를 바탕으로 간단한 역할놀이를 진행해 코디자인 워크숍 참여자로 하여금 사용자의 상황을 간접적으로 체험해보도록 할 수도 있다. 시나리오를 바탕으로 가상의 서비스 상황을 설정하고, 퍼소나로 표현된 사용자의 역할을 맡아 서비스 상황을 즉석에서 연기해보는 것이다. 간접적으로나마 사용자의 입장에서 상황을 경험하고 그 상황에서의 문제점이 무엇인지, 어떤 것이 필요한지에 대해 생각해 볼 수 있는 효과가 있다.

셋째, 아이디어 생각해내기

지금까지 살펴본 코디자인 워크숍의 이전 두 단계는 다양한 참여자가 자신의 경험을 상기하고, 그중 프로젝트에 유의미한 내용을 다른 참여자들과 공유하게 하는 것이 그 목적이었다. 참여자는 이를 통해 자신에게 중요한 것이 무엇인지, 자신이 무엇을 바라는지 좀 더 뚜렷이 알 수 있고, 또한 다른 참여자들의 생각을 듣고, 공감하고, 토론하는 과정을 통해 그들이 공통적으로 추구하는 지향점 및 이해관계가 충돌하는 지점 역시 파악할 수 있게 된다.

이제 참여자가 바라는 미래를 생각해보고 이를 가능하게 해 줄 수 있는 새로운 제품이나 서비스에 대한 아이디어를 낼 차례다. 이 단계에서는 프로젝트 결과물의 범위나 워크숍의 목표에 따라 적절한 발상 기법을 선택해 활용한다. 예를 들어 새로운 스마트워치 디자인이 목표일 때와 중소도시의 공공의료 서비스 디자인이 목표일 때는 아이디어를 내고 표현하는 방법이 크게 다를 것이다. 또한 워크숍의 목적이 완전히 새로운 제품의 콘셉트를 탐색하는 것인지, 아니면 이미 어느 정도 정해진 콘셉트 내에서 구체적인 기능이나 구현에 대한 아이디어를 제안하는 것인지에 따라 적절한 발상 기법이 다를 것이다.

⚠ '구상' 아닌 '발상'

코디자인 워크숍 세 번째 단계는 틀을 짜고 계획을 하는 '구상'이 아닌 '아이디어 생각해내기', 즉 '발상'에 관한 것이다. 일상적 소통에서는 구분하지 않고 섞어 쓰기도 하지만 구상과 발상은 크게 다르다. 구상構想은 '앞으로 이루려는 일에 대하여 그 일의 내용이나 규모, 실현 방법 따위를 어떻게 정할 것인지 이리저리 생각함'을 뜻하는 반면, 발상發想은 '어떤 생각을 해냄, 또는 그 생각'을 의미한다. 코디자인 워크숍은 실현 가능성을 점치며 영근 아이디어를 구상하는 것보다는, 다양한 아이디어를 만드는 발상의 과정과 배경에 집중한다는 점을 기억하자.

미국이나 유럽 등지에서는 이 과정에 활용하는 방법들을 보통 발상적 기법generative techniques, 혹은 발상적 조사generative research[10]라고 부르는데, 전문가가 면밀히 고민해 해결안을 '구상'하는 것이 아니라, 비전문가가 두려움 없이 자유롭게 '발상'하기 쉬운 환경을 조성하는 데 초점이 있기 때문이다.

다시 말해 코디자인 워크숍의 목적은 최종적으로 제품이나 서비스에 바로 적용할 아이디어를 '구상'하는 것이 아니라, 자유로운 '발상'을 통해 참여자가 평소에는 인지하지 못하던 잠재적 지식을 드러내도록 돕고, 그 과정과 배경을 이해하는 데 있다. 사용자의 발상 과정을 수월하게 하고, 그를 통해 얻은 통찰을 바탕으로 최종적인 디자인 해결안을 구상하는 것이 전문가인 디자이너의 역할이다.

10 Elizabeth B.-N. Sanders, Pieter Jan Stappers. *Convivial Toolbox: Generative Research for the Front End of Design*. BIS, 2013.

단순한 물체로 '꿈의 디자인' 모형 만들기

'꿈의 디자인' 모형 만들기는 사용자가 새로운 제품이나 서비스에 어떤 바람을 가지고 있는지 파악하기 위해 사용할 수 있다. 다양한 크기의 종이 상자나 나무 도막, 스티커, 끈, 단추 같은 단순한 재료들과 그들을 쉽게 붙이거나 뗄 수 있는 테이프나 벨크로 등을 제공해 참여자에게 이전 단계까지 논의한 바람들을 실현해줄 제품이나 서비스를 자유롭게 표현해보라고 요청한다. 앞서 언급한 메이크툴즈가 좋은 예라고 할 수 있다(184쪽).

참여자는 제공된 단순한 물건들로 모형을 만들고 가상의 기능을 부여해가며 그들의 아이디어를 표현할 수 있다. 그리고 이런 과정을 통해 자신이 원하는 것이 무엇인지 좀 더 분명히 알 수 있게 된다. 이 과정을 통해 디자이너는 사용자가 새로운 서비스나 제품에서 어떠한 기능을 원하고, 어떤 가치를 기대하는지, 어떠한 맥락이 참여자에게 중요하게 여겨지는지 등을 파악하고, 미처 생각지 못했던 영감도 얻을 수 있다.

모형을 만들고 나면 다른 참여자들에게 발표하게 한다. 디자이너는 발표 내용을 관찰하며 참여자가 잠재적으로 가지고 있던 바람이나 중요하게 여기는 것에 대해 파악

그림 3.18. 학습을 보조하는 제품 및 서비스 개발을 위한 프로젝트의 코디자인 워크숍에서 초등학생들이 '꿈의 공부 친구'를 함께 만들고 있는 모습

한다. 두 명 이상의 참여자에게 팀을 이루어 하나의 입체 모형을 만들어 달라고 요청한 뒤 그들이 나누는 대화와 의사결정 과정을 주의 깊게 따라가면서 참여자의 바람을 심도 있게 이해하고 영감을 얻는 것 역시 효과적인 방법이다.

참여자는 자신이 낸 아이디어를 실제로 구현하기 위한 기술이나 그 작동 원리, 제반사항 등에 대해서 정확히 알고 있지 못하는 경우가 많다. 서비스나 정책을 위한 코디자인 워크숍의 경우에도 참여자들이 세부 정책이나 실제 고려해야 하는 법령에 대해 정확히 아는 경우가 드물다. 그렇기 때문에 코디자인 워크숍은 오히려 사용자가 현재 제품이나 서비스, 정책을 어떻게 인식하고 있는지 알아볼 수 있는 기회이기도 하다. 이때 중요한 것은, 사용

자가 낸 아이디어의 실현 가능성을 따지기보다는 아이디어의 방향성과 그에 내재된 사용자의 바람에 초점을 두어야 한다는 것이다. 코디자인 워크숍의 목표는 당장 적용할 수 있는 아이디어를 생산하는 것이라기보다는 다양한 참여자와 함께 선호하는 미래를 그려보고 그 과정에서 통찰을 얻고 영감을 받는 것이다. 이를 현실로 풀어내는 것은 디자이너를 비롯한 전문가들의 몫이라고 할 수 있다.

메이크툴즈는 프로토타이핑 도구가 아니다

국내 기업 관계자에게서 '메이크툴즈를 활용해보았는데 효과가 없었다'는 이야기를 들은 적이 있다. 하지만 그 내막을 들여다보면 앞서 설명한 '지식의 단계(182쪽)'에 대한 충분한 이해가 없이 메이크툴즈를 사용했거나, 프로젝트의 목적에 부적합한 도구를 사용했기 때문인 경우가 많다.

앞서 설명한 것과 같이 다양한 지식의 단계에 따라 그에 적합한 조사 도구들은 따로 있다. 여러분이 진행 중인 프로젝트에서 지금 관심을 두고 있는 지식의 단계가 잠재적 지식이라면 메이크툴즈가 좋은 도구가 될 수 있다. 그렇지 않다면 인터뷰나 에스노그라피 같은 도구가 더 효과적일 것이다.

메이크툴즈로 만들어진 결과물을 사용자가 원하는 디자인을 실제로 대변하는 프로토타입으로 여기는 경우가 있는데, 이는 명백한 오해다. 메이크툴즈의 목표는 제공된 종이 상자, 나무 도막, 스티커 등을 손으로 만져가며 '입체적으로 스케치'하는 과정을 통해 참여자 스스로도 미처 인지하지 못하던 잠재적 지식에 형상을 부여하는 것이다.

따라서 메이크툴즈를 사용할 때는 참여자가 표현한 그대로를 프로젝트 결과물로 연결하려고 하기보다는, 시각적이고 입체적으로 표현된 아이디어에서 개선의 방향성을 읽어낸다거나, 혹은 군데군데에서 찾을 수 있는 기발한 아이디어로부터 영감을 얻는 것을 목표로 해야 한다. 이를 위해서는 참여자가 결과물을 만드는 과정과 그 안에 숨은 맥락에 관심을 기울이고 끊임없이 '왜'라는 질문을 던지는 것이 매우 중요하다.

모형을 활용하여 공간 내 서비스 디자인하기

코디자인 워크숍에서 새로운 공간에 제공될 서비스에 대한 아이디어를 다룬다면 모형을 활용해 참여자의 발상을 도울 수 있다. 참여자에게 공간, 사람 그리고 공간에 배치될 가구를 표현한 모형이나 이미지를 제공하고, 어떤 서비스가 제공되어야 할지, 그에 따라 서비스 공급자와 수요자의 접점은 어떻게 구성되어야 할지 발상하도록 한다.

이때 참여자가 한눈에 공간과 동선을 조망하며 아이디어를 낼 수 있는 축소 모형scale model을 활용할 수도 있고, 실제 크기의 공간과 모형을 활용해 직접 몸을 움직이고 걸어 다니며 아이디어를 내는 방법을 활용할 수도 있다. 두 방법 중에서 프로젝트의 목표와 실정을 고려해 적합한 방법을 선택한다.

축소 모형은 보통 거대한 규모의 공간에서 이루어지는 서비스를 생각해야 하거나, 병원 1층의 접수 데스크, 2층의 정밀 초음파실처럼 사용자의 동선이 공간과 공간을 가로지르는 경우에 활용하면 효과적이다. 축소 모형을 활용할 때는 우선 탁자 크기 정도의 평면도를 제공하여 아이디어를 발상할 작업 공간으로 삼는다. 그 위에 작은 사람 모형 등을 배치하고 이를 움직여 가며 공간의 구성을 간접적으로 경험하고 동선을 구상할 수 있게 한다.

그림 3.19. 건물의 평면도와 축소 모형을 활용하여 전체 공간을 한눈에 보면서 새로운 공간 및 서비스를 구상할 수 있다.

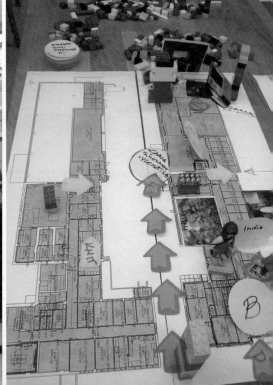

두꺼운 종이로 간단한 사람 모형을 만들어 활용할 수도 있고, 시판되는 장난감을 활용할 수도 있다. 후자의 경우 조금 더 입체적인 느낌을 줄 수 있다. 각기 다르게 생긴 모형들을 준비해 서비스 제공에 참여하는 다양한 사람의 역할을 부여하고, 이들이 공간 안에서 어떻게 상호작용할지 구상해볼 수도 있다. 각기 다른 옷과 머리 모양을 하고 있는 사람 모형을 골라 퍼소나를 대입해 활용하는 것도 좋은 방법이다.

다양한 상황의 동선에 따라 사람 모형을 평면도 위에서 옮겨가며 어떤 서비스가 제공되어야 할지, 그에 따라 서비스 공급자와 수요자의 접점은 어떻게 나타나야 하는지 아이디어를 생각해낸다. 사람 모형의 동선은 평면도 위에 직접 그리거나 화살표 모양의 스티커 등을 활용해 표시할 수 있다. 그리고 사진이나 장난감 블록 등을 활용해 필요한 가구나 소품을 표현하고 적절한 위치에 배치한다.

구체적인 공간과 상황에 대해 실제 몸으로 느끼는 경험이 중요한 프로젝트라면 실제 크기의 공간과 소품을 활용하는 것이 효과적이다. 앞서 설명한 유토피아 프로젝트의 '상자로 만든 사무실(178쪽)'에서는 실제 근무 환경에 종이로 만든 소품과 가구들을 배치하고 일상 업무에서 이들을 활용하는 상황을 연출하며 아이디어를 냈다. 이번 장의 케이스 스터디 중 하나로 소개하고 있는 '상자로 만든 병원(227쪽)'도 좋은 예시다. 새로 들어설 암 병동에 제공될 환자 중심 서비스를 고안하기 위해 실제 크기의 벽, 문, 가구, 소품을 만들어 옮겨가며 미래 병동의 공간을 나누어 보고, 어떤 서비스가 필요할지, 환자와 의료진이 어떻게 소통해야 할지에 대해 구상했다.

그림 3.20. 실제 크기의 공간과 소품을 활용하면 미래 공간과 서비스를 체험해보면서 아이디어를 발상할 수 있다.

코디자인 워크숍에서 참여자가 자신의 경험과 지식을 토대로 의견을 도출하고 아이디어를 내는 것은 매우 중요하다. 하지만 자신이 알고 있는 틀 안에서만 방안을 모색하고 자신이 선호하는 대안을 강하게 주장하는 자세로 이어져서는 곤란하다. 참여자 각자가 자신의 경험과 지식을 공유하되 동시에 다른 참여자들의 생각도 호기심 어린 마음과 열린 자세로 듣고, 워크숍의 주제를 새로운 시각으로 볼 수 있어야 한다.

다루고 있는 주제를 새로운 시각으로 보고 틀에 벗어난 발상을 하게 하려면 다루고 있는 주제를 다른 것에 비유하여 생각하게 한다거나, 익숙한 공간을 제3의 공간으로 옮겨 새로운 시선으로 보게 하는 방법도 활용할 수 있다. ⟴이처럼 익숙한 것들을 낯설게 만들어 틀에 벗어난 발상을 유도하는 방법은 이후 '코디자인 워크숍의 마인드세트'에서 '낯설게 하기' 전략으로 좀 더 자세하게 소개하고 있다(215쪽).

사용자 입장에서 서비스 청사진 만들기

최근에는 의료, 통신, 교육 등 다양한 분야에서 공공과 사기업이 협력해 서비스를 제공하는 경우가 많다. 이처럼 다수의 기관들이 협력하는 새로운 서비스에서 각 기관 혹은 개인이 어떤 역할을 담당해야 하며, 또 이들 사이에 어떤 협력이 필요한지 모색하는 한 방법으로 서비스 청사진이 있다.

서비스 청사진은 보통 차트나 다이어그램 형식으로 만드는데, 코디자인 워크숍에서는 이를 입체적인 도구로 만들어 활용할 수 있다. 예를 들어 탁자를 가득 채우는 넓은 종이를 가로로 크게 세 등분해 위는 '무대front-stage', 가운데는 '서비스의 접점service encounters' 그리고 아래는 '무대 뒤back-stage'로 나눈 서비스 청사진 템플릿을 제공한다. '무대'는 사용자가 서비스를 경험하는 공간을 의미하고, '서비스의 접점'은 고객과 서비스 공급자가 서비스 터치포인트를 통해 상호작용하는 지점들을 의미한다. '무대 뒤'는 사용자의 눈에는 보이지 않지만 서비스를 제

🔠 서비스 청사진(service blueprint)이란 서비스를 생산하고 제공하는 전반적인 과정과 이에 수반되는 다양한 단계 및 흐름을 한눈에 볼 수 있게 시각화한 것으로, 각 단계에서 서비스 공급 기관, 직원, 서비스 사용자 등이 각자 해야 하는 역할 및 그들의 협력 과정들을 보여준다. 전체적인 서비스를 구성하는 요소와 연결 고리들을 알려줌으로써 문제점 파악 및 서비스 혁신을 위해 유용하다.

🔠 서비스 터치포인트(service touchpoints)란 서비스 사용자가 서비스를 경험하면서 상호작용하는 모든 요소를 일컫는다. 모바일 애플리케이션, 웹사이트, 창구 직원, 번호표, 티켓 등의 직접적인 서비스 거래를 위한 수단을 비롯하여, 서비스를 경험하게 되는 공간, 브로슈어뿐 아니라 소리, 냄새 등의 요소들도 터치포인트에 포함할 수 있다. 예를 들면 공항에서 들을 수 있는 안내 방송이나 특정 의류 브랜드의 매장에서 늘 맡을 수 있는 향기도 터치포인트라고 할 수 있다.

공하기 위한 다양한 활동이 벌어지
는 곳을 의미한다.

　서비스 청사진을 만드는 과정에
서 참여자의 발상을 돕기 위해 다양
한 시각적 도구를 활용할 수 있다.
이해관계자나 서비스 사용자를 표
현하기 위한 사람 형태의 모형, 다
양한 터치포인트를 표현하는 이미
지 카드들을 비롯, 새로운 서비스가
제공해야 할 핵심 가치나 특성에 대

그림 3.21. 지역 의료 서비스 공급
및 협력 네트워크 개발을 위해
시청의 직원, 의료 서비스 관련
사업자들이 모여 서비스 청사진을
만드는 모습

해 키워드를 뽑아 두었다면 이 역시 서비스 청사진을 만드는 데 활용할 수
있다.

　먼저 코디자인 워크숍의 참여자들은 함께 토론하고 아이디어를 내며 '무
대'를 중심으로 서비스 청사진 템플릿을 채워나간다. 이전 단계에서 서비스
사용자에 대한 퍼소나 시나리오를 만들었다면 이를 활용할 수도 있다. 사
람 모형에 다양한 이해관계자의 역할을 표시할 수 있도록 얼굴을 그리거나
이름을 붙일 수도 있다. 그리고 서비스 여정을 따라가며 적합한 터치포인트
의 이미지가 담긴 카드들을 '서비스 접점'란에 배치한다. 원하는 터치포인
트의 이미지가 없다면 빈 메모지에 원하는 내용을 그리거나 적어 활용하면
된다. 마지막으로 구상한 서비스 경로와 터치포인트를 가능하게 할 서비스
의 '무대 뒤'에 필요한 인력, 시설, 협력망을 논의하고 배치한다.

넷째, 발표하고 토론하기

이제까지 워크숍 이전에 참여자를 준비시키는 방법과 워크숍 현장에서 서
로에게 공감할 기회를 마련하고 이를 바탕으로 함께 아이디어를 생각하게
하는 방법을 살펴보았다. 이제 개인이나 팀별로 만든 아이디어들을 공유하
고 정리할 차례다. 많은 참여자가 아이디어 발표에 익숙하지 않을 수 있기
때문에 발표 준비를 할 시간을 고려해 워크숍을 계획하고, 어떤 점에 주안
점을 두고 발표할지 정해주도록 한다.

발표하고 토론하기는 앞의 단계들만큼이나 중요한 역할을 한다. 참여자들은 발표 준비를 하면서 어떤 아이디어가 핵심인지 다시 한번 생각해볼 수 있고, 다양한 아이디어 중 중요한 것을 추려낼 수 있기 때문이다. 코디자인 워크숍의 진행자인 디자인 팀도 발표 내용을 듣고 새 디자인에서는 어떤 측면이 강조되어야 할지 파악할 수 있다.

앞서 만든 아이디어 모형이나 서비스 청사진에 대해 설명하게 할 수도 있고, 핵심 사항을 정리해 간단한 포스터를 만들게 할 수도 있다. 예를 들어 새로운 아이디어에 제목을 붙이고 그 아래에 핵심가치, 주요 사용자, 사용 시나리오, 미래 방향 등을 압축해 기입하도록 하는 것이다. 이렇게 만든 포스터를 워크숍 공간 곳곳에 붙이고 워크숍 참여자들이 자리를 이동하며 발표하고, 질문을 주고받는 형식으로 진행할 수 있다.

혹은 참여자들이 만든 '꿈의 디자인'을 시연하게 하는 방법도 있다. 마트나 전자상가에서 신제품을 소개하듯 설명과 함께 시연을 선보이거나, 짧은 역할극 형태로 발표할 수도 있다. 설명과 시연을 하게 되면 가상의 제품에 대한 모든 기능을 상세히 들여다볼 수 있는 반면, 역할극을 하게 되면 제품이나 서비스를 사용하는 상황과 그 상황에 관여하는 다양한 사람이나 변수를 관찰할 수 있다.

보통 참여자들을 여러 그룹으로 나누어 진행하는 코디자인 워크숍에서 발표와 토론은 그룹 사이에 아이디어를 공유할 수 있게 하고, 새로운 질문과 아이디어를 생각해내는 것을 촉진해 더 좋은 결과를 얻을 수 있도록 한다. 이를 통해 새로운 아이디어나 통찰을 발견함으로써 워크숍이 끝난 후에도 참여자 사이의 대화나 토론이 지속되기도 하니 이 역시 놓치지 않도록 하자.

코디자인 워크숍의 마인드세트

이제까지 코디자인 워크숍이 어떤 단계로 진행될 수 있고, 각 단계를 어떠한 활동들로 구성할 수 있는지에 대해 살펴보았다. 하지만 단지 진행 순서를 안다고 해서 코디자인 워크숍이 성공적으로 진행된다는 보장은 없다. 무엇보다 워크숍에 참여하는 사람들의 자세가 매우 중요한데, 지금부터 참여자가 가져야 하는 마인드세트와 이를 가능케 하는 전략들을 알아보도록 하자.

성공적인 코디자인 워크숍을 위한 마인드세트

코디자인 워크숍에서는 다양한 이해관계자가 짧은 시간 안에 소통하고 아이디어를 도출해야 하기에 종종 어쩔 수 없이 맞닥뜨려야 할 장애물들이 있다. 우선 참여자 각자가 기존 사고의 틀에서 벗어나기 힘들어할 수도 있고, 각 참여자의 사회적 위치, 분야, 배경의 차이에서 발생하는 협력의 불균형이나 의사소통의 삐걱거림도 있을 수 있다. 이런 장애물들을 극복하기 위해 참여자가 코디자인 워크숍에 필요한 마인드세트를 가질 수 있도록 신경 써야 하는데, 이를 위한 원칙 세 가지를 우선 살펴보도록 하자.

원칙 1. 코디자인 워크숍에서는 모든 참여자가 평등하다

샌더스가 이야기한 것처럼 모든 인간은 창의적이다. 하지만 대부분은 그 창의성을 충분히 발휘하지 못하는 것이 현실인데, 그 원인 중 하나는 그들이 속해 있는 조직의 위계나 업무 체계가 수평적이지 않기 때문이다. 이러한 환경에서는 기존의 틀에서 벗어난 사고를 하기 힘들고, 자신의 의견을 동료들 특히 상사에게 자유롭게 표현하기 어려울 수 있다. 예를 들어 시청의 민원관리 부서장과 서비스 센터 창구 직원이 한자리에서 만났을 때 이런 현상이 관찰될 수 있다.

참여자들이 같은 조직에서 온 경우가 아니어도 참여자들 사이에 암묵적 혹은 명시적으로 이미 위계가 형성되어 있는 경우도 있다. 예를 들어 종합병원을 위한 서비스 디자인 프로젝트를 위해 의료진과 환자가 함께 코디자인 워크숍에 참여했다면, 양쪽 모두 서로의 눈치를 보느라 생산적인 워크숍이 이루어지기 어려울 수 있다. 환자는 기존 병원 서비스에 대한 불만 사항이나 새로운 서비스에 대한 아이디어가 떠올라도 의사나 간호사 앞에서는 '저 사람들이 의료 전문가인데, 내 의견이 얼마나 신빙성 있겠어, 괜히 망신당하지 말자'라는 생각 때문에 쉽사리 말을 꺼내지 못할 수 있다. 반면, 의사의 경우에는 평소 익숙한 전문가의 이미지와 체면에 신경 쓰느라 틀에 벗어난 사고를 하거나 솔직한 모습을 보이기 어려울 수도 있다. 때때로 워크숍을 진행하는 디자이너와 참여자 사이에도 위계가 형성되기도 한다. 참여자가 '디자이너 앞에서 내가 무슨 아이디어를 내겠어. 적당히 중간만 가자'

라고 생각할 수 있기 때문이다.

따라서 코디자인 워크숍에서는 참여자가 평소 일해 오던 방식이나 조직의 구조 및 암묵적인 위계에서 벗어나 동등한 발언 기회를 얻고 동등한 위치에서 아이디어를 표현할 수 있도록 색다른 환경을 마련하는 것이 좋다. 참여자들 사이에 형성되어 있는 기존의 위계 질서나 업무 방식에서 탈피하기 위해 새로운 환경, 의사소통 수단, 협력의 규칙 등을 사용할 수 있는데, 이를 가능케 하는 장치들에 대해서는 잠시 후 '코디자인 워크숍 마인드세트를 가능하게 하는 장치들(215쪽)'에서 좀 더 자세히 다룰 것이다.

원칙 2. 위계 구조에서는 벗어나되, 고유의 경험과 전문성은 유지

워크숍 참여자의 사회적 배경이나 전문성에 따른 위계 구조에서는 벗어나야 하지만 각 참여자가 가진 고유의 역할은 충분히 드러나고 표현될 수 있어야 한다. 코디자인 워크숍의 특별한 환경에 영향을 받아 평소 생각과는 다른 이야기를 한다든가, 이야기를 지어낸다든가 혹은 주제와 무관한 이야기를 하는 상황이 생기지 않도록 해야 한다. 코디자인 워크숍은 초대된 참여자 한 명 한 명이 가진 고유한 개개인의 배경에서 오는 경험, 견해, 전문지식을 서로 이해하고, 의견을 공유하고, 아이디어를 떠올리는 것이 그 목표이기 때문이다.

참여자가 자신의 평소 생각과 경험을 쉽게 떠올리고, 자신의 경험과 전문성을 바탕으로 유의미한 의견을 낼 수 있도록 돕기 위해서는 앞에 소개한 '민감하게 하기(189쪽)'를 체계적으로 활용한다. 코디자인 워크숍 전부터 주제에 대해 자신의 경험과 생각을 돌아볼 수 있는 간단한 사전과제를 주는 것이다. 코디자인 워크숍을 시작할 때 '스스로를 묘사하는 프로파일 만들기(201쪽)'를 하여 각 참여자의 역할을 되새기게 하는 것도 좋은 방법이다.

원칙 3. '이게 맞나?'가 아니라 '이런 건 어떨까?'

코디자인 워크숍이 적용되는 프로젝트들은 기존에 없던 새로운 상품이나 서비스의 가능성을 모색하는 열린 목표를 가진 경우가 많다. 따라서 워크숍의 지향점은 현재에 대한 분석을 넘어 미래에 대한 방향을 함께 잡고 밑그림을 그리는 것이다. 새로운 아이디어가 나올 때 당장의 실현 가능성을 잣대로 '재미있긴 해도 실현 가능성이 없어, 불가능해'라며 배제하기보다, 시점을 조금 바꾸어 그 아이디어를 가능하게 할 다른 방법들을 모색하면 기존에 생각지 못했던 전혀 새로운 제품이나 서비스로 아이디어를 확장할 수 있다.

코디자인 워크숍에서 전문가의 역할은 현실적 한계점을 내세워 아이디어의 발전 가능성을 차단하는 것이 아니라, 혁신 가능성이 있는 아이디어가 보이면 이를 가능하게 할 정보들을 제공해 아이디어가 더욱 실현 가능한 방향으로 확장되게 돕는 것이다. 코디자인 워크숍 참여자들은 아이디어를 내고 발전시킬 때 '이게 맞나?'가 아니라 '이런 건 어떨까What if?'하는 자세를 가져야 한다.

우리는 2015년 싱가포르 노동부와 협력해 외국인 노동자들에게 그들의 권리와 의무에 대한 정보를 지속적으로 제공하기 위한 서비스 디자인 프로젝트를 진행한 적이 있다. 이때 정부 기관 담당자, 외국인 노동자, 디자이너들이 함께 코디자인 워크숍에 참여했다.

싱가포르 노동부는 휴대폰을 활용한 방안을 모색하고 있었는데, 실제 외국인 노동자들은 스마트폰을 소지하고 있더라도 요금을 아끼기 위해 인터넷 사용이 제한된 선불 심카드를 사용하고 있었다. 워크숍에서 나온 아이디어들 중 하나는 건설업 노동자들이 하루 업무를 마친 후 그들을 기숙사로 태워 갈 전용 버스를 기다리는 한 시간 사이에 무선 인터넷을 무료로 제공하자는 것이었다. 정부 담당자는 비용 문제로 회의적인 태도를 보였는데, 우리는 당장의 인프라로 실현 가능성을 분석하기보다는 협력이 가능한 기관이나 회사를 생각해보도록 워크숍 참여자들을 독려했다.

그 결과 워크숍 참여자들은 한 주요 망 사업자와의 새로운 협력 모델을 구상할 수 있었다. 주기적으로 선불 심카드를 구매하는 외국인 노동자들이 무시할 수 없는 규모의 고객층이기에 광고효과를 기대한 사업자가 무선 인터넷을 제공한다는 아이디어였다. '이러면 어떨까?' 하는 태도로 사고를 확장했을 때 새로운 아이디어로 이어질 수 있다는 것을 잘 보여주는 예다.

코디자인 워크숍 마인드세트를 가능하게 하는 장치들

참여자가 원활한 코디자인 워크숍에 필요한 마인드세트를 가지게 하는 것은 쉬운 일이 아니다. 따라서 신중하게 고려한 전략적 장치들이 필요한데, 이 책에서는 '낯설게 하기defamiliarization', '디자인적인 소통 수단', '협력 프레임워크' 세 가지를 소개한다. 이러한 전략적 장치들은 마치 보드 게임을 하거나 역할놀이를 할 때처럼 코디자인 워크숍이 진행되는 동안 참여자들에게 그 세계에 빠져들게 할 특별한 환경과 규칙을 제공한다.

낯설게 하기

워크숍 참여자가 기존의 위계나 사고방식에서 벗어난 아이디어를 낼 수 있게 하기 위해서 '낯설게 하기' 전략을 활용할 수 있다. 코디자인 워크숍을 구성하는 다양한 요소를 참여자가 평소 경험하는 환경과는 다르게 구성함으로써 기존에 고착된 태도나 마인드세트에서 벗어나게 하는 것인데, 물리적 환경, 소통하는 방법, 협력의 규칙 등에 변화를 줄 수 있다.

이 장의 케이스 스터디 중 하나로 소개하고 있는 '상자로 만든 병원'이 좋은 예다(227쪽). 이 프로젝트는 핀란드의 한 종합병원 내 암 병동을 위한 환자 중심의 공간과 서비스를 디자인하는 것이 그 목표였다. 디자인 팀은 의사와 간호사를 포함한 병원 직원들, 환자들, 그리고 건축가를 참여시킨 코디자인 워크숍을 진행하기로 했는데, 병원 내부에서 실시한 모의 워크숍에서 대화의 범위가 현재 병원의 물리적 환경을 벗어나지 못하는 것을 관찰했다. 이에 프로젝트 팀은 새로운 아이디어를 발상하기 위한 환경을 고민했는데 그 결과 탄생한 것이 '상자로 만든 병원'이었다. 방송 스튜디오 공간에 종이 상자를 활용하여 가상의 병원 공간을 준비했고, 참여자들은 그 구조를 이리저리 바꾸면서 자신이 꿈꾸는 병원에 대한 다채로운 아이디어를 내놓을 수 있었다.

평소 익숙한 환경이 아닌, 조금은 낯선 공간에서 낯선 도구들을 활용해 소통하고 발상하는 것은 기존의 틀에서 탈피한 사고를 자극하는 데 도움이 된다. 평소 생각해보지 못했던 새로운 시각으로 워크숍에서 다루고 있는 문제를 바라볼 수 있어 '이게 가능할까?' 하는 분석적 사고가 아닌 '이러면 어떨까?' 하는 미래 지향적 사고를 할 수 있다.

디자인적인 소통 수단

코디자인 워크숍에서는 디자인적 소통 수단들, 즉 그림 그리기, 콜라주, 모형 만들기 등 시각적이고 입체적인 표현 방법을 주로 활용한다. 또한 역할놀이 등 몸으로 체험하고 표현하는, 단순하면서도 상상력을 자극하는 방법들도 활용한다. 이처럼 비언어적이고 발상적인 방법은 크게 두 가지 장점이 있다.

첫째, 비언어적이고 발상적인 방법들은 참여자의 직업이나 교육적 전문성을 뛰어넘는 소통 방법이다. 코디자인 워크숍에는 다양한 직업적, 사회적 배경을 가진 사람들이 참여하는데, 사람들은 평소 자신의 분야에서 사용해 왔던 전문용어나 표현방식을 그대로 사용하는 경향이 있어 원활한 소통과 발상에 방해가 될 수 있다. 예를 들어 정부 공무원이 평소 사용하는 행정, 법률 용어나, 프로그램 개발자가 평소 사용하는 전문용어는 다른 분야의 사람들이 쉽게 이해하기 어렵다.

이는 참여자 간의 상호 이해를 형성하는 데 걸림돌이 될 뿐 아니라 위계를 형성하기도 한다. 예를 들어 전문용어를 사용하는 의료진과 일상적 용어를 사용하는 환자가 만났을 때 지식과 전문성 때문에 한쪽이 의견을 표현하지 못하게 되는 경우를 쉽게 관찰할 수 있다. 이럴 때 이미지 카드, 그리기, 만들기 등의 기법들은 참여자로 하여금 각자의 익숙하던 방식을 벗어나 새로운 공통의 언어를 이용해 소통할 수 있도록 한다.

앞서 예시로 들었던 '상자로 만든 병원'의 프로젝트 팀은 환자 중심의 병원 서비스를 디자인하기 위해 환자들의 의견을 최대한 반영하려고 했다. 환자들이 의료진 앞에서 자신의 솔직한 의견을 표현하기 어려워할지도 모른다는 우려를 한 프로젝트 팀은 모든 워크숍 참여자들이 공통적으로 사용할 수 있는 표현 방식을 마련하고자 했고, 이를 위해 상자, 두꺼운 종이, 다양한 이미지 카드 등을 준비했다. 모두가 함께 공간을 만들어나가는 디자인적인 활동을 통해 각 참여자가 동등하게 자신의 생각을 표출할 수 있도록 한 것이다.

'상자로 만든 병원' 워크숍에서는 환자와 의사가 주어진 종이 상자와 이미지 카드, 다양한 색상의 펜을 활용하여 의견을 표출하고, 아이디어를 발상했다. 건축가만 이해할 수 있는 병원 건물의 도면이나, 의료진만 이해할 수 있는 의료 기록 등 전문가만 이해할 수 있는 자료가 아닌, 서로를 쉽게 이해할 수 있는 표현 방법인 그리기, 만들기를 매개체로 활용해 건축가, 의사, 환자 등 다양한 참여자가 위계나 전문성에 방해받지 않고 함께 발상을 할 수 있었다.

그림 3.22. '상자로 만든 병원' 코디자인 워크숍에서 단순한 스케치로 아이디어를 표현하는 장면

Az '열린 해석'은 프로브 장의 '프로브를 프로브답게 하는 특징(130쪽)'에서도 살펴보았다. 프로브 참여자가 작성한 프로브를 돌려 받아 1차 해석을 할 때 시각적이고 입체적인 프로브 결과물들이 디자이너로 하여금 다양한 각도에서 해석을 가능하게 해 이 과정에서 디자인을 위한 영감을 얻을 수 있게 하는 원리와 같다.

둘째, 비언어적이고 발상적인 방법들을 통해 참여자들은 언어를 통해서는 인지하거나 표현하기 어려웠던 것들을 형상화하고 소통할 수 있다. 시각적이고 입체적인 결과물들은 열린 해석을 가능하게 하고, 표현하는 사람도 미처 생각하지 못했던 점들을 발견하게 해 소위 '창의적 오해'를 가능하게 한다.

간단한 물건들을 활용해 추상적인 개념을 시각화할 수도 있다. 예를 들면 새로운 서비스가 전달해야 할 핵심적 가치라든가 이해관계자들의 연결 관계처럼 언어적 사고만으로는 정리하기 힘든 개념들을 컵, 빨래집게, 파스타 면, 고무 찰흙, 철사와 같은 단순한 물체를 활용하여 형상화하는 것이다. 이렇게 물체들을 활용하면 다양한 연상작용을 통해 새로운 아이디어를 발상할 수 있는 효과도 있다.

그림 3.23은 핀란드 한 중소도시의 지역 경제 활성화를 위한 서비스 개발을 위해 진행된 코디자인 워크숍의 한 장면이다. 참여자들은 마을의 물자

그림 3.23. 단순한 물체를
활용하여 이해관계자 간의 협력
네트워크와 전략 등을 형상화할 수
있다.

를 공유하고 이를 통해 새로운 먹거리 개발을 할 수 있는 '마을 부업'에 대한
아이디어를 내고 있었는데, 그림에서 머그컵은 마을 부업을 표현하고 있고,
그 옆에 놓여진 종이컵들은 이 새로운 서비스에 참여할 이해관계자를 의미
한다. 머그컵 마을 부업에 연결된 빨래집게는 새로운 협력자와 자원을 끌어
들일 수 있는 전략이 필요함을 나타내고 있다.

물론 그리기나 만들기에 대해 자신 없어하거나 거부감을 느끼는 참여자
들도 적지 않다. 따라서 코디자인 워크숍에 준비된 도구들이나 과제들은 특
별한 기술이나 미적 감각이 없어도 충분히 수행할 수 있는 것들로 구성하
고, 활동의 내용과 목표에 대해 천천히 그리고 명확히 설명하는 것이 매우
중요하다. 아주 미려하게 마감이 된 인쇄물이나 워크숍 도구들은 오히려 참
여자에게 그 정도의 시각적 결과물을 만들어야 한다는 부담감을 줄 수 있
다. 따라서 코디자인 워크숍에 준비되는 물건이나 인쇄물은 단순하고 다소
미완성된 것처럼 보이게 준비하는 것이 좋다.

협력을 위한 규칙

코디자인 워크숍의 참여자는 자신의 개인적 경험과 지식을 바탕으로 모두
동등하게 대화와 발상에 기여할 수 있어야 하며, 동시에 기존에 익숙한 사
고의 틀을 벗어나 미래 지향적으로 사고해야 한다. 하지만 이러한 마음가짐
과 행동방식에 익숙하지 않은 개인의 태도를 갑자기 바꾸는 것은 쉽지 않은
데, 코디자인 워크숍에서는 이러한 행동을 독려하기 위해 새로운 협력 규칙
과 형식을 미리 설정하기도 한다.

주장이 강한 참여자가 자신의 생각을 지나치게 피력하면 다른 참여자들

은 코디자인 워크숍에 흥미를 잃어버리거나 기분이 상해 부정적인 태도를 가지게 되는 경우도 있고, 반대로 좋은 아이디어가 있음에도 불구하고 내성적인 성격으로 인해 표현을 꺼리는 참여자도 있을 수 있다. 사회적 지위가 높거나 나이가 많은 참여자가 상황을 점유해버리는 경우도 종종 관찰된다.

이런 상황을 방지하고 참여자 모두가 동등하게 참여하게 하기 위해서는 몇 가지 규칙을 정하는 것도 좋다. 예를 들면 모든 참여자가 주제에 해당하는 답변을 해야 다음 과제로 넘어가는 것이다. 새로 제공될 도서관 서비스를 개발하는 목적으로 코디자인 워크숍을 진행한다고 하자. 워크숍 활동 중 하나로 도서관이 지향해야 하는 가치가 무엇인지 생각해보는 활동을 한다면, 키워드 카드들을 제공한 뒤 참여자 모두에게 세 장씩 뽑게 한다. 그리고는 한 사람씩 차례대로 그 키워드를 뽑은 이유를 설명하게 한다.

이때 순서를 정하는 기준은 워크숍 주제나 참여자의 전문 분야와는 아무 상관이 없는 가치 중립적인 것으로 하는 것이 좋다. 예를 들면 사전과제물을 발표할 때의 팁으로 언급한 것처럼 '가장 밝은 색의 상의를 입은 사람' 같은 다소 장난스러우면서도 워크숍의 주제나 참여자의 전문성과는 무관한 기준으로 순서를 정하는 것이다.

물론 규칙을 만드는 것만큼이나 진행자의 꾸준하고 세밀한 관심과 적극적인 대처 또한 중요하다. 워크숍의 목적이나 활동의 목표를 이해하지 못하고 협력적인 코디자인 워크숍의 분위기를 해치는 참여자가 있다거나, 혹은 유난히 내성적이어서 대화에 참여하지 못하는 참여자가 있다면 그들에게 특별히 신경을 써야 한다. 지나치게 적극적이고 토론의 방향을 지배하는 참여자에게는 워크숍을 사진으로 기록하는 등의 추가적인 임무를 부여해 영향력을 분산시킬 수도 있고, 내성적인 참여자는 이름을 기억해 두었다가 '누구씨는 어떻게 생각하세요?'라고 물어 의견을 이끌어낼 수도 있다.

성공적인 코디자인 워크숍의 계획과 실행을 위해 기억해야 할 세 가지_____
코디자인 워크숍은 길어야 반나절 정도이고, 보통 서너 시간, 짧으면 두 시간 정도에 진행되기도 한다. 깊이있는 워크숍을 위해서는 충분한 시간을 할애하는 것이 좋겠지만, 반나절 이상으로 길어지면 참여자의 집중력과 창의력이 떨어지는 단점도 있다. 제한된 시간과 공간 안에서 좋은 결과를 얻기 위해서는 참여자의 적극적 참여와 표현력, 창의력을 이끌어낼 수 있도록 적절한 준비가 필수적이다.

코디자인 워크숍의 계획과 준비의 원칙을 말하라면 '엄격함을 통한 유연함flexibility through rigidity'이라고 할 수 있다. 유연하고 발상적인 사고를 장려하는 코디자인 워크숍이지만, 그 활동들을 가능하게 하려면 매우 치밀한 계획이 필요하기 때문이다. 반면, 준비한 워크숍이 의도한 방향대로 얼마나 잘 진행될지에 대해서는 실제 그 상황이 되어보지 않고서는 장담할 수 없는 일이다. 따라서 코디자인 워크숍을 계획하고 진행할 때 주의해야 할 점들을 살펴보고자 한다.

하나, 워크숍을 계획할 때는 리허설하듯

코디자인 워크숍에는 대개 서로 초면인 다양한 배경의 참여자가 모여 평소와 다른 방식으로 협력하기 때문에 미처 예측하지 못한 상황이 생길 수 있다. 이에 유연하게 대처하고 워크숍을 생산적인 방향으로 이끌어나가기 위해서는 마치 공연 리허설을 하듯 꼼꼼히 계획하고 준비하는 것이 큰 도움이 된다.

우선 위에서 설명한 코디자인 워크숍의 네 단계, 즉 1. 사전과제로 주제에 대해 민감하게 하기, 2. 경험을 공유하고 서로를 이해하기, 3. 아이디어 생각해내기, 4. 발표하고 토론하기를 기본으로 삼아 전체적인 밑그림을 그린다. 각 단계에 활용할 활동과 그에 필요한 준비물, 예상되는 결과물, 활동의 순서와 규칙, 소요시간 등을 계획한다.

위 내용이 준비됐다면 이제 진행자의 입장에서, 또 참여자의 입장에서 리허설하듯 워크숍의 흐름을 따라가며 상세한 계획을 정리한다. 실제 워크숍이 벌어질 공간에서 리허설을 진행하면 가장 좋겠지만, 그게 어렵더라도 그 공간을 간단한 스케치로 그려 준비하면 매우 효과적이다. 공간 안에 탁자나 의자 등 다양한 가구와 소품이 어떻게 배치되어야 할지, 참여자는 어디로 입장해 어디에 앉는 것이 부드러운 진행과 그룹 활동에 도움이 될지 미리 생각해본다. 또한 워크숍의 각 단계에 적합한 진행자의 동선도 미리 고민해보자.

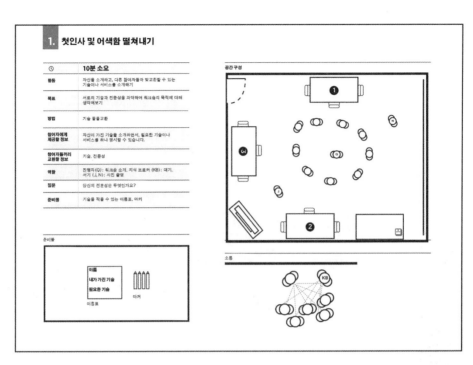

1. 첫인사 및 어색함 떨쳐내기

⏱	**10분 소요**
활동	자신을 소개하고, 다른 참여자들과 맞교환할 수 있는 기술이나 서비스를 소개하기
목표	서로의 기술과 전문성을 파악하여 워크숍의 목적에 대해 생각해보기
방법	기술 물물교환
참여자에게 제공할 정보	자신이 가진 기술을 소개하면서, 필요한 기술이나 서비스를 하나 명시할 수 있습니다.
참여자들끼리 교환할 정보	기술, 전문성
역할	진행자(Q): 워크숍 소개, 지식 브로커 (KB): 대기, 서기 (J, N): 사진 촬영
질문	당신의 전문성은 무엇인가요?
준비물	기술을 적을 수 있는 이름표, 마커

준비물

이름
내가 가진 기술
필요한 기술

이름표 / 마커

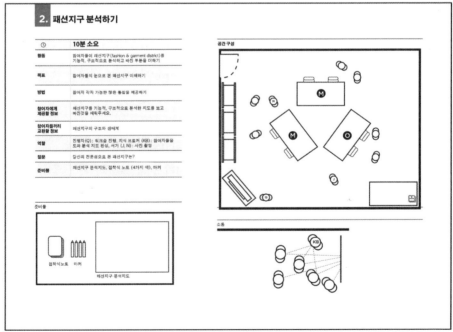

2. 패션지구 분석하기

⏱	**10분 소요**
활동	참여자들이 패션지구(fashion & garment district)를 기능적, 구조적으로 분석하고 빠진 부분을 더하기
목표	참여자들의 눈으로 본 패션지구 이해하기
방법	참여자 각자 가능한한 깊은 통찰을 제공하기
참여자에게 제공할 정보	패션지구를 기능적, 구조적으로 분석한 지도를 보고 빠진것을 채워주세요.
참여자들끼리 교환할 정보	패션지구의 구조와 생태계
역할	진행자(Q): 워크숍 진행, 지식 브로커 (KB): 참여자들을 도와 분석 지도 완성, 서기 (J, N): 사진 촬영
질문	당신의 전문성으로 본 패션지구는?
준비물	패션지구 분석지도, 접착식 노트 (4가지 색), 마커

준비물

접착식 노트 / 마커

패션지구 분석지도

그림 3.24. 코디자인 워크숍 계획표 예시: 주요 체크사항(표), 공간 및 동선(그림) 그리고 준비물이 표현되어 있다. (출처: Namkyu Chun and Nelson Lo. *Fashion Lab: New York Garment District Pilot Project.* Parsons School of Design, 2013.)

성공적인 코디자인 워크숍의 계획과 실행을 위해 기억해야 할 세 가지 실제 워크숍에서 반응을 예측하기 어려운 참여자 그룹일 경우에는 프로젝트 팀원들이 모여 워크숍의 진행 순서를 따라가며 리허설을 해보는 것도 좋다. 계획한 과제를 참여자가 잘 이해할지, 큰 무리 없이 흥미롭게 참여할 수 있을지, 또한 각 세부 활동을 통해 얻고자 한 결과물을 얻을 수 있을지 프로젝트 팀원들이 참여자의 입장이 되어 하나하나 직접 실행해보는 것이다. 이런 과정을 통해 워크숍 계획을 좀 더 세밀하게 다듬을 수 있고, 참여자가 어려움을 느낄 수 있는 활동들을 수정, 보완할 수 있다.

그림 3.25. 코디자인 워크숍을 진행하기 이전에 연구원들이 모여 리허설하는 모습

디자이너가 리허설을 통해 각 단계의 목표와 활동에 대해 충분히 숙지하면 예상치 못한 변수가 생기더라도 원래 목표에 최대한 가까운 방향으로 워크숍을 이끌 수 있다. 워크숍의 계획을 치밀하게 세우는 이유는 실전에서 계획한 내용을 기계적으로 진행하기 위해서가 아니라, 워크숍의 목표와 과정을 충분히 숙지해 예상치 못한 상황에 유연하게 대처하기 위함임을 기억하자.

계획한 모든 활동을 다 진행해야 한다는 강박을 가지기보다는, 워크숍의 전체적인 흐름을 파악하여 별로 효과적이지 않은 활동들은 건너뛰거나 다른 형태로 변경하며 상황에 맞게 대처하도록 한다. 코디자인 워크숍의 진행을 음악에 비유하자면 암기한 대사와 동선을 완벽하게 무대에서 재연하는 뮤지컬보다는 전체적인 흐름과 이를 구성하는 요소의 역할을 정해두되 즉흥적으로 만들어가는 재즈 합주에 가깝다.

"코디자인 워크숍을 해보긴 했는데, 참여자들이 최종적으로 내놓은 아이디어들이나 프로토타입들이 그다지 새롭지는 않더라구요. 말이 안 되는 것들도 있고… 과연 효과가 있는 방법인지 의구심이 들었어요…."

코디자인 워크숍을 활용해보았지만 참여자의 아이디어들이 자신이 기대한 바에 미치지 않았다고 말하는 디자이너를 종종 만날 수 있다. 이들은 실망감에 코디자인 워크숍 자체의 효용성에 의구심을 가지기도 한다.

이 실망감은 코디자인 워크숍의 목표가 바로 가져다 쓸 수 있을 만한 아이디어를 내는 것이라는 잘못된 기대를 했기 때문에 생긴 것이다. 가끔은 코디자인 워크숍으로부터 디자인 결과물에 바로 적용할 수 있는 아이디어가 나올 때도 있지만 그런 경우는 매우 드물고, 또 코디자인 워크숍이 지향하는 바도 아니다.

코디자인 워크숍은 '여러 전문가와 사용자가 모였으니 바로 갖다 쓸 수 있는 수준의 아이디어를 만들자'하고 진행하는 것이 아니라 '아이디어를 고안하는 과정에서 참여자들이 어떤 지식을 공유하고 어떤 이유로 의사결정을 하는지 파악해, 그들이 진정으로 원하는 것에 대해 배우기 위해' 사용하는 것이다. 따라서, 코디자인 워크숍의 최종 결과물로 만들어지는 디자인 모형들이 워크숍의 진짜 결과물이라고 여겨 그것만 들여다본다면, 코디자인 워크숍이 진정으로 제공할 수 있는 통찰을 놓치게 된다.

참여자들이 마지막에 발표하는 디자인 결과물은 이를 만들어내기 위해 이루어진 수많은 소통과 의사결정이 겹겹이 쌓여 표면으로 드러난 일종의 상징이다. 따라서 중요한 것은 그 표면이 아니라 그렇게 결정하게 된 과정과 이유다.

여러 사람들이 동시다발적으로 의견을 교환하는 코디자인 워크숍의 현장에서, 참여자들은 그들이 나누는 이야기 중 디자이너에게 유의미한 내용들이나 디자인 해결책으로서 발전 가능성이 있는 아이디어들을 미처 알아차리지 못할 수도 있다. 따라서 디자이너는 워크숍의 다양한 단계에서 작성된 과제물만 들여다볼 게 아니라, 그것을 만드는 과정에서 참여자들이 나누는 이야기에 귀 기울이고, 이를 통해 새로운 서비스나 제품을 위한 영감을 얻고 프로젝트의 방향을 잡는 것이 바람직하다.

이 책의 앞에서 소개한 디자인 에스노그라피의 마인드세트가 이 책에 등장하는 모든 도구의 기초가 된다고 강조한 것이 바로 이 때문이다. 이렇게 현장에서 기록되지 않고 잊혀질 수 있는 이야기들을 포착할 수 있는 가장 좋은 방법은 각 그룹에 디자이너를 배치해 참여자들이 나누는 이야기를 관찰하고 '현장 기록'하는 것이다. 워크숍 진행을 돕는 도중에, 참여자들이 함께 무언가를 결정할 때 그 과정에 귀를 기울이고 유의미하다고 판단하는 것을 기록한다.

관찰한 내용들은 워크숍 중간 휴식 시간에, 또 워크숍 직후에 진행에 참여한 디자이너들이 모여 공유한다. 중간 공유는 워크숍 진행에 변화를 주어야 할 사항이 있는지 함께 체크하는 데도 도움이 된다. 각기 다른 그룹에 배치됐던 디자이너들이 서로 관찰한 것들에 대해 이야기를 나누며 다양한 관점을 공유할 수 있고, 혹시 문제점은 없는지, 추후 어떤 방향에 초점을 맞추어 진행해야 하는지 현장에서 전략을 짤 수 있다.

각 그룹마다 디자이너를 배치하기가 어렵다는 이유로 워크숍의 전 과정을 녹화하는 경우도 있다. 하지만 워크숍 전체 과정을 녹화하는 것은 참여자들을 경직시킬 수 있고, 나중에 비디오를 보면서 분석하려면 굉장히 많은 시간과 노력이 들기 때문에 빠르게 돌아가는 프로젝트 상황에서 결국 확인하지 못하는 경우가 많다. 만일 각 그룹에 디자이너를 배치하기가 어렵다면 각 활동의 발표 과정에 시간을 조금 더 할애하고 이를 적극적으로 활용하는 것을 추천한다. 짧게나마 결과물이 만들어진 과정을 설명해 달라고 부탁하고 궁금한 사항에 대해 질문하며 그 맥락과 숨은 의미를 파악하도록 한다.

워크숍을 마친 후에는 그날 오후나 늦어도 다음날에 다시 모여 워크숍에서 참여자들이 만든 결과물을 펼쳐놓고 살펴본다. 먼저 결과물이 표현하고 있는 참여자들의 경험과 이야기, 바라는 점들을 살펴보되, 워크숍 현장에서 잡아낸 참여자들의 이야기를 바탕으로 각 디자이너가 결과물을 어떻게 바라보고 있는지 자유롭게 대화하며 다양한 각도에서 해석해본다.

셋, 진행자가 얼마나 관여할 수 있을까?

코디자인 워크숍을 진행해본 경험이 있는 디자이너라면 다음과 같은 질문을 한번쯤 해보았을 것이다. 참여자들이 오롯이 그들의 생각만으로 아이디어를 내도록 최대한 중립적으로 원활한 진행에만 신경을 써야 하는 것일까, 아니면 디자이너로서 참여자들의 디자인 발상 과정에 어느 정도 관여를 해도 되는 것일까?

사실 이 부분에 대해서는 전문가들 사이에 의견이 분분하다. 참여자들이 해결책에 대한 아이디어를 낼 때 최대한 개입하지 않고 그들이 워크숍에 집중할 수 있도록 도움을 주는 것이 좋다는 의견도 있고, 프로젝트의 담당 디자이너로서 가진 맥락적 지식과 고유한 창의성을 바탕으로 참여자들의 아이디어 발상 과정을 돕는 것이 좋다는 의견도 있다.

첫 번째 입장을 취하는 전문가들은 디자이너의 마음속에 이미 자리잡고 있던 아이디어가 자신도 모르는 사이 참여자들을 이끌게 되어 미처 생각하지 못했던 새로운 관점을 얻을 수 있는 기회를 놓칠 수 있다고 말한다. 사실 디자이너가 이미 생각해둔 방향이 있고 그쪽으로 참여자들을 끌어오려고 하는 것이라면 굳이 코디자인 워크숍을 진행할 이유가 없을 것이다. 반대로 디자이너가 결과물에 대해 어떤 아이디어도 없이 프로젝트를 진행한다면 어떤 질문을 해야 할지, 코디자인 워크숍에서 무엇을 참여자들과 함께 만들어야 할지 알기 어려울 것이다. 따라서 새로운 통찰에 열린 마음을 유지하는 것을 전제로 한다면 어느 정도는 방향성이나 아이디어를 가지는 것이 효율적인 코디자인 워크숍의 진행에 도움이 된다는 것이 우리의 생각이다.

디자이너는 프로젝트를 진행하면서 최종 목표, 맥락, 현실적인 고려 사항 등 프로젝트 전반에 대한 이해를 지속적으로 쌓아왔기 때문에 어떤 아이디어가 더 가능성을 가지고 있는지, 또 그것에 대해 어떤 점을 참여자들이 토론했을 때 디자인 안을 결정하는 데 유용한 통찰을 얻을 수 있을지 순간적으로 판단할 수 있는 역량이 있다. 따라서 워크숍 참여자들이 아이디어를 발상할 때 '재미있는 생각이네요. 이런 건 어떨까요?' 혹은 '이런 식으로 발전시키는 것이 가능할까요?'라며 참여자들의 활동을 유도할 수도 있다.

실제로 다수의 코디자인 전문가들이 디자이너가 워크숍의 아이디어 발상 과정에 어느 정도 개입하였을 때 최종 아이디어의 내용이 더 좋았다고 말한다. 사실 코디자인 워크숍의 다양한 활동들을 준비하는 과정부터 디자이너는 프로젝트에 필요한 통찰이나 영감 등에 대해 어느 정도 방향성을 정할 수밖에 없다. 이것을 인정하되 열린 마음을 유지하는 것이 코디자인 워크숍으로부터 유용한 결과물을 얻는 데 도움이 될 것이다. ◐코디자인 워크숍 전문가 끼르시까 바야깔리오Kirsikka Vaajakallio는 참여자의 아이디어 발상을 자극하고 방향성 수립에 도움을 주는 디자이너의 역할을 '창의적 비서creative secretary'라고 표현하기도 했다('전문가 Q&A' (266쪽)).

⚠ 비디자이너가 디자인을 한다고? 그럼 디자이너의 역할은?

코디자인에 대해서 설명할 때 자주 받는 질문 중 하나는 코디자인에서 디자이너의 역할은 과연 무엇인가 하는 점이다. 코디자인 워크숍이 비디자이너들을 창조적으로 사고하게 돕고, 모두 함께 아이디어 발상을 한다면 디자이너의 역할과 전문성이 의미가 없어지는 것은 아닐까?

이와 같은 질문은 사람들이 모이면 저절로 코디자인 워크숍이 이루어질 것처럼 생각하거나, 혹은 앞서 언급한 것과 같이 코디자인 워크숍의 결과물이 디자인으로 바로 이어질 수 있다는 오해에서 비롯된다. 코디자인 워크숍에서 성공적인 결과물을 얻기 위해서는 기존의 디자인 과정만큼이나 전문적인 디자이너의 역할이 중요하다. 그 역할을 준비, 진행, 활용으로 크게 나누어 살펴보도록 하자.

- 준비: 원하는 목표를 달성할 수 있도록 코디자인 워크숍 프로그램을 짜고, 활용될 도구들을 준비하는 것은 디자이너 고유의 역량이 발휘되어야 하는 중요한 부분이다. 서로 다른 분야에서 다른 사고 방식과 언어를 사용하는 사람들이 모여 서로의 입장을 이해하고 협력하는 것은 결코 쉬운 일이 아니다. 또, 창조적 활동에 익숙지 않은 사람들이 모여서 의견을 나누고, 그림을 그리고, 모형을 만들고, 아이디어를 제안하게 하기 위해서는 어떤 종류의 도구가 적절한지, 어떤 순서와 형태로 워크숍이 진행되어야 하는지 다각도로 고민해 준비해야 한다. 이때 디자이너 고유의 공감 능력과 시각적 표현 능력이 중요한 역할을 한다.
- 진행: 코디자인 워크숍을 진행하면서 디자이너는 참여자들이 나누는 이야기나 제안들 중

디자인 해결책으로서의 가능성이 뚜렷한 요소를 포착해 그것을 더 발전시켜 보도록 조언하는 역할을 한다. 워크숍 참여자는 각자의 삶과 업무 속에서 자신이 필요로 하거나 불편하게 여기는 것 등에 대해서는 전문가인 반면, 다른 참여자들의 입장도 대변할 수 있는 새로운 제안을 하는 것은 어렵게 느낄 수 있다. 이때 참여자들을 다음 단계로 안내하기 위한 간단한 제안이나 질문을 던지는 것 역시 전문가로서 디자이너의 역할이다.

• 활용: 코디자인 워크숍의 마지막 단계에서 참여자들이 강조하는 핵심적 요구와 프로젝트 결과물로 연결할 수 있는 아이디어들을 포착해 실제 결과물로 다듬어 내는 것 역시 디자이너가 해야 하는 매우 중요한 역할이다. 워크숍 참여자들이 디자이너가 미리 알지 못했던 제약사항이나 기회 요소들을 알려주기도 하고 신선한 아이디어를 내기도 하지만 이들이 바로 최종 디자인안으로 이어지는 것은 아니다. 코디자인 워크숍을 포함, 프로젝트 전반에서 얻은 모든 통찰과 아이디어를 신중히 검토하고 미래의 해결안으로 이어질 수 있는 요소들을 종합적으로 연결하는 것은 디자이너 고유의 역량이다.

이처럼 코디자인 워크숍을 성공적으로 계획하고 진행하는 데 단계마다 전문적인 디자이너의 역할이 매우 중요하다. 디자이너의 공감 능력, 시각적 표현 능력, 통합적 사고력은 물론, 프로젝트 담당자로서 가진 맥락적 지식이 코디자인 워크숍의 성패를 좌우한다고 해도 과언이 아니다.

케이스 스터디 1
상자로 만든 병원(알토 대학교, 2011-2012)

• 고객기관: 핀란드 땀뻬레 대학병원Tampere University Hospital
• 협력기관: 알토 대학교Aalto University School of Arts, Design and Architecture
• 자료제공 및 인터뷰: 유하 크롱키비스트Juha Kronqvist, 현 서비스 디자인 자문회사 헬론Hellon 책임 디자이너Service Design Lead
• 프로젝트 웹사이트: *http://designforhealthcare.blogspot.fi*

미래의 병원 공간을 몸으로 경험할 수 있는 코디자인 워크숍
핀란드의 수도인 헬싱키에서 차로 두 시간 정도 북쪽으로 이동하면 땀뻬레

라는 중소 도시가 있다. 땀뻬레 대학병원은 7,500명 이상의 병원 스태프가 매년 16만 명 이상의 환자를 진료하는 대형 지역 병원이다. 2011년 무렵 이 병원은 환자 중심의 진료서비스를 개선하는 대형 프로젝트를 기획했다. 병원 팀은 서비스 디자인을 적용하기로 하고 헬싱키 알토 대학교와 협력하여 2011년부터 두 해 동안 두 단계에 걸친 프로젝트를 진행하였다.

2011년 봄에 진행된 1차 프로젝트는 악성 종양 병동의 환자 진료서비스 개선이 주 목표였다. 사용자 관찰, 고객여정지도 등을 활용하여 병원 스태프로 하여금 환자의 시점으로 진료서비스 경험을 이해하게 하고, 진료시간을 줄일 수 있는 방안을 고민했다. 이어 진행된 2차 프로젝트는 향후 병원 서비스 및 병동 공간 디자인을 프로토타이핑하는 것이 목표였다.

특히 이 2차 프로젝트에서 땀뻬레 병원은 병동 서비스 및 공간 디자인에 환자의 의견을 적극 반영하고, 다양한 병원 스태프 및 관계자와의 협력을 도모하는 것을 주요 목표로 삼았다. 환자 중심과 협력이라는 목표는 세웠지만, 이를 실현할 수 있는 경험과 지식이 부족했던 병원은 알토 대학교의 디자인 팀에 협력을 의뢰했다.

우리는 먼저 환자, 의사, 간호사 등을 직접 만나며 병원에서 그들의 현재 경험 및 미래에 바라는 점에 대한 간단한 사전 인터뷰를 실시했다. 이 사전조사에서 다음과 같은 두 가지를 발견했다.

첫째로 병원이라는 공간에서 나타나는 의사와 환자 간의 계층적 관계였다. 이들 사이에는 '전문가'와 '도움을 필요로 하는 사람'이라는 강한 위계가 자리잡고 있어, 서로의 견해를 평등한 입장에서 나누는 것이 어려웠다. 둘째는 병원이라는 공간에 대한 선입견이었다. 의료진과 환자를 막론하고 '병원이란 이러이러한 곳이지'라는 강한 선입견을 가지고 있어 틀에서 벗어난 사고를 하기 어려워했다.

우리는 환자와 의사 들이 평소와는 다른 방식으로 자신의 의견을 표현하고, 아이디어 발상을 할 수 있는 방법을 고민했다. 그래서 선택한 방법은 실제 병원이 아니면서도 병원을 연상시키는 가상적 공간에서 몸으로 공간을 경험하며 아이디어를 발상할 수 있는 코디자인 워크숍이었다. 언어로 표현될 수 있는 범위를 넘어 실제 병원 공간에서 진료를 받거나 업무를 보는 상

그림 3.26. 상자로 만든 병원
코디자인 워크숍 현장

황을 온몸으로 경험하고 상상할 수 있도록 돕고자 한 것이었다.

'상자로 만든 병원'은 이렇게 탄생했다. 80년대 유토피아 프로젝트에서 사무실 환경의 새로운 정보 시스템을 디자인하기 위해 상자 종이로 프로토타입을 만들어 활용한 미래 워크숍(178쪽)에서 영감을 얻었다. 보통 코디자인 워크숍이 주로 탁자 위에서 축소 모델이나 레고 등으로 행해지는 반면, 우리는 실제 크기의 환경을 만들어 참여자들이 온몸으로 움직이는 행위를 통해 디자인할 수 있도록 했다.

연극 무대라는 제3의 공간에서 펼쳐진 워크숍

워크숍을 어디에서 진행할지 선정하는 것은 중요한 문제였다. 초기 아이디어는 병원 공간에서 진행하는 것이었다. 병원의 새로운 공간과 서비스를 디자인하는 것이 목표이기 때문에, 병원에서 진행한다면 관련된 경험이 훨씬 더 잘 떠오르고, 병원이라는 환경에 적합한 아이디어를 떠오르게 하는 데 도움이 될 거라 판단했다.

하지만 워크숍을 준비하는 과정 중 병원의 한 휴게실에 의사들과 모여 앉아 앞으로 가능한 아이디어에 대해 이야기하는 자리가 있었는데, 이후 우리는 워크숍 장소에 대한 원래 계획을 수정하게 됐다. 병원에서 하루 대부분의 시간을 보내는 의사들이 너무나 익숙한 그 공간에서 평소 생각할 수 있는 틀 밖의 아이디어를 내지 못한다는 것을 발견한 것이다.

따라서 우리는 병원이 아닌 다른 공간에서 워크숍을 진행하기로 결정했다. 병원 밖에서 워크숍을 진행하지만 참여자들로 하여금 병원이라는 환경을 연상하게 하기 위해서 선택한 방법은 가상 병원의 환경을 만드는 것이었다. 우리는 덴마크의 세계적인 영화 감독인 라스 폰 트리에Lars von Trier의 영화 〈도그빌Dogville〉에서 영감을 얻었다.

영화 '도그빌'에서 관객들이 보는 것은 명백히 실제 세상이 아니다. 마치 연극 무대 같이 만들어진 촬영장에는 공간을 표현하기 위해 도로와 각 가족의 집이 무대 위에 하얀 선으로 표시되어 있고, 집으로 상징되는 하얀 선으로 구분된 공간 안에는 간단한 가구들이 놓여 있다. 관객들은 이 무대가 가상의 공간이라는 것을 알지만, 연기자들은 마치 무대가 실제 세계인 양 행동한다. 연극이나 영화, 혹은 게임에서 활용되는 '진짜인 척 하는make-believe' 방법을 문자 그대로 옮겨놓은 것이다. 이렇게 만들어진 가상의 공간에서 사람들은 마치 실제 세계인 양 몰입하고 행동한다.

'상자로 만든 병원' 프로젝트에서는 이 '진짜인 척 하는' 장치를 활용하기로 하고, 대학교의 방송 스튜디오를 빌려 그 안에서 코디자인 워크숍을 진행했다. 실제 병원은 아니지만 워크숍 공간이 병원이라는 상징을 담고 있어야 하기에, 상자 종이, 저렴한 조립식 가구 등을 활용하여 병원을 연상할 수 있도록 공간을 구성했다. 상자 종이로 수술대 조명을 간략하게 표현한다든지, 간이 침대를 놓는다든지 하는 식으로 말이다.

이렇게 병원이라는 힌트를 상자로 표현한 제3의 공간에서 병원의 새 시설과 서비스를 디자인하는 워크숍을 진행함으로써, 병원이라는 공간에 대한 상징은 유지하되 기존의 경험과 생각의 틀을 벗어날 수 있는 장치를 마련했다. 더불어, 기존의 병원 공간이 아니기 때문에 병원이라는 공간에서 환자와 의사 사이 혹은 의사와 간호사 사이에 형성되어 있던 특유의 위계 질서로부터 비교적 자유로워지는 효과도 기대할 수 있었다.

우리는 이 새로운 공간에 땀뻬레 병원 암 병동의 과거 및 현재 환자, 의사와 간호사, 프로젝트 디자인 팀 그리고 실제 병원을 설계할 건축가 등 30여 명을 초대해 새로운 병원의 모습을 함께 상상했다.

상자로 만든 병원의 진행 순서

1. 사전과제

우리는 무엇보다 워크숍 참여자들이 자신이 바라고 있는 병원의 모습과 병원 서비스에 대해 적극적으로 의견을 도출하기를 원했다. 이를 위해 참여자들로 하여금 자신이 보고 싶고 경험하고 싶은 병원은 어떠한 모습인지, 또한 주변 환경이 자신에게 어떠한 영향을 미치는지에 대해 워크숍 전부터 미리 생각해볼 수 있는 기회를 제공하고자 했다.

이를 위해 선택한 방법은 워크숍 한 달 전쯤 참여자들에게 사진을 찍어오는 사전과제를 내주는 것이었다. 워크숍 참여자들에게 '자신에게 중요하고 의미 있다고 생각하는 환경'에 대해 생각해보고 직접 관련된 사진을 찍거나 검색하여 전송해달라고 요청했다. 사진을 전송할 때는 사진의 내용과 그 사

그림 3.27. 코디자인 워크숍 전 참여자들이 직접 찍어 보내온 사진들

진을 선택한 이유에 대해 간단한 설명도 함께 보내달라고 요청했다.

참여자들이 보내 온 수십 장의 사진들은 매우 다양하고 풍부했다. 여름 별장의 현관, 우거진 숲, 어질러진 TV 장, 교통체증이 심한 뉴욕, 재미있는 표정을 하고 있는 동상 등 흥미로운 사진들이 가득했다. 사전과제를 통해 모아진 사진들을 통해서 참여자들이 반복적 일과 속에서도 건강한 행동을 유도할 수 있는 환경을 원하되, 색상, 재치있는 표현 등을 활용하여 감성을 자극할 수 있는 공간을 중요하게 생각한다는 것을 파악할 수 있었다.

우리는 참여자들이 보내준 사진들을 모두 출력해 코디자인 워크숍에서 활용했다. 참여자들은 워크숍 장소에 들어서자마자 탁자 위에서 자신이 찍은 사진을 볼 수 있었고, 이를 통해 참여자들은 본인이 보낸 사진이 프로젝트에 이미 기여하고 있다는 느낌을 가질 수 있었다. 추후 워크숍 진행 과정에서 참여자들은 그 사진들을 함께 살펴보며 병원 환경이나 병원에서의 경험을 구성하는 데 의미 있다고 생각하는 사진을 몇 장 뽑은 후, 왜 그렇게 생각했는지 그들의 생각을 나누었다.

2. 입장

워크숍 장소, 즉 방송 스튜디오 입구에 검은 커튼을 드리우고 작은 문을 통해 워크숍 장소에 입장할 수 있도록 했다. 실제 워크숍 장소는 천장 높이가 10미터가 넘는 높이의 공간으로 이루어져 있었는데, 처음부터 비어있는 거대한 공간에 들어서면 참여자들이 압박감을 느낄 수도 있으므로 그 공간으

그림 3.28. 워크숍에 도착한 참여자들이 입장하면서 보았던 현장의 모습

로 이어지는 작은 문들이 참여자들을 맞이하도록 했다. 입장을 하면서 참여자들은 병원의 복도나 로비와 유사한 느낌을 주는 상자들로 꾸며진 공간을 접하게 됐다. 우리는 실제 워크숍이 시작되기 전부터 참여자들이 자유롭게 상자들을 움직이거나 혹은 상자 위에 그림을 그리고 글을 쓰도록 유도했다.

참여자들이 선입견을 가지고 디자인 문제를 대하는 것을 최대한 배제하기 위하여 워크숍 장소에 특정한 공간의 구성을 미리 제안하는 것을 피하고자 했다. 하지만 동시에 공간을 경험하는 것만으로 특별한 설명 없이 디자인하고자 하는 대상이 어떤 공간인지 알아차리는 것도 중요했다.

따라서 입원 병동의 경우에는 '시간을 보낼 수 있는 공간'이라는 느낌을 주기 위해 공간을 가로로 나누어 두 개의 정사각형 공간을 마련했고, 진료소의 경우 '과정을 거쳐 통과하는 공간'이라는 느낌을 주기 위해 공간을 세로로 나누어 양쪽에 두 개의 기다란 직사각형 공간을 마련했다. 하지만 이는 명확한 배치나 구획이라기보다는 소품으로 준비된 상자와 판지가 쌓여있는 형태로, 참여자들이 쉽게 변경하고 수정할 수 있게 구성됐다.

3. 워크숍 소개하기

워크숍의 시작은 프로젝트에 대한 소개, 워크숍의 목적 그리고 진행 순서를 소개하는 것으로 열었다. 이 워크숍이 병원 서비스 디자인의 초기 단계라는 것을 이야기하고, 워크숍 진행 순서와 우리가 참여자들에게 기대하는 바 등을 자세히 설명했다. 쌓여있는 상자와 판지를 가지고 그 용도 및 사용법을 시연했고, 워크숍에서 도출될 내용에는 맞고 틀리는 것 없이 모든 내용이 귀중한 자료라는 점을 강조했다. 워크숍에 참여한 건축가들은 앞으로 토론에 영감을 줄 만한 다른 나라의 병원 예시를 소개했다.

4. 주제별로 그룹 나누고 토론 시작하기

안내가 종료되고 참여자들은 두 그룹으로 나뉘어 각기 다른 과제를 진행했다. 두 그룹 모두 입원 병동에 대해 코디자인 워크숍을 진행하되, 그 주안점이 달랐는데, 한 그룹은 '효율성'을 주제로 했고 다른 그룹은 '서비스의 질'에 대해 다루었다. 각 그룹의 참여자들은 각 주제, 즉 '효율성' 또는 '서비스

그림 3.30. 토론을 진행하는
참여자들과 그 내용을 기록하는
진행자

그림 3.29. 두 그룹으로 나뉘어
진행된 토론

의 질'에 대해 중요하다고 생각하는 점들을 이야기했고, 각 그룹의 진행자
는 그 내용을 벽에 기록했다.

5. 아이디어 발상하고 공통 목표 세우기

전반적인 토론이 끝난 후, 각 팀의 주제에 따라 아이디어를 내고 공통 목표
를 세우는 과제가 진행됐다. 먼저 입원 병동과 진료소에서의 과정에 대해 참
여자들이 함께 고객여정지도를 만들었다. 환자가 진료를 받는 여정에서 서
비스가 제공되는 각각의 단계를 시각화하고 각 단계에 필요한 공간 및 의료
기기 등을 토론함으로써 본격적인 만들기 과제에 앞서 모두가 공유할 수 있
는 개념적 도구를 만든 것이다.

또한 사전과제로 얻어진 사진들로 만든 이미지 카드들도 활용했다. 참여

자들은 그때까지의 토론에서 도출된 아이디어를 더 풍부하게 뒷받침해 줄 수 있는 이미지의 카드들을 선택했다. 선택된 사진들을 탁자나 벽에 펼쳐두고는, 가장 중요하다고 생각되는 여섯 장의 사진을 고르도록 했다.

이미지들은 참여자들이 이를 함께 살펴보고 이야기 나누는 과정에서 새로운 의미를 얻기도 했다. 예를 들어 한 참여자에게 정돈된 주방을 의미했던 사진이 다른 참여자에게 가정의 따뜻함이나 식사 등의 일과를 의미하기도 했다. 사진을 골라 서로에게 그 사진이 의미하는 바를 설명하면서 참여자들은 병원 환경이 어떻게 보이고 느껴져야 하는지 직접적인 예시를 통해 공유하기 시작했다.

그림 3.31. 워크숍 참여자가 새로운 병원 서비스에서 중요하다고 생각하는 항목들을 선택해 벽에 붙이고 있는 모습

참여자들은 이 사진들을 벽에 붙이고 공간과의 연관성을 기록했다. 그리고 난 후 지금까지 워크숍에서 도출된 자료들을 개인적으로 해석하고 그에 대한 자신의 생각을 접착식 노트에 적어 더 구체화하는 시간을 가졌다.

6. 상자로 미래의 병원 공간 만들기

잠깐의 휴식 후 각 그룹은 건축가의 도움을 받아 지금까지 논의된 주요 내용을 반영한 공간의 모습을 벽에 간단히 그려보았다. 우리는 참여자들이 건축가가 그리고 있는 그림에 대해 자유롭게 의견을 추가하거나 수정하도록 독려했다.

그림 3.32. 만들어 볼 공간을 미리 스케치하는 모습

그룹 내의 참여자 모두가 스케치로 표현된 공간의 모습에 동의하면 본격적으로 소품을 활용하여 공간의 모습을 만들기 시작했다. 참여자들은 제공된 소품인 벽, 문, 상자 등을 자유롭게 이동하거나, 다른 용도로 변형했고, 그 위에 그림을 그리거나 원하는 변경사항을 적은 접착식 노트를 붙였다.

그림 3.33. 상자와 판지, 가구 등의 소품을 활용하여 미래 병원 공간의 모습을 만드는 모습

처음에는 어떻게 시작해야 할지 확신을 가지지 못하던 참여자들은 몇몇 참여자들이 먼저 시작하자 서서히 자신감을 가지고 상자를 옮겨 공간을 구성하기 시작했고, 그 과정에서 참여자들은 끊임없이 대화를 이어나갔다. 참여자들이 병원의 새 공간과 그 안에서 제공될 서비스에 대해 아이디어를 만드는 동안 디자인 팀은 그 과정이 워크숍 주제에 부합하도록 제안을 하거나 질문을 던졌지만, 직접 상자를 옮기거나 상자에 그림을 그리는 등의 행위는 하지 않았다.

참여자들은 자연스럽게 다양한 새 공간을 구성하고 논의하는 사람들, 구성된 공간에 중요한 메모를 남기는 사람들 그리고 공간이 제공해야 할 기능이나 가구들을 상자 위에 그림으로 표현하는 사람들 등으로 나뉘었다. 이과정에서 새롭게 구성된 공간들이 가져야 할 기능과 그 기능에 맞추어 소품

그림 3.34. 미래 병원 공간에서 해당 기기 및 공간이 가져야 하는 역할에 대한 메모를 남기는 모습

들이 어떤 위치에 놓여야 하는지 논의가 진행됐다. 막바지에 이르러서는 참여자들이 공간의 구성을 이용해 병원에서 자신들의 역할을 설명할 수 있을 정도가 됐다.

7. 디자인 제안 공유하기

미래 병원 공간 만들기를 마친 후, 마지막 과정으로 각 그룹의 참여자들은 자신들의 디자인 제안을 상대 그룹과 함께 공간 안을 거닐며 설명했다. 참여자들은 새 공간이 가지는 핵심 목적과 새롭게 도입한 기능에 대해 직접 시연을 통해 설명했다. 우리는 참여자가 미처 설명하지 못한 부분에 대해 질문함으로써 좀 더 풍부한 설명을 유도하고, 상호 대화를 촉진했다.

8. 코디자인 워크숍 결과 보고하기

코디자인 워크숍을 마친 후 우리는 도출된 디자인 제안들 및 아이디어 목록들을 엮어 보고서를 만들고, 병원 프로젝트 팀에 전달했다. 보고서에는 상자로 만든 병원의 다양한 사진들뿐만 아니라, 디자인 제안을 평면 구성도로 나타낸 것도 포함했다.

워크숍 소품들에 대해 친숙함과 새로움의 균형 맞추기

상자로 만든 병원 워크숍에서 우리가 중요하게 생각했던 것은 참여자들로 하여금 '병원'이라는 그리고 '의사와 환자의 관계'라는 확고히 굳어진 개념의 틀을 벗어나 새로운 시각에서 접근하게 하면서도, 동시에 그들의 일상 경험에 뿌리를 둔 아이디어를 도출하게 하는 것이었다. 이러한 이유로 우리는 실제 크기의 공간과 소품을 마련하여 참여자 자신이 매일매일 책상, 의자, 복도 그리고 침대와 상호작용하는 방식으로 워크숍 공간을 경험하고, 이를 바탕으로 아이디어를 도출할 수 있도록 했다.

그렇지만 일상의 사물들과 완전히 같은 소품이 아니라, 형태만 알아볼 수 있을 정도로 단순화한다거나 다른 재료를 활용해 그 사물들을 통해 새로운 경험을 상상할 수 있도록 했다. 워크숍 참여자들이 벽, 의자, 탁자 등을 표현하고 있는 상자 소품들을 이리저리 옮기고, 새로운 기능을 부여하는 모습을 관찰하면서 우리의 전략이 효과가 있었다는 걸 확인할 수 있었다.

워크숍 공간 안에는 상자로 만들어진 소품들뿐만 아니라 병원 침대 같은 실제 병원에서 가져 온 가구들도 있었는데, 우리는 '보편적인 소품들'과 '구체적인 소품들'이 미치는 영향의 차이를 관찰할 수 있었다. 참여자들이 워크숍 공간에서 '병원 침대'라고 밖에는 생각할 수 없는 명명백백한 소품을 대했을 때, 아이디어 발상이 그 소품을 중심으로 이루어진다는 것을 관찰했다. 참여자들은 병원 침대가 어디에 배치되어야 하는지를 아이디어 발상의 시작점으로 잡고, 이를 바탕으로 나머지 아이디어를 도출했다. 반면, 의자나 탁자, 다양한 크기의 상자와 같이 좀 더 보편적인 용도의 소품들에 대해서는 참여자들이 그 활용 방법을 좀 더 유연하고 창의적으로 떠올리는 모습을 보였다.

환자 중심의 뇌졸중센터 디자인(디자인케어, 2014)

- 고객기관: 가톨릭 대학교 부천성모병원
- 디자인: 디자인케어
- 자료제공: 디자인케어 대표 구정하

가톨릭 대학교 부천성모병원 뇌졸중 환자 평생관리 시스템 디자인

"우리가 뭘 바꿔야 할까요?"

가톨릭 대학교 부천성모병원은 응급대처가 중요한 뇌졸중에 특화되어 있는 병원으로 2014년 당시, 시설 확장을 계획하고 있는 상황이었다. 지역 사회와 밀착한 의료 서비스로 지역주민들에게 꾸준한 신뢰를 받고 있는 병원이었지만 한국 의료계 전체가 몇 년째 환자수 감소를 경험하고 있는 상황에서 증축이 득이 될지 실이 될지 예측이 어려웠다. 그런 불확실한 상황에서 병원이 '무엇을 더 잘해야 할지 모르겠다'는 고민을 토로하며 우리에게 뇌졸중센터 프로젝트를 의뢰해 왔다. 거기에는 이 프로젝트를 계기로 환자의 시각에서 서비스를 재편할 수 있는 기회를 마련하고 싶다는 병원 경영진의 바람 또한 깔려 있었다.

우리는 뇌졸중센터 직원들이 환자와 보호자의 실제 경험을 이해하고, 우리와 함께 이상적인 모습의 청사진을 만들어가는 것을 제안했다. 다시 말해 미래의 뇌졸중센터가 제공할 서비스의 방향을 사용자의 경험을 토대로 만들어가고자 제안한 것이다.

프로젝트에는 신경외과 전문의와 간호사들을 비롯, 응급, 영상의학, 진단 검사 및 행정 등을 책임지는 담당자까지, 뇌졸중 진료 과정 전반에 관련된 핵심 인력이 참여했다. 우리는 이들을 6명씩 둘로 나누어 프로젝트 팀을 구성했다.

공급자 중심의 서비스 제공 환경에 익숙한 병원 종사자들에게 환자의 입장이 되어 본다는 것은 하루 아침에 이루어지는 일이 아니었다. 따라서 우리는 먼저 이들을 대상으로 환자 및 보호자의 시각으로 서비스를 볼 수 있는 디자인 방법에 관한 교육을 실시했다. 인터뷰와 현장 관찰 등을 실시하고 함께 모여 그 결과물들을 분석하고 아이디어 도출을 전개했다.

그런데 아이디어를 전개하는 과정에서 문제가 발생했다. 평균 근속기간 20년 이상인 구성원들로 이루어진 팀이라 서로에게 너무 익숙한 나머지, 새로운 아이디어를 내는 데 한계가 있었던 것이다. 한 사람이 아이디어를 내고 강하게 주장하면 나머지는 상대방의 업무 영역을 침범하거나 감정을 상하게 할까 건전한 비판조차 하기 꺼려했다.

방법을 바꿔야 했다. 관찰과 인터뷰로는 얻지 못한 생생한 환자의 이야기와 그들의 아이디어가 필요했다. 그래서 선택한 방법이 바로 코디자인 워크숍이었다. 의료 서비스의 수요자인 환자와 보호자를 디자인 과정에 직접 참여시킴으로써 새로운 시각을 얻고 그들의 잠재적 니즈에 대해 좀 더 깊은 통찰을 끌어내고자 했다.

뇌졸중센터의 실체?

뇌졸중센터를 처음 방문했을 때 느낀 점은 우리의 생각과는 많이 다른 모습이라는 것이었다. 보통 '센터'라고 하면 독립된 건물에 그 증상만을 집중적으로 치료할 수 있도록 시설이나 인력이 배치되어 있는 공간을 떠올리겠지만 부천성모병원의 뇌졸중센터는 달랐다.

부천성모병원의 뇌졸중센터는 공식적인 이름이지만 환자들은 이 이름을 명확히 인식하고 있지 않았다. 외래 진료실 앞 천장에 매달린 작은 표지판만이 그곳이 뇌졸중센터임을 보여주고 있었고, 그나마 눈에 잘 띄지도 않았다. 또, 치과 등 관련 없는 여러 과가 함께 대기실을 쓰다 보니 환자가 여기저기 흩어져서 대기했고 자기 차례가 와도 알지 못하는 사람이 많아 간호사들이 진료 순서가 된 환자를 찾아다니는 일도 허다했다.

뇌졸중센터는 사실 한곳에 효율적으로 집중된 치료 공간이 아니라, 기존의 다양한 병원 진료과가 뇌졸중 환자의 증상에 따라 해당 진료를 제공하는 일종의 협력체에 가까웠는데, 환자를 중심으로 진료가 제공되는 것이 아니라 기존 조직의 틀과 진료과 간의 칸막이는 그대로 둔 채, 환자가 돌아다니며 진료를 받고 있었다. 예를 들어 뇌졸중센터의 주축을 이루는 곳은 환자의 담당 의사가 있는 신경외과지만 발병 단계에 따라 응급의학과를 통해 환자가 접수되고, 진단은 영상의학과에서, 수술은 신경외과에서 진행된다. 이후에 합병증이 발생하면 담당 의사의 판단하에 해당 과로 가서 진료를 받게 된다.

환자와 가족을 위해 병원이 해야 할 일들의 집합체

현재 병원에서 제공하는 뇌졸중 치료와 관리는 환자에게만 집중되어 있다. 하지만 뇌졸중은 어느 날 갑자기 발병하고, 그 사망률과 후유 장애가 높은 질병이다. 운이 좋아 살아난다 하더라도 당사자는 물론 가족들까지 그 전과는 완전히 다른 삶을 살게 된다. 또, 뇌졸중은 가족력이 있는 질병으로 환자는 물론 가족들까지도 평생 관리가 중요하다. 즉, 환자와 그 가족들의 라이프 사이클 전반에 걸친 지속적인 건강관리가 필요한 것이다.

우리는 뇌졸중센터가 그 역할을 해야 한다고 믿고 이를 프로젝트의 지향 목표로 세웠다. 뇌졸중센터를 '뇌졸중 환자와 가족을 위해 병원이 해야 할 일들의 집합체'로 재정의했다. 기존처럼 단순히 여러 과가 각 증상의 치료를 맡는 체제가 아니라, 뇌졸중 환자와 그 가족들까지 포함해서 뇌졸중의 치료와 예방을 위해 하는 일 모두를 센터가 해야 하는 일로 보았다. 그래서 기존의 진료과가 제공하고 있는 서비스를 센터를 통해 환자 중심으로 재편하고자 했고, 뇌졸중센터의 관리 시스템에서 단계마다 제공해야 하는 서비스를 도출해내기로 했다. 그림 3.35는 발병 단계뿐 아니라 발병 전, 치료 후까지 센터의 역할을 넓힌 뇌졸중 환자의 평생관리 시스템의 개념을 보여주고 있다.

그림 3.35. 뇌졸중 환자의 평생관리 시스템

검진
예방적 치료

발병 전

치료 후

요양
재활
투약

환자

발병 및 치료

응급

수술, 입원

코디자인 워크숍을 통하여 환자와 소통하기

코디자인 워크숍에서 다루어야 할 디자인 과제는 '어떻게 하면 환자와 환자 가족이 좀 더 나은 뇌졸중 진료 경험을 할 수 있도록 병원이 도울 수 있을까?'로 정했다. 워크숍 내용을 바탕으로 환자와 가족을 위한 뇌졸중 평생관리 시스템을 개발하여 이상적인 뇌졸중센터의 모습을 제안하는 것이 최종 목표였다. 워크숍은 환자와 보호자가 포함된 두 개 팀으로 구성하고 각각 다른 날짜에 실시했다.

1. 참여자 구성 및 모집

워크숍 참여자들을 선정하고 모집하는 일은 외래 간호사가 맡았다. 현재 환자이거나 혹은 과거 환자였던 사람들을 병원 서비스에 대한 코디자인 워크숍에 초대하는 것은 꽤나 민감한 사항이기 때문이다. 병원에 부정적인 경험이 있는 사람들이 병원 서비스에 대해 더 비판적인 시각으로 할 말이 많을 수도 있으나 그러한 사람들이 개인 시간을 할애해 병원에서 부탁하는 일에 응하는 경우는 매우 드물다. 또한 개인 정보 유출이라는 문제도 걸려 있어 쉽지 않다.

이번 코디자인 워크숍에 참가한 두 팀의 환자와 보호자들은 모두 평소 담당 의사와 병원에 대한 신뢰가 깊어 홍보대사를 자청하는 사람들이었다. 이들을 참여자로 선택하면 병원 서비스의 맹점을 지적하지 못하지 않을까 하는 우려도 있었지만 우리 생각은 달랐다. 우선 이들의 병원에 대한 긍정적인 태도는 스스럼 없이 자신의 의견을 표현할 수 있는 배경이 될 수 있을 것이라 생각했다. 또, 의료진 역시 이들의 의견을 더욱 경청할 수 있을 것이라 예상했다. 우리의 생각은 틀리지 않았는데, 코디자인 워크숍을 진행하면서 환자 B는 중환자실에 누워 의료진으로 인해 겪었던 비참한 경험을 이야기하며 눈물을 흘렸고, 의료진들은 그를 해결하기 위한 방안을 찾기 위해 함께 고심했다.

- A팀 참가자
  - 신경외과 전문의, 외래 간호사, 영상의학팀 혈관 조형실 담당, 응급센

터 수간호사, 의료협력팀장, 신경외과 병동 수간호사 각 1명／환자와
보호자 부부

◦ 환자 A(남 58세)

제주도에서 가족 여행 마지막 날 뇌동맥류가 파열되어 갑자기 쓰러졌
다. 당시 시내에서 많이 떨어진 곳에서 발병하여 병원 이송이 매우 늦
어졌고 제주대 병원에서 수술을 받았지만 중환자실에서 한 달 이상 머
물렀다. 이후 가족의 결단으로 이송 중 사망이라는 위험을 무릅쓰고
헬기를 이용해 서울로 옮겼지만 큰 차도 없이 두세 차례 더 병원을 옮
긴 끝에 집에서 가까운 부천 성모병원에 입원했다. 발병 전에는 중견
기업 임원으로 재직, 해외 업무를 하며 왕성한 사회활동을 했지만 현
재는 뇌졸중 후유증으로 언어장애와 인지장애를 갖게 됐다. 떨림, 마
비 등 겉으로 드러나는 신체적 증상은 대부분 치료됐지만 합병증 때문
에 비뇨기과, 이비인후과, 재활의학과 진료와 우울증으로 인한 정신과
진료를 병행하고 있다.

◦ 보호자 A(여 56세, 아내)

가게 운영으로 남편을 직접 돌볼 수가 없어 24시간 간병인을 고용했
다. 부천성모병원로 옮긴 후 담당 교수를 절대적으로 신뢰하게 됐다.
아침방송 프로그램에 출연할 정도로 활발한 성격으로 슬하에 결혼한
세 딸과 미혼인 아들 한 명을 두고 있다.

• B팀 참가자

◦ 병리 팀 담당, 고객만족부서 팀장, 신경외과 병동 수간호사, 중환자실
수간호사, 신경외과 전담 간호사, 진단검사 의학 팀 담당 각 1명／환자
와 보호자 부부

◦ 환자 B(여 51세)

노래방에서 고음의 노래를 부르다 쓰러져 부천성모병원 응급실로 이
송됐다. 응급실 의료진의 권유로 정밀검사를 받았는데 뇌출혈이 발견
되어 다행히 응급수술을 받았다. 수술은 성공적이었으나 입원 중에 패
혈증으로 다시 쓰러졌고 중환자실로 옮겨졌다. 원래 매우 외향적이고

적극적인 성격이지만 발병 후에 우울증이 심해졌다. 이를 극복하기 위해 퇴원 후 남편의 권유로 통장 선거에 출마하여 당선됐고 활발한 사회활동을 이어가며 우울증을 극복할 수 있었다. 워크숍 직전에 뇌졸중 완치 판정을 받았다. 약물 투여도 중지하고 2년에 한 번 있는 검사만 받아도 된다는 이야기를 듣고 매우 기뻐하고 있다.

◦ 보호자 B(남 53세, 남편)

직장을 다니다 아내의 병 수발을 위해 회사를 그만두고 현재는 자영업을 하고 있다. 인근의 다른 대학병원을 이용하고 있었지만 아내가 부천성모병원에서 뇌졸중 치료를 받게 되면서 신뢰를 가지게 되어 이제 본인도 부천성모병원을 이용하게 됐다. 슬하에 20대 초반의 딸이 한 명 있다.

2. 사전조사

1. 인터뷰 및 관찰(외래 및 응급)

우리는 프로젝트에 참가한 병원 직원들을 대상으로 인터뷰를 실시했다. 병원 내 다양한 직종에 종사하는 직원이 현재 업무에서 어떤 애로 사항을 겪고 있는지, 새로운 뇌졸중센터에 대해 어떤 점을 바라고 있는지를 파악하기 위해서였다. 외래 진료실 관찰은 외래환자가 많은 오전에 3시간씩, 이틀에 걸쳐 진행됐다.

진료실 구석에서 비디오를 촬영하며 동시에 관찰 내용을 노트에 기록하는 방식으로 진행했다. 응급실의 경우 1시간 정도 응급실 담당 수간호사의 관리 아래 비디오 촬영이 허락됐다. 현장 관찰에서 정리된 내용을 바탕으로 촬영된 비디오를 리뷰하며 2차 관찰을 진행했다.

2. 프로브 제작

코디자인 워크숍을 기획하기에 앞서 프로브를 사용해 환자와 보호자 들이 병원에서, 또는 진료과정에서 느꼈던 좋았던 점과 불쾌했던 점 등을 알아보고자 했다. 프로브는 참여자 각자가 뇌졸중 진료와 관련된 평소의 경험들에

그림 3.36. 참여자들에게 전달한
프로브 꾸러미

대해 생각해보고 이를 글과 그림으로 표현할 수 있도록 제작됐다. 환자와 보호자를 위한 두 가지 질문과 의료진을 위한 두 가지 질문을 담은 프로브 꾸러미를 따로 제작하여 각 참여자에게 보냈다. 두 쌍의 부부 모두에게 프로브를 전달했으며 보호자와 환자는 같은 질문이지만 각각 개인 과제로 주어졌다. 보호자와 환자로서의 경험이 다를 것이라 생각했기 때문이다.

환자와 보호자를 위한 프로브의 경우 병원 곳곳을 찍은 사진들을 동봉함으로써 관련된 기억을 좀 더 쉽게 떠올릴 수 있도록 했다. 삼색 사인펜, 색연필 세트 그리고 관련 사진들을 붙일 수 있는 풀도 함께 넣었다(그림 3.36). 프로브에는 다음 질문을 담았다.

- 환자 및 보호자에게:
  - 부천성모병원에서 뇌졸중 진료기간 중 가장 좋았던 경험은 어떤 것이 었나요?
  - 부천성모병원에서 뇌졸중 진료기간 중 불편하거나 불쾌했던 경험은 어떤 것이었나요?

- 의료진에게:
  - 뇌졸중 진료과정에서 환자나 보호자와 관련되어 즐거웠던 경험은 어떤 것이었나요?
  - 뇌졸중 진료과정에서 불편하거나 불쾌했던 경험은 어떤 것이었나요?

프로브는 두 장으로 구성된 리플릿 형식으로 각 장에 긍정적인 경험과 부정적인 경험을 표현하도록 했다. 한 면을 두 부분으로 나눠 한쪽은 글로 표현하고 다른 한쪽은 관련된 사진을 오려 붙이거나 그림을 그릴 수 있도록 했다. 작성한 프로브 결과물은 코디자인 워크숍에 가져오도록 하여, 워크숍을 시작할 때 자신의 뇌졸중 경험을 이야기하는 수단으로 활용했다.

3. 프로브 전달, 환자와 보호자의 사전 인터뷰

워크숍에 앞서 참여 환자와 보호자가 거주하고 있는 집과 일터를 방문하여 프로브 꾸러미를 전달하고 사전 인터뷰를 실시했다. 그들이 어떤 배경과 경험을 가진 사람들인지 미리 파악하여 워크숍 프로그램에 반영하기 위해서였다. 참여자들이 대체로 병원에 대해 호의적인 태도를 가지고 있기에 워크숍 때 부정적인 경험 및 고쳐야 할 점에 대해서도 숨기지 말고 공유할 것도 부탁했다. 사전 인터뷰에서는 다음과 같은 사항을 질문했다.

• 환자 및 보호자 참여자들 사전 인터뷰 질문
  ◦ 기본 정보(가족관계, 나이, 직업, 종교)
  ◦ 가족 중 뇌졸중 환자 여부(가족력)
  ◦ 뇌졸중 발병 후 부천성모병원에서 진료 받는 현재까지의 히스토리(병명, 현재 증상과 진료과)
  ◦ 부천성모병원 뇌졸중센터에 대해서 얼마나 아시나요?
  ◦ 어떤 경로와 이유에서 부천성모병원 뇌졸중센터에서 진료받게 됐나요?
  ◦ 현재의 치료는 어떤 단계인가요?(약물 투여, 재활 등)
  ◦ 발병 후 삶에서 가장 많이 바뀐 부분은?(사회적 관계, 경제 생활의 변화 등)
  ◦ 간병은 어떻게 했나요?
  ◦ 자녀들은 치료 과정에서 어떤 역할을 했나요?
  ◦ 현재의 병에 대한 심리 상태는?

인터뷰 질문의 대상은 환자와 보호자의 구분 없이 진행됐다. 환자 A는 간단한 표현 이외에는 할 수 없는 상태여서 거의 대부분 보호자가 대신 이야기해야 했다. 환자 B도 중환자실에서 기도에 튜브를 삽입한 상태였기에 말을

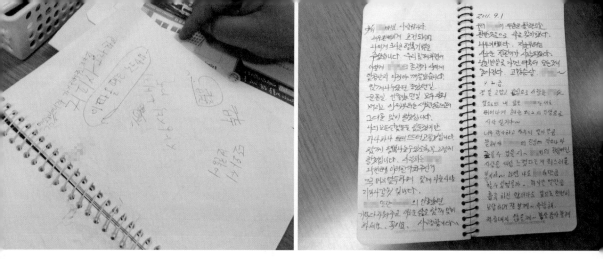

그림 3.37. 환자와 보호자가
중환자실에서 나눈 필담과
환자일지

할 수가 없었다. 대신 그때 두 사람이 나눈 필담과 환자일지가 있어 전달한
프로브와 함께 워크숍에 가져오기로 했다.

3. 워크숍 진행

두 팀의 환자가 각각 다른 배경과 경험을 가지고 있었기에 큰 틀은 같이 하
되 각 상황에 맞게 변화를 주어 진행했다. 워크숍 프로그램은 총 3단계, 약
3시간에 걸쳐 이루어졌다. 우리는 디자인 팀 및 전체 워크숍의 방향을 참여
자들에게 간단히 소개한 후 참여자들끼리 짧게 자기 소개를 하도록 했다.
이때 처음 만난 어색함을 풀기 위해 간단한 게임으로 시작했다.

- 1단계: 나의 뇌졸중 진료 경험 공유하기
  목표: 각 참여자들이 자신의 뇌졸중 진료 경험을 공유하고 이 병에 대한
  이해를 넓히고자 했다.
  - (20분) 한 사람씩 각자 작성한 프로브를 보여주고 자신의 경험을 이야
    기했다. 순서를 교대할 때, 먼저 이야기한 사람이 작은 봉제 인형을 무
    작위로 건네서 다음에 이야기할 사람을 지목하는 방식을 활용했는데,
    이는 워크숍 시작 단계에서 재미있는 요소를 추가하여 참여자들의 긴
    장을 풀어주기 위해서였다.
  - (15분) 탁자 중앙에 놓인 종이에 큰 원을 그렸다. 이야기에서 나온 내
    용들을 긍정적인 경험과 부정적인 경험으로 분류하고, 긍정적인 경험

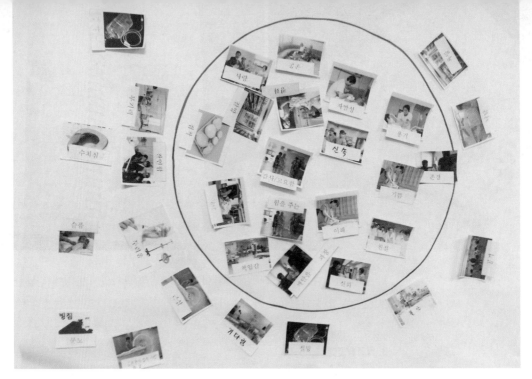

그림 3.38. 감정 지도

과 관련된 이미지 및 단어 카드 들은 원의 안쪽에, 부정적인 경험과 관
련된 카드들은 원의 바깥에 배치했다.

참여자 중 환자 A가 뇌졸중 후유증으로 인해 언어장애 및 인지장애를 가지
고 있기 때문에 워크숍에서 어떻게 그의 의사표현을 도와야 할지에 대해 많
이 고민했다. 우리는 A가 최대한 편안함을 느끼도록 A와 보호자 사이에 외
래 간호사를 앉혔다. 이는 사전 인터뷰에서 환자 A가 그 간호사를 얼마나
신뢰하는지 알 수 있었기 때문이다. 워크숍이 진행되는 동안 외래 간호사는
지속적으로 환자 A에게 작업을 독려했다. "A님, 사진 같이 잘라봐요", "와~
잘 하시네요" 하는 식이었다. 이후 어색함과 긴장을 떨쳐버린 환자 A는 적
극적으로 자신의 경험을 표현하며 가끔 콧노래까지 흥얼거리며 워크숍에
참여했다.

• 2단계: 진료 여정 알아보기
　목표: 환자의 진료 여정을 따라가며 각 단계마다 어떤 일이 일어나는지 알

아보고, 가족을 포함해 어떤 사람들이 관계되어 있는지 살펴보고자 했다.

- (5분) 뇌졸중 환자와 보호자 들은 우선 최근 몇 년 사이의 일을 떠올리며 진료 여정의 순서를 나열했다. 이때, 응급실, 중환자실, 입원, 퇴원, 집, 외래, 신경외과, 순환기내과, 비뇨기과 등 각 진료 단계와 연관된 키워드가 적힌 카드와 빈 카드 들을 주고, 활용하게 했다.
- (15분) 전체 참여자가 함께 단계마다 환자가 겪는 치료 과정을 접착식 노트에 써서 붙였다. 병원에서의 치료 과정뿐만 아니라 집에서 행해지는 일들도 써서 붙였다.

그림 3.39. 환자의 진료 고객여정지도

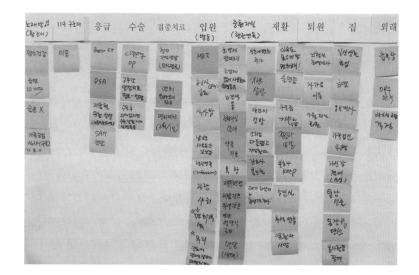

- (10분) 완성한 여정을 보면서 단계마다 관련된 사람들을 떠올리고 플레이모빌 인형 위에 썼다(보호자, 자녀들, 의료진, 친구, 간병인 등).
- (25분) 환자와 보호자를 중심에 두고, 진료 과정에 관련된 사람들을 그 관계에 따라 배치한 후, 그 사람들 사이에서 일어나는 일들에 대해 토론하며 서로의 관계도를 만들었다(그림 3.40).

이 과제를 진행하면서 흥미로운 이야기를 들을 수 있었다. 환자 B가 수술을 성공적으로 마치고 열흘 동안 입원해 있던 도중 갑작스러운 패혈증으로 중환자실로 옮겨진 일에 대한 이야기였다. 평소 왕성한 대인관계를 맺고 있

그림 3.40. 플레이모빌 인형으로
구성한 이해관계자 지도.

던 B에게는 하루에 50명도 넘는 지인들이 방문했다. 너무 많은 방문객으로
인해 다른 환자들에게 피해를 줄 것을 염려한 환자 B는 본인이 건물 밖으로
나갔다. 방문객들에게 자신의 이야기를 무용담처럼 자랑했다고 하는데 이
때 방문객들이 건네고 간 돈만으로도 병원비를 치르고 남았다고 한다.

　문제는 그 다음이었다. 겉으로는 멀쩡한 듯했지만 사실은 완전히 회복되
지 않은 상태에서 건강한 사람에게도 힘들 정도로 손님을 치른 것이 화근이
었다. 상태가 급격히 나빠져 결국 중환자실로 가게 됐다. B는 그런 일이 일
어날 수 있음을 병원에서 누군가가 미리 알려주었더라면 좋았을 것이라며
아쉬워했지만 의료진들은 정작 B가 그렇게 많은 방문객이 있었는지 알지
못했고, 따라서 병세가 악화된 원인을 모르고 있었다.

• 3단계: 우리가 바라는 병원의 모습 모형화하기
　목표: 환자 및 보호자의 진료 경험을 증진시키기 위해 병원이 할 일을 구
　체화하고자 했다.
　◦ (30분) 참여자들이 바라는 이상적인 모습의 뇌졸중센터를 함께 모형
　　으로 만든다.

그림 3.41. 플레이모빌을 활용하여
만든 뇌졸중센터 모형

참여자들은 제공된 플레이모빌 인형과 다양한 공작 재료를 활용하여 모형
을 만들었다(그림 3.41). 아이디어 발상에 관한 부분은 의료진과 환자의 역
할을 따로 구분하지는 않았으나 주로 의료진 쪽이 전체 병원에 대한 큰 그
림을 제안하면 모두가 수수깡을 이용해 함께 공간 구획을 했다. 거기에 환
자와 보호자가 "여기 이런 게 있으면 좋겠어요"라며 아이디어를 첨가해가며
구체화해 나갔다.

  워크숍 참여자들이 낸 아이디어 중 예를 하나 들자면 '사생활이 보장된
모임 공간'에 관한 것이 있었다. 두 팀에서 공통적으로 나온 사항으로, 병원
내에 환자와 가족들이 사적인 활동을 할 수 있는 공간이 부족하다는 것이었
다. 입원 환자의 경우 누군가 병문안을 와도 병원 내에 함께 편안하게 이야
기하며 머물 공간이 없었다. 그렇다 보니 병실의 다른 환자에게 소음으로
피해를 주게 되고, 환자 A의 경우 다른 환자의 방문객들 때문에 편히 잠을
잘 수 없어 너무나 괴로웠다고 했다.

  의료진도 같은 문제를 다른 측면에서 제기했다. 뇌졸중 환자의 입원을
계기로 가족 내 오랫동안 쌓여왔던 온갖 문제가 병원에 와서 노출된다는 것
이다. 예를 들어 나이 드신 아버지의 진료비는 누가 내고, 간병은 어떻게 하
며, 퇴원 후엔 어떻게 모실 건지 형제간 다툼이 일어나게 되는 식이다. 수간
호사는 본의 아니게 그들 사이를 오가며 심판 아닌 심판 역할을 맡게 되기

도 하는데 정규 업무도 아닌 이런 일 때문에 받는 스트레스와 할애한 시간
이 이만저만하게 많은 게 아니었다고 한다.

이들은 가족끼리 감정이 격해지지 않도록 별도의 공간에서 차근차근 상
의해 분쟁을 해결하면 좋겠다는 아이디어를 내놓았다. 잔잔한 음악이 흐르
고 심신이 편안해지는 공간에서 따뜻한 차라도 한잔 마시며 마음을 가라앉
힐 수 있는 배려가 필요하다는 것이었다.

4. 결과 해석

워크숍이 끝난 후 우리는 촬영된 영상을 돌려보며 참가자들이 한 이야기나
반응들을 면밀히 관찰하고 기록했다. 또, 각자가 비디오 관찰을 통해 의미
있다고 생각하는 말과 행동을 기록하고 이 내용들을 하나씩 분리하여 '인용
구 카드'를 만들었다. 그리고 나서는 병원 측에서 코디자인 워크숍 참여자
들과 함께 인용구 카드들을 해석했다. 인용구 카드들을 어피니티 다이어그
램을 만들듯이 나열하면서 패턴을 발견하고, 이 패턴을 통해 영감과 아이디
어를 도출해 디자인 원칙으로 확립시키는 과정을 거쳤다.

그림 3.42. 환자의 평생관리
시스템을 위한 아이디어 도출 장면

5. 아이디어 도출

해석한 결과를 바탕으로 '뇌졸중 환자 평생관리 시스템'을 위한 세부적인 아이디어를 도출했다. 아이디어는 총 세 가지 디자인 원칙하에 전개됐다.

- 안정된 치유 환경

  불안감 없고, 소음 없고, 충분한 휴식이 가능한 환경을 만들어야 한다.
- 오감 소통

  오감을 모두 활용하여 환자와 적극적으로 소통할 수 있어야 한다.
- 호혜적인 존중감

  병원의 고객인 환자와 보호자는 물론 의료진, 간병인 모두 서로 존중받고 인간적인 대우를 받을 수 있어야 한다.

제2의 보호자, 간병인

이 프로젝트를 통해서 간병인이라는 사람들에 대해 다시 생각해보게 됐다. 그들은 환자의 가족에 의해 고용되고 그들을 대신해 부족한 간호 인력을 보충하고 있다. 환자 A의 보호자는 생업 때문에 간호를 간병인에게 맡겨야만 했기에 남편의 병에 있어서 간병인은 '아들보다 중요하다'는 표현까지 썼다.

그러나 정작 우리가 관찰한 바에 의하면, 병원에는 그들에 대한 어떠한 배려도 없었을 뿐 아니라 심지어 골칫거리로 여겨지기도 했다. 간병인들이 종종 새벽 5시쯤에 취사가 금지된 배선실에서 전자렌지로 된장찌개를 끓여 식사를 하느라 아직 자고 있는 환자들을 깨울 때가 있었다. 비어 있어야 하는 환자 침대 아래는 간병인의 짐으로 가득 차 있고 심지어 병실에는 빨래가 여기저기 널려 있기도 했다. 또, 간병인이 자리를 비우거나 간호사의 지시를 소홀히 하면 안전사고가 일어날 수도 있었다.

하지만 간병인들의 입장에서 보면 그들의 이런 행동이 얼마든지 이해가된다. 24시간 내내 환자 곁을 떠나지 못하고 따로 식당도 없는 병원에서 지내야 하는 그들에게는 직원 식당 이용이나 환자 급식을 함께 먹는 것이 허락되지 않는다. 끼니 때마다 병원 밖으로 나가기에는 시간도 비용도 여의치 않다. 집에도 자주 다녀오지 못하기에 필요한 살림은 많고 빨래는 쌓인다. 짐을 맡길 공간이란 것도 따로 없다.

이러한 문제는 환자의 안전과 서비스의 질과도 밀접하게 연관되기에 병원 측에서 반드시 해결해야 하는 문제다. 우리가 프로젝트 팀과 함께 최종적으로 도출한 '뇌졸중 환자 평생관리 시스템'에는 이러한 간병인에 대한 처우 또한 포함됐다.

어려웠던 점

과제 수행에 있어 참여자들 간에 워크숍 과제에 대한 이해 및 수행 능력에 차이가 많이 나서 워크숍 프로그램을 계획하는 데 어려움이 많았다. 환자는 의사 표현과 인지에 장애가 있고 보호자는 말로 표현하는 건 문제가 없지만 뭔가를 만들거나 그림을 그리는 것을 어려워했다. 반면 의료진은 과거 우리와의 협력을 통해 어느 정도 디자인 교육이 되어 있었다. 이들 사이의 차이를 극복하면서 같이 일할 수 있도록 과제를 구성해야 했다. 환자와 보호자 참여자가 쉽게 이해할 수 있도록 최대한 간단하게 프로그램을 구성했고 의료진도 각자의 이야기를 펼치면서 환자를 도와서 과제를 해결해 나가도록 계획했다.

그럼에도 불구하고 워크숍 전날 보호자 A로부터 참가하지 못할 사정이 생겼다는 연락이 왔다. 알고 보니 워크숍에 가지고 와야 하는 프로브를 작성하지 못해 핑계를 댄 것이었다. 결국 프로브 없이 그냥 와도 된다는 얘기로 간신히 설득할 수 있었지만 우리로서는 큰 교훈을 얻었다. 디자이너에게는 아무리 간단하다고 생각되는 과제라도 글이나 그림 등을 이용한 자기 표현을 잘 해보지 않은 사람들에게는 큰 부담이 될 수 있다는 것이었다.

가톨릭 대학교 부천성모병원과 진행한 뇌졸중센터 프로젝트는 정말 다양한 배경과 상황을 가진 참여자와 함께한 프로젝트였다. 어려움도 따랐지만, 그에 못지않은 보람도 느낄 수 있었고 디자이너로서 한걸음 성장했다는 느낌이 들었던 의미 있는 프로젝트였다. 이 자리를 빌려 어려운 상황에서도 큰 도움을 주신 의료진 그리고 환자와 그 가족들에게 감사드린다.

전문가 Q&A: 끼르시까 바야깔리오[11]

Q. 현재 디자인 자문회사에서 서비스 디자이너로 활동하고 있습니다. 코디자인 워크숍을 실제 프로젝트에 얼마나 자주 활용하나요?

A. 사실은 거의 모든 프로젝트에 활용하고 있습니다. 샌더즈가 지식의 세 단계에 대한 모델을 소개했듯(182쪽) 우리는 프로젝트에서 사용자나 이해관계자의 다양한 지식체계에 접근하고자 합니다. 특히 사용자의 잠재적인 경험이나 바람에 대해 알기 위해 디자인 프로브나 코디자인 워크숍을 활용합니다.

보통 한 프로젝트에서 두 번 정도의 워크숍을 진행하는데, 한 번은 최종 사용자들과 함께 그들의 경험을 이해하기 위해 진행하고, 다른 한 번은 최종 사용자와 고객, 서비스 공급자 등 다양한 이해관계자를 초대해 서로에 대한 상호 이해를 돕고 함께 아이디어를 발상하기 위해 진행합니다.

Q. 최근 진행한 프로젝트 중에서 코디자인 워크숍이 결정적인 역할을 한 사례가 있다면 소개해 줄 수 있나요?

A. 최근 핀란드 동쪽의 지방자치단체들과 프로젝트를 진행했는데, '좀 더 살기 좋고, 매력적인 지역 사회 창조하기'가 프로젝트의 목표였습니다. 여러 중소도시가 참여한 프로젝트였던 만큼 매우 다양하고 넓은 범위의 이해관계자가 참여했는데, 각 지역의 대학 연구원 및 교수, 지역 사업체, 그리고 지원 기관 등이 참여했습니다.

이들 지역에는 원래 공장들이 많았는데 현재 핀란드에는 제조업이 점점 자취를 감추어가면서, 그 지역의 사업체들이 문을 닫고 많은 사람이 일자리를 잃게 됐어요. 다른 지역에서 사람들을 유입하여 새로운 산업과 비즈니스를 구축하고 지역을 되살아나게 하는 것이 프로젝트의 목표였습니다.

우리는 그 지역 사회에서 사업체를 운영하는 사람에게도 관심이 있었지만, 그 지역에서 태어나 현재는 다른 지역으로 옮긴 사람들을 특히 눈여겨보았습니다. 왜냐면 그들이야말로 그 지역으로 다시 돌아와 일자리를 얻거나 비즈니스를 시작할 가능성이 큰 그룹이라고 판단했기 때문이지요.

따라서 그 그룹에 해당하는 사람들, 특히 활발히 일할 수 있는 20세에서 45세 사이의 사람들의 삶과 경험에 대해 이해하고 함께 미래 아이디어를 발상할 수 있는 코디자인 워크숍을 계획했어요. 예를 들어 그들이 현재 어떤 생활을 하고 있는지, 어떤 종류의 서비스를 선호하는지, 어떤 요인이 그들로 하여금 해당 지역으로 돌아오게 할 수 있는지에 대해 알고 싶었고, 그 속에서 해당 지역을 활성화시킬 수 있는 디자인 아이디어를 찾고자 했습니다.

두 시간여의 코디자인 워크숍을 통해 그 지역이 특히 전략적으로 집중해야 할 일종의 고객 프로파일customer profile(201쪽)을 만들고자 했습니다. 고객 프로파일은 워크숍 참여자들 개인의 일상은 어떠한지, 어떤 요인이 그들에게 동기를 부여하는지, 어떤 서비스를 사용하고 있고 선호하는지에 대한 내용을 담는데, 이를 통해 우리는 개개인에 대한 풍부한 경험적 정보를 얻고자 했습니다.

워크숍에는 5명의 참여자를 초대했습니다. 워크숍의 시작에 우리는 참여자들에게 아주 간단한 형식의 템플릿에 '그들이 누구인지', '어떤 지역에 살았었는지 그리고 지금은 어디에 살고 있는지'와 같은 기본적인 자기 소개를 작성해달라고 부탁했어요. 그러고 나서 '내 삶의 여정(123쪽)'에 대해 콜라주 만들기를 진행했습니다. 각 참여자는 넓은 종이에 주어진 다양한 이미지, 키워드 카드를 활용해 자기 삶의 여정에서 의미 있는 사건들과 순간들을 표현하고, 좋았던 경험과 그 시기, 힘들었던 시기를 표현했습니다.

콜라주 만들기가 끝나고, 두세 명으로 그룹을 만들어 그들이 만든 콜라주를 설명하고 함께 논의하는 활동이 이어졌어요. 각 세부 그룹에는 우리 팀의 디자이너 혹은 연구원뿐 아니라 프로젝트 매니저 등 프로젝트의 주요 구성원들이 참석해 참여자들이 만든 콜라주에 대한 이야기를 듣고, 흥미로운 사항에 대하여 기록하고 질문을 했습니다. 워크숍에 5명의 시민들이 참여했기 때문에, 함께 참여하는 프로젝트 주요 구성원도 총 5명을 넘지 않도록 했어요.

그 후에 지역 개발을 위한 기회 요소에 대한 아이디어 발상을 진행했습니다. 이 프로젝트의 경우에는 참여자들의 발표 장면을 촬영하고 편집해 약 1분 30초 정도의 퍼소나 비디오를 만들었습니다. 그들의 현재 삶은 어떠한

지, 프로젝트 지역에 대해 어떤 생각을 가지고 있는지, 어떤 것들이 그들로 하여금 지역으로 돌아오는 것을 고려하게 하는지에 대한 내용을 담고 있었습니다.

Q. 특별히 퍼소나 비디오를 제작한 이유는 무엇인가요?

A. 이 프로젝트의 경우 참여한 이해관계자 그룹이 특히 다양하고 넓어 협력의 바탕이 될 수 있는 공감대 형성이 매우 중요했는데, 퍼소나 비디오는 그 과정에 활용할 수 있는 매개 도구로써 만든 것이에요. 그들끼리 추후에 아이디어를 내야 할 때 활용될 수 있도록 말이죠.

두 차례의 워크숍을 진행했는데, 첫 번째 워크숍은 시민 참여자들의 목소리를 듣고, 추후 프로젝트 단계에서 집중해야 하는 초점 지역과 주제를 파악하는 것이 목표였습니다. 두 번째 워크숍은 첫 번째 워크숍에서 파악한 초점 지역과 주제에 대해 아이디어를 도출하는 것을 목표로, 주로 프로젝트 이해관계자들을 초대했어요. 이 두 번째 워크숍에서 프로젝트 관계자들이 시민들의 구체적 상황을 이해하고 공감을 느끼게 하기 위해 준비한 것이 퍼소나 비디오와 고객 프로파일이지요. 시민들이 이를 통해 간접적으로 참여했다고 할 수 있겠죠.

코디자인 워크숍을 계획할 때 고려해야 할 것

Q. 코디자인 워크숍을 계획할 때 어떻게 하는지, 어떤 점에 특히 신경 쓰는지 궁금합니다.

A. 가장 먼저, 왜 코디자인 워크숍을 하는지 그 목표에 대해 명확히 알아야 합니다. 앞서 언급한 프로젝트에서 우리는 특정 시민 그룹의 라이프 스타일과 미래 계획 등에 대해 파악한 후 이를 프로젝트 팀이 아이디어를 낼 때 활용할 수 있는 자료, 또는 도구로 만들고 싶었습니다. 그렇게 하면 서비스 디자인 프로젝트가 끝나더라도 이해관계자들끼리 아이디어를 발전시키거나 검증하고자 할 때 참고할 수 있기 때문입니다.

이러한 목표를 염두에 두고 첫 번째 코디자인 워크숍을 진행했고, 이때 참여자들이 직접 고객 프로파일을 만들도록 했어요. 그들 개개인에 대해 아주 깊은 이해를 얻고자 했기 때문에 참여자 수는 5명을 넘지 않도록 했습니다.

이런 고민들이 워크숍의 큰 골격을 짜는 데 바탕이 됩니다. 예를 들어 '워크숍 참여자에 대해 심도 깊은 이해를 얻기 위해서는 얼마나 많은 사람을 참여시키는 것이, 또 어떤 도구를 활용하는 것이 적절한가?' 하는 식의 질문들 말이에요. 워크숍의 큰 골격이 일단 짜여지면 그 골격 안에서 어떤 활동이 필요한지 고민해야 합니다. 정보를 모아야 하는지, 정보를 프로젝트 구성원들에게 공유해야 하는지, 새로운 아이디어를 구상해야 하는지를 고민한 뒤, 그 다음엔 어떤 해석 방법이 적절한지, 어떤 종류와 형태의 결과물을 만들고 전달해야 하는지 등을 고민해요. 이를 바탕으로 어떤 사람을 참여시켜야 하는지, 몇 명이 적당한지, 어떤 방법을 활용해야 하는지에 대해 생각합니다.

다음으로는, 시간적 제약과 참여자들의 피로도를 고려해야 합니다. 보통 주중에 참여자의 일과 후 워크숍이 진행되는 경우가 많아요. 따라서 보통 두 시간, 최대 세 시간으로 계획해 진행합니다. 참여자들이 저녁 식사를 하지 않고 오는 경우도 많기 때문에 간단한 요깃거리도 준비하지요.

장소 선정도 중요한 사항이에요. 서비스 공급자의 시설에서 할 수도 있지만, 참여자가 더 친숙하게 느낄 만한 장소에서 진행하는 것이 좋을 수도 있어요. 장단점을 잘 따져보아야 합니다.

마지막으로, 참여에 대해 어떤 방식으로 감사를 표시해야 하는지도 미리 고려하면 좋습니다. 업무의 일환으로 진행된 워크숍이 아니라면 소정의 선물을 준비하는 것이 좋아요.

Q. 워크숍에 누구를 초대하고 초대하지 않을지는 어떻게 결정하나요? 물론 프로젝트의 목표나 상황에 따라 다를 수 있겠지만 한 번은 최종 사용자와, 한 번은 이해관계자와 진행한다면 그런 구성은 어떤 배경이나 요인에 따른 것인가요?
A. 일단 많은 프로젝트에서 서비스 공급자를 초대할 경우 긍정적인 효과를 보았어요. 보통 서비스 공급자 혹은 서비스 개발자들이 그들의 고객을 실제

로 만나는 경우는 많지 않지요. 코디자인 워크숍은 이 두 그룹을 실제로 만나게 하고, 같은 공간에서 서로의 의견을 직접 들을 수 있게 하기에 서비스 공급자로서는 새로운 점을 많이 배울 수 있는 자리가 됩니다.

일단 서비스 공급자들이 고객들을 직접 만나고 그들에 대한 이해가 생기면 프로젝트의 추후 과정에서도 아이디어를 내거나 의사결정을 할 때 '오, 우리의 고객들이 이러이러한 경험을 한다고 했어요'라며 코디자인 워크숍에서 얻은 발견점을 되짚어보는 것을 종종 관찰할 수 있었어요.

고객과 서비스 공급자가 함께 모이는 코디자인 워크숍을 프로젝트마다 적어도 한 번은 진행하려고 노력하는데, 현실적으로는 어려운 부분이 많습니다. 그들의 배경과 상황이 다르니, 모두가 가능한 시간을 찾는 것도 어렵고, 다양한 배경의 사람이 모일수록 더 많은 진행자가 필요하기 때문이지요.

프로젝트의 목표를 달성하기 위해 어떤 것들을 알아야 하는지 파악한 뒤 이에 해당하는 지식을 가지고 있는 다양한 사람을 참여시키려고 합니다. 하지만 너무 많은 사람을 한꺼번에 참여시키는 것은 지양하는데, 보통 적게는 5명, 많게는 20명 정도를 한 세션의 코디자인 워크숍에 참여시키는 편이에요.

Q. 워크숍 진행을 위한 계획표를 만드나요? 만든다면 얼마나 자세하게 만드나요?

A. 워크숍 진행 상황을 예측해 간단한 스케치를 하곤 합니다. '시작 단계에서는 이러이러한 레이아웃으로 탁자와 의자를 구성하고… 그 다음에는 사진과 그림을 벽에 붙이는 활동을 할 테니 이런 식으로 세부 그룹을 구성하고… 그럼 탁자을 벽에 붙여야 하고, 마지막에는 이런 식으로 동선을 구성하고…' 일종의 시나리오이자 공간 구성 스케치죠.

참여자들은 어디에 앉을 것인지, 나는 어디에 서 있을 것인지 그리고 어떤 동선으로 움직여야 하는지를 간단히 그려봅니다. 이렇게 스케치를 하면서 진행 계획을 구상하는 것은 코디자인 워크숍을 머릿속에서 생생하게 그려보는 데 큰 도움이 됩니다. 마치 워크숍을 미리 진행해보는 효과랄까. 실제로 워크숍을 진행할 때 그 순서를 기억하는 데도 도움이 됩니다.

한 가지 조언을 하자면 100% 꽉 찬 워크숍 계획과 시나리오는 오히려 해가 되는 경우가 있어요. 너무 꽉 차게 계획을 짰기 때문에 예상한 대로 현장 상황이 진행되지 않을 경우 유연하게 대처하고 변경할 수 있는 여유 공간이 부족하기 때문이죠. 따라서, 코디자인 워크숍 계획을 짜고 준비 도구를 만들 때는 예상치 못한 상황에 대비할 수 있는 여유 시간과 계획도 마련해두는 것이 좋습니다.

명심해야 하는 것은, 철저하게 계획한 대로 워크숍이 흘러가지 않는다고 해서 당황하거나, '망했다'라고 생각하지 말아야 한다는 것입니다. 워크숍이 계획한 대로 흘러가지 않는 것은 충분히 발생할 수 있는 일이며, 어쩌면 당연한 일이라고 생각해야 해요. 준비한 과제와 도구 전부를 활용하지 않아도 괜찮다는 것을 이해하고 그렇게 워크숍을 계획해야 합니다.

Q. 참여자들의 어떤 점에 주의를 기울이나요?
A. 참여자 중 특별한 주의를 기울여야 하는 구성원이 있는지 미리 파악하는 것이 중요합니다. 예를 들어 건강 관련 프로젝트를 할 때 장애나 질환을 가지고 있는 사람과 코디자인 워크숍을 진행한다면 사진 촬영이나 개인 정보 활용에 대해 특별한 허가 과정이 필요할 수 있으니 반드시 미리 확인해야 합니다.

워크숍 과제 수행 능력도 미리 고려해야 합니다. 어린이들과 함께 코디자인 워크숍을 진행한 적이 있었는데, 어린이의 이해력, 그림으로 표현할 수 있는 능력, 자르고, 붙이고, 만들고 하는 공작 능력 등도 고려하고, 또한 어떤 요소들이 그들의 동기를 불러 일으킬지에 대해서도 충분히 생각해야 했습니다. 워크숍 시작에 앞서 어린이들에게 과제와 관련된 만화영화를 보여주고, 이어 워크숍에서 진행할 내용을 설명했지요.

최근 고민하고 있는 부분이 있는데, 바로 고객과 직접 상대하는 직원들을 초대해 코디자인 워크숍을 진행할 때입니다. 그들이 일하는 방식에 개선해야 하는 점이 있는 것인지, 혹은 이미 그들은 최선을 다하고 있지만 서비스 구조의 문제인지를 알아야 하기 때문에 세심한 주의를 요합니다. 그들 중 일부는 기존 방식에 매우 익숙해져 변화를 꺼리는 경우도 있는데, 그들이 제공하는 서비스의 질을 고객 관점에서 바라보게 하고 좀 더 개선된 서비스를 제공할 수 있다는 믿음을 갖게 하는 것이 매우 중요합니다.

이런 상황에 제가 활용하는 방법은 고객과 직접 상대하는 직원들을 프로젝트 기획 단계와 코디자인 기획 단계부터 참여시키는 것입니다. 이렇게 함으로써 직원들은 프로젝트에 애착을 느끼게 되고, 변화를 두려워하기보다는 변화의 필요성을 능동적으로 깨달을 수 있습니다.

Q. 예를 들어서 좀 더 구체적으로 설명해 줄 수 있나요?

12 핀란드를 대표하는 헬싱키 소재 현대 미술관

A. 최근에 키아즈마Kiasma 미술관[12]의 서비스 개선 프로젝트를 진행한 적이 있어요. 키아즈마 미술관은 최근 뒤떨어진 서비스로 고객들의 불만과 질책을 받아왔는데, 정작 직원들은 자신들이 가진 전문 지식 및 서비스 제공 방식에 높은 자신감을 가지고 있었죠.

미술관 직원들은 방문객들에게 안내 서비스를 제공하는 것보다 방문객들로부터 전시된 작품들을 보호하는 역할에 더 집중하고 있었습니다. 미술관을 방문하는 방문객들에게는 전시된 작품을 관람하는 것뿐만 아니라 화장실을 찾는다거나 하는 다른 서비스도 필요로 하는 반면, 미술관 직원은 이런 부가 서비스의 중요성을 이해하지 못하고 있었어요. 직원들과 함께 키아즈마 미술관의 새로운 서비스 아이디어를 구상하기 위해서는 변화해야 하는 이유와 목표를 뚜렷하게 깨달을 수 있는 접근 방법과 도구들이 필요했습니다.

우리가 사용한 방법 중 하나는 미술관 직원들이 자신들의 서비스를 새로운 관점에서 생각해볼 수 있도록 코디자인 워크숍 전에 사전과제를 전달하는 것이었어요. 사전과제에서는 키아즈마 미술관이라는 직접적인 배경은 피하고, 가상의 장소를 만들어 서비스의 좋은 예와 나쁜 예를 전달했습니다. 그리고 직원들로 하여금 자신이 고객이라면 그런 서비스를 이용할 때 어떤 경험을 할지, 그런 서비스를 제공한다는 것은 서비스 공급자의 미래에 어떤 영향을 미칠지에 대해 워크숍 참여 전에 미리 생각해보도록 했습니다.

또 다른 방법은 워크숍을 시작하면서 각 서비스 직원들에게 간단한 질문리스트가 담긴 종이를 들고 키아즈마 미술관을 돌아다니며 현재 자신이 일하는 데 어려운 점, 개선되어야 한다고 생각하는 점, 마음에 들지 않는 점에 대해 기록하게 한 후, 한자리에 모여 그 이야기를 공유하게 한 것입니다. 이러한 과제는 직원들로 하여금 평소 매우 익숙한 업무 환경과 업무 방식을 새로운 시선에서 볼 수 있도록 했어요.

Q. 협조적이지 못한 참여자가 있을 경우에는 어떻게 해결하나요?
A. 물론 이런 경우를 줄이기 위해 앞서 언급한 준비들이 필요합니다. 하지만 아무리 철저하게 계획하고 준비해도 워크숍의 핵심을 이해하지 못하고 협조적이지 않은 참여자 한두 명은 언제나 있기 마련이지요. 쉬는 시간을 이용해 대화를 나누거나, 불편한 점이 있는지 물어보면서 분위기를 개선할 수 있게 노력하되, 끝까지 협조적이지 않을 때는 그 사람이 다른 참여자들에게 부정적인 영향을 미치지 않도록 하는데 집중합니다.

세부 그룹으로 나누어 활동을 진행할 때는 매우 능동적이고 건설적인 그룹에 한 명 정도의 비협조적인 사람을 넣어 그 그룹 내에서 자체적으로 비협조적인 사람을 이끌도록 할 수도 있습니다. 이때 비협조적인 사람이 워크숍의 목적을 잘못 파악한 상태에서 다른 멤버들을 이끌려고 하는 경향이 있는지 아니면 수동적인지를 파악해, 다른 그룹 멤버의 창의성이나 동기를 저하하지 않도록 신경 쓰는 것이 중요합니다.

가능하다면 비협조적인 사람들에게 시간 재기, 토론 내용 기록하기 등의 특정한 역할을 부여하는 것도 하나의 방법이에요. 그렇게 하면 그들은 자신만의 과제에 일종의 책임감이 생겨 그 역할을 충실히 하고자 하는 모습을 보입니다.

Q. 많은 노력을 기울여 준비했음에도 불구하고 여러 변수 때문에 계획한 대로 코디자인 워크숍이 진행되지 않을 때도 있을 것 같습니다.
A. 그런 경우는 늘 있을 수 있어요. 그래서 저는 기획된 코디자인 워크숍에 필요한 도구들 외에도 사진이나 그림이 담긴 카드, 그림이 없는 백지 카드, 사람 모양의 종이 인형 등을 항상 준비합니다. 워크숍을 진행하다가 미리

준비한 과제나 도구들이 참여자들에게 효과적이기 않다고 판단될 때는 상비하고 있던 여분의 도구들을 활용해 다른 성향의 과제들을 재빨리 생각해 내 진행합니다.

이때 중요한 것은 자연스럽게 모든 것이 미리 계획된 것처럼, 자신 있게 대처하는 것이에요. 우선 참여자들에게 쉬는 시간을 제안합니다. "잠시 쉬는 시간을 갖겠어요. 화장실을 다녀오거나 간단한 요기를 하세요"라고 제안하고 10분 정도의 시간을 번 후, 같은 과제를 조금 다르게 진행할 것인지, 계획한 과제의 몇몇 부분을 생략하고 그 다음 과제로 넘어갈 것인지, 아니면 다른 여분의 도구들을 활용하여 다른 과제로 변경할 것인지 빠르게 판단합니다.

예를 들어 참여자들이 아이디어 구상을 해야 하는데 기존의 서비스에 대해 매우 비판적인 태도를 보인다면, 창의적 분위기로 아이디어 발상을 하는 것에 무리가 있을 수 있어요. 이럴 때는 비판적 태도를 좀 더 건설적으로 활용할 수 있도록 해야 해요. 예를 들어 비판점들을 종이에 적고, 그들을 개선해 더 좋은 서비스를 제공할 수 있는 기회가 있을지 생각해보고 공유하는 식으로 활동을 변경하는 겁니다.

Q. 그런 즉흥적인 계획의 변경이 가능하려면 오랜 경험이 바탕이 되어야 할 것 같습니다.

A. 물론입니다. 저의 경우 다양한 형태의 코디자인 워크숍을 수년간 진행해 왔기 때문에 상대적으로 워크숍의 분위기를 읽고 어떻게 계획을 변경하여 대처할 것인가에 대한 판단과 행동이 수월한 편이에요. 제 머리 안에 일종의 도구 상자 혹은 저장소가 있다고 해야 할까요. 이들을 활용하여 각 상황에 맞는 대처 방안을 떠올립니다.

워크숍 참여자들의 능동적 참여를 위한 조언

Q. 코디자인 워크숍을 진행할 때 사람들을 좀 더 능동적으로 참여시키기 위해 특별히 신경 쓰는 점이 있나요?

A. 최근에는 참여자들을 워크숍 주제에 '민감하게 만들어 주기 위해' 워크숍

공간을 주제에 맞는 분위기로 구성하고 다감각적으로 몰입하게 돕는 데 신경을 많이 씁니다. 예를 들어 최근 이탈리아 식당과 서비스 디자인 프로젝트를 한 적이 있어요. 참여자들이 이탈리아 식당과 요리에 다감각적으로 몰입할 수 있도록 이탈리아 요리에 쓰이는 허브와 향신료, 올리브 등을 워크숍 공간에 배치하여 후각을 자극하고, 이탈리아 음악을 낮게 깔고, 짧은 영상들도 준비했죠. 이탈리아 사진들을 벽에 붙이고, 이탈리아 요리책을 여기저기 비치해 두기도 했어요. 그리고 워크숍 진행 팀은 요리사 복장을 하고 있었어요.

이러한 요소들이 참여자로 하여금 워크숍이 너무 심각하거나 사무적인 활동이 아니며 다양한 감각과 창의적 생각을 장려하는 환경임을 깨닫게 할 수 있습니다. 다양한 요소를 활용하여 적절한 분위기를 형성하는 것이 중요하죠.

또 하나의 방법으로는, 코디자인 워크숍 진행을 위한 규칙이나 순서 등을 종이에 친근한 말투로 적어 탁자 위에 올려 두는 것이에요. "우리가 오늘 함께 할 과제에는 정답이나 오답, 혹은 좋은 대답이나 나쁜 대답이 없습니다. 여러분이 표현하는 경험과 생각 모두가 아주 귀중한 자료로 활용될 수 있습니다" 등의 내용을 친근한 그림과 함께 만듭니다.

워크숍 진행 단계, 예를 들면 주로 '시작-탐구하기-창조하기-마무리'로 구성되는 단계들을 그림으로 나타내고, 단계마다 어떤 마음가짐과 규칙으로 진행되어야 하는지 적습니다. 경험상 핀란드 사람들은 어떤 것에 대해 이야기할 때 비판적인 시선을 가지는 경향이 있어요. 다양하고 새로운 아이디어를 모색하는 '창조하기' 단계에서 너무 비판적인 태도를 가지고 있으면 '이 아이디어는 현실적으로 불가능해', '이 아이디어는 돈이 너무 많이 들어' 라는 식으로 새로운 아이디어를 낼 마음이 들지 않게 되고 틀에서 벗어난 사고를 하기가 어려워요. 하지만 '창조하기' 다음에 '비판적으로 검토하기' 가 계획되어 있다는 것을 알게 되면 미리부터 비판적인 태도를 가질 필요가 없다는 것을 알게 되어 좀 더 열린 마음으로 임할 수 있는 것이죠.

Q. 코디자인 워크숍에서는 틀에서 벗어난 사고를 장려하고, 새로운 아이디

어 도출을 자극할 수 있는 놀이 같은 도구들을 사용하여 즐거운 분위기를 조성합니다. 참여자 중에 이 놀이 같은 과제나 도구들에 거부감을 느끼고 그 효용성에 의구심을 갖는 경우도 있을 것 같아요. 놀이같음playfulness과 진지함seriousness의 균형을 잡고 참여자들로부터 신뢰를 얻을 수 있는 방법이 있을까요?

A. 코디자인 워크숍 전에 참여자들에게 미리 연락해 코디자인 워크숍의 놀이적인 성격에 대해 설명하는 사람들도 있는데 저의 경우에는 가급적이면 그렇게 하지 않아요. 코디자인 워크숍이 어떻게 유효한 결과물을 이끌어내는지 경험해보기도 전에 워크숍이 다소 놀이같이 들리기 때문에 중요한 활동이라고 생각하지 않고 '참여하기엔 너무 바쁘기 때문에 참여가 불가하다'며 통보를 하는 참여자들이 있기 때문입니다.

대신 참여자들에게 코디자인 워크숍의 역사와 원리, 역할에 대해 간단하게 설명하고 워크숍을 시작합니다. 왜 놀이적인 요소가 상대방과 의견을 조율하고, 미래 아이디어 발상에 효과를 주는지를 설명하면 받아들이는 참여자들이 있기 때문이죠.

Q. 코디자인 워크숍에 대해 '서양에서는 좀 더 수평적인 구조를 가지고 토론 문화가 발달했기 때문에 코디자인 워크숍과 같은 활동이 더 자연스러운 반면, 한국 사회와 같은 동양에서는 같은 효과를 기대하기 힘들다'는 우려도 있습니다.

A. 그럴 수 있겠지요. 하지만 코디자인 워크숍이 처음 개발된 북유럽에서도 참여 기관 내에서의 수직적 구조 때문에 제약을 받는 경우가 드물지 않습니다. 얼마 전에 핀란드의 라디오 방송국과 진행한 '고객 중심의 방송 서비스 혁신'을 위한 프로젝트에서 코디자인 워크숍을 사용했는데, 이때 참여한 경영진 한 분 때문에 곤란한 상황이 있었어요.

그는 참여자로서 코디자인 워크숍에 참여했는데, 그룹 활동을 진행하는 대신 조금 뒤에 앉아 다른 직원들의 활동을 관찰하는 고자세를 취했어요. 그를 고객여정지도 만들기에 참여시키는 데까지는 어찌어찌 가능했는데, 마지막에 고객의 입장이 되어 역할놀이를 한다고 하자, 그는 자리에서 벌떡 일어나, '아니, 아니, 그것까지 우리가 하기에는 너무 무리에요…' 하며 거의 소리를 질렀어요.

그 경영진에게 역할놀이는 굉장히 파격적이고 상상 불가능한 과제였던 겁니다. 결국 우리는 역할놀이 대신 이미 만들어진 고객여정지도를 가운데 두고 토론을 통해 아이디어를 내는 과제로 대신했어요. 물론 국가별 문화가 영향을 미칠 수도 있겠지만, 이처럼 직업 배경도 영향을 미칠 수 있습니다. 그들의 문화를 배려하고 워크숍을 계획하는 것이 바람직합니다.

코디자인 워크숍에서 발견점을 얻는 법

Q. 워크숍을 진행할 때 중요한 발견점이나 새로운 아이디어의 씨앗을 놓치지 않으려면 어떻게 해야 할까요?

A. 자원이 허락한다면 모든 그룹마다 진행자를 배치하여 참여자들을 도와주고, 아이디어 발상을 장려하고, 그들의 논의 과정을 따라가며 질문하게끔 해요. "매우 흥미로운 아이디어네요, 다른 분들은 어떠신가요?" 이런 식으로 팀의 활동이 이어지도록 분위기를 북돋는 것이죠. 이러한 역할의 진행자를 '창의적 비서creative secretary'라고 부르기도 합니다.

각 팀에 배치된 이 '창의적 비서'들은 워크숍 과정에서 얻어지는 흥미로운 발견점이나 아이디어 등에 대해서 기록하는 역할을 병행합니다. 창의적 비서들이 작성한 기록물은 참여자들이 워크숍에서 직접 만든 결과물과 함께 중요한 자료가 되죠.

현장에서 바로 발견점을 캐치하는 것은 코디자인 워크숍 진행 경험이 적은 디자이너들에게는 쉽지 않을 수도 있어요. 워크숍 진행 경험이 적은 디자이너들은 창의적 비서라기보다 자신이 미리 준비한 활동들을 순서대로 정해진 시간에 맞추어 진행하는 계시원time keeper의 역할을 수행하는 경우가 많아요. 그런 의미에서 많은 워크숍 경험과 준비가 새로운 아이디어의 씨앗을 놓치지 않는 방법이라고 조언하고 싶습니다.

Q. 코디자인 워크숍의 결과물은 어떤 방법으로 수집하고 기록하나요? 그리고 이들을 어떻게 디자인으로 연결하거나 디자이너들에게 전달하나요?

A. 저는 워크숍 과제를 통해 디자인 단계에서 활용할 수 있는 기록물들이 자연스럽게 생성될 수 있도록 워크숍을 기획하는 편입니다. 인터뷰 처음에 이야기한 고객 프로파일 만들기를 예로 들면 워크숍에서 참여자 자신이 만든 고객 프로파일이 디자이너 혹은 의사결정자 들에게 전달될 하나의 결과물이 되는 것입니다. 워크숍 준비를 할 때 이를 염두에 두고 프로파일 템플릿을 미리 디자인해 두었어요.

Q. 코디자인 워크숍을 마친 후 각 그룹에 진행자로 배치됐던 팀원들이 모여서 그들이 발견한 점들과 기록을 공유하기도 하나요?
A. 물론입니다. 보통 워크숍을 마친 후 바로 함께 모여서 공유해요. 전반적으로 워크숍이 제대로 진행됐는지, 어떤 점들이 흥미로웠는지 등에 대해서 이야기를 나눕니다. 그리고 나서 다음 날이나 이틀 후쯤 함께 모여 좀 더 본격적인 해석을 해요. 워크숍에서 만들어진 모든 자료와 각 연구원이 작성한 기록물을 늘어놓고 어떤 형태의 기록물을 만들 수 있을지 의논하죠. 때로 이 기록물은 실제 공간이나 서비스를 디자인할 디자이너들에게 전달되기도 하고, 고객사에 자료로 전달되기도 합니다. 모인 자료들을 함께 짚어보며 어피니티 다이어그램을 만들어 주요 발견점 및 디자인 방향을 추출하기도 하고요.

코디자인 워크숍 진행을 위한 역량 기르기

Q. 워크숍을 성공적으로 진행하기 위해서 진행자가 갖추어야 할 능력이나 마인드세트에 대해 몇 가지 키워드로 설명해 줄 수 있을까요?
A. 첫째는 자신감입니다. 본인이 무엇을 해야 하는지 제대로 파악하고 있고 경험이 있는 진행자라는 느낌을 참여자에게 확실히 전달해야 해요. 워크숍을 시작할 때 아직 불확실해 하는 참여자들이 있는데, 워크숍의 목적과 의미를 정확히 이해하지 못해도 진행자의 확고한 자세를 보면서 '지금은 이해가 안 되어도 분명 의미가 있는 것이겠지, 일단 해보자'라고 생각하게 도와줘야 합니다. 진행자가 불안해하고 긴장하면, 참여자도 불안해지고 긴장하게 됩니다.

두 번째는 즉흥적인 계획 변경과 대처에 대한 기지입니다. 계획을 잘 짜는 것은 중요하죠. 하지만 그만큼이나 계획을 현장의 상황에 맞게 즉각적으로 변경, 대처하는 것도 중요합니다. 언제든지 계획을 변경해야 하는 변수가 생긴다는 것을 이해하고 이에 대비해야 해요.

중요한 것은 준비한 과제와 도구를 얼마나 계획에 충실하게 활용하느냐가 아니라 코디자인 워크숍을 활용해 달성하고자 했던 목표에 얼마나 잘 도달할 수 있느냐 하는 것이라는 걸 잊지 말아야 합니다. 코디자인에 대한 전반적인 지식이나 경험이 별로 없는 초보 진행자를 보면 왜 지금 콜라주 만들기를 하는지, 왜 시나리오 만들기를 하는지 그 활용 이유와 효과를 명확히 이해하고 진행하는 경우가 생각보다 드물어요. 왜 지금 이것을 하고 있는지, 그 이유를 명확히 직시하고 있어야 합니다.

Q. 코디자인 워크숍을 진행하는 데 필요한 기술은 어떻게 개발할 수 있을까요?

A. 조언과 사례를 많이 접하는 것도 좋겠지만, 불행하게도 '직접 많이 진행해보고 경험해보는 것'만큼 좋은 방법은 없는 것 같습니다. 스스로 워크숍 과정을 기획해보고 진행해보면서, 참여자의 어떤 면을 워크숍 계획과 진행에 고려해야 하는지, 어떤 방법과 도구가 효과적인지, 어떤 식으로 참여자들과 상호작용해야 되는지 시행착오를 통해 깨닫게 됩니다.

오직 경험을 통해서 '나만의 전략과 내가 자신감 있게 활용할 수 있는 코디자인 도구들'을 찾고 만들어갈 수 있습니다. 우리 회사에서는 코디자인 워크숍을 진행할 때 선임 디자이너가 리드하고 후임 디자이너가 기획과 진행, 해석 과정을 배우도록 하고 있어요.

Q. 마지막으로 이 책을 읽고 있을 한국의 독자들에게 하고 싶은 말이 있다면요?

A. 제가 코디자인 워크숍에 대해 강의를 할 때마다 마지막으로 꼭 하는 말이 있습니다. 코디자인 워크숍을 진행할 때는 다음의 세 가지를 명심해야 해요. 첫째, 불확실성에 대한 위험을 감수해야 하고, 둘째, 모든 상황의

100% 제어가 불가능하다는 것을 인정해야 하며, 마지막으로, 다른 사람의 의견에 진심으로 관심을 가져야 한다는 것입니다.

자신이 내성적이거나 다른 사람 앞에 나서기를 두려워한다고 해서 코디자인 워크숍 진행이 불가능하지는 않습니다. 충분한 준비와 경험으로 배울 수 있는 능력이라고 생각합니다. 시간이 지나고 경험이 쌓일수록 진행자라는 '역할'에 자신을 몰입할 수 있을 것입니다.

끼르시까 바야깔리오는 지난 10여 년간 코디자인과 서비스 디자인을 연구하며 노키아Nokia, 꼬네Kone와 같은 핀란드의 대표적인 기업과 핀란드 주요 지자체를 도와 코디자인 프로젝트들을 진행해 왔다. 2012년 〈Design games as a tool, a mindset and a structure(도구, 마인드세트, 구조로서의 디자인 게임)〉[13]이라는 박사 논문을 통해 '디자인 게임'을 코디자인 워크숍의 틀 안에서 설명하고 체계적으로 정리해 소개했다.

13 Kirsikka Vaajakallio. *Design Games as a Tool, a Mindset and a Structure.* Aalto Press, 2012.

마치며: 이 책에서 지금까지 소개한 디자인 도구들 중 코디자인 워크숍은 사용자에게 가장 능동적이고 창조적인 역할을 부여한다. 코디자인 워크숍의 구성과 다양한 장치는 디자이너가 아닌 사람들, 즉 사용자, 이해관계자, 다양한 전문가가 그들의 고유한 경험과 지식을 디자인 과정에 충분히 반영할 수 있도록 돕고 잠재된 창의성을 북돋아 준다.

코디자인 워크숍을 효과적으로 기획하고, 진행하고, 또 그 과정 및 결과물로부터 디자인 기회를 포착하는 데는 디자이너의 역량이 매우 중요하며, 이러한 역량은 오직 실전 경험을 통해서만 다듬을 수 있다. 이 장에 소개한 다양한 활동의 예시를 통해 현재 진행하고 있는 디자인 프로젝트의 실정과 목표에 맞도록 코디자인 워크숍을 활용할 수 있었으면 하는 바람이다.

4장
해석 도구
어피니티 다이어그램

어피니티 다이어그램affinity diagram은 프로젝트 과정 중 수집한 수많은 정보의 조각들을 다양하게 배치해봄으로써 개별로 보았을 때는 생각지 못했던 연결점들을 찾고 새로운 통찰을 얻도록 돕는 도구다. 앞서 소개한 디자인 도구들로부터 얻은 정보를 비롯해 프로젝트와 유관한 주요 발견점, 시사점, 아이디어 등을 메모지에 문장으로 적어 팀원들과 공유하고, 이를 넓은 공간에 펼쳐놓고 분류하며 패턴을 찾는다. 어피니티 다이어그램은 방대한 양의 자료를 팀원들과 함께 해석, 분류, 정리하는 협력적이고 창의적인 해석 도구라 할 수 있다.

구슬이 서말이라도 꿰어야 보배, 어피니티 다이어그램_____
앞에서 소개한 디자인 도구들을 실제 디자인 프로젝트에 활용하고 있다면 여러분은 지금쯤 아마 많은 양의 자료를 확보했을 것이다. 성공적인 디자인 프로젝트를 위해 가장 중요한 과정 중 하나는 이 방대하고도 결이 다른 자료들이 가진 의미를 총체적으로, 깊이 있게 이해하는 일일 것이다. 어피니티 다이어그램은 바로 이 과정에 매우 유용한 도구다.

  새로운 디자인 도구들을 통해 얻을 수 있는 자료의 형태는 매우 다양한데, 디자인 에스노그라피로부터 얻은 현장 기록일 수도, 프로브를 통해 얻은 사진이나 그림일기장일 수도, 코디자인 워크숍을 통해 얻은 이미지 콜라주, 입체 모형 혹은 참여자의 토론 내용을 기록한 자료일 수도 있다. 이 외에도 프로젝트와 연관된 다양한 정보, 예를 들어 트렌드나 통계 자료, 관련 법규, 혹은 프로젝트를 의뢰한 기관 내의 조직 변화 등도 여러분이 디자인을 하는 과정에서 고려해야 할 사항들이다.

자료를 바라보는 사람들의 시각은 매우 다양하다. 디자인 프로젝트에는 여러 명의 디자이너와 전문가가 참여하고, 그들은 각자 다른 현장에서 다양한 새로운 디자인 도구를 활용해 사용자의 세계를 직간접적으로 경험한다. 이는 수집된 자료에 대해 매우 풍부한 해석을 가능하게도 하지만, 동시에 하나의 결과물을 위해 함께 일하는 사람들이 머릿속에 각자 다른 그림을 가질 수도 있다는 것을 의미한다. 그렇다고 모든 관찰과 자료 수집에 모든 팀원이 동시에 참여하는 것은 시간적으로 불가능할 뿐 아니라 더 많은 관찰의 기회를 포기하는 어리석은 결정일 수도 있다.

어떻게 하면 이 방대하고 결이 다른 자료들을 여러분의 디자인 프로젝트에 유용하게 활용할 수 있을까? 또, 어떻게 하면 다양한 팀원이 머릿속에 가지고 있는 통찰을 한자리에 모으고 공유할 수 있을까?

사실 자료를 소화하고 디자인 프로젝트에 활용하는 데 왕도가 있다고 말하기는 어렵다. 하지만 경험이 많은 디자이너를 관찰하면 공통점이 있는데, 바로 현장에서 얻은 정보의 조각들을 한자리에 모아 살펴보면서 의미하는 바가 유사하거나 디자인 아이디어에 영감을 주는 정보들을 서로 가깝게 위치시키고, 이를 통해 패턴을 발견하고 상위 개념을 도출하는 것이다. 매우 개념적인 이 작업은 의의로 물리적이고 시각적인 방법으로 진행되는데, 사진, 스케치, 도표 등 다양한 자료와 현장 관찰에서 얻은 발견점을 접착식 메모지에 적은 후 이를 넓은 벽면에 붙이고 팀원들이 함께 그 정보의 조각들을 묶어 나간다.

어피니티 다이어그램은 이런 작업을 체계화한 도구라고 할 수 있다. 영어 단어 '어피니티affinity'는 사전적으로 '좋아함, 서로 잘 맞음, 밀접함, 유사점, 인척 관계, 친화성' 등을 의미한다. 즉, 어피니티 다이어그램은 다양한 정보를 가진 접착식 메모지들을 그 성격의 유사함이나 밀접함을 기준으로 물리적 거리를 변화시켜 보면서 그 정보들이 제공하는 패턴을 파악하는 도구라고 할 수 있다. 어피니티 다이어그램을 사용하면서 이미 어느 정도 직

그림 4.1. 디자인 팀의 작업 공간. 한쪽 벽면을 메우며 진행되고 있는 어피니티 다이어그램.

감하고 있었던 상황을 확인하는 경우도 있지만, 때로는 전혀 예상하지 못했던 새로운 패턴을 발견할 수도 있다. 특히 프로젝트의 성격이 복합적이고 다면적이라면 프로젝트의 핵심을 이해하는 것 자체가 큰 도전일 수 있는데, 이때 어피니티 다이어그램은 큰 그림을 이해할 수 있도록 돕는다.

디자인 프로젝트에서는 팀원들이 현장에서 각자 다른 도구를 써 수집해 온 정보들을 체계적으로 공유하고, 개별적인 정보들의 연관성을 찾아 사용자 경험에 대한 총체적인 이해와 디자인 방향을 잡는 데 활용할 수 있다. 이런 의미에서 어피니티 다이어그램은 팀 중심의 도구다. 팀원들이 각자의 발견점을 접착식 메모지를 활용해 공유하고, 이를 함께 재배치해가며 큰 그림을 이해할 수 있다.

어피니티 다이어그램을 잘 활용하는 것은 이제까지 여러분이 디자인 에스노그라피, 프로브, 코디자인 워크숍에 들인 수고를 더욱 가치 있게 만들어준다. '구슬이 서말이라도 꿰어야 보배'라는 말이 있듯이 이제까지 힘들게 수집한 귀중한 정보를 충분히 살펴보지 못하고 그중 일부만 활용한다면 그만큼 아까운 것이 어디 있을까. 또, 기억력과 직관에만 의존한다면 평소 디자이너가 가진 선입견이 크게 작용할 여지도 있다.

사실 서비스 디자인이나 사용자 경험 디자인을 하는 전문가들 중 어피니티 다이어그램을 사용하지 않는 사람은 없다고 해도 과언이 아닐 만큼 어피니티 다이어그램은 널리 사용되는 도구다. 하지만 그 외형이 꽤 간단해 보이기 때문에 이를 깊이 이해하지 못하고 활용하는 경우도 적지 않다. 넓은 벽에 접착식 메모지 수십 개를 붙이고 이리저리 옮긴다고 해서 어피니티 다이어그램을 제대로 활용한다고 말하긴 어렵다. 귀중한 정보를 구하기 위해 들인 많은 시간과 비용을 낭비하지 않기 위해서라도 어피니티 다이어그램의 원리를 잘 알고 체계적으로 진행해야 한다.

가장 널리 사용되는 디자인 도구 중 하나인 어피니티 다이어그램은 역설적이게도 그 사례가 가장 부족한 도구이기도 하다. 우선 대부분의 디자인 프로젝트는 기밀유지계약non-disclosure agreement 때문에 고객의 전략적인 방향이 드러날 수도 있는 어피니티 다이어그램을 공개하기 어렵다. 그나마 학생 작업이나 공공디자인 프로젝트의 어피니티 다이어그램은 어느 정도 자료로 공개되어 있긴 하지만, 어피니티 다이어그램을 배울 때의 핵심은 어떻게 다이어그램이 형성되고 발전되어 나갔는지를 보는 것이다. 그렇기 때문에 완성된 어피니티 다이어그램은 사실 그 과정을 배워야 하는 초보자에게 큰 도움이 되지 않는다. 또한, 바쁜 실무에서 유기적으로 변화하는 어피니티 다이어그램의 과정을 일일이 기록하고 그 변화를 설명하는 일이 어렵기 때문에 이런 자료는 정말 드물 수밖에 없다.

따라서 이 장에서는 어피니티 다이어그램의 기원과, 체계적으로 어피니티 다이어그램을 사용하는 법을 살펴보고, 산업과 연구 현장의 수많은 프로젝트에서 어피니티 다이어그램을 활용해본 전문가들의 조언도 들어보기로 한다. 쉬워 보이지만 잘 쓰긴 어려운 도구, 어피니티 다이어그램을 제대로 배워보자.

어피니티 다이어그램의 기원, KJ기법

어피니티 다이어그램은 이 방법의 원형을 개발한 민족지리학자 카와키타 지로Kawakita Jiro, 川喜田 二郎의 이름을 따 KJ기법이라고도 불린다. 카와키타는 1951년 일본 나라 현에서 진행하던 연구 자료를 정리하고 있었는데, 그는 성격이 크게 다른 두 가지 자료, 즉 에스노그라피를 통해 얻은 자료와 지리 자료에 연관성이 있음을 발견하고 그 둘을 동시에 해석할 방법이 없을지 고심하고 있었다.

그러던 어느 날 책상 위에 어지럽게 놓여 있던 그의 메모들이 그 물리적인 위치에 따라 주변의 다른 메모들과 연결되면서 새로운 의미를 형성한다는 것을 깨닫고 KJ기법에 대한 초기 아이디어를 얻었다. 지로는 그 후 네팔의 산지에서 인도의 외딴 마을에 이르기까지 다양한 지역을 연구하는 프로젝트를 통해 십여 년에 걸쳐 수정, 보완하여 1967년에 비로소 지금의 어피니티 다이어그램에 가까운 KJ기법을 소개했다.

그림 4.2. 카와키타가 제시한 문제 해결 모델

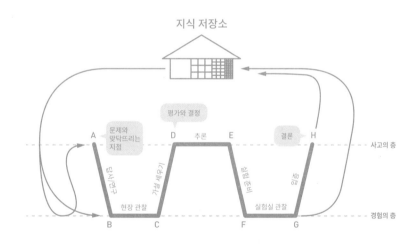

카와키타는 KJ기법의 용도를 설명하기 위해 그림 4.2와 같은 '문제 해결 모델'을 제시했다.[1] 이는 인류가 세상에 대한 이해를 넓힐 수 있는 다양한 종류의 연구 방법론을 하나의 모델로 시각화한 것으로, 인류가 이미 알고 있는 지식이 모여 있는 가상의 '지식 저장소'에서 출발해 사고의 층이나 경험의 층, 혹은 그 둘을 모두 거쳐 새로운 지식을 지식 저장소로 가지고 돌아오

1   Raymond Scupin. The KJ method: A technique for analyzing data derived from Japanese ethnology. *Human Organization*. 1997, pp. 233-237.

는 다양한 경로를 보여준다. 그림에서 카와키타는 A-D-E-H를 '안락의자 과학armchair science'라고 표현했는데, 예를 들면 이론적 고찰이나 철학적 사유를 통한 연구를 의미한다. E-F-G-H는 '연구실 과학laboratory science'으로 흔히 '과학자'라고 하면 쉽게 상상하는 실험실에서 하얀 가운을 입고 진행하는 연구를 의미한다.

이 모델에서 바로 A-B-C-D가 인류학, 사회학, 혹은 디자인에서 활용하는 '현장 과학field science'이라고 할 수 있다. 연구자가 사고의 층에서 어떤 문제와 맞닥뜨리는 A와 관찰한 현장을 정하는 B 사이에서 그 문제를 둘러싼 환경을 연구하고, B와 C 사이에서 현장 관찰을 통해 유관한 정보를 수집한 뒤, 사고의 층인 D로 향하며 어떤 가설을 취하고 버릴지 결정한다. 카와키타는 당시 서양과학이 D와 H 사이의 추론, 실험 및 검증 등 단계 사이를 연구하는 방법을 제공했던 반면, A에서 D 사이, 특히 C와 D 사이를 연결할 체계적인 대안을 내놓지 못하고 있다고 생각했다.

카와키타의 KJ기법은 다양하고 많은 자료의 평가와 결정을 통해 현장 관찰C과 추론D의 틈을 채우기 위해 개발됐다. 현장에서 수집한 수많은 정보를 그 성격이나 의미가 가까운 것들끼리 묶어가며 새로운 의미의 패턴을 찾아 가설을 세울 수 있게 돕는 것이다. 즉, 어피니티 다이어그램은 경험의 층에서 이루어지는 현장 관찰과, 사고의 층에서 이루어지는 해석과 판단을 이을 수 있도록 도와주는 도구라고 할 수 있다.

어피니티 다이어그램과 근거이론적 접근

비슷한 시기인 60년대 말 미국의 사회학자인 바니 글레이저Barney Glaser와 안셀름 스트라우스Anselm Strauss는 근거이론적 접근grounded theory approach을 내놓았다. 근거이론 역시 카와키타가 제시한 문제 해결 모델의 C와 D를 연결하는 연구 도구라고 할 수 있는데, 이 역시 가추법abductive reasoning에 바탕을 두고 있어 어피니티 다이어그램과 놀랍도록 유사한 점을 보인다. 두 가지 도구 모두 가설을 세우고 이의 참, 거짓을 증명하기 위해 연역적으로 정보를 분석하는 것이 아니라, 선입견을 가지지 않은 상태로 현상을 관찰, 기록하고, 연역과 귀납을 오가며 자료 안에서 관계와 구조를 발견하는것이 특징이라고 할 수 있다.

이 두 도구가 비슷한 시기, 각기 다른 나라, 다른 분야에서 발표된 것은 정성적 연구가 새로운 연구 방법으로 떠오르고는 있었지만 대량의 정성적 정보를 체계적으로 다룰 방법론이 없었던 당시 세계 학계의 현실을 반영한다고 할 수 있다. 다만 오늘날 어피니티 다이어그램은 산업에서 문제를 해결하거나 선호하는 미래를 얻기 위한 방안을 구상하는 데 사용되는 반면, 근거이론 접근은 개인의 경험을 통해 사회 현상을 관찰하는 학술적 연구에 주로 활용된다.

가추법과 어피니티 다이어그램

어피니티 다이어그램의 원형인 KJ기법을 개발한 카와키타는 1951년에 그 아이디어를 처음 얻었다. 그러던 중 1964년 철학자 슌페이 우에야마上山 春平를 통해 가추법을 접하고, 그를 바탕으로 비로소 1967년에 비로소 KJ기법의 완성형을 소개했는데, 그 책의 제목은 흥미롭게도 하쏘오発想法, 즉 우리말 발음으로 '발상법'이다.

가설추리법, 혹은 가추법은 연역과 귀납 사이에 다리를 놓아 현장조사에서 직접적으로 찾은 자료에는 없었던 새로운 내용을 발상하는 사고법이다. 실용주의 철학의 아버지로 불리우는 미국의 철학자 찰스 샌더스 퍼스Charles Sanders Peirce, 1839~1914가 정리한 개념으로, 국내에도 소개된 로저 마틴Roger Martin의 저서 *The Design of Business*[2]를 비롯한 다양한 디자인 도서와 학술 논문에 등장하면서 디자인 씽킹design thinking의 핵심으로 이해되고 있다.

연역deduction은 대전제를 기본으로 하여 개별적인 케이스에 답을 얻는 방법으로, 하향식top-down이라고 할 수 있는데, '모든 사람은 언젠간 죽는다. 아인슈타인은 사람이니, 아인슈타인은 죽는다' 같은 예를 생각할 수 있다. 과학적 연구에서는 가설을 우선 세우고 그 가설의 참이나 거짓을 입증할 수 있는 데이터를 수집하고 활용하는 데 주로 사용된다.

귀납induction은 반대로 개별적인 케이스들이 대전제를 이끌어내는 방식으로 상향식bottom-up이라고 할 수 있는데 '개도 언젠가 죽고, 고양이도, 소도, 개구리도, 참새도 모두 죽는다. 이들 모두는 동물이니 모든 동물은 죽는다고 할 수 있다'와 같은 예를 생각할 수 있다. 이는 우리가 일상적으로 늘 사

2   번역서로 《디자인 씽킹》(2010, 웅진윙스)이 있다.

용하는 사고법으로, 알고 있는 사례들을 모아 일정한 규칙을 발견해내는 사고법이다.

가추법은 연역과 귀납을 오가며 유효한 가정을 만들어내는데, '다문화 가정 자녀 중 85%가 7살 이전에 부모의 모국어를 모두 할 수 있게 된다. 한국에서 태어나 자란 6살 아이가 베트남어를 할 수 있다면, 그 아이의 부모 중한 명이 베트남 사람이라고 믿을 만하다'와 같은 예를 생각할 수 있을 것이다. 이는 존재하는, 많지 않은 증거를 바탕으로 가정을 만들어낸 뒤, 그 가정을 뒷받침하거나 깨뜨릴 증거를 수집하는 탐정의 사고법에 비유되곤 한다.

이런 가추법은 아직 존재하지 않는 서비스나 제품을 디자인해야 할 때 매우 적합한 사고방식이다. 퍼스가 가추법을 소개하면서 강조한 것은, 아직 존재하지 않는 새로운 아이디어를 이미 밝혀진 대전제를 중심으로 사고하는 연역, 혹은 기존의 사례에서 공통점을 찾는 귀납으로 증명하는 것이 불가능하다는 것이었다. 연역법이 대전제에 따라 필연적으로 일어나야 할 사실을 알려주고, 귀납법이 다수의 사례에서 공통점을 찾아 앞으로 일어날 사실을 알려준다면, 가추법은 이미 일어났지만 아직 모르는 사실을 밝히거나, 개연적으로 일어날 만한 일을 가정하고 그 타당성을 확인해 나가는 데 적합하다.

경험이 많은 디자이너는 정보를 해석하고 아이디어를 떠올리는 과정에서 아주 자연스럽게 가추법을 적용한다. 반면 디자이너가 아닌 사람들이나 초임자에게 가추법은 낯설게 느껴질 수 있다. 다음 두 가지 예시는 전혀 다른 맥락에서 가추법이 사용되는 과정을 보여준다.

🖋 예시 1. 애플사의 음원 판매 전략, 아이튠즈

불법 다운로드를 이겨내고 디지털 음원 구입의 새로운 장을 연 애플Apple사의 아이튠즈iTunes에서 가추법의 한 예를 찾을 수 있다. 아이튠즈가 만들어진 당시엔 온라인 쇼핑과 MP3 플레이어 사용량이 폭발적으로 늘어나는 시기였다. 따라서 많은 기업이 온라인 음원 판매가 미래에 큰 시장을 형성할 것이라고 예상하고 있었다. 하지만 CD 불법 복제와 MP3 불법 다운로드가 성행하면서 온라인 음원 판매 사업에 선뜻 뛰어들지 못하고 있었고, 이를 시도한 기업들은 하나같이 쓰디쓴 실패를 맛봐야 했다.

애플은 많은 사용자가 컴퓨터에 쌓여가는 MP3 파일들을 정리하기가 쉽지 않아 골머리를 앓고있다는 점에 착안해 음악 파일을 손쉽게 정리해 재생할 수 있는 프로그램인 아이튠즈를 개발해 무료로 배포했다. 아이튠즈가 많은 사람에게 사랑을 받게 된 후 애플은 아이튠즈에 음원 판매 기능인 아이튠즈 스토어iTunes Store를 추가했는데, 이는 음원을 구입하기 위해 별도의 구매 사이트를 방문하고 구입한 음원을 재생 프로그램에 추가하는 번거로운 과정을 생략할 수 있게 하는 혁신적인 변화였다. 또, 아이튠즈는 당시엔 일반적이었던 앨범 단위의 구매가 아니라 소비자가 원하는 곡만 골라 살 수 있도록 했다. 이는 당시 음반사들에게는 충격적인 변화였는데, 이를 위해 세계적인 밴드 유투U2를 설득하고, 유투를 위해 한정판 유투 아이팟iPod을 출시하기도 했다.

그림 4.3. 장르, 음악인, 앨범명으로 음원을 자동으로 정리해서 쉽게 찾을 수 있게 한 아이튠즈의 인터페이스

아이튠즈는 당시로서는 혁신적으로 편리한 인터페이스로 대중에게 사랑을 많이 받았는데, 애플의 MP3 플레이어를 쓰지 않는 사람들도 그 편리함 때문에 아이튠즈를 사용할 정도였다. 이를 통해 애플은 불법 다운로드라는 강력한 위협 요소를 극복하고 디지털 음원 시장의 새로운 장을 열었고, 2010년 기준 미국 디지털 음원 판매의 69%를 차지할 정도로 시장을 선도할 수 있었다. 이는 가까운 미래에 대부분의 사용자가 CD보다 디지털 음원을 선호할 것이라는 전제를 연역적으로 설정하되, 사용자들이 불편해하는 음악 파일 정리와 앨범 단위의

구매에 대해 귀납적으로 이해한 후 이를 바탕으로 아이튠즈라는 존재하지 않던 서비스를 가추적으로 디자인함으로써 가능했다.

이렇게 가추법은 연역과 귀납을 오가며 현재와 선호하는 미래를 이어준다. 연역법이나 귀납법처럼 '반드시 이럴 것이다'라고 생각하는 것이 아니라 '이런 게 가능할까?'라고 생각함으로써 아직 존재하지 않는 해결안을 생각해볼 수 있게 한다. 연역법과 귀납법을 오가며 다양한 미래에 대한 가정을 세우고, 그것을 디자인 아이디어로 연결시키고, 더 많은 증거를 찾아 아이디어들을 검증해 나간다.

📝 예시 2. 헬싱키 시 정신과 진료 향상 프로젝트

가추법을 통해 디자인 아이디어를 도출하는 다른 예를 살펴보자. 여러분이 헬싱키 시의 정신과 진료를 향상시키기 위한 프로젝트에 참여하고 있다고 하자. 헬싱키의 정신과 진료는 정신질환을 앓고 있는 누구에게나 무료다. 그리고 모든 정신질환자는 정부에서 일정 금액의 생활보조금을 받는다. 이는 먼 미래에는 바뀔 수 있지만 당장은 큰 변화가 생기지 않을 현상으로 연역적으로 참고할 수 있는 사항이 된다.

전문가 인터뷰를 진행하던 중, 여러분은 비영리 단체의 직원에게서 한때 정신병을 앓았던 환자들이 건강하지 못한 음식을 지속적으로 섭취해 건강이 나빠지고, 결국 정신건강을 다시 해치는 경우가 많다는 이야기를 듣게 된다. 외래진료소의 한 간호사는 정신질환자의 상당수가 중고등학교 때 질환이 시작됐기 때문에, 성인이 될 무렵 고등교육이나 직업교육을 제대로 수료하지 못해 질환이 완화되어도 일자리를 찾고 사회에 적응하는 데 어려움을 겪는다고 이야기한다.

정부가 지원하는 최저생계비는 헬싱키의 비싼 월세를 내고 나면 50에서 100유로밖에 남지 않는데, 이 돈으론 한끼 평균 1유로 정도밖에 쓸 수 없게 된다. 정신질환을 앓았던 사람들은 저렴하고 건강하지 못한 식단에 꾸준히 노출되고, 심지어는 전자레인지가 없어 냉동 피자를 데우지 않고 그냥 먹는 경우도 있다. 여러분도 이쯤 되면 건강한 식습관이 장기적으로 정신질환을 완화할 수 있다는 생각을 할 수 있을 것이다.

마침 여러분이 조사 과정에서 알게 된, 한 비영리 단체는 매주 '두려움 없는 금요일'이라는 프로그램을 운영하고 있다. 이는 정신질환을 앓고 있거나 앓은 적이 있는 사람이라면 누구나 참여할 수 있는 프로그램으로, 모인 사람들은 빙고 등 다양한 게임을 하고, 신선하고 건강한 점심 식사를 할 수 있다. 적어도 일주일 중 하루는 건강한 식단을 챙기도록 하고, 다양한 사람과 만나 사회적 관계를 형성하며, 다양한 교육 프로그램과 취미활동을 제공하는 비영리 단체의 직원들과 만나게 하는 것이 '두려움 없는 금요일'의 취지라고 할 수 있다.

현장에서 '두려움 없는 금요일'을 관찰한 여러분은 많은 환자가 신선하고 건강한 한 끼를 위해 행사장을 찾는다는 것을 알게 되고, 그들에게 유사한 프로그램을 매일 제공해 줄 수 있는 방법은 없을까 고민하게 된다. 나아가 '두려움 없는 매일'이 가능하지 않을까 생각해본다. 이 아이디어는 어떤 비영리 단체도 사용할 수 있는 공동 주방 콘셉트로, 누구나 단돈 1유로만 있다면 참여할 수 있는 프로그램이다. 이 1유로는 정신질환자들이 건강하지 않은 식단의 한 끼에 소비하는 금액과 같다. 참여자의 1유로마다 비영리 단체의 1유로가 더해지고, 여럿이 모이면 요리에 필요한 곡물이나 채소 등을 구입해 함께 요리할 수 있다.

간단한 요리를 할 줄 아는 시민이라면 누구나 자원활동가로 참여해 요리의 과정을 돕고 요리법을 가르쳐줄 수 있는데, 이는 정신질환을 앓았던 사람들의 일상을 더 많은 사람이 이해할 수 있게 돕는 하나의 방법이기도 하다. 정신질환을 앓고 있거나 앓았던 적이 있는 누구나 이 과정을 통해 요리를 배울 수 있고, 다양한 비영리 단체에서 제공하는 교육이나 취미활동에 주기적으로 참여할 수 있는 기회가 되기도 한다.

이처럼 가추법은 디자이너로서의 통찰력에 의존하는 추리법이다. 마치 현장의 발자욱과 벽에 남아 있는 화학 물질로 범죄의 시나리오를 추리하고 그를 검증할 증거들을 찾아내는 탐정처럼 갖가지 디자인 도구를 통해 얻은 정보들을 배경으로, 디자이너로서의 전문가적 직감을 활용해 현실 가능성이 있는 디자인 아이디어들을 떠올리고 그것들을 검증해 나간다.

가추법에 바탕을 둔 어피니티 다이어그램은 여러분이 이제까지 수집한 정보를 유용하게 활용할 수 있게 도와준다. 이 정보를 연역적으로만 분석한다면 무의미하게 보일 정보가 많을 것이다. 선호하는 미래에 부합하는 정보가 무엇인지만 찾고 나머지 정보들을 무시할 가능성이 있기 때문이다. 반면, 귀납적으로만 데이터를 바라본다면 현재의 상황을 분석하는 데 치중해 선호하는 미래에 대한 디자인 제안을 내놓기에는 부족할 수 있다.

가추법을 통해 현재의 문제점과 해결책 그리고 선호하는 미래를 연결하는 가설을 만드는 것은 디자이너의 직관을 거치게 되는데, 어피니티 다이어그램은 그 가설을 다른 현상과 정보에 반영해보고 검증하거나 수정할 수 있게 돕는다. 따라서 디자인 아이디어가 오직 디자이너의 직관 혹은 영감에서 머물지 않고 관찰 내용에 바탕을 둔 유효한 제안이 될 수 있도록 한다.

어피니티 다이어그램이 디자인 해석에 특히 유용한 이유는 단순히 현재 관찰되는 현상의 패턴을 파악하는 것에 그치는 것이 아니라 가추법을 이용해 미래의 가정을 이끌어내는 수단이 될 수 있기 때문이다. 또한 그 가정을 이끌어내는 과정에서 단지 디자이너의 직관에만 의존하는 것이 아니라 사용자 정보를 비롯해 프로젝트 과정에서 수집한 다면적인 정보를 대입시켜 가며 검증과 수정을 거칠 수 있어 혁신적이면서도 현실적인 디자인 제안을 내는 데 도움을 준다.

어피니티 다이어그램, 디자인을 만나다

1967년 발표된 KJ기법의 완성형은 일본 경영컨설턴트와 기업 임원들에게 큰 호응을 얻었고, 이후 일본의 경영이 세계의 주목을 받으면서 JUSEThe Union of Japanese Scientists and Engineers, 일본과학자·엔지니어연합가 정리한 '관리자와 직원을 위한 7가지 새로운 품질관리 도구Seven New Quality Tools for Managers and Staff'에 포함되었다. 이는 어피니티 다이어그램이라는 이름으로 90년대 초 미국 경영계에 소개되었는데, 휴 바이어Hugh Beyer와 캐런 홀츠블랫Karen Holtzblatt이 그들의 책 Contextual Design[3]의 일부로 소개한 뒤 세계적으로 널리 받아들여졌다.

3   Hugh Beyer, Karen Holtzblatt. Contextual Design: Defining Customer-Centered Systems. Morgan Kaufmann, 1997.

우리가 사용하는 어피니티 다이어그램은 25년 전 소개된 7가지 품질관리 도구의 하나였어요. 팀원들과 함께 사용자 요구를 다양한 그룹으로 정리하기 위해 QFDQuality Function Deployment, 품질 기능 전개 도구의 일부로 접했는데, 그때는 접착식 메모지 약 200개를 정리하는 데 사용했죠. 전 이후 600개에서 2,000개까지 접착식 메모지를 활용해 현장에서 접한 사용자의 목소리를 대변하고 정리하는 데 어피니티 다이어그램을 활용했어요. 당시 업계에서 인간의 경험을 이해하고 해석하기 위해 어피니티 다이어그램을 활용하는 사람은 없었죠. 어피니티 다이어그램은 발상적이고generative 귀납적인 접근과 그들을 묶어 정리하는 연역적 방법을 동시에 사용하기 때문에 유용해요. — 홀츠블랫[4]

4   필자인 우리와의 이메일에서 발췌, 2015년 4월 23일 회신 중.

이후 긴 시간 동안 다양한 분야에 어피니티 다이어그램이 소개됐고 분야 및 현장의 특성과 전문가의 경험에 따라 다르게 변형되어 온 만큼 어피니티 다이어그램에는 정답이 없다고 할 수 있다. 그럼에도 불구하고 기본적인 원리를 이해하는 것은 매우 중요하다. 원리에 대한 정확한 이해가 없이는 접착식 메모지를 붙여가며 정보를 해석하는 흉내만 내는 수준에 머물기 십상이기 때문이다.

스텝 바이 스텝

어피니티 다이어그램을 만들고 정리하는 과정을 통해 얻을 수 있는 효과는 크게 세 가지로 나눌 수 있다. 우선, 현장에서 관찰한 현상들을 공유하면서 프로젝트에 유의미한 자료와 정보들을 팀원들 모두가 이해할 수 있게 된다. 두 번째로는, 그 정보들을 의미가 밀접한 것들이나 프로젝트의 목적 혹은 디자인 방향에 시사점을 주는 것들끼리 모으고 연결하면서 핵심적인 문제가 무엇인지 파악하고 이를 해결하기 위한 아이디어들을 도출할 수 있다. 마지막으로, 이 아이디어들이 유효한지 다시 현장에서 관찰된 현상들에 비추어 검증할 수 있다.

어피니티 다이어그램을 사용하기에 앞서 이제 '현장에서 얻은 자료와 정보'에 대해 조금 깊이 생각해볼 차례이다. 여러분이 현장에서 가지고 돌아온 수많은 이야기와 경험은 체계화된 정도에 따라 단지 현장에서 일어났던 현상phenomenon일 수도 있고, 그것을 기록한 자료data일 수도 있다. 여기서 좀 더 나아가 개별 자료를 프로젝트에 유의미하게 연결한 정보information일 수도, 혹은 그것을 정리한 지식knowledge일 수도 있다. 러셀 에코프Russell Lincoln Ackoff가 정리한 지식의 피라미드DIKW Pyramid[5]는 이들의 관계를 생각해보는데 좋은 지표가 된다.

여기서 현상이란 관찰된 증거나 일어난 사건으로, 이것이 기록되면 자료가 된다. 1장에서 언급한 적이 있는 태국에서 가짜 치아 교정기가 십대 소녀들에게 인기를 끄는 현상(32쪽)을 예로 들 수 있다. 이를 기록하지 않고 스쳐 지나간다면 이는 단지 현상에 그치게 될 것이다.

5　Russell Ackoff. From data to wisdom. *Journal of Applied Systems Analysis*, 1989, pp. 3–9.

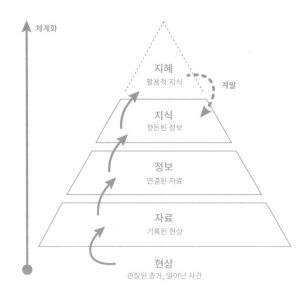

그림 4.4. 에코프의 지식의
피라미드

체계화

지혜
활용적 지식

계발

지식
정돈된 정보

정보
연결된 자료

자료
기록된 현상

현상
관찰된 증거, 일어난 사건

하지만 현상이 기록되어 자료가 되고, 이 자료가 다른 자료나 정보와 연결되어 의미를 형성하면 지식이 된다. 예를 들어 정신질환을 앓는 사람이 냉동피자를 전자레인지에 데우지도 않고 먹는 현상을 관찰하여 기록한 자료는, 그들이 얼마 되지 않는 정부의 보조금에 의존한다는 정보와 헬싱키의 월세가 높다는 정보와 연결되면 가치 있는 정보가 된다. 그리고 그들이 넉넉하지 않은 복지 지원금으로 헬싱키에서 살아가기 위해서는 건강한 식단을 가장 먼저 포기할 수밖에 없다는, 좀 더 정돈된 정보에 이르게 된다.

지혜wisdom는 활용할 수 있는 지식을 말한다. 어피니티 다이어그램을 진행하면서 얻게 된 디자인 아이디어가 바로 지혜에 속한다고 할 수 있다. 지혜는 실존하는 증거와 경험 그리고 상상력이 어우러져 만들어진다. 수집한 다양한 정보로부터 얻은 현재에 대한 지식과 선호하는 미래에 대한 지향점을 오가며 디자인 아이디어들을 만들어간다.

어피니티 다이어그램을 활용하면서 가장 피해야 할 것은 단지 현상들을 모아두고 어피니티 다이어그램을 완성했다고 생각하는 것이다. 그것은 마치 식재료를 유사한 모양이나 색을 기준으로 모아두고 조리가 끝났다고 말하는 것과 같다.

이 책에서는 어피니티 다이어그램을 통해 현상을 해석하고, 정보를 연결하고, 그를 바탕으로 디자인 아이디어를 생각해내는 과정을 다음과 같은 네 단계로 나누어 설명한다.

첫째, 자료를 공유하고 함께 해석하기
둘째, 접착식 메모지에 문장으로 요약하기
셋째, 정보를 다양한 방식으로 연결하여 통찰 얻기
넷째, 그룹에 이름 붙이기

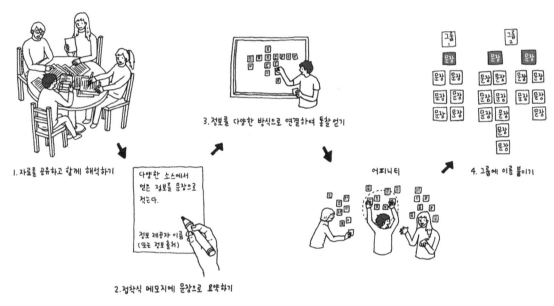

그림 4.5. 어피니티 다이어그램의
진행 과정

이 네 과정은 사실 깔끔하게 분리되어 순서대로 이루어진다기보다는 유기적으로 일어나며, 반복적이고 순환적으로 이루어진다. 우리가 이를 굳이 네 단계로 나눈 이유는 어피니티 다이어그램을 사용하면서 생각해보고 주의해야 할 사항들을 단계적으로 짚어주기 위해서다.

첫째, 자료를 공유하고 함께 해석하기

본격적으로 어피니티 다이어그램을 만들기에 앞서 가장 먼저 해야 할 일은 현상을 관찰하고 돌아온 팀원들이 각자 가져온 자료를 공유하고 함께 해석하는 것이다. 이 단계는 성공적인 어피니티 다이어그램을 위해 반드시 거쳐야 하는 과정임을 명심하자.

항상 가능하지는 않겠지만 팀이 모여 함께 어피니티 다이어그램를 만드는 것이 이상적이다. 가능한 한 다양한 직무와 배경을 가진 팀원이 모이는 것이 좋다. 프로젝트 팀이 아주 크다면 4명에서 6명을 한 팀으로 구성한 후 여러 팀에서 진행하고, 다시 팀별로 발표하는 것이 효율적이다. 이 작은 팀 역시 다양한 배경의 팀원으로 구성하는 것이 중요한데, 모든 팀원이 사용자 조사에 참여한 것이 아니더라도 어피니티 다이어그램 제작에 참여하는 것만으로 다양한 시각을 제공할 수 있어 큰 도움이 된다.

팀이 모였다면 자료를 공유하고 함께 해석한다. 진행, 질문, 기록, 모델링 등으로 각 팀원에게 역할을 부여하는 것도 좋은 방법이다. 진행자는 모든 팀원이 현장에서의 경험을 공유할 수 있게 돕는다. 질문을 맡은 사람은 발표하는 사람이 언급하는 자료 외에 혹시 유의미한 정보를 얻을 수 있는 유사한 현상은 없었는지, 혹은 같은 현상에 대해 새로운 시각을 가진 팀원은 없는지 등의 질문을 한다. 기록을 담당한 사람은 팀원들이 설명과 질의응답을 진행하는 사이 혹시 새로운 아이디어나 통찰이 기록되지 않는 것은 아닌지 확인하고 민첩하게 대응한다. 여기서 모델링은 사용자가 제품이나 서비스를 사용하는 다양한 상황이나 행동, 목표, 순서 등을 좀 더 체계적으로 배열하여 시각화하는 것을 말한다. 관찰한 상황에 연관된 각기 다른 사람들을 중심으로 모델링할 수도 있고, 한 명의 사용자를 따라가며 순차적으로 그들의 행동이나 경험을 시각화할 수도 있다. 완성된 모델을 만드는 것이 목적이 아니므로 계속 변경해가며 함께 해석할 수 있도록 접착식 메모지나 칠판을 사용하는 것이 좋다.

그림 4.6. 자료를 공유하고 함께
해석하기

지혜

지식

정보

이 과정은 각자가 현장 관찰에서 수집한
현상을 팀원들과 공유하고 놓친 현상이
없도록 하는 데 그 목표가 있다.

자료

현상

이 과정은 앞에서 소개한 지식의 피라미드에서 가장 아래의 두 단계, 즉 현상이 자료로 기록되고, 자료가 정보로 연결되는 단계를 의미한다. 다른 팀원들에게 자료를 설명하고 함께 대화를 나누는 과정에서 영감을 받아 미처 기록하지 않았던 현상을 상기해 어피니티 다이어그램에 추가하는 경우도 있을 수 있고, 한 팀원이 설명하는 자료가 이미 다른 팀원들이 설명한 자료와 연관되어 있다는 것을 발견하여 그 연결점을 파악하고, 유의미한 정보로 만들 수도 있다.

역할을 나누긴 했지만 모든 팀원이 협동적 자세로 적극적으로 참여해야 한다. 역할을 나누는 것은 정보를 놓치는 것을 막고 빠르게 큰 그림을 이해하기 위해서임을 점을 기억하자.

둘째, 접착식 메모지에 문장으로 요약하기

통계적 데이터, 정성적 데이터, 아이디어 등의 다양한 자료와 정보를 공유하면서 동시에 접착식 메모지에 발견점의 핵심을 문장으로 적어 벽에 붙인다. 사실 첫 번째 단계, '자료를 공유하고 함께 해석하기'와 두 번째 단계 '접착식 메모지에 문장으로 요약하기'는 동시에 일어나는데, 우리가 이를 굳이 나누어놓은 이유는 보통 어피니티 다이어그램을 활용할 때 첫 번째 단계 없이 바로 접착식 메모지에 요약하는 것부터 시작하는 경우를 많이 보았기 때문이다. 첫 번째 단계를 제대로 거치지 않으면 팀원들이 전체 내용을 파악하지 못한 채 분류를 하게 되거나, 풍부한 현장의 내용을 놓치게 된다.

그림 4.7. 접착식 메모지에
문장으로 적어 벽에 붙인다

사용자 조사로부터 얻은 다양한 형태의 데이터, 현장 기록, 사진, 비디오 등
을 프로젝트와 연관해 문장으로 요약한다. 자료는 단지 자료일 뿐이다. 이
를 해당 프로젝트에 연관해 정보로, 지식으로 연결시키는 것이 중요하다.
'무엇을 접착식 메모지에 적을 것인가'가 막막하게 느껴진다면 데이터를 바
라보면서 무엇이 문제인지, 혹은 기회 요소인지, 이를 통해 내가 얻은 통찰
은 무엇인지, 사람들이 필요로 하는 것은 무엇인지, 여기서 어떤 테마가 두
드러지는지를 중심으로 생각해보면 도움이 된다. 이들의 영단어 앞자를 따
서 P.O.I.N.T. 분석이라고 부르기도 한다.

- 문제problem는 사용자 연구 중 드러난 문제 상황, 사용자가 당면하는 어려
  움과 문제점, 구조적 제약사항 들을 의미한다.
- 기회opportunity는 디자인 해결안으로 연결될 수 있는 기회 요소들을 의미
  한다.
- 통찰insight은 관찰 도중 깨닫게 된, 사용자나 디자이너가 미처 몰랐던 새
  로운 발견점들을 의미한다.
- 필요needs는 사용자들이 당면하는 문제를 해결하기 위해 필요한 것들을
  의미한다.

- 테마theme는 사용자 연구 중 두드러지거나, 모은 정보 중에서 두드러지는 주제를 의미한다.

그림 4.8. 자료를 정보로 변환하기

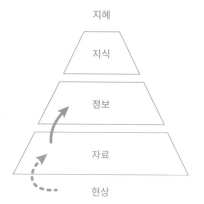

지혜

지식

정보

자료

현상

이 과정은 각자가 현장 관찰에서 수집한 현상을 프로젝트에 유관한 자료로 그리고 정보로 끌어올리는 것을 목표로 한다.

P – 조사 중 드러난 문제(problem)
O – 조사 중 발견한 기회(opportunity)
I – 조사 중 얻은 통찰(insight)
N – 조사 중 알게된 사람들의 요구나 필요(needs)
T – 조사 중 두드러지는 테마(theme)

이 과정에서 가장 중요한 것은 접착식 메모지에 적는 내용이 단지 현상이나 자료 단계에서 멈추지 않도록 하는 것이다. 팀원 각자가 현장 관찰에서 수집한 자료를 함께 이해하고 그들이 이 프로젝트에 어떤 의미를 가지고 있는지 토론하면서 정보 단계로 올라가도록 한다.

앞에 언급한 헬싱키의 정신과 진료서비스를 예로 들면, 퇴원을 해 외래 진료소를 다니던 환자들이 건강이 나빠져 다시 입원하는 현상으로부터 많은 환자들이 건강하지 못한 식단을 가지고 있다는 '문제'를 관찰할 수 있었다. 격리치료에서 통원치료로, 사회생활로 돌아온 환자들 중 적지 않은 수가 다시 상태가 위중해져 격리치료로 돌아간다는 사실로부터 정신질환에는 신체적 부상과는 달리 완치라는 개념이 없으며 정신건강이 한번 나빠지면 치료뿐 아닌 평생 관리에 집중해야 한다는 '통찰'을 얻을 수 있었다. 따라서 건강한 식단을 유지하고, 취미나 직업 교육 등을 위한 다양한 활동에 노출되어야 할 '필요'를 알 수 있었다. 다양한 비영리단체가 운영하는 활동이 이런 기회를 제공한다는 것을 알게 됐고, 그중 건강한 점심식사를 제공하는 성공적인 서비스를 발견하고 건강한 음식의 제공이라는 '테마'와 '기회'를 발견할 수 있었다.

문장으로 적기, 정보의 출처 기록하기

접착식 메모지에 키워드가 아니라 반드시 문장으로 적는 것을 명심하자. 이는 문장이 키워드보다 의미하는 바를 명확하고 좀 더 풍부하게 전달할 수 있기 때문이다. 발견점에 대해 키워드로만 적으면 본인 외에는 이해하기 어려운 경우도 있다. 또 당시에는 그 키워드가 의미하는 내용을 알고 있겠지만, 시간이 흐르고 어피니티 다이어그램이 여러 번 재구성되면 처음에 적어놓았던 키워드가 어떤 통찰의 내용을 담고 있었는지 잊어버려, 그 키워드를 전혀 다른 방향으로 해석하고 엉뚱한 정보와 연결 지을 위험도 있다.

예를 들어 정신질환을 앓은 적이 있던 환자들이 건강에 나쁜 식단 때문에 다시 정신병원을 찾는다는 발견점에 대해 '식단과 정신건강'이라는 키워드로만 써놓으면 맥락에 대한 정보가 전혀 제공되지 않기 때문에 다른 키워드와 연결점을 찾기 힘들고, 나중에 이 메모가 정확히 무슨 발견점을 의미했는지 상기하는 것도 어렵다.

대신, '균형 있는 식단이 건강한 몸을 만들고 정신건강의 기초가 된다'라고 적으면 균형 있는 식단을 어렵게 하는 요인들이 적힌 다른 메모지와 연결해볼 수도 있고, 균형 있는 식단을 가능하게 하는 기회 요소가 적힌 메모지와 연결해볼 수도 있을 것이다.

접착식 메모지의 하단에는 그 정보를 제공한 팀원의 이름, 혹은 정보의 출처를 표시하는 것이 좋다. 모든 정보가 벽에 공유된 후 각 정보 제공자가 어피니티 다이어그램 만들기에 참여한 모든 이에게 자신의 정보를 설명한다. 이때 사용하는 메모지의 색이 모두 같으면 더 좋은데, 이는 아직 메모지들을 밀접한 관계를 가진 것끼리 모으기 전이기 때문이다. 모호한 정보나 표현은 질문과 답을 통해 수정한다.

그림 4.9. 접착식 메모지에 문장으로 요약하기

같은 조직에 속한 참가자들끼리 어피니티 다이어그램을 만드는 경우 등 정보 제공자의 이름을 생략하는 경우가 있지만, 정보 제공자나 아이디어를 낸 사람을 표시하는 것이 나중에 정보를 확인하는 데 도움이 된다. 현장에서 사용자를 관찰한 팀원이나, 통계자료를 보고 프로젝트와 관련 있는 통찰을 이끌어낸 팀원, 혹은 어피니티 다이어그램을 만들며 새로운 아이디어를 제시한 팀원의 이름이 적혀 있다면 나중에 문장만으로는 기억하기 어려운 상세한 정보에 대해 문의할 수 있기 때문이다.

셋째, 정보를 다양한 방식으로 연결하여 통찰 얻기

팀원들끼리 모든 정보가 공유됐다면 본격적으로 메모지들을 다양하게 배치해본다. 다양한 각도에서, 의미가 밀접하거나 디자인 방향에 시사점을 주는 접착식 메모지들을 가까이 배치하면서 새로운 패턴을 탐색한다. 이 과정을 통해 개개의 정보가 새로운 연결점을 드러내면서 이해할 수 있는, 뜻이 통하는 전체를 이루게 된다.

그림 4.10. 정보를 다양한 방식으로 연결하며 통찰 얻기

앞서 '다양한 각도에서'라고 했듯이 이 과정은 한 번으로 끝나는 게 아니라는 걸 기억하자. A 내용이 적힌 메모지가 B 메모지와 연결됐을 때 어떤 의미를 형성했다 하더라도, 이 A 메모지가 다시 C 메모지를 만나면 전혀 다른 새로운 관점을 제시할 수 있다. 이처럼 같은 자료를 가지고도 새로운 기준으로 다시 모아보면 또다시 새로운 패턴을 파악할 수 있다.

이때 중요한 것은 메모지들을 새롭게 배치하는 과정이 모두 끝날 때까지 모여있는 메모지들의 그룹에 이름을 붙이지 않는 것이다. 어피니티 다이어그램을 할 때 흔히 하는 실수 중의 하나가 첫 어피니티 그룹이 생기자마자 이름을 붙이는 것인데, 그렇게 하면 그 그룹에 속한 메모지들을 볼 때 선입관이 생겨 새로운 관계를 발견하지 못할 수도 있다.

처음에는 이름을 정하지 않고 그룹을 만드는 것이 어렵게 느껴질 수 있다. 우선 직접적인 연관이 없더라도 조금이라도 가까운 느낌이 드는 메모지들을 모아보자. 그 그룹의 메모지들이 공통적으로 나타내는 개념에 다른 참여자들이 동의하거나 혹은 새로운 제안을 하며 다른 메모지들을 모아 줄 것이다.

지혜

지식

정보

자료

현상

이 과정은 정보를 지식으로, 지식에서 디자인 아이디어로 끌어올리는 것에 그 목표가 있다. 다양한 정보에서 패턴을 찾아내, 개개의 정보가 연결점을 드러내면서 뜻이 통하는 통찰을 얻는다.

이 과정에서 얻은 통찰은 자료와 현상 역시 새로이 볼 수 있게 해주는데, 따라서 새로운 아이디어를 찾았다면 주저하지 말고 새로운 접착식 메모지를 활용해 팀원들과 공유한다.

그림 4.11. 정보를 지식으로 끌어올리기

문장을 적은 접착식 메모지들이 하나도 남지 않고 그룹에 속하게 되면 1차 완성이다. 하지만 이것으로 어피니티 다이어그램이 끝난 것이 아니다. 사진으로 기록해두고, 다시 한번 모든 그룹들을 상세히 들여다보자. 한 그룹을 이루는 개념과 다소 거리가 있는 메모지를 밖으로 꺼내 다른 그룹에 속하게 하거나 새로운 그룹으로 만들어보자.

이렇게 어피니티 그룹을 재구성하는 작업을 모든 참여자가 완전히 만족할 때까지 계속한다. 보통은 완성까지 수차례의 반복과 수정이 필요하며 완성된 어피니티 다이어그램은 1차 완성물과 다른 경우가 대부분이다.

이 과정에서 가장 중요한 것은 팀원들 간의 소통이다. 왜 자신이 접착식 메모지를 새로운 위치로 옮겨 모으고 있는지 팀원들에게 설명하는 것이 중요하다. 혹시 메모지에 쓰인 내용만으로 원래 정보를 이해하기 어렵다면 정보 제공자에게 문의한다. 이런 소통을 통해 어피니티 다이어그램은 전체 팀원의 다양한 전문 지식과 경험을 최대한 활용할 수 있게 한다.

메모지들을 새롭게 배치하는 활동은 단지 유사한 정보를 모으고 패턴을 찾기 위한 과정만은 아니다. 다양한 방식으로 정보를 바라보고, 문제점과 해결안을 다양한 방식으로 연결하면서 기존에 상상하지 못했던 창의적인 아이디어를 만들어내는 과정이기도 하다. 새로운 아이디어가 떠올랐다면 팀원들에게 설명하고 접착식 메모지에 문장으로 적어 바로 공유한다.

이 과정에서 같은 정보를 자신과 전혀 다른 방식으로 해석하는 팀원을 볼 수 있을 것이다. 따라서 자신이 생각해보지 못했던 방식으로 문제와 해결방안을 연결할 수 있는데, 이것이 새로운 아이디어로 연결되기도 한다.

넷째, 그룹에 이름 붙이기

모든 참여자가 유사한 개념끼리 모인 메모지에 만족하고, 단 하나의 메모지도 누락되지 않았다면 이제 각 그룹의 개념을 대표하는 문장을 만들어준다.

어렵게 얻은 통찰을 한두 개의 단어로 단순화하다 보면 그 정확한 의미를 잃을 수 있다. 따라서 어피니티 그룹을 요약할 때도 단어보다는 문장을 활용하도록 하자. 딱 들어맞기만 한다면 '구관이 명관이다'라거나 '아 해 다르고 어 해 다르다' 등 적절한 속담이나 명언과 매칭하는 것도 방법이다. 하지만 이런 멋들어진 문장을 사용하기 위해 통찰의 내용을 왜곡하는 오류는 범하지 말자. 이 작업 역시 모든 참여자가 100% 만족할 때까지 계속한다.

어피니티 다이어그램을 할 때 흔히 발견되는 실수 중 하나는 그룹의 이름에 아주 일반적인 단어들, 예를 들어 '문제', '기회', 'UI'와 같이 정보의 의미나 방향성을 전혀 나타내지 않는 단어로 선불리 이름을 붙이는 것이다. 어피니티 다이어그램을 진행하면서 새로운 패턴과 숨은 의미를 발견하는 것을 방해하기 때문에 잘못된 방법이라고 할 수 있다.

어피니티 다이어그램을 오랜 시간 사용해 온 전문가들은 소위 '파란 레이블blue label'이 만들어지는 과정이 가장 중요하다고 조언한다. '파란 레이블'이란 가장 보편적으로 쓰이는 접착식 메모지가 노란색이고, 그룹에 이름을 붙일 때는 구분을 위해 파란색 접착식 메모지를 사용하는 것에 기인한 것이

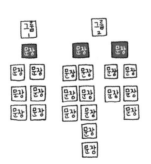

그림 4.12. 완성된 어피니티 다이어그램

다. 파란 레이블이 만들어지는 과정은 '셋째, 정보를 다양한 방식으로 연결하여 통찰 얻기'와 '넷째, 그룹에 이름 붙이기' 이 두 과정을 일컫는 표현이라고 할 수 있다. 너무 쉽게 그룹들이 만들어진 것은 아닌지, 그룹에 붙인 문장이 모인 메모지들과 정말 딱 맞는 이름인지 고민해보자.

완성된 어피니티 그룹들 중 더 큰 개념에서 공통점이 있는 것들을 묶어준다. 혹은 한 그룹 안에 더 작은 그룹으로 나눌 수 있는 메모지들이 모여있

다면 나누어 주는 것도 좋다. 단, 기존의 그룹과 그룹 이름은 유지하되, 새로운 그룹에 문장으로 이름을 지어주는 정도가 바람직하다. 그룹들을 묶거나 나누었던 이유를 추후 기억하는 데 도움이 되기 때문이다.

어피니티 다이어그램을 사용할 때 기억해야 할 세 가지_____

하나, 팀 중심의 해석 도구

어피니티 다이어그램은 개인이 사용해도 무방하지만 다른 팀원들과 함께 사용할 때 더욱 유용한 도구라고 할 수 있다. 다양한 배경과 역할을 가진 팀원들이 자신이 가진 경험과 다양한 자료를 공유하고, 이를 함께 이해하고, 정리하고, 아이디어를 발상하기 때문이다.

팀 중심의 해석 도구인 어피니티 다이어그램은 다양한 학제가 협업해 해결안을 내놓아야 하는 현대의 디자인 프로젝트에 적합하다. 기존의 분석 도구들은 일률적인 기준을 두고 그것을 만족시키는 정보와 그렇지 않은 정보를 가려서 분석하는 반면, 어피니티 다이어그램은 다양한 결을 가진 자료를 한자리에 모아 큰 그림을 이해하기에 강력한 도구다.

현장에서 디자인 프로젝트는 실로 다양한 형태의 팀으로 구성되어 진행된다. 고객사와 자문회사의 전문가가 함께 팀을 꾸려 일하게 되기도 하고, 여러 자문회사가 한 팀이 되어 작업을 진행할 수도 있다. 서비스 공급자나 제조사 내부적으로 진행되는 프로젝트의 경우에도 다양한 부서에서 팀원들이 모이기도 하고, 한 부서 안에서 프로젝트가 진행되기도 한다. 일상에서 다양한 책임을 맡고 있는 팀원들이 특정 프로젝트를 위해 모였을 때 가장 먼저 할 일은 그 프로젝트의 목적을 공유하는 일이다. 그러고 나서 그 프로젝트에 필요한 정보를 모으기 시작하는데, 이 과정에서 프로젝트에 대한 이해는 각자의 배경에 따라, 직접 경험한 정보에 따라, 직무에 따라 크게 다르다. 따라서 프로젝트의 성공을 위해서는 공통된 이해를 가지는 것이 중요하다.

어피니티 다이어그램은 이런 환경에서 다양한 사람이 불규칙하게 접하는 정보를 한자리에 모으고 방향을 설정하는 데 도움이 된다. 'A 경제 연구소 발표에 따르면 건강을 생각하는 트렌드가 올해는 운동보다는 식품 쪽으로 잡힐 것 같다고 해요'라거나, '최근 저희 서비스 센터에 접수되는 불편사항 중 가장 강력한 항의를 받는 부분이 B라고 합니다', 혹은 '최근 디자인 프로브를 통해 생긴 아이디어 중 하나인데요…', '이번 포커스 그룹 결과를 보면요…', '최근 C 기관에서 발표한 통계를 보면요…' 등 다양한 소스에서 발견된 다양한 자료를 한자리에 모아놓고 함께 해석하고, 연결 짓고, 패턴을 찾을 수 있다. 실제로 경영에서 어피니티 다이어그램이 사용될 때도 마케팅 부서에서 온 팀원, 고객 응대 부서에서 온 팀원, 디자인 부서에서 온 팀원들이 한자리에 모여 각자가 가진 자료와 고객에 대한 이해를 공유하는 것으로 시작된다.

이때 흥미로운 것은 이 정보에 새로운 디자인 아이디어도 포함해서 어피니티 다이어그램을 진행할 수 있다는 것이다. 하지만 이렇게 다양한 정보를 다루는 도구인 만큼 정보가 뒤섞이기 시작하면 걷잡기 힘들 수 있다. 따라서 다음 주의사항을 기억하자.

- 추후 언제든 다양한 정보나 아이디어의 근원지를 찾을 수 있도록 보전한다. 접착식 메모지를 사용할 때 한쪽 구석에 제안자나 정보원을 표시하는 방법이 있다. 새로운 아이디어를 적을 경우 다른 색의 메모지를 사용할 수도 있다.
- 어피니티 다이어그램을 만들어 나가는 과정에서 특정인이 지배력을 발휘하지 않도록 주의한다. 수직적인 조직문화를 가진 팀에서 가장 주의해야 할 점인데 특히 어피니티 다이어그램의 진행자는 이 점을 유념해야 한다.
- 정보나 아이디어의 그룹에 너무 일찍 이름을 붙이거나 특정 아이디어에 집착해서 다양한 정보를 판단하는 데 선입관이 생기지 않도록 주의한다. 결론을 너무 빨리 내지 않도록 주의하고, 반복적으로 어피니티 다이어그램을 다시 시작해보는 것도 좋다.

둘, 어피니티 그룹의 크기가 중요도를 의미하는 것은 아니다

어피니티 다이어그램을 진행하면서 디자인 방향을 찾으려고 할 때 흔히 저지르는 실수 중의 하나는 어피니티 그룹의 크기를 근거로 그것이 전체적인 경향이라고 결론짓는 것이다. 만들어진 어피니티 그룹 중 정보의 양이 가장 많은 그룹이 보여주는 내용을 사용자들이 전반적으로 지향하는 바 혹은 문제를 해결할 가장 중요한 단서라고 오해한 나머지, 그것에 집중한 디자인 제안을 내놓는 것이다. 심지어 각 그룹 안에 있는 메모지의 수를 세어서 양이 많은 순서대로 디자인 방향을 결정하겠다며 발표하는 경우도 있는데, 이는 정성적 해석 도구인 어피니티 다이어그램을 정량적 의사결정 도구로 잘못 이해하고 사용한 경우다.

어피니티 다이어그램을 비롯한 정성적 해석의 목적은 결코 수적으로 가장 큰 어피니티 그룹을 찾으려고 하는 게 아니며, 가장 큰 어피니티 그룹이 사용자 정보의 핵심이 되는 것도 아니다. 패턴 혹은 상위 개념을 도출하는 활동의 목적은 가장 빈번히 관찰되는 현상을 찾는 것이 아니라, 현상과 정보들이 어떻게 연결되어 있는지 그 관계를 읽어내면서, 설사 단 한 번 관찰된 현상이라 할지라도 전체에 큰 영향을 미칠 수 있는 문제인지 고민하면서 깊은 통찰을 이끌어내는 것이다. 오히려 가장 흔히 관찰되는 현상은 가장 뻔하고 새롭지 않은 현상일 수도 있다.

반대로, 어피니티 그룹을 만들 때 어떤 그룹에도 속하지 않는 메모지들이 있는 경우가 허다하다. 종종 이들을 모아두고 '기타 등등'이라고 이름 짓는 경우가 있는데, 이는 귀중한 현장의 정보를 휴지통에 내다 버리는 것과 같다.

어떤 그룹에도 속하지 않는 개별 메모지 한두 개가 남았다면, 혹시 다른 기준으로 어피니티 그룹을 만들 수 있는 것은 아닌지 고민해보자. 다양한 방법을 시도해보면 새로운 시각을 얻을 수 있다. 정말 어떤 그룹에도 속하지 않는다면 이 정보들이 사실은 프로젝트와 무관한 것은 아닌지 상의해보고 아예 제외해버리는 것이 나을 수도 있다.

셋, 사용자 맥락의 덫 vs. 자아 중심적 디자인의 덫

어피니티 다이어그램을 만드는 과정은 디자이너의 영감과 사용자의 맥락 사이에서 균형을 찾는 과정이라고 할 수 있다. 이 과정에서 사용자 맥락의 덫에 걸려 어떤 새로운 것도 제안하지 못하는 경우가 있는 반면, 사용자 조사에서 자신이 보고 싶은 것만 보고 사용자의 정보는 자신이 이미 가진 아이디어를 뒷받침하는 방향으로 해석해버리는 경우도 볼 수 있다.

사용자 맥락의 덫에 걸린 경우에는 유사한 내용끼리 모아 어피티니 그룹을 만들고, 그 그룹을 단순히 요약하는 이름으로 붙이는 성향을 보인다. 사용자 조사를 통해 얻은 정보에만 너무 귀 기울인 나머지, 그들의 문제를 해결하기 위한 디자이너의 통찰적 해석과 디자인 아이디어를 모색하는 자세와는 멀어진 경우다.

자아 중심적 디자인의 덫에 걸린 경우에는 앞서 진행한 사용자 조사를 무용지물로 만들고 자신의 생각대로, 자신의 선호도를 반영한 디자인을 하는 경우다. 이때 그 결과물이 설령 시각적으로 아름답다 할지라도 사용자의 요구를 충족시킬 수 있는 디자인이 되기는 힘들 것이다.

디자이너라면 현장 관찰 중 자연스럽게 해결안을 위한 아이디어를 떠올리게 된다. 어피니티 다이어그램을 만드는 과정에서도 새로운 아이디어는 끊임없이 발생한다. 다만, 이 아이디어들은 보통 많은 가정에 기초하고 있고, 이 가정들은 어느 정도 디자이너의 경험과 배경에도 바탕을 두고 있기 때문에 사용자의 맥락과는 다소 거리가 있는 해결안이 될 수도 있다. 중요한 것은 어피니티 다이어그램을 만들면서 디자이너의 직관적 발상과 사용자 맥락 사이를 지속적으로 오가면서 방향을 잡아나가는 것이다.

물론 사용자 조사나 사용자 중심적 접근이 항상 성공적인 결과를 약속한다고 단언할 수는 없다. 디자이너의 비전만으로도 누구나 가지고 싶어하는 제품을 만드는 경우도, 혹은 디자이너 스스로가 특정 분야에 취미나 깊은 조예를 가지고 있어 혁신적인 서비스를 디자인하는 경우도 많다. 이런 경향은 가구, 조명, 조리 도구 등의 생활용품이나 자전거, 익스트림 스포츠 등의 분야에서 흔히 볼 수 있다. 스마트폰, 노트북 컴퓨터 등 기술 주도적 제품의 경우에도 전문가들의 비전에 사용자들이 적응하며 따르는 경우도 있다.

하지만 개인의 비전만으로 다양한 이해관계를 조율해내는, 좋은 결과물을 내기란 쉽지 않다. 사회의 복합적인 시스템과 연결되어 있는 디자인 문제일 경우 더욱 그러하다. 다수의 사람이 참여해 형성되는 서비스, 공공 공간, 혹은 그 안에서 진행되는 활동 등은 다양한 서비스 제공자와 수혜자가 관여되기 마련이고, 그들 각자가 프로젝트에 갖는 관심은 본질적으로 다를 수밖에 없기 때문이다. 우리가 종종 목도하는 공공디자인 프로젝트의 실패는 프로젝트를 발주한 공공기관이 다양한 이해관계를 헤아리지 못한 채 이미 어느 정도 결과물을 정해두었거나 혹은 디자이너의 제안이 자기중심적이었기 때문인 경우가 많다.

핀란드 알토 대학교의 '협력 및 산업 디자인Collaborative and Industrial Design' 석사과정에서 사용자 중심 디자인의 입문을 위한 수업 이름은 '사용자 중심 디자인User Centred Design'이 아닌 '사용자에게서 영감을 받은 디자인User Inspired Design'이다. 이 수업의 이름을 지은 뚜르까 께이노넨Turkka Keinonen 교수는 사용자의 세계를 방문하고 그들과 함께 발상한다고 해서 우리의 본분, 즉 디자이너의 창의적 역할을 잊어서는 안 된다는 점을 분명히 하고 있다. 하지만 동시에 사용자의 세계에서 실제로 관찰하고 발견한 현상을 바탕으로 영감을 받는 것이 그 원칙이라는 점도 잊지 말라고 조언한다.

디자인에서 어피니티 다이어그램은 현장에서 얻은 귀중한 자료를 연결하고 거기서 영감을 받아 디자인 아이디어를 내는 과정에 활용된다. 이때 사용자 맥락의 덫에 빠지거나, 혹은 사용자 맥락을 무시한 자기중심적인 디자인을 내놓지 않도록 조심하자.

케이스 스터디
《새로운 디자인 도구들》의 독자 퍼소나를 만드는 데 활용된 어피니티 다이어그램

앞서 '이 책의 사용설명서'에서 소개했듯이 우리는 책을 쓰기 전 예상 독자 퍼소나를 만들었는데, 독자들의 경험과 요구사항을 정확히 이해하고자 하는 과정에서 어피니티 다이어그램을 사용했다. 일반 디자인 프로젝트에서는 어피니티 다이어그램을 활용했더라도 바쁜 일정 및 고객사와의 기밀유지계약 때문에 그 과정을 면밀히 기록해둔 사례를 찾기가 매우 힘든데, 우리는 이 책의 독자 퍼소나를 만들면서 어피니티 다이어그램을 만든 과정을 자세히 기록했고 여기 공개하고자 한다.

왜 퍼소나인가?

우리는 핀란드 알토 대학교와 싱가포르 국립대학에서 '서비스를 위한 디자인Designing for Services'과 '정부를 위한 디자인Design for Government' 등의 수업에서 많은 석사과정 학생들을 지도해왔다. 또, 세미나 등의 학술적 행사를 통해 현업에 종사하는 국내외 디자이너들과 고객기관의 담당자들과 만나 대화하면서 어렴풋하게 잠재 독자들의 요구를 파악하고 있었다. 이런 우리의 경험은 이 책을 시작하는 출발점이 됐지만 좀 더 명확하게 우리의 목표를 정의하고 책의 요소요소에 독자들을 위한 맞춤형 정보를 제공하기 위해 퍼소나를 만들기로 했다.

가장 큰 이유는 우리 두 저자 사이의 소통 오류를 줄이기 위해서였다. '그렇게 쓰면 이 책을 읽는 독자가 쉽게 이해할 수 있을까요?'라거나 '이런 내용은 이미 독자들이 알고 있는 내용 아닐까요?'라는 말은 우리가 서로에게 무던히도 던졌던 질문들이다. 하지만 때때로 우리의 '독자'라는 표현은 서로 굉장히 다른 사람을 지칭하고 있었다. 같은 단어를 다른 뜻으로 사용하고 있었던 것이다.

우리가 생각했던 독자들은 누구였을까? 퍼소나를 만들기 전 인터뷰를 진행하기 위해 섭외자 목록을 만들고 인터뷰를 진행하고 그 결과를 공유하면서, 또 그 결과를 바탕으로 '전략적으로 만들어진 가상의 인물'인 퍼소나를 사용하면서, 우리는 이 책이 어떤 독자들에게 구체적으로 어떤 도움을 줄 수 있는지 예시를 들며 대화할 수 있었다. 그리고 그들에게 이름을 붙여, '실제로 디자인 에스노그라피를 할 때 챙겨야 할 준비물은 승현(서비스 디자인 자문회사 대표)에겐 새로운 내용이 아니겠지만 지원(서비스 디자이너를 꿈꾸는 심리학도)이나 지수(예비 제품 디자이너)에겐 반드시 필요한 설명이겠군요'라는 식으로 대화를 할 수 있게 됐고, 따라서 '독자'라는 모호한 표현을 지양할 수 있었다. ❖가상의 인물인 퍼소나에게 이름을 붙여주는 이유는 '5장 활용 도구: 퍼소나'에서 확인하자.

또, 각자 다른 퍼소나를 만들어서 책의 요소마다 그들이 이미 알고 있는 것은 무엇인지, 더 궁금해 할 것은 무엇인지, 특정 퍼소나의 이해를 돕기 위해 반드시 포함해야 하는 것은 무엇인지 고민할 수 있었다. 특히 어떤 퍼소나를 집중적으로 배려해야 할지, 그러면서도 그 배려가 다른 퍼소나들에게 방해는 되지 않는지 확인할 수 있었다.

섭외와 인터뷰

관찰 대상의 큰 범위는 한국인 디자이너와 학생들로 정하고, 이 책의 독자가 될 대상의 연령층, 디자인 도구를 경험한 수준, 디자인 분야와의 친숙도를 고려해 인터뷰 참여자의 목록을 작성했다. 새로운 디자인 도구를 사용하고 있거나 그럴 가능성이 있는 나이인 20대부터 50대까지, 학부 1학년부터 디자인 전문업체의 CEO까지, 디자인 전공자부터 다소 거리가 있는 전공을 가진 사람까지로 그 범위를 잡았다. 수업이나 세미나를 통해 알고 있던 디자이너와 학생들에게 연락을 취해 직접 인터뷰를 부탁하거나 적당한 사람을 추천해 달라고 요청했다.

20명 정도로 추려진 목록에서 최소 5명에서 최대 10명까지 인터뷰를 진행하기로 했다. 최종적으로 7명이 인터뷰에 응했다. 인터뷰의 목표는 우리의 가정이 맞는지 확인하고, 또 각자 다른 현장에서 다양한 경험을 하고 있는 학생과 디자이너들의 생생한 사례를 듣고 공감하는 것이었다.

직접 만나서, 혹은 화상채팅으로 인터뷰를 진행하면서 인터뷰 내용을 녹음했다. 우리가 참여자들에게 궁금한 점을 질문지로 만들어 사용하되, 참여자들이 다양한 분야에 종사하고 있고 서로 다른 경험의 질과 양을 가지고 있는 점을 고려해 각 인터뷰에 맞추어 질문을 선택해 진행했다. 질문을 던질 때는 가능한 한 전문용어나 인터뷰를 진행하는 우리의 의도를 배제하고 그들의 주관적인 경험에 대해 많이 들으려고 했고 최대한 열린 태도로 임했다.

질문 내용은 참여자에 따라 각각 달랐지만 대체로 다음과 같은 맥락을 가지고 있었다.

- 디자인 프로젝트 진행 중 사용자를 직접 만나거나 관찰하셨던 경우가 있나요?
- 사용자에게서 직접, 혹은 관찰해서 얻은 통찰을 활용해 디자인한 경험이 있나요? 있다면 사례를 이야기해 주세요.

- 소위 '사용자 조사 방법'을 사용해봤나요? 사용해봤다면 어떤 것들을 사용해봤나요? 어떤 점이 가장 어려웠나요?
- 사용자 관찰 방법은 어디서 접하게 되었나요? 어떤 기회를 통해 배울 수 있었나요?
- 사용자를 관찰하는 방법을 배우기 위해 참고한 책이 있으신가요?

발견점을 메모지에 적어 벽에 배열하기

직접, 혹은 화상채팅으로 진행한 인터뷰의 녹음 파일은 각각 짧게는 36분, 길게는 106분에 이르렀다. 인터뷰 내용을 모두 글로 옮긴 후 해석하는 것이 이상적이겠지만 시간적 제약을 고려해 우리가 각각 녹음 파일을 들으며 흥미롭게 여겨지는 발견점들을 메모했다. 이후 우리는 각자의 발견점과 이에 대한 생각을 공유하면서 흥미롭고 유의미하다고 여겨지는 내용들을 접착식 메모지에 적었다.

인터뷰 참여자의 말 중 눈에 띄는 단어를 그대로 적거나 흥미로운 에피소드를 바로 요약한 후 접착식 메모지에 적어 벽에 붙였다. 사진에서 보이

그림 4.13. 벽에 배열된 접착식 메모지

그림 4.14. 벽에 배열된 접착식 메모지

는 것처럼 인터뷰이interviewee의 이름은 감추면서도 나중에 누구에게서 들은 이야기인지 바로 확인할 수 있도록 알파벳으로 인터뷰이의 신원을 표시했다. 녹음 파일을 순서대로 들으며 작업을 진행한 만큼 처음엔 참여자의 순서대로 접착식 메모지를 배열했다.

행동에 영향을 주는 변인 도출하기

참여자별로 배열된 접착식 메모지를 우선 그대로 두고 천천히 읽어나갔다. 어피니티 다이어그램을 시작해 접착식 메모지들을 옮기기 시작하면 새로운 배열이 해석에 영향을 주기 때문에 우선은 참여자별로 모여 있는 메모지들을 그대로 두고 참여자 개개인의 이야기에 집중하기 위해서다.

가장 먼저 한 것은 각 참여자에게 특징적이었던 이야기를 찾아내는 것이었다. 그 참여자의 이야기를 관통하는 주제를 찾고, 그것이 다른 참여자들도 겪을 수 있는 변인인지 생각해보는 것이다. 다시 말해 우리가 관심을 가지고 있는 주제, 즉 새로운 디자인 도구와 관련 있는, 참여자의 행동에 영향을 줄 만한 변인을 찾는 것이다.

자신이 진행했던 프로젝트에서 사용자를 관찰하거나 직접 만났던 경험에 대해 설명해 달라고 했을 때 감성적이고 경험적인 측면을 강조한 참여자가 있었던 반면, 논리적이고 분석적으로 어떤 문제를 어떻게 해결했는지 설명하는 참여자도 있었다. 이렇게 하면 '경험, 감성 - 논리, 분석'이라는 변인의 짝이 나온다. 이런 식으로 1차 채택된 변인은 다음과 같았다. ◗ 변인을 도출하는 더 자세한 방법은 '5장 활용 도구: 퍼소나'에서 확인하자.

- 참여자가 정규 디자인 교육을 받았는가?
- 참여자가 주로 상대하는 고객의 규모가 대기업 중심인가 아니면 개인 사업자 같은 작은 규모도 있는가?
- 고용의 형태(피고용, 프리랜서나 작은 스튜디오, 학생)와 디자이너로서의 경력
- 사용자나 유관자와 만나는 빈도와 그들과의 관계 지속성
- 참여자가 주로 도출하는 디자인 결과물이 디지털(웹사이트, 휴대전화 앱)인가? 아니면 물리적(제품, 공간)인가?
- 새로운 분야인 서비스 디자인에 대한 이해도
- 새로운 디자인 도구들을 사용해보았는가? 그랬다면 얼마나 사용해보았고, 얼마나 자주 사용하는가?
- 새로운 디자인 도구들에 대해 더 깊이 배우고 싶어하는가? 배운다면 함께 대화를 나누며 깊이를 더할 동료는 있는가?
- 해외의 새로운 디자인 도구들과 관련한 논문, 서적이나 블로그를 찾아서 읽을 만큼 영어를 편하게 느끼는가?

7명의 인터뷰 참여자들을 이 변인들 위에 모두 펼쳐놓고 패턴을 살펴보았다(그림 4.15). 처음 찾으려고 했던 것은 이 중 다양한 변인에서 빈번하게 가까운 곳에 위치한 참여자들이 있는가이다.

그림 4.15. 변인들 위에 놓인 인터뷰 참여자들

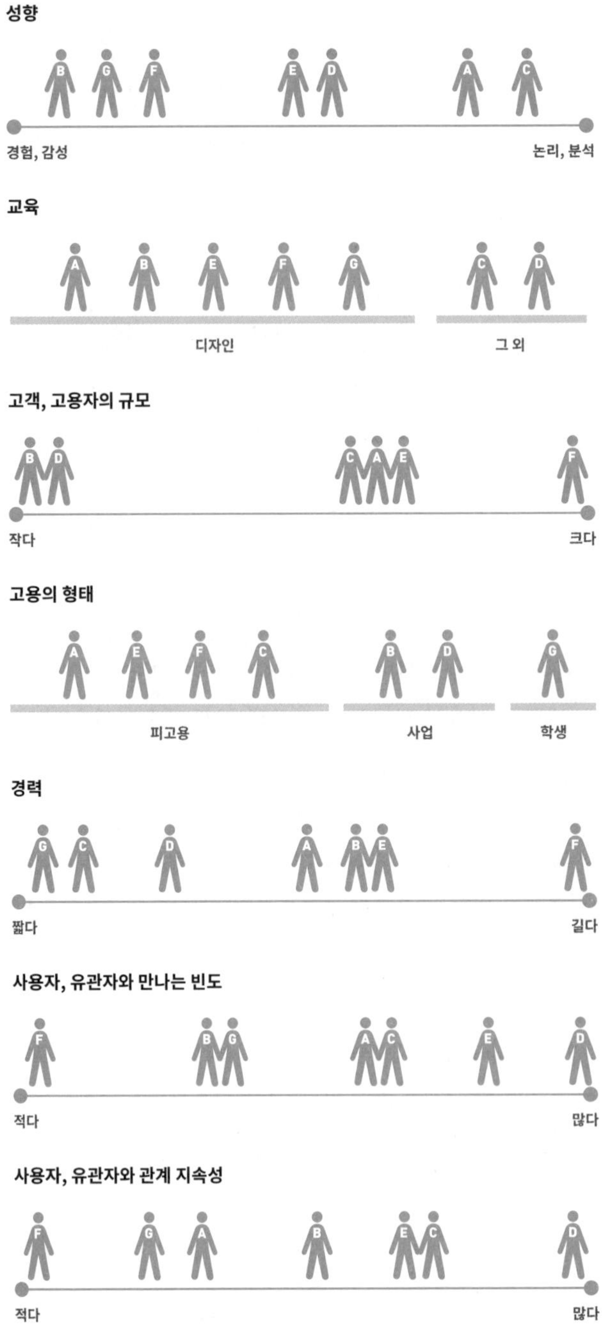
성향
B G F E D A C
경험, 감성
논리, 분석
교육
A B E F G C D
디자인
그 외
고객, 고용자의 규모
B D C A E F
작다
크다
고용의 형태
A E F C B D G
피고용
사업
학생
경력
G C D A B E F
짧다
길다
사용자, 유관자와 만나는 빈도
F B G A C E D
적다
많다
사용자, 유관자와 관계 지속성
F G A B E C D
적다
많다

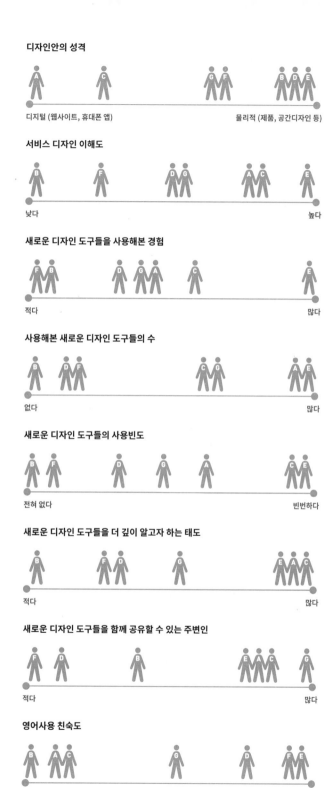

디자인안의 성격

디지털 (웹사이트, 휴대폰 앱)　　　　　　물리적 (제품, 공간디자인 등)

서비스 디자인 이해도

낮다　　　　　　높다

새로운 디자인 도구들을 사용해본 경험

적다　　　　　　많다

사용해본 새로운 디자인 도구들의 수

없다　　　　　　많다

새로운 디자인 도구들의 사용빈도

전혀 없다　　　　　　빈번하다

새로운 디자인 도구들을 더 깊이 알고자 하는 태도

적다　　　　　　많다

새로운 디자인 도구들을 함께 공유할 수 있는 주변인

적다　　　　　　많다

영어사용 친숙도

불편함　　　　　　편안하게 사용

예를 들면 A와 C 그리고 E가 그렇다. 이들은 새로운 디자인 도구들을 다양한 상황에서 사용해 왔으며 도구들을 사용하고 공부하며 고민을 나눌 친구들도 있다. 이 중 A와 C는 영어로 읽는 것이 그렇게 편안하지는 않지만, 대화를 나눌 친구들이 있기에 때때로 생기는 궁금증을 해결하고 어려운 상황을 타개할 방법이 있다.

새로운 디자인 도구들과 밀접한 연관을 맺고 있는 이들 A, C, E는 분명우리의 주요 독자층이고, 이들을 만족시켜야 하고, 또 이들의 독서를 방해해선 안 될 것이다. 하지만 이들만을 바탕으로 1순위 퍼소나를 만들어서는안 된다. 이들만 만족시켜서는 새로운 디자인 도구들에 대한 경험이 적거나, 도구 사용 경험과 궁금증을 함께 공유할 수 있는 주변인이 없는 독자들의 요구사항을 누락시킬 위험이 크기 때문이다.

우리에게 흥미롭게 다가온 참여자는 B와 D였다. 물리적 결과물을 다루는 개인 사업자 B와 D는 디자이너로서 잔뼈가 굵다. 경험을 중시하고 감성적인 B는 사용자나 유관자와 만나는 빈도나 관계 지속성도 준수한 편이어서 서비스 디자인의 개념이나 새로운 디자인 도구들을 활용한다면 큰 효과를 얻을 참여자로 보였다. D는 사용자, 유관자와 만나는 빈도와 관계 지속성이 참여자들 중 가장 높고, 또 새로운 디자인 도구들을 어느 정도 사용해보았다.

안타깝게도 B와 D에게는 새로운 디자인 도구들을 공유하고 같이 공부할동료가 없다. 이런 B와 D에게 새로운 디자인 도구들에 대한 관심을 불러일으키고 이해와 응용에 필요한 정보를 어떡하면 쉽게 전달할 수 있을까? B와 D는 책 독자 1순위 퍼소나를 만드는 데 중요한 역할을 할 것으로 보였다.

세계 시장을 대상으로 한 휴대전화 디자인을 다루는 디자이너 F는 디자인 과정에서 사용자나 유관자를 만나거나 관계를 유지하는 일이 드물었다. 휴대전화 디자인이 훨씬 다양했던 수년 전에 비해 지금의 휴대전화는 모두거대한 화면과 전원, 볼륨 버튼이 전부였기 때문이다. 실제 업무에서 새로운 디자인 도구들을 사용할 일이 없는 그는 우리의 퍼소나에 영감을 주기는어려워 보였다.

퍼소나의 뼈대 만들기

1차로 채택된 변인들 중에서 독자층의 주요 특성을 대변할 수 있는 8개의 변인을 이용해 4명의 퍼소나를 위한 뼈대를 만들었다. 시각화된 다음의 그림(그림 4.16)을 오해하지 말자. 막대 형태로 표현됐지만 정량적 수치가 있는 것은 아니다. 중요한 것은 이 4가지 퍼소나의 상대적인 차이를 한눈에 볼 수 있게 하는 것이다. 그 정성적 이야기는 아래 어피니티 다이어그램을 통해 찾은 정보들과 우리의 경험으로 풍부하게 채워질 것이다.

그림 4.16. 변인들을 바탕으로 완성된 퍼소나의 뼈대

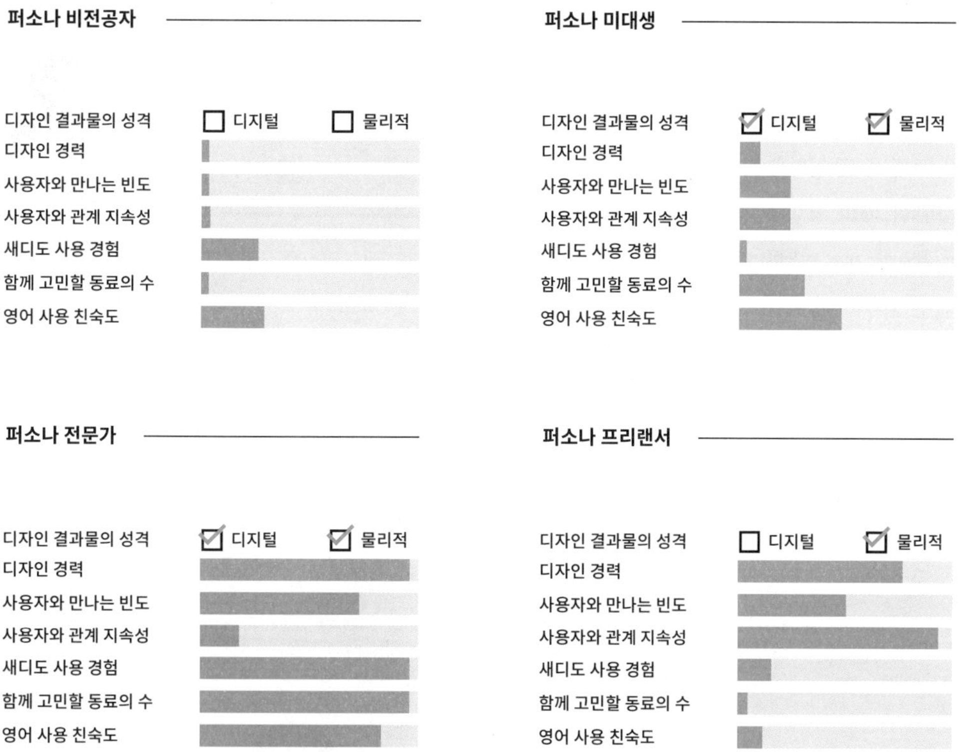

퍼소나 비전공자

디자인 결과물의 성격	☐ 디지털	☐ 물리적
디자인 경력		
사용자와 만나는 빈도		
사용자와 관계 지속성		
새디도 사용 경험		
함께 고민할 동료의 수		
영어 사용 친숙도		

퍼소나 미대생

디자인 결과물의 성격	☑ 디지털	☑ 물리적
디자인 경력		
사용자와 만나는 빈도		
사용자와 관계 지속성		
새디도 사용 경험		
함께 고민할 동료의 수		
영어 사용 친숙도		

퍼소나 전문가

디자인 결과물의 성격	☑ 디지털	☑ 물리적
디자인 경력		
사용자와 만나는 빈도		
사용자와 관계 지속성		
새디도 사용 경험		
함께 고민할 동료의 수		
영어 사용 친숙도		

퍼소나 프리랜서

디자인 결과물의 성격	☐ 디지털	☑ 물리적
디자인 경력		
사용자와 만나는 빈도		
사용자와 관계 지속성		
새디도 사용 경험		
함께 고민할 동료의 수		
영어 사용 친숙도		

어피니티 다이어그램 진행

추후에 다시 필요할 수도 있으므로 접착식 메모지들이 붙어있는 벽의 사진을 찍어둔 뒤 메모지들을 그 의미가 가까운 것끼리 모으면서 재배열했다. 이렇게 함으로써 앞서 뽑은 변인들만으로는 볼 수 없었던 새디도의 각 퍼소

나가 가질 구체적인 면면을 확인하고 이 책이 독자들을 위해 어떤 책이 되어야 할지 방향을 정할 수 있었다. 인터뷰 참여자들의 일상, 디자이너로서의 경험, 해결하기 위해 노력하는 문제, 어려워하는 것, 믿음, 고민 등이 드러났다.

분류작업은 단 하나의 메모지도 남지 않을 때까지, 모든 어피니티 그룹이 만족스러울 때까지 계속됐다. 접착식 메모지를 붙이는 데 걸린 시간만큼이나 재정리하는데도 많은 시간이 들었다. 그리고 나서야 파란 레이블을 붙였다.

그림 4.20의 '쓰던 도구만 쓰게 된다'라는 어피니티 그룹은 참여자들이 새로운 디자인 도구들을 사용할 때의 경험과 경향을 보여준다. 여기서 참여자들이 새로 알게 된 도구에 관심이 있더라도 평소 자주 사용하여 익숙한 도구를 주로 쓰게 되는 경향을 발견할 수 있었다. 이러한 발견점은 퍼소나의 이야기를 풍부하게 하는 데 활용되었을 뿐 아니라 책의 사례를 선별할 때도 영감을 주었다.

그림 4.17. 진행 중인 어피니티 다이어그램

그림 4.18. 진행 중인 어피니티 다이어그램

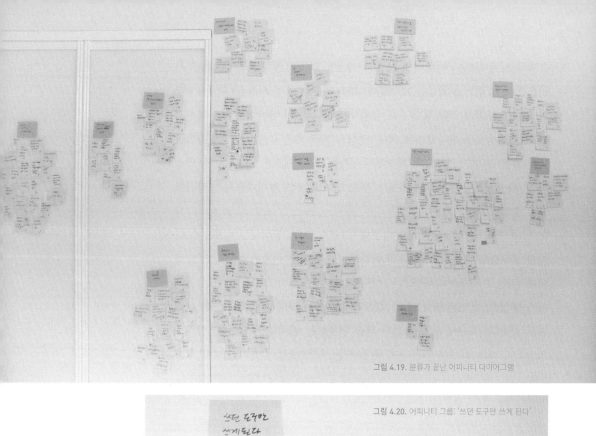

그림 4.19. 분류가 끝난 어피니티 다이어그램

그림 4.20. 어피니티 그룹: '쓰던 도구만 쓰게 된다'

그림 4.21에 나타난 어피니티 그룹은 새로운 디자인 도구들을 초임자로서 사용했을 때 겪는 문제들을 보여준다. 많은 경우 도구를 사용했다는 자체에 만 의미를 두거나, 거기서 찾은 귀중한 내용을 디자인 아이디어로 연결시키는 데 어려움을 느꼈다고 토로했다. 경험을 통해 배울 수 있지만, 그 경험을 많이 쌓을 수 있는 기회조차 부족한 듯 보였다. 또, 새로운 디자인 도구들을 몇 번 사용해보았지만 그 결과를 피부로 느끼지 못한 참여자들의 실망감도 느낄 수 있었다.

'각자 익히는 속도도 방식도 다르다'(그림 4.22)는 참여자들이 새로운 디자인 도구들을 배운 적이 있다면 어디서 배웠는지 보여주는 어피니티 그룹이다. 책으로 배우거나, 스터디 그룹을 만들어 꾸준히 노력하고 있는 참여자가 있었고, 번역된 책이 많지 않아 원서를 읽는 것이 어렵다고 느낀 참여자도 있었다. 최근에 본 유용했던 책을 언급하는 참여자도 있었다. 실무중

그림 4.21. 어피니티 그룹: '초임자들은 경험도, 경험을 쌓을 기회도 부족하다'

그림 4.22. 어피니티 그룹: '각자 익히는 속도도 방식도 다르다'

심적으로 쉽게, 사례 위주로 서술된 책이 필요해 보였다. 새로운 디자인 도구들을 주변에 소개하거나 교육해야 하는 역할을 하는 참여자도 드물지만 눈에 띄었다.

중성적인 이름과 손으로 그린 얼굴

퍼소나의 뼈대와 어피니티 다이어그램에서 얻게 된 통찰을 거름 삼아 이제 퍼소나를 완성할 시점이 됐다. 우리는 가능한 한 중성적인 이름을 찾으려고 노력했다. 독자들이 이 책을 접하고 주변에서 쉽게 찾을 수 있는 친근한 이름이기를 바랐기 때문이다. 많은 중성적인 이름 중 최종적으로 '지원' '승현' '지수' '현진'이 채택됐다.

　보통 퍼소나에는 실제감을 더하기 위해 사진을 사용하지만, 우리는 중성적인 이름을 고른 것과 같은 이유로 사진을 쓰고 싶지 않았다. 따라서 어느 정도는 실제감이 있되 여전히 독자들에게 상상의 여지를 남겨둔 손그림을 사용하기로 결정했다. 퍼소나의 얼굴을 위한 손그림은 '10초 완성 10원 초상화'를 13년째 진행해 온 디자이너이자 예술가인 장재민씨에게 의뢰하는 것으로 최종 결정을 내렸다. 이제까지 수많은 사람의 특징을 짧은 시간에 묘사해 온 그에게 우리의 퍼소나를 소개하고, 순간적으로 받은 인상으로 짧은 시간 안에 퍼소나에 얼굴을 부여해 달라고 부탁했다. 지금까지 설명한 과정을 거쳐 완성된 4명의 퍼소나는 서문의 '이 책의 사용 설명서(xvi쪽)'에서 찾을 수 있다.

6　박남춘, 현 서울여자대학교 산업디자인학과 교수, 전 삼성전자 네트워크 책임디자이너.

전문가 조언: 박남춘[6]

사실 어피니티 다이어그램은 굉장히 쉬워 보이지만 제대로 활용하기 어려운 도구이기도 하다. 디자이너들이 현업에서 사용하는 모습을 보거나 학생들이 과제를 진행하는 것을 보면 안타깝게도 어피니티 다이어그램의 겉모습만 흉내 내는데 그치는 경우를 종종 볼 수 있다. 나의 경험에 비추어 기술한 다음 3가지 팁이 이 책의 독자가 어피니티 다이어그램을 제대로 활용하는 데 도움이 됐으면 한다.

1. 어피니티 다이어그램과 프로젝트는 함께 진화한다

처음에 구성해 놓은 어피니티 다이어그램이 프로젝트 기간 내내 변화하지 않고 그대로 있다면 그것은 제대로 된 어피니티 다이어그램이 아니다. 한쪽 벽면을 가득 채운 다양한 컬러의 접착식 메모지들은 '우리 이렇게 열심히 일하고 있어요'라는 것을 강변하는 도구이거나 팀 작업 공간의 인테리어 장식으로 사용되는 경우가 허다하다. 다양한 정보를 기록한 메모지 여러 장으로 프로젝트 룸의 한 벽면을 빽빽하게 채우고 나면 뭔가 대단한 일을 한 것 같지만, 그것만으로는 어피니티 다이어그램을 시작한 것에 불과하다.

접착식 메모지를 활용하는 이유는 떼었다 붙였다 함으로써 정보를 다시 그룹핑하거나 아이디어를 발전시키는 등 다양한 논의를 이끌어낼 수 있기 때문이다. 그룹핑을 바꿔보고, 새로운 문장을 만들어보고, 정보를 추가하거나 요약해보는 과정을 수없이 반복해야 한다. 어피니티 다이어그램은 지속적으로 변화하는 살아있는 문서이자 그 자체로 창의적인 문제 해결 프로세스이다.

2. 제목이 아니라 통찰

그룹핑 후에 각 그룹의 개념을 대표하는 문장 만들기나 이름 붙이기는 분류된 카테고리의 제목을 정하는 것이 아니다. 대개 그룹핑을 한 후에 그 내용을 대표하는 '제목'을 키워드로 뽑지만, 그것은 표를 정리할 때나 필요한 카테고리의 이름이지, 그룹핑을 대표하고 창의적인 문제 해결에 도움을 줄 만한 통찰이 아닌 경우가 많다.

예를 들어 다양한 사용자 불편사항을 그룹핑한 후에 그 그룹의 이름을 '사용자 Pain Point'라고 하는 어이없는 실수를 하지 말자. 키워드는 그룹핑된 정보를 대표하면서도 문제의 핵심을 표현하거나 창의적인 해결안에 영향을 줄 단서를 제공할 수 있는 단어의 조합 또는 문장이어야 한다. '사용자 Pain Point'보다는 '사용자는 로봇청소기를 커뮤니케이션의 대상으로 받아들인다'가 훨씬 좋은 그룹 이름이다.

3. 접착식 메모지를 넘어서

접착식 메모지에 쓰인 글자와 프린트된 문장만으로 어피니티 다이어그램을 구성할 필요는 없다. 시각적인 자료를 충분히 활용하면 통찰을 도출하는 데 더 큰 도움이 될 수 있다. 사용자 조사를 통해 얻은 이미지라든가, 브레인스토밍을 통해 도출한 다이어그램 등 다양한 시각적 자료를 추가할 수 있다. 인지심리학적 측면에서 보면, 어떤 사람은 언어적인 정보의 그룹핑과 해석에 능하지만, 어떤 사람은 시각적인 정보 구성과 표현에 익숙하다. 다양한 직군과 특성을 가진 팀원이 모여서 작업하는 경우, 시각적인 자료를 활용한 어피니티 다이어그램은 팀원 간의 커뮤니케이션을 활발하게 하고 문제의 핵심과 해결 방향을 연결시키는 데 큰 도움을 줄 수 있다.

'첫술에 배부르랴'는 속담처럼 어피니티 다이어그램을 익히는 과정 역시 마찬가지일 것이다. 한번에 완벽한 어피니티 다이어그램을 만들려고 하기보다는 어피니티 다이어그램을 사용하는 것에 익숙해지고, 꾸준히 수정하고 발전시켜감으로써 디자인 프로젝트를 진행할 때마다 하나의 좋은 습관으로 자리잡는 것이 바람직하다.

박남춘 교수는 현재 서울여자대학교에서 UX 디자인을 가르치며 UX Design Lab을 운영하고 있다. 한국과학기술원에서 산업디자인학 석사를 취득하고 삼성전자 네트워크 사업부 디자인그룹 책임디자이너로 일했다. 한국디자인학회 상임이사, 한국 HCI학회 이사, 삼성전자 디자인멤버십 자문교수를 역임했으며 국가과제와 기업과제를 비롯해 다양한 UX 디자인 프로젝트를 진행했다.

마치며: 어피니티 다이어그램은 그 용도가 다양하고 많은 자료를 팀원들과 함께 해석하는 데 유용해서 다양한 분야에서 활용되고 있다. 하지만 어피니티 다이어그램을 잘 활용하기란 생각보다 쉽지 않은데, 이는 사소하지만 중요한 절차를 잊기 쉽고, 또 접착식 메모지와 벽면을 활용하는 표면적 형식만 따른 후 어피니티 다이어그램을 활용했다고 생각하기 쉽기 때문이다.

디자인 프로젝트마다 이 책에서 소개한 어피니티 다이어그램의 모든 절차를 그대로 따르는 것은 어려울 수 있다. 하지만 절차를 간소화해서 진행할 때도 핵심 원리를 잘 이해하고,

무엇을 건너뛰며 진행하고 있는지 인지하면서 진행한다면 여러분이 얻고자 한 효과를 충분히 얻을 수 있을 것이다.

퍼소나persona는 특정 제품이나 서비스를 사용할 다양한 사용자를 실제로 관찰해서 얻은 정보를 바탕으로 만드는 전략적 가상의 인물이다. 디자이너는 퍼소나를 만들면서 사용자에게 공감하고 디자인 영감도 얻을 수 있다. 또 완성된 퍼소나를 통해 사용자가 특정 기능이나 상황, 환경에 어떻게 반응할 것인지 예상해볼 수도 있다. 다양한 배경을 가진 프로젝트 구성원이 사용자에 대한 공통적인 이해를 가지고 대표적인 요구사항에 집중할 수 있게 하여, 효과적인 디자인 의사결정에도 도움을 준다.

실제 데이터를 바탕으로 한 전략적 가상의 인물_____
이제까지 여러분은 현장 관찰에서, 혹은 코디자인 워크숍에서 다양한 사용자를 만났고, 수많은 영감을 얻었다. 그렇다면 이제까지 만난 다양한 사용자 중 누구를 위해 디자인할 것인가?

많은 디자이너가 '누구를 주요 사용자 타깃으로 설정할 것인가'에 대해 고민한다. 다양한 사용자를 만난 만큼 그들이 필요로 하는 사항도 제각각이기 때문이다. 예를 들어 A에게 좋은 디자인이 B에게는 불편을 초래할 수 있다. 게다가 여러분과 함께 일하는 팀원은 여러분과 다른 생각을 가지고 있을 수 있다. 여러분은 A의 요구가 더 중요하다고 생각하고, 여러분의 팀원은 B의 요구가 더 중요하다고 생각할 수 있다. 퍼소나는 이런 고민을 해결하고 디자인 방향을 잡는 데 길잡이 역할을 할 수 있는 도구다.

퍼소나를 만드는 것은 앞서 소개한 디자인 도구들을 통해 수집한 정보를 해석해서 사용자들이 필요로 하는 핵심 요구사항들을 전략적으로 선택하는 과정이다. 퍼소나의 창시자 앨런 쿠퍼Alan Cooper는 사용자 정보를 포도에, 퍼소나를 포도주에 비유했다. 마치 수많은 포도알이 모여서 가공되고 숙성되어 포도주가 탄생되듯 퍼소나는 많은 사용자 정보를 수집해 전략적으로 가장 적합한 가상의 인물을 빚어내는 것이다.

이를 통해 디자인 팀은 서비스나 제품이 제공해야 할 구체적인 요구사항에 합의할 수 있게 되어 디자인 제안의 초점을 분명히 할 수 있다. 또, 서비스나 제품이 만족시켜야 할 다양한 퍼소나를 만들어 반드시 충족해야 하는 요구사항, 핵심은 아니지만 충족하면 더 많은 사용자를 만족시킬 수 있는 요구사항 그리고 피해야 할 요구사항 등을 고려해 상세한 디자인 결정을 내릴 수 있다. 또, 가상의 인물인 퍼소나를 생생하게 묘사하고 공유하면서 사용자들이 경험하고 있는 맥락에 공감하고, 여기에서 영감을 받아 새로운 아이디어를 낼 수도 있다.

퍼소나의 기원

퍼소나는 소프트웨어 개발자이자 설계 컨설턴트로 일해온 앨런 쿠퍼의 수년간의 경험과 그가 직접 운영하는 인터렉션 디자인 자문회사[1]의 컨설팅 업무를 통해 개발됐다. 쿠퍼는 1983년 플랜잇Plan*It이라 부르던 '업무 효율을 위한 프로젝트 관리 소프트웨어'를 디자인하면서 퍼소나를 처음 사용했다.

플랜잇 프로젝트의 성공 이후 그는 해당 디자인 프로젝트에 합당한 '목표'와 '의도'를 가진 가상의 사람들을 만들고 그들의 행동방식에 맞추어 주요 목표를 달성할 수 있도록 소프트웨어를 디자인해왔다. 그의 노하우는 '퍼소나'로 정리되어 현재 제품 디자인, 인터렉션 디자인, 서비스 디자인을 막론하고 가장 널리 쓰이는 디자인 도구 중 하나가 됐다.

퍼소나는 책상 앞에 앉아 예상 고객을 머릿속으로 예측한 뒤 제작할 수 있는 것이 아니다. 새롭게 개발할 서비스나 제품이 만족시켜야 할 실제 사용자를 명확히 이해하고, 디자인 방향에 영향을 미칠 가상의 사용자를 전략적으로 만들어 나가는 과정이 반드시 수반되어야 한다.

1 쿠퍼는 1992년부터 샌프란시스코에 자신의 이름을 딴 인터렉션 디자인 회사를 꾸려왔다. 2017년 당시 세계 12개국에 사무실을 두고 있던 덴마크의 세계적인 디자인 전문회사 디자인잇(Designit)과 합병했다.

이 책의 다양한 독자층을 위해 첨언하자면 마케팅에서 이해하는 퍼소나는 디자인 도구로서의 퍼소나와 조금 다를 수 있다. 마케팅에서의 퍼소나가 비교적 인구통계학적이고 정량적인 데이터에 기초한 평균적인 소비자를 대변한다면, 디자인에서의 퍼소나는 사용자에 공감하기 위한 정성적인 접근에 기초한다. 디자인에서의 퍼소나는 타깃 사용자 그룹을 연령대, 소득수준 등과 같은 정량적인 정보로 나타내는 것을 넘어서 맥락context, 상황circumstance, 태도attitude, 행동behavior, 고통pain points 그리고 목표goal와 같은 항목에 주력한다. 이러한 항목들에 대해 고민함으로써 '평균적인 문제'가 아니라 사용자의 '구체적인 문제'에 접근할 수 있다.

2 번역서로 《정신병원을 뛰쳐나온 디자인》(2004, 안그라픽스)이 있다.

쿠퍼는 그의 책 The Inmates Are Running the Asylum[2]을 통해 퍼소나를 세상에 소개했는데, 책의 절반 정도는 사실 왜 사용자 경험 디자인user experience design이 필요한지를 역설하는 데 할애하고 있다. 책이 한국에 번역되어 소개되면서 원제와 크게 다른 제목을 가지게 됐는데, 사실 영어 원제를 우리말로 직역하면 '수감자가 정신병원을 운영하고 있다' 정도가 될 것이다. 이는 당시 소프트웨어와 컴퓨터 개발이 실제 사용자를 만나거나 고려하지 않고 전문가인 프로그래머나 엔지니어의 추측을 중심으로 진행되던 상황을 위트 있게 꼬집은 것이다.

웹으로 치면 개발자나 관리자만 사용하는 서버 프로그래밍server programming이나 자바Java 등 백엔드back-end의 개발과 관리가 편리한 방식으로 소비자가 사용할 프론트 엔드front-end를 디자인하는 상황을 예시로 들 수 있다. 사용의 편리함이나 서비스의 유용함보다는 유지, 보수, 관리에 중점을 둔 디자인을 말하는데, 이는 소프트웨어 디자인에만 제한된 내용이 아니다. 사실 우리가 매일 접하는 공공서비스 역시 공급자 위주로 디자인되어 있는 경우가 많다. 오늘날 다양한 디자인 프로젝트에 퍼소나가 필요한 이유다.

3 Cooper Journal, http://www.cooper.com/journal/2008/05/the_origin_of_personas. 접근일: 2014년 3월 17일, 원작자의 허락을 받고 번역.

✏️ 퍼소나의 창시자 앨런 쿠퍼가 직접 말하는 퍼소나의 탄생[3]

(중략) 퍼소나가 연구실에서 개발됐다면 아마 그 상세한 기원이 이미 오래 전에 알려졌겠지만 퍼소나는 소프트웨어 개발자이자 설계 컨설턴트로 일해온 나의 수년의 경험과 쿠퍼

Cooper사 디자이너들의 컨설팅 업무를 통해 개발됐기에 그렇지 못했다. (중략) 나는 플랜잇 Plan*It이라고 부르던 '업무 효율을 위한 프로젝트 관리 프로그램'을 작성하고 있었다. 프로젝트 초기 나는 그 프로그램을 사용할 만한 동료와 지인 예닐곱 명을 인터뷰했다. 그중 특히 칼릭 광고Carlick Advertising사에서 근무하는 캐시Kathy라는 여성과 긴 대화를 나누었다. 캐시가 하던 일은 소위 '교통정리traffic'였는데, 프로젝트에 제대로 인력이 충원되고 모든 인력이 제대로 활용되도록 하는 것이었다. 그녀가 하는 일은 아주 전형적인 프로젝트 관리 업무처럼 보였고, 캐시는 최초의, 퍼소나를 위한 바탕이 됐다.

1983년의 컴퓨터는 오늘날과 비교해 매우 작고 느리고 열악했다. 플랜잇 같은 큰 프로그램은 통째로 컴파일[4]하는 데만 한 시간 이상이 걸렸다. 나는 보통 하루에 한 번 점심 시간 즈음 컴파일링을 하곤 했다. 당시 나는 아름다운 올드 델 몬테 골프 코스와 가까운 캘리포니아 몬테레이에 살았는데, 점심을 먹고 컴퓨터가 컴파일링으로 바쁜 와중에 골프 코스를 산책했다. 그렇게 걷는 동안 프로그램 디자인을 했다.

산책을 하면서, 어느 정도 캐시에 바탕을 둔 가상의 프로젝트 매니저에게 내 프로그램의 기능과 행동에 대한 질문을 던지며 연극을 하듯 대화를 했다. 나는 종종 이 대화에 깊이 빠져들어 팔을 휘저으며 큰 소리로 이야기를 하곤 했다. 골프를 치다가 내 엉뚱한 모습과 기이한 행동에 놀라는 사람들이 있었지만 난 크게 개의치 않았다. 그렇게 연극을 하듯 대화하는 기법이 프로그램에 무엇이 필요하고 불필요하며, 결정적으로 무엇이 자주 사용되고 간헐적으로 사용될 것인지 알게 해주어, 복잡하고 까다로운 기능과 인터렉션에 관한 디자인 결정을 쉽고 빠르게 내릴 수 있도록 해주었기 때문이다. (중략)

플랫잇은 컴퓨터 어소시에이츠Computer Associates에 매각됐고 슈퍼프로젝트SuperProject라는 이름으로 시장에 나와 큰 성공을 거두었다. 수년간 슈퍼프로젝트는 개인용 컴퓨터 프로젝트 관리 프로그램 시장을 지배했고, 오늘날 시장을 선도하고 있는 마이크로소프트Microsoft의 프로젝트Project 모델이 됐다.

4   프로그래머가 짠 코드를 실제 사용할 수 있는 프로그램으로 전환하는 과정

이쯤 되면 어떤 독자들은 '그래서 도대체 퍼소나가 뭐지?'라며 궁금해 할 수도 있다. 실은 '이 책의 사용설명서(xvi쪽)'를 보면 우리가 이 책의 집필을 위해 만든 퍼소나를 만나볼 수 있다. 지원, 승현, 지수, 현진은 실제로 존재하는 사람들이 아니다. 이 책의 실제 독자가 될 만한 사람들을 관찰하고, 인

터뷰해서 얻은 정보를 바탕으로 목표에 맞게 전략적으로 구성한 퍼소나들이다.

사실 이 책의 집필을 결심했을 때 우리는 이미 예상 독자를 머릿속에 그리고 있었다. 이미 사용자 조사에 대해 전문적 지식이 있는 연구원이나 학생들, 혹은 바쁘게 돌아가는 현업에서 짧은 틈을 활용해 새로운 디자인 도구들에 대해 파악하고자 하는 디자이너들, 혹은 늘 해오던 방식에 변화를 주고자하는 디자이너들, 디자이너는 아니지만 디자인에 관심이 있는 입문자 등 이책의 독자가 될 수 있는 다양한 대상들이 떠올랐다. 하지만 이들이 이미 가지고 있는 지식과 도움이 될만한 내용들이 각각 다르기에 어떠한 내용과 구성이 이 다양한 독자를 만족시킬지 이해하는 것이 매우 중요했다.

지원, 승현, 지수, 현진은 이 책의 두 저자인 우리가 함께 책을 쓰기로 뜻을 모았을 때 각자의 마음속에 가지고 있었던 다양한 예상 독자 중, 우리가이 책으로 반드시 만족시키겠다고 합의한 전략적인 가상의 사용자들이다. 이들은 우리가 책을 집필하는 과정에서 전달하고자 하는 정보를 선정하고

그 정보를 전달하는 방법을 구성하는 데 길잡이 역할을 했다. 예를 들어 지금 집필하고 있는 내용이 4명의 퍼소나 중 누구에게 가장 유용한 정보가 될 것인지 그리고 어떻게 전달해야 그 퍼소나가 좀 더 쉽게 이해하고 기억할 수 있을지, 한개의 장 안에서 어떤 내용이 먼저 나오는 것이 4명의 퍼소나 모두에게 방해가 되지 않으면서도우리가 가장 중요하게 생각하는 퍼소나에게 제일 유용할지 등을 결정하는 데 큰 도움이 됐다.

이런 퍼소나가 없었더라면 우리가 공동으로책을 집필하는 동안 전달하고자 하는 지식과 전달 방식에 대해 초점과 통일성을 유지하는 데 어려움이 많았을 것이다. 또한 이 책이 도움을 줄 수 있는주 대상 독자에게 꼭 필요한 정보들을 선별하고 전달하는 데도 무리가 있었을 것이다.

퍼소나를 두 단어로 정의하라면 '사용자 대변user representation'이 될 것이다. 퍼소나는 그 인물의 성격과 배경, 환경 등의 묘사로 구성되는데, 가상의 이름 및 해당 프로젝트의 서비스나 제품을 사용하는 목표goal와 필요needs 그리고 그와 관련해 평소에 느끼는 불편함 등의 내용이 포함된다. 좀 더 구체적으로는 개인적이고 사회적인 동기motivation, 의도purpose, 습관habit, 직감intuition, 기대wish, 희망hope, 흥미interest 등의 내용이 포함된다.

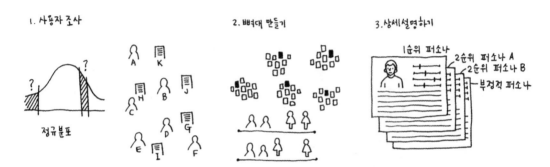

그림 5.1. 퍼소나를 만드는 과정

퍼소나를 만드는 방법에 왕도가 있다고 말하긴 어렵다. 하지만 체계적으로 퍼소나를 만들기 위해선 일반적으로 아래의 3단계를 거친다.

첫째, 사용자 조사 실시하기
둘째, 변인을 파악해 뼈대 만들기
셋째, 상세 설명을 이야기로 풀어내기

요약하자면 퍼소나 만들기는 실제 인물들을 만나는 사용자 조사에서 시작해, 다양한 변인과 행동의 동기를 파악해 퍼소나의 뼈대를 만들고, 상세한 묘사로 가상의 인물인 퍼소나에게 숨을 불어넣는 과정으로 끝난다. 퍼소나를 통해 성공적인 디자인 프로젝트를 이끌기 위해서는 많은 고려사항이 있는데, 차근차근 살펴보자.

첫째, 사용자 조사 실시하기

여러분이 지금 진행하고 있는 프로젝트에서 어떤 사용자를 타깃으로 선정하고 사용자 조사를 실시해야 할지 생각해보는 것부터 퍼소나 만들기는 시작된다. 우선 사용자와 다양한 이해관계자를 파악하기 위한 사전조사부터 진행한다. 고객 기관의 담당자나 임원진부터 시작해 해당 영역의 전문가와 인터뷰를 진행하고, 문헌조사도 병행한다. 이를 통해 프로젝트의 목적과 현재 상황을 명확히 이해한 후 사용자 대상을 선정해야 한다.

사용자 대상을 선정할 때는 가망있는 사용자들을 상상 속의 정규분포nor-mal distribution에 펼쳐놓고 생각해볼 수 있다. 여러분의 프로젝트 대상은 정규분포에 고루 펼쳐져 있는가? 그 중간에 있는 대상을 살필지, 혹은 왼쪽이나 오른쪽 끝에 있는 사람들을 살필지 고민해보아야 한다.

예를 들어 한국인의 자전거 사용을 상상해보자. 아마 대부분의 사람들은 십수 만원 이하의 자전거를 구입해 일 년에 겨우 수번 정도 자전거를 탈 것이다. 이들이 그림 5.2의 정규분포 가운데 둔덕 B를 차지하는 대다수 사람

그림 5.2. 자전거 인구 정규분포 예시

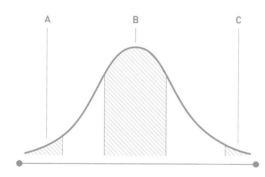

들이다. 이제, 왼쪽 끝 A가 평생 자전거를 타본 적도 없고 앞으로도 탈 생각이 없는 사람들이라면, 반대쪽 끝 C에 해당하는 사람들은 수백 만원에 이르는 자전거에 투자하고 매주, 혹은 매일 자전거 타는 사람들일 것이다. 그중엔 심지어 자전거를 타기 좋은 환경을 선호해 한강변으로 이사를 고려하는 사람도 있을 것이다.

현재 진행 중인 프로젝트가 한국사람 모두의 자전거 생활을 고쳐시키기 위한 서비스 디자인이라면 B 그룹이 적절한 대상이 되겠지만, 매일 자전거로 출퇴근을 하는 사람들을 위한 서비스를 디자인한다면 오른쪽 끝의 C 그룹만 따로 떼어 다시 정규분포를 만들어보아야 할 것이다. 이 새로운 정규분포에서 왼쪽 끝과 오른쪽 끝은 어떤 사람들이 차지하고 있을까?

하지만 인구통계학적 정규분포는 하나의 예시일 뿐이니 맹신하진 말자. 이 외에도 고려 사항이 많이 존재한다. 예를 들면 자전거를 이제 막 타기 시

작한 40대 남자도 있겠지만, 벌써 5년째 매일 자전거를 타는 20대 여성도 있을 수 있다. 이런 분석을 통해 여러분은 디자인의 대상을 곰곰이 생각해 보고, 그중 어떤 사람들을 만나고 관찰하는 것이 가장 좋을지 판단할 수 있다. 퍼소나는 단 한 명의 사용자에 기반해 만드는 것도 아니며, 인구통계학적 데이터를 살펴서 짐작한 정보로 만드는 것도 아니다. 앞서 소개한 다양한 디자인 도구를 활용해 여러분이 개발 중인 제품이나 서비스를 사용할 대상을 면밀히 관찰한 뒤, 프로젝트 목적에 맞는 변인들을 전략적으로 선택해 만드는 가상의 인물이 퍼소나이다.

다시 한번 강조하지만 단 한 명의 사용자는 마치 포도알과 같고 퍼소나는 포도주와 같다. 수많은 포도알이 모여 가공되고 숙성되어 포도주가 탄생하듯 퍼소나는 많은 사용자 정보를 수집해서 가장 전략적으로 적합한 가상의 인물을 빚어내는 것이다.

다양한 사항을 고려해 관찰 대상을 정했다면 이 책에 소개된 다양한 관찰 도구를 목표와 상황에 맞게 적절히 활용해서 사용자 조사를 진행한다. 사용자 조사를 마치고 많은 자료가 모였다면 어피니티 다이어그램을 활용해 해석을 진행한다.

둘째, 변인을 파악해 뼈대를 만들기

사용자 조사를 마쳤다면, 여러분의 프로젝트를 위해 필요한 퍼소나의 뼈대를 만든다. 뼈대를 만든다는 것은 사용자의 행동과 동기에 가장 중요한 영향을 줄 변인variable을 파악하고, 퍼소나의 수를 정하는 것을 말한다. 이 과정은 말 그대로 뼈대를 만드는 작업으로, 다음 단계인 '셋째, 상세 설명을 이야기로 풀어내기'를 위한 기초 작업이라고 할 수 있다. 즉, 또 퍼소나의 초기적인 아이디어를 잡는 과정인 만큼 다음 단계에서 살을 붙여가며 다시 정교하게 수정해야 한다.

변인 파악하기

우선, 사용자 조사 자료를 한데 모아 어피니티 다이어그램을 사용해 변인들을 파악한다. 지금 여러분이 고민하고 있는 서비스나 제품과 관련해 잠재적 사용자가 어떤 특성을 가지고 있는지 파악하는 것이다. 그 외에도 프로젝트에 중요하다고 판단되는 태도, 적성, 기술적 능력 등도 고려한다.

변인을 선택하는 기준은 프로젝트와 연관해 특정 변인이 사용자의 행동과 동기에 영향을 주는가 하는 점이다. 예를 들어 여러분이 휴대전화, 웹사이트 등 다양한 채널을 통해 제공되는 여행정보 서비스를 디자인한다면 나이, 직업, 성향, 모바일 앱 친숙도, 소셜 네트워크 서비스 친숙도 및 사용빈도 등이 관계 있는 변인으로 작용할 것이다. 하지만 진행하고 있는 프로젝트가 '주변보다 저렴하지만 모든 면에서 합리적이라는 느낌을 줄 수 있는 호텔의 공간 구성과 서비스 제안'이라면 어떨까? 인터넷이나 모바일 앱 친숙도, 컴퓨터 프로그램 친숙도보다는 여행의 이유, 머무는 기간, 선호하는 대중교통의 종류 등이 더 중요한 변인으로 작용할 가능성이 크다.

이렇게 변인들은 여러분이 임하고 있는 프로젝트에 따라 달라질 수밖에 없다. 사용자 행동에 영향을 주는 변인은 초기에 진행하는 고객사와의 미팅을 통해 발견되기도 하지만 사용자 조사를 통해 찾게 되는 경우도 많다. 양쪽 모두를 주의 깊게 관찰하고 프로젝트의 목적에 맞는 변인을 선정하는 것이 좋다. 고객사에서 제공하는 변인들은 단지 소비자의 수입이나 지출, 연령 같은 인구통계학적이거나 피상적인 변인들일 수도 있다는 점을 감안하자. 프로젝트의 목적에 맞게 사용자 조사를 실시하고, 조사 결과를 해석해 프로젝트에 정말 유의미한 변인들을 도출하는 것이 바람직하다. 그렇지 않으면 고객사가 디자이너를 고용할 이유가 없을 것이다.

변인들 위에 실제 사용자를 배치하기

변인들은 좌우에 놓고 대비시킬 수 있게 짝으로 찾되 프로젝트의 목적과 범위에 맞는 단어를 선택한다. 예를 들면 호텔에 묵는 이유를 '관광-출장'으로 대비시킬 수도 있지만 '개인-업무'로 대비시키면 좀 더 넓은 맥락을 포용할 수 있다. 누군가의 장례식에 참석하기 위해 호텔을 사용하고 있는 사람이나 유학을 위해 면접을 보러 온 사람은 모두 관광에도 출장에도 해당되지 않기 때문이다. 둘 중에 무엇이 더 낫다는 것이 아니라, 실제 대상 사용자들을 아우를 수 있는 단어인지가 중요하다.

변인에 사용할 단어의 짝이 선정됐다면 그들을 좌우 선상에 놓고 참여자들을 배치해본다. 정확한 위치보다는 상대적인 위치에 무게를 두는데, 정확한 수치보다는 참여자의 목적을 시각화하는 것이 목적이기 때문이다.

앞서 호텔을 방문하는 목적을 예로 들면, 학회를 위해 서울을 방문했지만 주말에는 서울 구시가지를 둘러보는 사람의 경우 개인 혹은 업무, 둘 중에 하나로 구분하기 어렵다. 여행을 왔지만 하루 정도 시장조사를 겸하고 있는 경우도 있을 수 있다. 이런 점들을 고려해 아래 그림처럼 변인들 사이의 상대적인 위치에 배치해본다.

우선은 가능한 한 많은 변인 위에 실제 사용자들을 배치해보고, 이런 작업을 통해 어떤 변인들이 현재 진행 중인 프로젝트에 밀접한 연관이 있을지 고민해본다. 이 변인들은 나중에 퍼소나를 완성할 때 사용할 수 있는 변인들의 후보가 되기도 하고, 혹은 이를 통해 새로운 변인, 즉 좀 더 깊은 해석이 필요한 행동의 동기나 목표를 발견할 수도 있다.

방문 목적

택시 이용 빈도

그림 5.3. 방문 목적과 택시 이용 빈도를 중심으로 나열한 여행자들

사용자 조사 중 위의 예시처럼 사용자들의 호텔 방문 목적과 택시 이용 빈도가 나타났다면 여기서 흥미로운 질문들을 던질 수 있다. 예를 들어 업무차 호텔을 이용하고 있는 방문객 E는 업무 비용 처리가 되기 때문에 편리한 택시를 많이 이용할 것이라 생각하기 쉽지만, 한국어를 전혀 할 줄 모르고 한국 지명이 익숙치 않아 시간이 좀 더 걸릴지라도 제시간 안에 확실하게 목적지에 갈 수 있는 지하철을 선호하고 있다. 오히려 시간적 여유가 있는 여행자인 C와 D가 택시를 더 많이 이용하는 것이 시각화됐는데, 여기에서 '불확실성을 피한다', 혹은 '모험을 감수한다' 같은 숨어있던 변인을 찾을 수 있다. 물론 상상만으로 이런 유추를 하는 것은 금물이다. 실제 인터뷰나 관찰 조사에 있었던 내용이라면 변인으로 채택하고, 혹은 추가적인 인터뷰나 자료조사를 하는 것이 좋다.

다양한 변인에 사용자들을 배치해보았을 때 여러 변인에서 늘 가까운 거리에 위치하고 있는 2-3명의 사용자를 찾을 수도 있다. 그런 경우 그들의 인터뷰 내용에서도 변인에 표면적으로 드러나지 않았던 흥미로운 심리적 공통점을 유추해볼 수 있을 것이다. 이런 식으로 시각화된 정보에서 찾아낸 흥미로운 행동의 패턴과 동기를 사용자 조사에서 얻은 정보와 맞추어가며 다시 확인해본다.

퍼소나를 만들 때 가장 중요한 것은 사용자가 어떤 목표를 가지고 있는지 정의하는 것이다. 여러분이 진행하고 있는 디자인 프로젝트의 목적이 바로 퍼소나의 목표를 달성할 수 있게 도와주는 것이기 때문이다. 퍼소나의 목표는 인생의 목표, 업무상의 목표, 단순히 처리해야 할 일로서의 목표 등으로 그 경중이 나뉠 수 있다. 앞서 언급한 예시에서, 업무로 한국을 찾은 사람이 택시가 아닌 지하철을 선호하는 행동의 동기는 불확실성을 피하는 것이고, 그 사람의 목표는 중요한 회의나 이벤트에 늦지 않게 도착해서 업무를 처리하는 것임을 알 수 있다.

퍼소나의 목표를 정의하는 것은 사용자 조사를 하면서 형성된 공감대, 어피티니 다이어그램을 통해 해석한 다양한 정보 그리고 디자이너의 오랜 경험을 바탕으로 이루어진다. 이에 대해서는 뒤에 '퍼소나를 만들 때 기억해야 할 것(333쪽)'에서 더 상세히 알아보도록 하자.

아무리 흥미로운 행동의 동기를 발견했다고 해도 그것이 항상 프로젝트의 목표에 유의미한 것은 아니다. 행동에 영향을 주는 변인, 그 변인 뒤에 숨은 행동의 동기에 이르기까지 프로젝트의 목적에 유의미한 정보들을 가려내야 한다.

몇 명의 퍼소나가 적절할까?

퍼소나의 뼈대를 만들면서 프로젝트와 관계 있는 변인들을 도출하고, 또 프로젝트를 위해 만나고 관찰해 온 수많은 사용자를 그 위에 배치해본다. 이를 통해 최종적으로 프로젝트에 사용할 퍼소나의 수를 결정한다. 그렇다면 과연 몇 명의 퍼소나가 적당한 것일까?

전문가들은 최소한 두 명의 퍼소나를 만들라고 조언한다. 이는 크고 작은 디자인 결정을 내릴 때 무엇이 우선순위가 되어야 할지 결정을 내리는 데 도움을 주기 때문이다. 즉, 어떤 사람을 위해 디자인해야 할지, 어떤 사람을 방해해선 안 될지, 어떤 사람은 만족시킬 필요가 없는지 결정하는 일 말이다. 1순위 퍼소나, 2순위 퍼소나를 비롯해 다양한 퍼소나를 만들어 활용할 수 있다.

- 1순위 퍼소나primary persona: 여러분이 디자인하고 있는 서비스나 제품이 최우선으로 만족시켜야 하는 퍼소나이다. 이 퍼소나의 목표는 이유를 불문하고 100% 충족되어야 하지만, 동시에 그것이 2순위 퍼소나의 주요 목표를 방해해선 안된다.

- 2순위 퍼소나secondary persona: 2순위 퍼소나의 목표는 1순위 퍼소나의 목표를 충족시키면 대부분 충족되지만, 그 외에 추가적인 다른 목표들도 가지고 있다. 하지만 2순위 퍼소나의 이런 목표들을 충족시키는 과정이 1순위 퍼소나가 서비스나 제품을 사용하는 데 조금이라도 복잡함을 더해선 안된다.

- 추가 퍼소나supplemental persona: 1순위 퍼소나와 2순위 퍼소나의 목표를 충족시키면 반드시 모든 목표가 충족되는 퍼소나이다. 모든 디자인 프로젝트에 필요한 것은 아니라서 생략하는 경우도 많지만, 실제로 사용자 조사 과정에서 만난 모든 사용자를 대변하기 위해 활용한다. 따라서 다양한 사용자를 모두 만족시켜야 하는 프로젝트에 유용한데, 추가 퍼소나를 통해 사용자 조사 과정 중 나타난 흥미로운 행동이나 양상을 드러내 디자인 과정과 해결안에 영감을 주는 역할을 할 수 있다.

- 고객 퍼소나customer persona: 실제 사용자는 아니지만 구매 결정을 내리는 퍼소나이다. 예를 들면 종합병원의 일부 진료기기는 간호사가 대부분 사용하지만 구매결정은 의사가 내리게 되는데, 이런 상황에서 구매결정을 내리는 의사를 고객 퍼소나로 구성할 수 있다.

- 접대받는 퍼소나served persona: 실제 사용자는 아니지만 사용자에 의해 응대되는, 혹은 접대받는 퍼소나이다. 예를 들어 호텔 프런트의 컴퓨터를 사용하는 퍼소나는 호텔의 직원이지만, 호텔의 직원은 그 컴퓨터를 사용해 투숙객을 접대한다. 개발하고 있는 서비스나 제품을 직접 사용하진 않지

만 연관이 있는 간접적인 사용자를 접대받는 퍼소나로 구성할 수 있다.

- 부정적 퍼소나negative persona: 전혀 디자인 대상으로 고려하고 있지 않은 부정적 퍼소나도 만들 수 있다. 부정적 퍼소나는 제품이나 서비스가 고려하지 말아야 할 대상을 말한다. 예를 들어 기술집약적인 제품을 누구나 쉽게 사용할 수 있도록 디자인하고 있다면, 복잡한 기술이나 가장 최근에 나온 새로운 개념의 제품에 열광하는 얼리어답터early adopter는 좋은 퍼소나가 될 수 없을 것이다. 이렇게 고려하길 피함으로써 더 좋은 제품이나 서비스를 만드는데 기여할 수 있는 퍼소나가 부정적 퍼소나가 된다.

프로젝트의 성격에 따라 단 두 명의 퍼소나로 되는 프로젝트도 있고 그렇지 않은 경우도 있다. 1순위 퍼소나를 비롯해 2순위 퍼소나를 두세 개 만들고 고객 퍼소나도 만들어야 하는 경우도 있다. '우리 프로젝트에 몇 명의 퍼소나가 필요한가' 하는 문제는 해당 디자인이 만족시켜야 하는 핵심 니즈가 최소한 몇 갈래로 구분 지어지는가에 따라 결정될 수 있다. 즉, 모든 기준은 '내가 진행하고 있는 프로젝트에 적절한가'이다.

퍼소나의 종류와 수를 결정하는 것은 경험이 많은 디자이너에게는 쉽게 여겨질 수 있지만, 초임자에게는 매우 어려울 수 있다. 다음 두 가지 예시는 전혀 다른 맥락에서 사용되는 퍼소나의 종류와 수를 보여준다.

예시 1. 유스 커넥션즈 퍼소나들의 뼈대

퍼소나의 뼈대를 만드는 것이 무엇인지 아직 정확히 감이 잡히지 않을 독자들을 위해 이 장의 뒤에 케이스 스터디로 소개된 유스 커넥션즈Youth Connections의 퍼소나(351쪽)를 한번 분석해보도록 하자.

케이스 스터디에서 좀 더 자세히 살펴보겠지만, 유스 커넥션즈는 뉴질랜드에서 직업도 없고 학업에도 종사하지 않는 젊은이들을 위해 다양한 학업, 창업, 취업 그리고 삶의 변화를 중심으로 한 서비스와 행사를 제공하는 기관이다. 예를 들어 동네 작은 피자집에서 소규모 취업 박람회를 열어 참여의 문턱을 낮추기도 하고, 젊은이들이 지역의 작은 일자리부터 사회참여를 시작할 수 있는 기회를 제공한다. 작은 사업체를 운영하는 고용주는 이를 통해 지역 사회에 기여할 수 있고, 젊은이들이 주로 이용하는 소셜 네트워크를 통한 홍보 등 기존에 가지지 못했던 소통 채널을 가질 수 있게 된다.

이 모든 것이 시작되기 전 뉴질랜드 북부 오클랜드에는 일자리와 고등 교육과정에 참여하지 않는 젊은이의 수가 34,000명에 이르렀다. 유스 커넥션즈는 우선 젊은이들의 현실을 이해하고 그들을 위한 맞춤 서비스를 제공하는 것을 최우선 과제로 삼았다. 의무 교육을 마치고 고등 교육과정이나 첫 단기 고용을 경험하는 과정에서 어떤 도움을 필요로 하는지, 그 도움들은 어떻게 그들의 변화에 영향을 끼치는지 아는 것이 그 목표였다.

그러기 위해서는 그들의 삶에 몰입하기 위한 도구가 필요했고, 이를 통해 그들의 현재의 경험을 파악하는 것이 가장 중요했다. 유스 커넥션즈는 15세에서 24세까지의 젊은이 50명을 관찰한 후 6명의 퍼소나를 만들었다. 관찰은 그들의 가정을 방문하고, 친구들과의 만남에 동행하고, 독립적인 인터뷰를 진행하는 등 다양한 환경에서 진행됐다.

사용자 관찰을 통해 얻은 통찰과 뉴질랜드 및 세계 곳곳의 연구결과를 통해 찾아낸 변인들을 통합하여 퍼소나를 위한 총 7개의 변인들이 확정됐다. 다음 그림을 보면 이 변인들에 6개의 퍼소나들이 상대적인 위치에 따라 어떻게 각각의 색으로 표현됐는지 알 수 있다. 이 변인들은 모두 자료조사와 인터뷰, 현장 관찰, 프로젝트의 목적 등이 어우러져 선정된 것들이다. 이런 식으로 다양한 변인에 배치해봄으로써 퍼소나의 뼈대를 만들 수 있다.

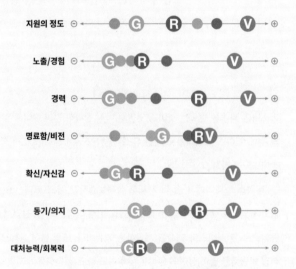

그림 5.4. 유스 커넥션즈
퍼소나들의 뼈대

유스 커넥션즈 퍼소나들의 뼈대를 살펴보면 주변의 지원 정도부터 경험, 명료함, 확신 등 어떤 면에서도 부족함이 없는 퍼소나 V가 있는가 하면, 거의 모든 면에서 어려움을 겪고 있는 퍼소나 G도 있다. 그런가 하면 자신이 바라는 미래의 모습은 아주 분명하지만 자신감이나 대처능력이 아주 떨어지는 퍼소나 R도 있다. 아무래도 큰 부족함이 없는 V보다는 어려움을 겪고 있는 퍼소나 G나 R을 위한 서비스를 제공하는 것이 바람직하겠지만, 이 둘 중 어떤 퍼소나가 1순위 퍼소나가 되어야 할지는 프로젝트의 목적과 범위에 따라 달라질 것이다.

이렇게 퍼소나의 뼈대를 만드는 과정을 통해 새로이 준비하는 프로젝트가 대상으로 할 1순위 퍼소나를 좀 더 분명히 선택할 수 있고, 1순위 퍼소나는 아니지만 프로젝트의 결과물에 방해를 받아선 안 될 2순위 퍼소나, 또는 이 프로젝트의 대상이 아닌 부정적 퍼소나 역시 확인할 수 있다. 이렇게 뼈대를 구성한 뒤, 그에 맞추어 환경과 상황을 설정하고 상세 설명을 풀어낸다.

✏️ 예시 2. 유기농 농부 퍼소나 뻬떼

2015년 핀란드 농림부는 알토 대학교의 '정부를 위한 디자인Design for Government' 수업에 프로젝트를 의뢰했다. 농산물 1차 생산자, 즉 치즈, 빵 등이 아닌 곡물, 우유, 꿀 등을 생산하는 사람들은 매년 굉장히 많은 서류 업무를 처리해야 하는데, 문제는 식품 안전과 동물 복지에 관한 서류와 농업 보조금에 관해 신고해야 할 서류의 수가 늘어나, 한 품종을 생산하기 위해 매년 제출해야 하는 서류만도 10종이 넘는다는 것이었다. 농림부는 이들의 부담을 덜어주기 위한 해결책을 고민해 달라고 했다.

디자인 팀은 수많은 사람을 찾아다니며 다양한 디자인 도구를 통해 정보를 수집했다. 많은 정보를 얻을수록 좋은 아이디어가 많이 떠올랐지만 그만큼 어려움도 커졌다. 수백 마리의 돼지와 소를 키우는 농장부터, 도시에서 양봉을 하는 사람까지 1차 생산자는 정말 다양했다. '이들 중 과연 누구를 위해 디자인을 해야 할까?' 디자인 팀은 난관에 봉착했다.

디자인 팀은 고민 끝에 주로 유기농 농산물만 생산하는 1차 생산자인 퍼소나 뻬떼Pete를 만들고 그를 1순위 퍼소나로 결정했다. 뻬떼는 겨우 4마리의 소를 관리하고 있지만, 그 소들이 먹는 여물을 포함해 그가 생산하는 다양한 채소를 모두 혼자 힘으로 관리한다. 그가 기댈 수 있는 것이라고는 어린 세 아이를 키우는 아내가 틈틈히 도와주는 것이 전부다. 뻬떼는 4월을 가장 두려워한다. 4월은 겨울이 긴 핀란드에선 봄이 오는 때이고, 따라서 씨를 뿌리고 한 해의 농사를 시작해야 하는 바쁜 시기다. 공교롭게도 이때는 정부 기관에 다양한 서류를 제출해야 하는 시기이기도 하다.

기본적인 신고 서류와 농업 보조금을 위한 제출 서류, 거기에 유기농 인증을 위한 서류 작업까지, 거의 모든 것을 혼자 해내야 하는 삐떼는 다른 그 어떤 농부보다도 많은 양의 서류 작업을 해야 한다. 수확량은 작지만 수확하는 작물의 종류가 많기 때문이다. 삐떼는 안 그래도 바쁜 4월에 한 해 농사를 시작하기 위해 바쁜 시간을 보내며 동시에 수많은 서류를 작성해야 한다. 삐떼는 정보 작성에 하나라도 실수가 있으면 그걸 바로 잡기 위해 농장과 공공기관을 오가야 하고, 잘못하면 그의 수입의 반을 차지하는 농업 보조금을 받지 못할 수도 있다. 삐떼는 이를 '4월의 공포'라고 부른다.

이 삐떼를 만족시키기 위해 디자인 팀이 제안한 '마이팜My Farm'은 '서류 작성'이라는 전제조건을 완전히 뒤엎었다. 1차 생산자라면 연중 어느 때라도 마이팜 홈페이지에 로그인해 자신의 정보를 관리할 수 있다. 자신이 생산하는 농산품을 체크하면 그에 해당하는 수많은 서류에서 요구하는 정보들이 나열되고, 모든 서류에서 늘 요구하는 기본적인 정보는 단 한 번만 입력하면 모든 서류에 자동으로 반영된다. 특정 항목들은 바뀐 게 없다면 아예 건드리지 않아도 된다. 예를 들어 관리하는 농지의 면적이나 생산하는 품목은 보통 수년 동안 바뀌지 않는 항목이다.

마이팜은 생산자를 대신해 필요한 정보들을 모아 각종 신고 서류와 농업 보조금 신청 서류를 자동으로 작성하고 발송한다. 사실 더 정확히 말하면 신청 서류는 건너뛰고 필요한 정보가 각종 관청의 데이터베이스로 전송된다. 이 중 매년 바뀌어야 하는 중요한 정보는 발송 전 1차 생산자에게 현재의 정보가 최근 정보인지 확인하고, 신청할 수 있는 새로운 농업 보조금이 등장하면 그에 추가적으로 필요한 정보를 제공할 수 있는지 물어본다.

디자인팀은 1순위 퍼소나 삐떼를 만족시키기 위한 서비스에 집중함으로써 서류 작성이라는 고정관념을 깰 수 있었다. 연중 프로파일을 관리함으로써 1차 생산자들이 4월의 공포에서 완전히 해방될 수 있고, 수많은 서류에 반복되는 기본 정보를 기입할 필요가 없어 불필요한 서류 작업과 실수를 크게 줄일 수 있는 제안이 가능했다. '마이팜'은 극히 적은 양의 농산물을 생산하는 가상의 인물 삐떼를 위해 디자인되었다. 하지만 이는 양봉을 취미로 시작했다가 남는 꿀을 이웃에게 판매하게 된 사람부터 수백 마리의 가축을 관리하는 사람까지 누구에게나 새로운 가치를 제공하는 서비스가 될 것이다.

삐떼(그림에서 퍼소나 P)는 표준 분포의 양 극단 중 한 쪽에 존재하는 사용자, 즉 극단적 퍼소나extreme persona라고 할 수 있다. 수백 마리의 돼지와 소를 관리하는 농장주 퍼소나 L은

그림 5.5. 마이팜 팀의 변인들 위에
배치된 퍼소나 P, 뻬떼

1차 음식물 생산량

적다 ——————————————————— 많다

생산하는 1차 음식물의 종류

적다 ——————————————————— 많다

서류 작업의 양

적다 ——————————————————— 많다

사업의 규모가 큰 만큼 서류 업무가 체계화되어 있고, 담당자가 있거나 혹은 외주를 줄 수도 있기 때문에 처리해야 할 서류가 많다고 해도 큰 부담을 느끼지 않는다. 반대로 도시에서 양봉을 하는 퍼소나 B는 한 해에 제출해야 하는 서류가 몇 가지 되지 않는다.

퍼소나 뻬떼의 1차 음식물 생산량은 아주 적다. 반면 생산하는 1차 음식물의 종류는 많다. 겨우 4마리의 소를 치지만, 모든 것을 유기농으로 생산하기 위해 소가 먹을 여물을 직접 생산하고, 소의 분뇨에서 생기는 벌레를 먹을 몇 마리의 닭 그리고 분뇨를 이용해 채소를 재배할 밭 등을 가지고 있기 때문이다. 따라서 그 누구보다 다양한 업무와 많은 서류 작업을 하고 있다. 디자인 팀이 극단적인 가상의 인물을 만든 이유는 다름 아니라 이런 1차 생산자의 고통을 덜어줄 수 있는 디자인 아이디어라면 그 어떤 생산자의 고통도 해결해 줄 수 있다고 판단했기 때문이다.

셋째, 상세 설명을 이야기로 풀어내기

퍼소나의 목표를 전략적으로 선택하고 나면 새로이 디자인될 서비스나 제품을 사용할 다양한 상황을 생각해서 퍼소나의 행동에 패턴을 부여하고 그 원인을 서술한다. 이때 인위적인 설명보다는 가능한 한 앞에서 진행한 관찰이나 인터뷰에서 발견한 내용을 바탕으로 서술하는 것이 좋다.

핵심은 앞 단계에서 개발된 퍼소나의 뼈대 위에 사용자 조사로부터 얻은 발견점을 바탕으로 살을 붙이는 것이다. 퍼소나의 환경과 상황을 설정하고 상세 설명을 이야기로 풀어내다 보면 어떤 부분은 불가피하게 창의성을 발휘해야 한다. 하지만 이럴 때도 완전히 꾸며내는 것은 가급적 피하고 사용자 조사에서 느꼈던 사용자의 어려움이나 희망 등을 생각하며 구성하도록 한다. 퍼소나는 영화나 소설의 주인공이 아니라 탄탄하게 진행된 관찰과 사용자 조사를 통해 만들어진 전략적인 인물임을 잊지 말자.

퍼소나를 만드는 데 가장 중요한 것 중 하나는 아주 상세한 기술을 하는 것이다. 예를 들어 '퍼소나 박현선이 비즈니스 소프트웨어를 사용한다'고 하기보다는 '박현선은 MS 오피스 워드와 구글 드라이브의 공유문서는 잘 사용하지만, 엑셀 문서 작성은 어려워해서 간단한 숫자를 기입하고 합계를 내는 정도 외에 다른 기능은 잘 활용하지 못한다'고 기술하는 것이다. 그녀의 교통수단은 우리가 개발 중인 서비스에 필요한 정보인가? 모바일 정보가 중요한 서비스라면 그럴지도 모른다. 그렇다면 그 부분도 생각해보자. '그녀는 주로 버스를 타지만, 가끔 남편의 차로 출근한다'보다는 '그녀는 전철의 소음을 싫어해 보통 버스를 이용하지만 가끔 남편과 출근 시간이 맞는 날이면 남편의 소형차로 출근한다'가 좋다. 상세한 정보를 기술하면서 서비스 개발에 필요한 정보와 그렇지 않은 정보를 가려내는 것 역시 퍼소나를 만드는 과정에서 얻어지는 소득이다.

이 과정에서 무엇보다 중요한 것은 퍼소나를 만들어가는 과정을 통해 퍼소나 박현선을 내가 정말 아는 사람처럼 느껴지게 하는 것이다. 가능하다면 사진을 구매하거나 잡지에서 오려낸 사진을 이용해서 이 가상의 인물을 좀 더 실제 인물처럼 느껴보도록 하자. 여의치 않다면 그림을 활용하는 것도 방법이다. 물론 퍼소나는 가상의 인물이며, 한 명의 사용자에게서 얻어낸 정보가 아닌, 새로이 만들어질 서비스나 제품을 사용할 많은 사람에게서 얻은 정보를 통해 그들을 대표할 수 있도록 만들어진 인물이다. 하지만 이 가상의 인물이 내가 잘 아는 가족이나 친구처럼 느껴진다면 얼굴이 없는 불분명한 대상을 위해 디자인하는 것보다 훨씬 더 손쉽게, 적합한 아이디어를 선별할 수 있을 것이다.

퍼소나에 이름도 붙여준다. 퍼소나 1, 2, 3보다는 박현선, 김소은, 이승훈이 훨씬 더 친근하게 느껴질 것이고, 얼굴이 없는 퍼소나보다는 얼굴이 있는 쪽이 더 공감하기 좋다. 전문가들은 별명을 지어주는 것은 되도록이면 피하라고 조언하는데, 농담처럼 '박원칙 부장' 혹은 '김장수 할머니' 같은 별명을 지어주면 퍼소나가 지어낸 인물이라는 느낌이 들어 그들에게 공감하기 어렵기 때문이다. 또, '음악인' 혹은 '엔지니어' 같은 직업이나 직책을 드러내는 별명도 퍼소나를 비인격화시키는 경향이 있어 공감하기 어렵게 만든다. 하지만 다수의 참여자와 함께하는 한두 시간의 짧은 아이디어 발상 워크숍 등에서 완성된 퍼소나를 활용할 경우, 오히려 별명을 붙여주는 것이 효율적일 수 있으니, 디자인 팀 내부적으로는 이름을 활용하고 워크숍에서는 별명을 활용하는 등 상황에 맞추어 유연하게 대처하도록 하자.

퍼소나가 만들어졌다고 해서 그것이 완성된 것은 아니다. 퍼소나에 이름을 부여한 이유도 다시 생각해보고, 처음으로 돌아가 퍼소나가 해당 프로젝트의 목적에 부합하는지, 실제 만나고 관찰한 사용자들의 어떤 요구를 반영하기 위해 퍼소나를 만들었는지, 전략적인 사용자로서 기능할 수 있는지 되묻는 것이 중요하다.

퍼소나는 대변된 사용자의 목소리다. 퍼소나를 단지 제품이나 서비스의 기능을 파악하고 우선순위를 정하는 데만 사용하기보다는 사용자의 행동과 목표, 성격 그리고 그들이 느낄 어려움과 고통을 상상해보고 그들을 감동시키기 위한 디자인을 한다는 태도를 가져보자.

퍼소나를 만들 때 기억해야 할 것_____

적합한 수준의 목표 설정

퍼소나 제작 시 목표 설정이 가장 중요하다는 것은 아무리 강조해도 지나치지 않다. 초보들이 흔히 하는 실수 중의 하나는 제작한 퍼소나들의 태도, 행동, 맥락, 문제, 목표가 연결되지 않거나 충분히 좁혀지지 않아서 디자인에 큰 영감을 주지 못하게 되어버리는 것이다.

이 문제에 대해서 *The Persona Lifecycle* [5]에 소개된 쿠퍼사의 디자인 부사

5　John Pruitt, Tamara Adlin. *The Persona Lifecycle: Keeping People in Mind Throughout Product Design*, Morgan Kaufmann. 2006, pp. 232-234.

장VP Design인 킴 굿윈Kim Goodwin의 조언이 큰 도움이 된다. 바로 목표를 인생의 목표life goal, 최종 목표end goal, 경험 목표experience goal로 나누어 생각해보는 것이다.

'인생의 목표'는 퍼소나가 인생에서 궁극적으로 이루고자 하는 목표로서, 예를 들면 55세에 은퇴를 한다던가 80세까지 마라톤에 참여할 만큼 건강하게 사는 것과 같이, 일반적으로 여러분이 디자인하고 있는 제품이나 서비스만으로는 이룰 수 없는 목표다. 이는 퍼소나에 포함시킬 수는 있지만 아주 넓은 의미에서 방향을 설정하는 데 도움을 줄 뿐 사용자 여정 같은 상세한 디자인 결정사항까지 영향을 미치기는 어렵다. 여러분이 기술한 퍼소나가 이런 목표만을 가지고 있다면 다시 한번 깊이 생각해보고 수정을 거쳐야 할 것이다.

다음은 '최종 목표'인데, 지금 디자인하고 있는 제품이나 서비스를 통해 사용자가 이루고자 하는 목표를 의미한다. 예를 들어 동사무소에 가족관계 증명원을 떼러 온 퍼소나 함수현의 최종 목표는 사실 그 서류를 떼는 것이 아니라 친누나와 법인을 세우기 위해서일 수도 있고, 누나를 대신해서 은행 업무를 보기 위해서일 수도 있다. 법인 등록이나 은행 업무 역시 더 큰 목표를 위한 과정일 수도 있다. 여러분이 지금 작성하고 있는 퍼소나의 진짜 목표는 무엇인가? 퍼소나를 작성할 때 업무task를 적고 그것을 목표goal이라고 생각하는 오류를 범하지 말자. 여러분이 퍼소나를 통해 상기하고자 하는 것은 목표다. 여러분이 디자인할 제품이나 서비스를 통해 이루고자 하는 궁극적 목표가 불분명하다면 여러분의 퍼소나는 퍼소나로서의 가치가 전혀 없을 수도 있다.

끝으로 '경험 목표'에는 퍼소나가 어떤 경험을 원하는지를 나타낸다. 경험 목표는 주요 기능을 비롯해 '어떤 가구를 어디에 놓을지'를 결정하거나 '정보를 어떤 채널을 통해 전달할지' 결정하는 등 작지만 중요한 서비스 터치 포인트service touchpoint의 디자인 결정에 도움이 될 수 있다. 예를 들어 한 퍼소나는 쇼핑을 할 때 본인이 찾기 전까지는 점원이 다가와 말을 걸거나 제품을 추천해주길 바라지 않는 반면, 다른 퍼소나는 점원이 자신의 결정에 도움을 주길 바랄 수도 있다. 이런 경험 목표의 차이는 실제 고객이 제품이나 서비스를 구매할 것인지 아닌지에 영향을 미칠 수도 있는 만큼 여러분의 퍼소나가 단지 '인생의 목표'와 '최종 목표'만을 가지고 있다면 '경험 목표'는 무엇일지 다시 한번 생각해보자.

2007년 쿠퍼, 로버트 라이만Robert Reimann, 데이비드 크로닌David Cronin이 수년간 퍼소나를 사용해 온 경험을 바탕으로 내어놓은 책인 *About Face 3*[6]에서 '인생의 목표'는 소비자 중심의 제품이나 서비스를 디자인할 때, '회사에서의 직책과 직위'는 기업용 제품이나 서비스를 디자인할 때 유용할 수 있다고 조언한다. 하지만 이를 정답으로 받아들이기보다는 여러분이 지금 진행하고 있는 프로젝트의 고유한 맥락을 고려하는 것이 바람직할 것이다.

회사 업무를 위한 기업용 제품이라 할지라도 그 제품의 사용자인 회사 직원의 직책에 따른 목표만 보기보다는 그가 평소 생활에서 중요하다고 생각하는 가치나 추구하고 있는 삶의 목표를 폭넓게 바라보면 훨씬 혁신적인 결과물을 내놓을 수 있다. 사용자의 평소 가치나 궁극적인 목표에 부합한다면 제품이나 서비스를 사용할 때마다 동기 부여가 되거나 만족감이 향상될 수 있기 때문이다.

다시 한번 강조하지만 퍼소나 제작에 있어 정답은 없다. 기존의 조언을 고민없이 받아들이기보다는 현재 프로젝트의 성격과 맥락에 맞게 점검하고 프로젝트에 가장 적절한 퍼소나의 목표를 설정하도록 하자.

실제 조사에 기반한 전략적 선택

최근 들어 다양하게 생겨나고 있는 디자인 도구 교육 프로그램들에서 시간적 제약 때문에 의도치 않게 퍼소나를 잘못 활용하는 경우를 종종 볼 수 있다. 퍼소나가 가상의 인물이라는 것만 강조하고 해결안 만들기에 집중하다 보니 퍼소나를 마치 디자이너에 의해 꾸며진 상상 속의 인물인 것처럼 여기거나, 단 한 명의 사용자를 관찰하고 그것을 그대로 퍼소나로 만드는 것이다.

퍼소나를 만드는 데 가장 중요한 것은 사용자 연구를 통해 얻은 실제 현장 정보를 바탕으로 작성해야 한다는 것이다. 그렇지 않으면 퍼소나는 디자이너의 지나친 상상에 그치기 쉽다. *Persona Lifecycle*의 서문에서 제이콥 닐

6　번역서로 《퍼소나로 완성하는 인터랙션 디자인》 (2010, 에이콘출판)이 있다.

슨Jakob Nielsen은 '퍼소나는 강력한 디자인 도구이지만 잘못 만들어지면 그만큼 위험한 도구이기도 하다'라고 지적한다.

가끔 실무 프로젝트의 시간적 한계 때문에 디자이너의 경험에 의존한 간략한 퍼소나, 즉 래피드 퍼소나rapid persona를 이용하는 프로젝트를 볼 수 있는데, 전문가들은 이런 경우에도 퍼소나에 잘못된 가정이 있을 수 있음을 미리 이해하고 진행하는 것이 중요하다고 조언한다. 물론 사용자에 대한 아무런 고민 없이 프로젝트를 진행하는 것보다는 래피드 퍼소나를 활용하는 것이 더 나을 수도 있지만, 이때 래피드 퍼소나의 프로필을 전략적으로 선택하고 만들 디자이너의 경험치가 매우 중요하다. 또한 한정된 시간적 자원 안에서 사용자를 고려하고자 하는 것이 목표임을 분명히 이해하고 래피드 퍼소나가 가지는 한계를 숙지해야 한다. ◑ 래피드 퍼소나에 대한 자세한 조언은 이 장 마지막에서 김기성 UX 전문가의 조언을 들어보자(375쪽).

옳은 퍼소나가 아니라 적확한 퍼소나

퍼소나에서 가장 중요한 것 중 하나는 적확한 정보를 제공하는 것이다. 적확하다precise는 말이 잘 와닿지 않는다면 옳은correct이라는 단어와 구별해 생각해보자.

예를 들어 여러분이 승무원을 위한 제품이나 서비스를 디자인하고 있다고 하자. '승무원'이라니 꽤나 좁혀진 것 같지만 승무원은 여전히 고무같이 쭉쭉 늘어나는 사용자(344쪽)가 되기 십상이다. 서울-제주만 오가는 승무원이 있는가 하면, 서울-뉴욕 같이 장거리 비행을 주로 하는 승무원도 있으니 말이다.

따라서, 승무원을 위한 제품이나 서비스를 디자인하는 수많은 디자인 프로젝트에 모두 사용할 수 있는 단 하나의 '옳은' 혹은 '만능' 퍼소나는 존재하지 않는다. 현재 진행하고 있는 프로젝트에 딱 들어맞는 퍼소나만이 그 프로젝트에 '적확한' 퍼소나일 것이다.

여러분이 디자인하고 있는 서비스나 제품을 사용할 승무원이 고객 체크인부터 비행까지 모두 담당하고 있는지, 혹은 비행만을 담당하고 있는지 확인해보자. 승무원이 몇 년의 비행 경험을 가지고 있는지, 초보인지 혹은 선임 승무원인지도 생각해보자. 그들은 모두 전혀 다른 경험, 기대 및 요구사항을 가지고 있다.

이와 같은 이유 때문에 한 프로젝트에서 만들어진 퍼소나는 다른 프로젝트에서 그대로 다시 사용되기 어렵다. 퍼소나는 해당 프로젝트에만 존재하는 고유한 문제를 해결하기 위해 전략적으로 만들어지기 때문에 정확히 같은 프로젝트가 반복되지 않는 한 이전에 사용한 퍼소나를 그대로 다시 사용하는 것은 거의 불가능한 일이다.

예를 들어 20대 혹은 30대 초보 직장인들을 위한 모바일 뱅킹 서비스를 만든다면, 2년 전 같은 대상을 위한 온라인 교육 서비스 프로젝트를 할 때 만들었던 퍼소나를 그대로 사용할 수는 없다. 모바일 뱅킹 서비스와 온라인 교육 서비스는 이와 관련하여 사용자들이 겪는 어려움 및 그들의 희망 사항이 전혀 다를뿐더러, 지난 2년간 사용자들이 수많은 기술적 변화를 받아들였을 것이기 때문이다.

퍼소나의 기술 친숙도는 좀 더 세밀하게

사용자의 기술 친숙도를 변인으로 채택할 때 상-중-하로 나누는 경우를 쉽게 볼 수 있다. '상'에 속하는 사람들은 TV 리모콘부터 스마트폰은 물론 컴퓨터도 잘 다룰 것이며, '하'에 속하는 사람들은 어느 것도 능숙히 다룰 수 없을 것이라는 잘못된 일반화다. 실제 사용자는 어떤 것은 아주 잘 다루지만 다른 어떤 것은 잘 다루지 못하는 경우가 생각보다 많다.

예를 들어 엑셀 문서는 기가 막히게 다루지만 운영체제의 파일 시스템이나 클라우드 서비스는 전혀 이해하지 못하는 퍼소나 곽민성은 어떤가? 매킨토시 컴퓨터는 기가 막히게 다루지만 PC는 젬병인 퍼소나 김수현은 어떤가? 기술 레벨에 상관 없이 제조사마다 사용법이 크게 달라 그 누구도 잘 다루기 어려운 프로젝터 리모콘의 인터페이스는 어떤가?

모든 프로젝트에 퍼소나의 기술 레벨이 필요한 것은 아니지만, 많은 부분에 디지털 기술과 인터넷이 사용되는 현재에 퍼소나의 기술 레벨은 크고 작은 디자인 결정에 영향을 미친다. 천편일률적인 상-중-하로 기술 레벨을 나누어 디자인 결정에 잘못된 영향을 주는 것을 조심하자.

퍼소나가 완성됐다면 아이디어 도출과 디자인 작업이 진행되는 동안 그 퍼소나의 목표와 필요에 집중해 디자인 결정을 내린다. 사실 퍼소나를 활용하는 방법에는 디자이너의 경험치가 크게 작용하기 때문에, 이 책에서는 초임자들을 위한 조언을 3단계로 나누어 소개한다.

첫째, 퍼소나 중심의 브레인스토밍
둘째, 단 한 명의 퍼소나를 위한 기능 정의
셋째, 퍼소나 기반 시나리오 만들기

이 단계들은 어떤 의미로도 완전하지 않고, 한번 이 단계를 거쳤다고 해서 완전한 디자인 결과물이 나오는 것도 아니다. 다만 간단하고 작은 활동부터, 분석적이고 시간이 많이 드는 작업의 순서로 나열해서 단계별로 짚어나갈 수 있도록 구성했으니 어디까지나 참고사항으로 생각해 주길 바란다.

첫째, 퍼소나 중심의 브레인스토밍

브레인스토밍brain storming은 여러 명이 함께 모여 하나의 주제에 대해 아이디어를 만들어내는 회의 방법으로, 보통 시간을 정해두고 짧은 시간 동안 가능한 한 많은 아이디어를 내는 것을 목표로 한다. 주의할 점은 브레인스토밍을 하는 동안에는 서로의 아이디어를 분석적으로 비판하기보다 서로의 아이디어에서 가지를 친 아이디어를 내놓거나 다른 아이디어와 합성한 새로운 아이디어를 내놓는 것이다.

퍼소나는 브레인스토밍을 할 때 영감의 원천이 될 수 있는데, 아무 자료 없이 브레인스토밍을 하거나 너무 많은 자료를 가지고 할 때와는 달리 퍼소나의 목표, 고충, 퍼소나가 필요로 하는 것 등에 집중해서 효율적으로 회의할 수 있다. 가능한 한 많은 수의 팀원을 초대해서 브레인스토밍을 진행하는데, 직접 현장 관찰을 다녀온 사람이 적당히 섞여 있으면 더 좋다. 미처 퍼소나에 담지 못한 다양한 현장의 목소리가 아이디어에 묻어나기 때문이다.

퍼소나는 많은 수의 사용자를 관찰해서 만들지만, 정작 퍼소나를 활용하는 이유는 단 한 명의 전략적 가상의 인물에 집중해 디자인하기 위해서다. 이렇게 함으로써 가장 널리 사용되는 서비스나 제품을 만들 수 있는데, 이는 퍼소나가 전략적으로 만들어진 인물이기 때문에 가능하다. 먼저 소개한 '마이팜'의 퍼소나 삐떼(329쪽)가 좋은 예라고 할 수 있다.

자동차를 디자인한다고 했을 때 여러 명의 아이와 애완견을 함께 키우는 엄마, 성공적인 IT 기업을 창업한 젊은 CEO 그리고 가구 만드는 것을 직업으로 하는 사람들이 원하는 자동차는 서로 전혀 다를 것이다. 쿠퍼가 늘 강조해 왔듯, 대개 새로운 서비스를 만들 때 우리는 '누구나 쉽게 사용할 수 있는' 것을 목표로 하는데 이는 마치 스포츠카, 미니밴 그리고 픽업트럭을 합친 자동차를 개발하려고 하는 것과 같다.

모두를 만족시키는 해결안은 어쩌면 누구도 만족시킬 수 없을 수 있다. 오히려 여러 명의 아이를 키우는 엄마를 위해 잘 개발된 미니밴이 그 외의 다양한 고객을 만족시킬 수 있을 가능성이 더 높다. 이것이 바로 단 한 명의 퍼소나를 위한 디자인의 핵심이다.

'단 한 명의 퍼소나를 위한 기능 정의'가 다른 퍼소나에게 전혀 신경을 쓰지 않아도 된다는 것은 아니다. 앞서 설명한 것처럼 1순위 퍼소나를 위해 고안된 기능이 접대받는 퍼소나나 고객 퍼소나를 방해하지는 않는지 확인이 필요하다. 추가 퍼소나에게 부수적으로 좋은 기능이 1순위 퍼소나나 2순위 퍼소나의 목적을 방해하지는 않는지도 교차적으로 확인해야 한다.

🖉 소니 트랜스컴, 한 명의 퍼소나를 위한 디자인

다음은 쿠퍼가 퍼소나를 처음으로 소개한 책 *The Inmates are Running the Asylum*에 등장하는 예시다. 90년대 쿠퍼는 소니 트랜스컴Sony Transcom에서 발주한, 당시로는 새로웠던 개인별 기내 엔터테인먼트 시스템인 VODvideo-on-demand의 인터페이스 디자인 프로젝트를 맡았다. 이 프로젝트의 가장 어려운 점은 비행기엔 그 어떤 배경을 가진, 그 어떤 연령의 사용자도 탑승할 수 있다는 것이었다. 한마디로 어떤 사용자를 위해 디자인해야 할지 막막하기만 했다.

쿠퍼와 그의 팀은 4명의 탑승자를 비롯 조종사, 승무원을 포함해 총 10개의 퍼소나를 만들었는데 이는 탑승자뿐 아니라 처음 이 시스템을 접하는 탑승자에게 사용법을 설명해야 하는 퍼소나와 시스템 관리를 위한 인터페이스 디자인 역시 고려해야 했기 때문이다.

탑승자 퍼소나는 65세의 클레비스Clevis, 31세의 마리Marie, 54세의 척Chuck, 9세의 이든Ethan으로 구성되어 있었는데, 이중 1순위 퍼소나로는 아예 컴퓨터를 소지하지 않은, 앞으로도 컴퓨터를 배울 생각이 없는 클레비스로 정해졌다. 클레비스는 스트레스를 받아가며 새로운 기술을 배우는 것을 애초에 회피하는 사람으로, 클레비스를 위해 디자인하면 2순위 퍼소나인 마리, 척, 이든도 모두 편리하게 사용할 수 있기 때문이다.

그림 5.6. 클레비스를 위해 만들어진, 돌아가는 휠로 영화를 선택하는 인터페이스

기존의 엔지니어들이 디자인한 인터페이스는 원하는 영화나 게임을 선택하기까지 총 6단계의 접근이 필요했다. 쿠퍼는 이 단계를 획기적으로 줄였다. 휠을 돌리면 영화, 게임, 음악까지 모든 콘텐츠를 한 단계에서 둘러볼 수 있도록 디자인했다. 또, 클레비스는 영화를 가장 선호했고, 복잡하고 조악한 기내 인터페이스로 게임을 하길 원치 않기 때문에 시스템을 켜면 영화가 가장 먼저 보이도록 했다.

이 혁신적인 디자인은 1순위 퍼소나 클레비스를 만들고 그 한 명의 가상 인물을 위해 디자인함으로서 가능했다. 하지만 이 디자인이 다른 사용자들을 괴롭히진 않았다. 2순위 퍼소나인 척이나 이든을 위해서 원한다면 바로 게임이나 음악으로 갈 수 있도록 하는 지름길도 디자인했다. 굳이 휠을 돌리지 않아도 카테고리 사이를 이동할 수 있는 기능이 숨어있었던 것이다.

셋째, 퍼소나 기반 시나리오 만들기

퍼소나는 사용자들이 '현재 어떻게 행동하는지'에 대해 묘사한다. 퍼소나가 자신의 목적을 달성하기 위해 '미래에 우리 제품을 어떻게 사용할지' 그려보는 데는 퍼소나를 바탕으로 시나리오scenario를 만드는 것이 매우 유용하다. 시나리오를 만듦으로써 퍼소나가 앞으로 디자인될 제품이나 서비스를 가지고 미래에 어떻게 행동할지 상세한 그림을 그려볼 수 있다. 고객사의 사업적 목표나 현재의 기술적 제약에 맞춘 시나리오가 아니라 퍼소나의 요구에 맞춘, 다시 말해 사용자의 진짜 문제와 바람을 해결하는 제품과 서비스가 담긴 시나리오를 만들어야 한다. 이 과정을 통해 퍼소나의 입장에서 크고 작은 디자인 결정을 내릴 수 있다.

*About Face 3*에서 쿠퍼와 다른 저자들은 3단계를 거친 시나리오 사용을 제안한다. 우선 온전히 퍼소나의 시각으로 이상적인 경험의 순서를 기술하고, 다음은 그 안에서 퍼소나가 제품이나 서비스를 이용해 자신의 목표를 달성해 나가는 과정을 세밀화한다. 그리고 마지막으로 각 단계에서 나타날 수 있는 문제를 짚어보고 그것을 해결해 나간다. *About Face 3*은 이를 각각 '맥락 시나리오context scenario', '주요 경로 시나리오key path scenario', '검증 시나리오validation scenario'라고 부른다.

맥락 시나리오

맥락 시나리오는 온전히 퍼소나의 시각으로 이상적인 경험의 순서를 기술하는 것이다. 가능한 한 현실적인 아이디어로 기술하되 기술적인 부분은 의도적으로 언급하지 않는다. 현실 가능한 기술에 매여 퍼소나가 원하는 이상적인 경험을 표현하지 못할 수도 있기 때문이다.

맥락 시나리오를 만듦으로써 디자인 과정이 이미 시작됐다고 할 수 있다. 이상적인 경험 안에 나타나는 제품이나 서비스의 면면이 바로 디자인 요구사항이나 해결안으로 제공되기 때문이다.

맥락 시나리오를 만들 때는 다음과 같은 사항들을 고려하여 시나리오에 나타나도록 한다.

- 새로운 서비스 혹은 제품이 사용될 전반적인 상황
- 퍼소나가 달성하고자 하는 목표
- 퍼소나가 경험하고자 하는 것
- 제품을 사용할 때 퍼소나가 견딜 수 있는 복잡함의 정도
- 제품이나 서비스를 사용하는 시간과 빈도
- 다른 제품이나 서비스와의 연계
- 제품 혹은 서비스 사용에 연관된 사람들
- 끊김 없는 자연스러운 사용
- 제품이나 서비스 생태계

주요 경로 시나리오

주요 경로 시나리오는 맥락 시나리오에서 크게 잡힌 경험의 흐름을 사용자가 제품이나 서비스를 활용하는 과정에 집중해서 치밀하게 기술하는 것을 말한다. 퍼소나가 제품이나 서비스를 이용해 목적을 달성해 나가는 과정을 그려보면서 단계마다 디자인 요구사항을 실제 해결안으로 치환해 나간다.

검증 시나리오

검증 시나리오는 맥락 시나리오와 주요 경로 시나리오에서 제안된 해결안에서 다양하게 나타날 수 있는 문제점들을 집중적으로 짚어보고 어떻게 하면 그것을 피할 수 있는지, 혹은 해결할 수 있는지 미리 예측하는 데 도움을 준다. 지금까지 설명한 3가지 시나리오를 만들 때 다양한 이해관계자가 참여하면 좋겠지만 특히 검증 시나리오를 만들 때는 주요 이해관계자를 참여시켜서 조언을 구하는 것이 중요하다.

퍼소나를 꼭 써야 하는 이유가 뭐지?

퍼소나가 산업에서 널리 쓰이지 않던 시절 흔히 들리던 비판은 '퍼소나가 과제분석기법task analysis보다 나은 게 뭐죠?'라는 질문이었다. 퍼소나와 과제분석기법은 사용 목적부터 완전히 다르다. 과제분석기법이 관찰한 내용을 수학적으로 분석하여 해답을 얻기 위한 '분석적 도구'라면 퍼소나는 관찰한

내용에 공감하고 디자인 영감을 얻기 위한 '디자인 도구'다. 따라서 이 둘을 비교하는 것은 기존의 직무를 계량하고 효율을 개선하는 프로젝트와 새로운 제품이나 디자인 안을 만들기 위한 프로젝트가 어떻게 다른지 묻는 것과 같다.

모든 프로젝트에 늘 퍼소나를 써야 하는 것은 아니다. 앞에서 소개한 디자인 도구들을 사용해 충분한 통찰을 쌓았다면 그 내용들을 가지고 디자인에 착수할 수 있다. 프로젝트가 비교적 간단하고, 한눈에 파악이 된다면 말이다. 이미 크게 성공한 제품이나 서비스를 소폭 개선하는 작업에 퍼소나는 크게 도움이 되지 않을지도 모른다.

하지만 프로젝트가 조금이라도 복잡하다면, 혹은 서비스나 제품을 크게 개선해야 한다면, 특히 기존에 존재하지 않는 서비스나 제품을 만드는 것이 목표라면 예상치 못했던 수많은 디자인 결정을 내리는 데 퍼소나는 큰 도움이 된다. 아래에서 자세히 살펴보자.

손쉬운 소통과 건설적인 논의

'사용자'라는 모호한 단어는 위험하다. 쿠퍼의 표현을 빌자면 '고무같이 쭉쭉 늘어나는 사용자elastic user'가 되기 십상이기 때문이다. 새로운 자동차를 만들기 위해 모인 관계자 A, B, C의 대화를 들어보자.

A: 음… 사용자들이 편의를 중시하니까 타고 내리기 쉽게 아무래도 앞문은 좀 커지는 게 낫지 않을까요?
B: 그렇죠. 하지만 사용자들이 운전할 때 속도감을 즐기는 기분도 중요하니까 앞 창문의 각은 낮추는 게 좋을 텐데, 그럼 문이 많이 커지기 어려울 텐데요.
C: 사용자들이 많은 물건을 한꺼번에 쉽게 싣고 내리려면 뒷문이 슬라이딩 도어인 것이 좋으니 앞문은 어차피 작아질 수밖에 없어요.

여기서 A, B, C는 모두 '사용자'라고 말하고 있지만 실상 이들은 모두 자동차를 구매함에 있어 전혀 다른 목표와 요구를 가진, 전혀 다른 사용자를 지칭하고 있다. 이렇게 느슨하게 '사용자'라는 단어를 사용하면 이 사용자의 개념은 한없이 늘어나고, 결국 누구도 만족시킬 수 없는 자동차가 탄생하게 될 것이다.

사용자라는 애매한 단어를 던져버리고 명확한 퍼소나를 만들어 그들의 이름을 부르면 소통이 원활해지고 건설적인 논의가 가능해진다.

그림 5.7. 고무같이 늘어나는 사용자

A: 음… 퍼소나 이소현씨의 아이들이 타고 내리기 쉽게 아무래도 앞문은 좀 커지는 게 낫지 않을까요?

B: 그렇죠. 하지만 이소현씨의 가장 어린 아이의 나이가 어떻게 되죠? 두 살이면 어리니까 뒷좌석에 태울 수밖에 없잖아요? 개도 있고요. 오히려 뒷문이 슬라이딩 도어가 되고 앞문이 작아지는 게 낫지 않을까요?

C: 하지만 뒷문이 슬라이딩 도어가 되면 아이들이 문이 무거워 직접 타고 내리기가 어려워지지 않나요? 이소현씨의 첫째 아이도 겨우 열 살이니까요. 아, 문이 자동으로 여닫히는 기능이 있으면 어떨까요?

A: 좋은 아이디어네요. 목표 출시 가격에 맞추면서 그 기능을 가져갈 수 있을지 확인해 볼까요?

이렇게 퍼소나의 이름을 부르면서 그 퍼소나의 상황, 요구사항, 불편함, 희망 등을 쉽게, 전체적으로 이해하고 회의를 진행할 수 있다. 이는 단순히 기능을 결정하는 것을 넘어 타깃 사용자에 대한 공감적 이해를 가능하게 해 수많은 디자인 결정을 내리는 데 도움을 준다.

사용자 정보의 효과적인 활용

사용자 정보는 난삽messy하다. 이런 정보를 모두 늘어놓고 디자인 결정을 내리는 것은 어려운 일이고, 또한 앞서 밝힌 대로 팀 구성원 사이의 오해나 의견 차이를 불러 일으키기 쉽다.

이에 반해 퍼소나는 이런 사용자 정보를 소화하기 쉽도록 만든 전략적인 요약본digest이다. 디자인 결정을 내릴 때마다 개별 사용자의 데이터로 다시 돌아가 판단하기보다 프로젝트 구성원이 모두 동의한 퍼소나를 기준으로 디자인 결정을 내린다면 결과적으로 더 많은 정보를 더 효율적으로 사용할 수 있다.

개인 의견이 아닌 사용자 정보에 기반한 디자인 결정

퍼소나는 개인의 의견이 아닌 사용자 조사를 통해 얻어진 정보를 바탕으로 디자인 결정을 내릴 수 있게 해준다. 퍼소나가 실제 관찰을 통한 정보와 통찰을 바탕으로 만들어졌다는 것을 잊지 말자. 퍼소나는 '수많은 정보를 사용하기 쉽게 요약한 가상의 인물'이다. 진짜 사람처럼 습관도 있고 성격도 있는 퍼소나는 디자이너에게 어쩌면 가장 중요한 영감을 준다. 단지 요구사항을 정리한 자료라면 디자이너의 개인적 취향이 반영되기 쉽지만 퍼소나가 제공하는 깊고 상세한 사용자 정보는 프로젝트에 특화된 영감을 제공한다.

이 책의 도입부인 '사용자 개념의 확장으로 바라본 디자인 소사(9쪽)'에서 보았듯 초기 사용자 중심 디자인에서 사용자는 신체 조건을 자로 잴 수 있거나, 혹은 인지과정을 분석해야 할 대상 정도로 이해됐다. 이런 정량적 사용자 모델과 다양한 목표를 가지고 복합적인 감정을 가진 인간을 위한 디자인 사이에는 치명적 간극이 존재한다. 퍼소나는 정성적인 가상의 사용자를 통해 영감을 불어넣어 줌으로써 이 틈을 메운다.

퍼소나의 디테일이 중요한 이유가 바로 여기에 있다. 물론 퍼소나는 수많은 실제 사용자를 관찰한 뒤 전략적으로 구성한 가상의 인물이지만, 실제 사용자 못지 않은 디테일로 퍼소나를 구성함으로써 디자이너를 비롯한 프로젝트의 유관자들이 정말 이 퍼소나에 공감할 수 있도록 하는 것이 매우 중요하다.

사용자 조사를 진행하고 퍼소나를 만든 디자이너가 직접 퍼소나를 활용하면 다양한 현장 관찰에서 느꼈던 풍부한 경험이 그 퍼소나에 공감을 느끼고 프로젝트의 영감을 받는 데 도움을 줄 것이다. 하지만 실상 퍼소나를 활용할 모든 디자이너와 의사결정자가 퍼소나 제작에 참여하기는 쉽지 않다. 프로젝트 기간이 짧고 규모가 작다면 자원의 제약 때문에 모든 팀원이 퍼소나 제작에 참여하기 어렵기 때문이다. 반대로 프로젝트가 장기적이고 전사적 규모로 진행된다면 현실적으로 퍼소나를 사용할 모든 인원이 퍼소나 제작에 참여하는 것이 불가능할 수 있다. 따라서 퍼소나를 사용하는 디자이너들 사이에는 제작한 퍼소나를 이어 받아 프로젝트를 진행할 사람들을 위해 어떻게 퍼소나를 표현해야 할지에 대한 고민도 이어져 왔다.

이야기로 표현할 것인가 목록으로 표현할 것인가?

전문가들은 더 나은 공감을 위해선 퍼소나를 이야기로 기술할 것을 권한다. 읽는 사람 입장에서 중요 항목만 나열한 목록보다는 사실처럼 느껴지는 이야기에 더 쉽게 공감할 수 있기 때문이다. 이는 퍼소나를 정리하는 디자이너에게도 마찬가지일 것이다. 목록bullet point으로 사용자 요구사항을 정리하는 것보다 이야기처럼 글을 쓰면 퍼소나의 배경이나 경험 등에 대해 더 많이 생각해볼 수 있게 되고 더 풍부한 디테일을 가진 퍼소나를 완성할 수 있다.

하지만 이야기로 기술된 퍼소나는 단점도 있다. 각 퍼소나의 요구사항을 일목요연하게 보기 어렵기 때문에 퍼소나의 요구사항을 숙지하는 데 시간이 걸리고, 고객에게 정리된 퍼소나를 발표할 때 핵심 포인트를 쉽게 전달하기 어렵기 때문이다. 따라서 처음에는 퍼소나를 이야기로 기술하고 디자인 팀 내에서 적극적으로 활용하되 발표 등의 상황을 위해선 목록으로 정리하는 것도 좋은 방법이다.

목록으로 퍼소나를 정리한다고 해도 반드시 공감이 어려운 것은 아닐 것이며 이야기로 기술된 퍼소나가 무조건 목록으로 표현된 퍼소나보다 비효율적인 것도 아닐 것이다. 중요한 것은 실제 데이터를 바탕으로, 정성적으로 사용자의 요구를 이해하고, 아주 작은 디테일을 잡아내서 치밀하게 정리하는 것이다. 그리고 이야기와 목록을 적절히 섞어 활용하는 것도 좋은 방법이다. 목록으로 정리하기 어려운 내용과 표현을 이야기를 통해 활용할 수 있기 때문이다.

다음의 예시는 이 책을 쓰면서 우리가 만들어 활용한 퍼소나 현진을 이야기로 표현하고 목록으로 정리한 것이다.

🖉 이야기와 목록으로 정리한 퍼소나, 까페 디자이너 현진

이야기로 표현한 퍼소나 현진

제한이 없어 자유롭지만 어디서 시작해야 할지,
어디서 영감을 받아야 할지도 모르겠어요.

마을 사람들이 편하게 자주 찾는 오래된 까페와 식당은 세상을 아름답고 행복하게 만드는 장소라는 믿음을 가진 현진은 세계 곳곳을 여행하며 오래된 작은 까페와 식당 그리고 손님들의 사진을 찍어 작은 책을 만드는 꿈을 가지고 있다. 대학을 졸업할 즈음 지인의 까페 벽화를 그려준 것이 인연이 되어 시작한 까페 디자이너 일은 처음엔 재미있고 보람찼지만 수년간 계속해오면서 생각보다 지쳐있었다. 한 자리를 오래 지키겠다는 생각이나 그 장소를 찾는 사람들을 위한 공간을 마련하고자 하는 의도를 가진 고객보다는 유행하는 아이템으로 수익을 내려고 하거나 자신의 취향으로 가득 채운 공간을 꾸미려는 고객이 더 많기 때문이다.

현진은 최근 아주 독특한 고객을 만났다. 특정한 음료나 식단 등 사업 아이템도 없이 자신이 늘 가던 과일가게가 빠진 자리에 임대계약을 마친 이 고객은 동네 사람들이 쉽게 찾고, 오래 앉아 있을 수 있는 공간을 만들고 싶다고 한다. 한 장소를 꾸준히 찾는 사람들의 발길이 그곳을 특별하게 만드는 원천이라는 생각을 늘 가지고 있었던 현진에게 흥분이 될 만큼 완벽한 프로젝트지만, 막상 이런 프로젝트를 수행하려다 보니 어떻게 프로젝트를 진행해야 할지 막막하기만 하다. 무작위로 마을 사람들을 만나 인터뷰를 진행하는 정도로, 좋은 공간을 디자인하고 그 공간을 채울 용도를 과연 찾을 수 있을까?

목록으로 정리한 퍼소나 현진

목표

- (인생의 목표) 세계의 오래된 작은 까페와 식당을 소개하는 책을 만드는 것
- (직업적 목표) 유행을 따르기보다 오랫동안 한 자리를 지킬 수 있는 까페를 만드는 것
- (현재 목표) 최근에 만난 고객을 위해 마을 주민들이 어우러지는 사업 아이템과 공간 디자인을 제안하는 것

믿음

- 오래된 카페와 식당은 세상을 아름답고 행복하게 만든다
- 단골의 발길이 그 장소를 특별하게 만든다

싫어하는 것

- 유행하는 스타일의 공간과 사업 아이템
- 단기적인 수익만 내려고 하는 고객
- 자신의 취향만으로 가득 채운 공간을 원하는 고객

어려움

- 동네 사람들이 쉽게 찾을 공간과 사업 아이템을 제안하기가 막막하다
- 인터뷰를 고려하고 있지만 그것으로 충분할지 걱정이다
- 프로젝트를 망칠까봐 걱정이다

이야기로 표현한 예시는 퍼소나 현진에게 공감하기 좋지만, 목록으로 정리한 예시에 비해 내용이 한눈에 들어오진 않는다. 제한된 시간 동안 발표를 통해 퍼소나를 전달해야 할 때는 발표 자료에 목록으로 정리해 넣는 것이 좋은 방식일 수 있다.

간결히 정리된 목록만으로 퍼소나를 표현한다면 대상 인물에 공감할 수 있는 여지가 줄어들기 마련이다. 목록으로 정리한 내용은 여러 장의 발표 자료로 끊어 보여주면서 해당하는 퍼소나의 이야기를 발표자의 목소리로 전달하고, 이야기와 목록을 적절히 혼용하여 시각적으로 한눈에 들어오는 퍼소나 카드를 만들어서 나누어 주는 것이 효율적이다.

그렇다면 퍼소나를 어떤 템플릿에 앉혀 나누어 줄 수 있을까? 또, 발표

후 디자인 팀 내부에서, 혹은 고객사에서 효과적으로 사용하려면 어떻게 해야 할까?

퍼소나를 인쇄해 사용하기

완성된 퍼소나는 일반적으로 디자인 팀 내부에서 혹은 고객사에 보내져 디자인 결정에 사용된다. 이때 가장 쉽게 생각할 수 있는 형태가 인쇄해 벽에 붙이거나 프로젝트 공간에 비치해 사용하는 것일 텐데 멀리서도 눈에 쉽게 띄는 퍼소나 템플릿을 만드는 것이 관건일 것이다. 무엇이 들어가야 하고, 어떻게 표현해야 할까? 인터넷에 국문이나 영문으로 퍼소나 예시를 검색하면 손쉽게 다양한 형태의 퍼소나를 찾을 수 있는데, 그중 예시를 하나 들어 살펴보도록 하자.

기술 스타트업을 전문적으로 돕는, 미국 로스엔젤리스에 위치한 디자인 자문회사 페이크 크로우Fake Crow는 다음과 같은 퍼소나 레이아웃을 홈페이지[7]에서 제공하고 있다. 이 책에는 페이크 크로우의 허락을 받아 내용을 국문으로 번역하고, 저작권과 관련해 원래 포함되어 있던 사진을 빼고 실루엣으로 대신했으며, 우측 하단에 퍼소나가 '선호하는 브랜드' 예시로 사용된 브랜드들의 로고는 삭제한 형태로 소개한다.

7 http://fakecrow.com/free-persona-template, 2014년 11월 16일 다운로드.

그림 5.8. 페이크 크로우의 퍼소나 템플릿

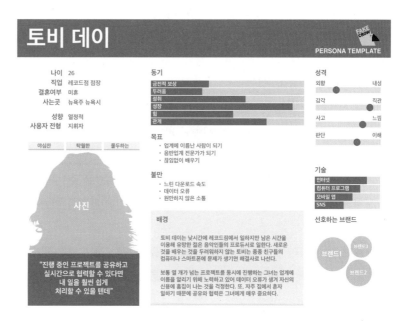

템플릿의 구성을 보면 좌측에는 이름, 나이, 직업, 결혼 여부, 사는 곳, 성향, 사용자 전형이 별도의 항목으로 정리되어 있고, 중앙과 우측의 동기, 성격, 기술은 한눈에 비교할 수 있도록 시각화되어 있다. 사진 위에서 발견할 수 있는 '성향', '사용자 전형' 그리고 '야심찬', '탁월한' 등의 키워드들은 이 퍼소나가 다른 퍼소나들과 차별되는 특성을 나타내고 있다. 사진 아래에는 해당 퍼소나가 가장 원하는 것을 인용구의 형태로 표현하고 있다. 또 중앙에는 목표와 불만이 목록으로, 배경은 이야기로 기술되어 있다.

인터넷에서 '퍼소나 템플릿persona template'이라고 검색해보면 주로 이와 비슷한 형태의 템플릿을 볼 수 있을 것이다. 하지만 이러한 형태의 템플릿이 모든 프로젝트의 퍼소나에 가장 효과적인 형태라고 오해해서는 안 된다.

이 템플릿의 내용을 자세히 살펴보면 페이크 크로우가 모바일 애플리케이션이나 주로 웹 서비스 개발을 돕는 회사라는 특징이 잘 드러난다. 예를 들어 기술 수준, 선호하는 브랜드 등은 새로운 온라인이나 모바일 서비스를 처음으로 출시하려고 준비 중인 스타트업이 인터페이스의 난이도나 시각적 선호도 등을 고려할 때 중요한 지침이 될 것이다. 동기에 나타나는 금적적 보상, 두려움, 성취, 성장 등은 디자인 목표가 전문가를 위한 업무용이었다는 것도 드러낸다.

배낭여행 중 목적지를 찾고 일정을 관리하는 여행용 애플리케이션이라면 어떤 변인이 더 적합할까? 아마도 '금전적 보상'이나 '권력' 혹은 '판단'과 '이해' 같은 변인보다는 '경제성'이나 '경험', '소박함'과 '웅장함' 같은 변인들이 더 도움이 될 지도 모른다.

앞서 설명한 것과 같이 퍼소나를 실제 사람처럼 느끼기 위해 사진이나 그림으로 얼굴을 제공하는 것은 기본이다. 퍼소나의 상세 설명을 이야기로 서술할 것인지 아니면 깔끔하게 정리해 목록으로 표현할 것인지도 고민의 대상이다. 하지만 가장 중요한 것은 퍼소나의 행동에 영향을 주는 변인을 잘 선정하고 그와 연결된 행동의 양식, 목표, 불만 그리고 배경을 기술하는 것이다.

인쇄된 퍼소나 외 뒷받침할 이미지 콜라주를 만드는 것도 좋은 방법이다. 퍼소나의 상황과 어려운 점 등을 시각적으로 전달할 수 있기 때문이고,

또 글로 표현되지 않은 내용들이 시각적으로 전달되는 효과를 가질 수 있다. 이때도 매끈하게 가공된 이미지를 인터넷에서 내려받아 사용하기보다는 사용자 관찰 과정에서 얻어진 실제 사진을 골라 사용하는 것이 좋다.

퍼소나 전달을 단순히 보고 읽는 것을 넘어서 역할놀이에 활용해 공감대를 높일 수도 있다. 퍼소나를 만든 사람은 그 과정에서 사용자들의 세계를 실제로 방문했지만, 이를 받아들이는 사람은 잘 정돈된 퍼소나들만 전달받았기 때문에 사용자들에 대한 체화적인 공감이 어려울 수도 있기 때문이다. 이와 관련한 내용은 코디자인 워크숍 장의 '사용자 퍼소나 완성하기와 역할놀이를 통해 사용자 입장에 공감하기(201쪽)'에서 찾아볼 수 있다.

케이스 스터디 1
뉴질랜드 청소년들을 위한 퍼소나(유스 커넥션즈, 2013년 - 현재)

- 프로젝트 기관: 뉴질랜드New Zealand 유스 커넥션즈Youth Connections
- 자료제공: 유스 커넥션즈

청년과 고용주 모두를 이해하는, 변화를 꾀하기 위한 디자인 프로젝트

뉴질랜드 북부에 위치한 오클랜드에는 일자리나 교육과정에 참여하고 있지 못한 34,000명의 젊은이들이 있는 것으로 파악되고 있다. 오클랜드 의회, 틴들 재단Tindall Foundation, 휴 그린 재단Hugh Green Foundation은 이 문제를 해결하기 위해 유스 커넥션즈를 설립했다.

유스 커넥션즈의 비전은 모든 젊은이가 일을 하거나 공부를 하는 것이다. 유스 커넥션즈는 다양한 소셜 네트워크 서비스를 적극적으로 활용하며 젊은이들, 기업들과 소통하려고 노력해 왔다. 현재 유스 커넥션즈는 일자리를 찾는 젊은이들, 신선한 영감을 불어넣을 인력을 찾는 기업들 그리고 그들 양쪽에 교육기회를 제공할 기관을 한자리에 모으는 행사를 기획하고 주관한다.

청년실업이 지속 가능한 형태로 해결되어야 하는 문제인 만큼 유스 커넥션즈는 장기적인 전략을 수립하기 위한 프로젝트를 시작했다.

1. 어떻게 하면 단기적인 성과와 장기적이고 지속 가능한 구조적인 변화를 모두 꾀할 수 있을까?
2. 다양한 기관이 참여한, 통합적이고 효과적인 청년 취업을 위한 협력관계는 어떤 모습이 되어야 할까?
3. 어떻게 하면 오클랜드 시가 청년실업을 줄이도록 도울 수 있을까?

프로젝트는 다음의 전략적인 3단계로 진행됐다.

하나, 발견과 정의

젊은이와 고용주가 소통해 문제와 기회의 규모를 이해한다. 또, 현재 존재하는 서비스들을 이해하고 젊은이들이 의무교육에서 다음 단계로 넘어가는 과정에서 그 서비스들을 어떻게 경험하는지 파악한다. 고용의 다양한 경로를 파악하고 젊은이와 고용주가 이 과정에서 느끼는 어려움을 이해하고, 그 안에서 유스 커넥션즈의 현재 기능을 이해한다.

둘, 혁신

위 단계에서 얻은 발견점을 바탕으로 새로운 기회와 아이디어를 탐색해보고, 미래의 유스 커넥션즈가 어떤 모습이 되어야 할지 결정한다. 그리고 이를 위해 필요한 다양한 아이디어를 발전시킨다.

셋, 평가와 틀 짜기

가장 가치가 높고 실현 가능한 아이디어들을 선택한 뒤, 이에 도달하기 위한 과정을 그린다. 협력과 자원의 효율적인 활용, 통합적 서비스 제공에 무게를 두고 이것이 젊은이, 고용주 그리고 정부기관 들에 어떤 영향을 미칠지 구체화한다.

유스 커넥션즈는 의무교육과 대학교육 사이, 교육과 직업 훈련 그리고 취업 사이에 청년이 겪는 변화에 대한 뉴질랜드와 세계의 연구결과에서 많은 공통점을 발견할 수 있었다.

1. 교육

- 세계적으로 젊은이들은 교육의 기회를 잡지 못하고 있다.
- 교육은 경제 성장에 중요한 역할을 한다.
- 뉴질랜드 사회는 성공에 대해 아주 좁은 정의를 가지고 있다.
- 직업 교육, 도제식 교육이 환영받고 있다.
- 교육과 실무가 이어져야 하며, 고용주의 참여가 필요하다.
- 15세에서 29세의 젊은이들은 업무 경험이 전혀 없이 공부만 하는 경우가 대부분이어서 학업과 직업의 연결지점이 부족하다.
- 학업과 실무교육이 통합되어야 함에도 불구하고 현실에서는 대립하는 구도를 가지고 있다.
- 자격 요건은 고용주, 교육기관, 학생과 부모 모두에게 신뢰를 줄 수 있도록 투명하고 융통성이 있어야 한다.
- 자격 요건은 다양한 방법으로 얻을 수 있고 사용할 수 있어야 한다.
- 뉴질랜드에는 직업적 경로가 다양하지 못하다.

2. 기술 및 경험

- 많은 젊은이가 지원 가능한 직무에 대한 기술이 부족하다.
- 고용주들은 젊은이들이 일할 준비가 되어 있지 않고 직업윤리가 없다고 생각하고 있다.
- 교육, 직업, 아르바이트, 실업 경험 및 주거 지역은 개인의 전망을 결정하는 데 중요한 역할을 한다.
- 일할 마음의 준비가 부족한 현상은 기술이 떨어지거나 가족의 지원이 부족한 젊은이들에게만 나타나는 것이 아니며, 보편적으로 많은 젊은이에게 나타나는 현상이다.

3. 실업

- 청년실업은 증가 추세에 있으며, 마오리Maori와 파시피카Pasifika 출신은 학업과 취업에서 특히 불균형적으로 적은 기회를 가지고 있다.
- 젊은이들의 직업적 능력과 기업이 원하는 인재의 불균형은 오래된 문제

이다.

- 30세 이상 성인에 비해 젊은이들의 실업은 3배 이상 심각한 상황이며, 세계적으로 이 추세는 나라 간 차이가 크게 없다.
- 2009년 이후로 청년실업은 크게 개선되지 않았다.

4. 관계

- 취업 정보와 교육, 지원이 부족하다.
- 벽을 낮추기 위해 교육자와 고용주 사이에 더 많은 교류가 필요하다.
- 교육계와 기업이 거리를 두고 있으며, 이 거리를 줄이기 위해 존재하는 많은 서비스가 개별적으로 운영되고 있다.
- 학교나 기관의 도움보다 개개인이 형성하는 비공식적 네트워크가 젊은 이들에게 더 큰 도움이 되고 있다.

5. 고용주

- 현장 기술 훈련이 고용증가로 이어질 수 있다.
- 글로벌 금융위기 이전 십 년간, 청년 노동시장 상황이 크게 개선됐다.
- 창업주는 젊은 창업가를 위한 지원에 중요한 역할을 할 수 있다.
- 오클랜드의 고용주와 젊은이들은 서로를 찾는 데 어려움을 느끼고 있다.

이런 문제를 해결하기 위해 유스 커넥션즈는 우선 젊은이들의 현실을 이해하는 것이 최우선 과제라고 생각했다. 학교를 떠나 첫 직장이나 단기 고용으로 변화를 경험하는 과정에서 어떤 도움을 받는지, 그 도움들은 어떻게 그들의 변화에 영향을 끼치는지 아는 것이 목표였다.

그러기 위해서는 그들의 삶에 몰입하기 위한 도구가 필요했고, 이를 통해 그들의 현재 경험을 파악하는 것이 가장 중요했다. 유스 커넥션즈는 15세에서 24세까지의 젊은이 50명을 관찰한 후 6명의 퍼소나를 만들었다. 인터뷰와 관찰은 그들의 집이나, 친구들과의 만남 등 다양한 환경에서 진행되었다.

퍼소나의 변인

문헌조사를 통해 찾아낸 변인들과 사용자 조사를 통해 얻은 새로운 통찰을 통합하여, 퍼소나를 위한 총 7개의 변인들이 확정됐다. 그림 5.9를 보면 각 변인 내에 퍼소나들의 상대적인 위치가 각기 다른 색으로 표현되어 있다. 총 6명의 퍼소나 중 지면을 고려해 하나의 퍼소나만을 소개하고자 한다.

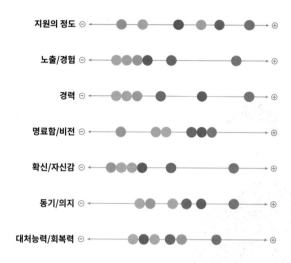

그림 5.9. 다양한 변인에 배치된 퍼소나들

✎ 퍼소나와 여정지도의 각기 다른 기능

유스 커넥션즈의 퍼소나와 여정지도는 각기 다른 기능을 가지고 있다. 퍼소나는 다양한 변인 위에 사이오니를 표시해서 짧은 시간 안에 핵심적인 이야기를 전달할 수 있도록 아주 간략한 정보를 제공한다(그림 5.10). 이 글에서 그가 다소 혼란스러워하고 있고 자신감을 잃고 있다는 것을 알 수 있다.

반면, 사이오니의 여정지도에는 퍼소나의 서술엔 나타나지 않았던 다양한 상황과 그 상황에 따른 감정 변화가 드러나 있다(그림5.11). 그의 삶의 여정에서 어떤 상황을 어떻게 헤쳐나가는지 빠르게 파악할 수 있다. 이처럼 퍼소나와 여정지도를 병행해 사용하면 퍼소나의 삶의 여정에 대해 더 깊이 이해할 수 있게 도울 수 있다.

사이오니의 이야기

간호사가 되어서 교회 사람들을 돕고 가족들에게 자랑스러운 모습을 보이고 싶다.
어떻게 하면 그 꿈을 이룰 수 있을까?

"다음 단계가 혼란스럽다"

21살/통가
제네시스 콜센터 풀타임

사이오니는 통가Tonga에서 태어나 어릴 적 뉴질랜드로 이민
온 21살의 청년이다. 교회를 열심히 다니고 전통 문화에 깊이
빠진 사이오니는 부모님을 자랑스럽게 해드리기 위해 학교
생활을 열심히 해왔다. 법대 진학에 실패하고 가족들에게 실
망감을 안겨준 후에야 자신의 꿈을 찾은 사이오니는 어떻게
하면 그 꿈을 이룰 수 있을지 아직 확신이 없다.

사이오니는 가족과 교회에 뿌리를 둔 강한 자존감을 가지고
있다. 그는 부모님이 자신과 형제들의 교육을 위해 큰 희생을
하셨다는 것을 잘 알고 있고, 두 분을 자랑스럽게 해드리고
싶다. 아버지는 교도소 간수이며 어머니는 쇼핑몰 점원으로,
늘 초과 업무를 한다. 그는 4형제 중 맏이다.

그는 럭비를 아주 잘하고 음악에도 관심이 많다. 학교생
활에 충실했고 성적도 좋았다. 학습성취도 국가 자격증 시험
NCEA 레벨 1, 2, 3을 모두 우수한 성적으로 통과했다. 아버지

그림 5.10. 사이오니 퍼소나

가 병으로 쓰러지신 뒤 그는 가족에게 도움이 되기 위해 아르바이트를 시작했다.

부모님은 그가 법대에 진학하길 바랐으며 그가 오클랜드 대학에 합격했을 때 그 기쁨을 교회의 모든 사람과 나누었다. 정작 본인은 법대가 힘들고 지루하기만 했는데, 결국 첫 해에 낙제를 하고 말았다. 부모님은 크게 실망했고, 교회 사람들에게도 실망을 안겨주었다. 아버지가 다시 병원에 입원하면서 문화적 차이의 간극이 병원 서비스에 대한 실망으로 이어지면서 사이오니는 간호사가 되고 싶다는 생각을 처음으로 하게 된다.

아버지가 병원에 입원했기 때문에 가족을 부양하기 위해 사이오니는 콜센터에서 풀타임으로 일하고 있다. 가족을 부양할 수 있다는 점에는 만족하지만 일 자체는 단조롭다. 간호사가 되고 싶은 마음은 점점 커가지만 어떻게 하면 그 꿈을 이룰 수 있을지 요원하기만 하다.

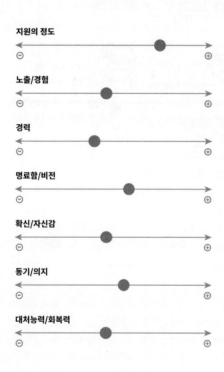

고등학교 이후 사이오니의 여정

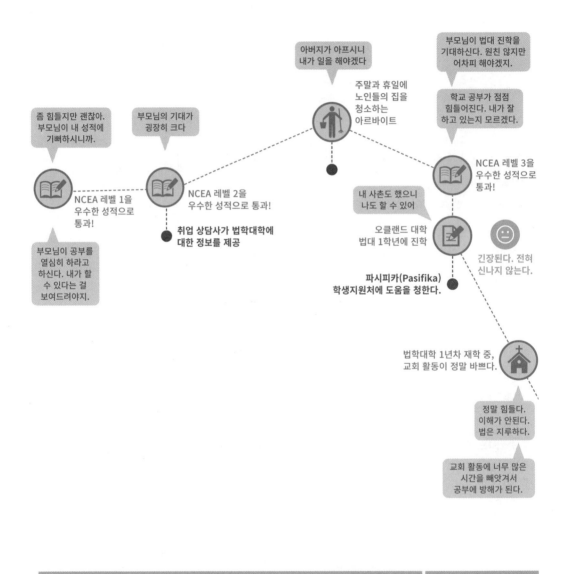

좀 힘들지만 괜찮아. 부모님이 내 성적에 기뻐하시니까.

부모님의 기대가 굉장히 크다

아버지가 아프시니 내가 일을 해야겠다

부모님이 법대 진학을 기대하신다. 원친 않지만 어차피 해야겠지.

학교 공부가 점점 힘들어진다. 내가 잘 하고 있는지 모르겠다.

NCEA 레벨 1을 우수한 성적으로 통과!

부모님이 공부를 열심히 하라고 하신다. 내가 할 수 있다는 걸 보여드려야지.

NCEA 레벨 2을 우수한 성적으로 통과!

취업 상담사가 법학대학에 대한 정보를 제공

주말과 휴일에 노인들의 집을 청소하는 아르바이트

내 사촌도 했으니 나도 할 수 있어

NCEA 레벨 3을 우수한 성적으로 통과!

오클랜드 대학 법대 1학년에 진학

파시피카(Pasifika) 학생지원처에 도움을 청한다.

긴장된다. 전혀 신나지 않는다.

법학대학 1년차 재학 중, 교회 활동이 정말 바쁘다.

정말 힘들다. 이해가 안된다. 법은 지루하다.

교회 활동에 너무 많은 시간을 빼앗겨서 공부에 방해가 된다.

고등학교 생활과 아르바이트

대학생활

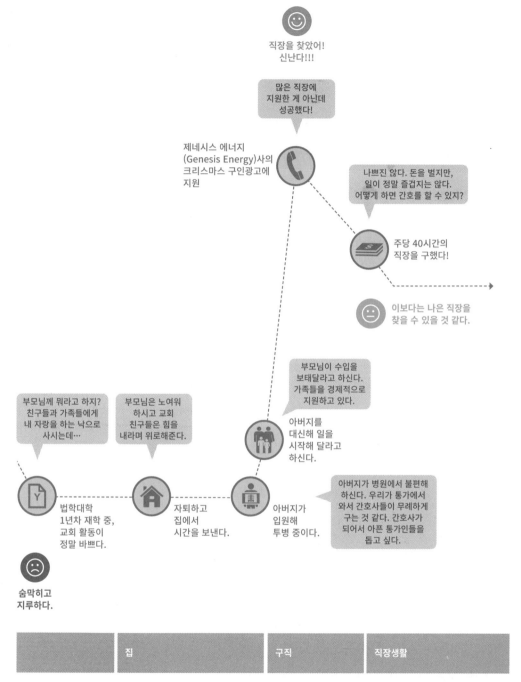

그림 5.11. 사이오니 여정지도

호주 정부를 위한 가족 퍼소나(씽크플레이스, 2011)

- 프로젝트 기관: 호주 캔버라 시 특별자치정부Australian Capital Territory Government, 씽크플레이스ThinkPlace 호주, 주민 공동체 기관
- 자료제공: 씽크플레이스 호주[8]

8　Cooper Interactive
http://www.thinkplaceglobal.com

취약 가족의 입장이 되어 서비스를 경험하다

'가족들의 목소리 듣기Listening to Families' 프로젝트

호주의 캔버라 시는 자치 정부 기관이 제공하는 공공서비스에 대한 시민들의 만족도가 낮아 고심하고 있었다. 캔버라 시는 특히 정부 서비스의 혜택을 제대로 받고 있지 못하거나 받지 않기로 선택한 취약 가정에 관심을 기울였는데, 이 취약 가정 중 일부는 현재 호주 정부에서 제공하고 있는 서비스에 대해 부정적인 경험을 가지고 있는 것으로 나타났다. 이 부정적인 경험 때문에 그들은 스스로 정부 서비스의 대상이 되는 것을 꺼려하고 있었다.

호주 자치 정부 서비스는 전체적으로 시민들의 경험을 고려하지 않은 채 운영되고 있었다. 서비스가 수혜자 중심이 아닌 공급자 중심에서 개발되고 자금 지원 경로에 따라 분류되거나, 혹은 새로운 서비스가 기존의 서비스에 통합되지 못한 상황이었다. 비슷한 형태의 서비스들이 제대로 통합되지 못하고 무분별하게 제공되니 시민들 처지에서는 어떤 서비스들이 존재하는지 찾기가 어려웠다.

당시 호주 정부는 시민들의 실제 삶을 고려하여 그들이 원하는 해결책을 제시해 줄 수 있는 체계적인 접근 방법보다는, 행정적 논리에 따라 미리 정해진 서비스를 배달해주는 방법을 취하고 있었다. 실제 문제를 일으키는 원인을 발견해서 근본적인 해결책을 제시하기보다, 그때그때 잡음을 일으키는 문제를 막는 데만 급급했기 때문에 비용은 비용대로 들고, 실제 시민들의 생활 환경을 고려하지 못한 임시 방안들이 등장해서 더 큰 혼잡을 초래했다.

이러한 근본적인 문제를 해결하기 위한 첫걸음으로 자치 정부 기관과 호주의 디자인 자문회사인 씽크플레이스는 '가족들의 목소리 듣기' 프로젝트

를 시작했다. 프로젝트의 목적은 취약 가정들의 경험을 정부의 서비스 개발 및 전달에 적극 반영해서 이들 가정이 필요로 하는 서비스를 효율적으로 전달할 수 있도록 하는 것이었다. 특히 그동안 취약 가정들의 실제 삶에 대한 이해가 부족했던 서비스 공급 기관들이 취약 가정들은 현재 어떤 생활을 하고 있는지, 또 기존의 서비스를 어떻게 경험하고 있는지 깊이 이해할 수 있도록 돕는 것이 목표였다.

우리는 가정방문과 심층 인터뷰를 통해 취약 가정들의 현재 서비스에 대한 경험 여정을 생생히 묘사하고자 했다. 현장 관찰에서 프로젝트 팀은 다음과 같은 주제에 집중했다.

- 현재 가지고 있는 것과 필요로 하는 것 그리고 미래의 소망
- 그들의 시선에서 묘사된 취약 가정의 일상과 경험
- 기존의 서비스 제공 경로에서 실제 취약 가정의 생활과 필요에 적합하지 못한 점들

어떤 취약 가정을 참여시킬 것인가?

어떤 면이 취약 가정의 특징을 정의하는지 수치화하는 것은 쉽지 않은 일이다. 이는 이 문제에 관여되어 있는 사람들 중 누구에게 질문을 던지느냐에 따라 다른 답이 돌아온다는 것으로도 쉽게 알 수 있다. 기존의 서비스에서 소외된 취약 가정을 만나고 그들을 참여시키기 위해서는 기존의 행정적 구획이나 인구 분류를 벗어나야 했다. 따라서 우리는 정부에서 구분한 주민 데이터보다는, 커뮤니티 단체와 사회 복지가 들을 통해 취약 가정을 만나고 프로젝트에 참여시키기로 했다.

실제로 우리가 만난 커뮤니티 단체와 사회 복지가 들은 취약 가정들과 꾸준히 교류하고 있어서, 그들의 상황에 대해 이미 깊이 이해하고 있었다. 이들은 우리가 프로젝트에 참여시킬 취약 가정을 선별하고 그들과 교류하는 데 도움을 크게 주었다.

이 과정에서 우리는 이 가정들이 어떤 '취약점'을 가지고 있는지 어느 정도 파악할 수 있었다.

- 소득이 적거나 빚이 있음
- 한부모 가정 혹은 미성년 부모 가정 혹은 다문화 가정
- 장애인이 있는 가정
- 안정된 주거공간이 마련되지 않은 가정
- 가정 폭력이나 알콜 중독으로 인한 학대와 폭행
- 신체적 혹은 정신적 건강 이상
- 사회 관계가 부족하거나 불안정함
- 자가 이동 수단이 부족함
- 교육 수준이 낮고 읽고 쓰는 능력이 떨어짐
- 실직 등으로 경제 활동을 할 수 없음
- 소득이나 정부 지원금에 비해 가족 수가 많음
- 희망하는 일상을 영위할 수 있는 능력이 없음
- 일상적 스트레스가 큼

이 자료들을 통해 프로젝트 팀은 취약 가정들이 필요한 서비스들을 도식화 해보았다. 이는 서비스의 집중도와 종류에 따라 구분한 것으로 사용자 조사 의 대상을 정하기 위해 진행한 것이다.

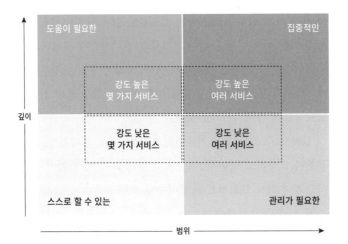

그림 5.12. 취약 가정의 종류에 따라 필요한 서비스들

프로젝트의 목적에 준해 우리는 이중에서도 강도가 높은 여러 서비스를 필요로 하고 집중적인 도움과 관리가 필요한 그룹(우측 상단)에 가장 초점을 두기로 하고, 도움이 필요한 그룹(좌측 상단)과 관리가 필요한 그룹(우측 하단)을 두 번째의 초점 그룹으로 잡았다. 가장 큰 어려움을 가진 그룹을 위한 디자인을 하면 나머지 그룹들이 가진 문제점도 해결할 수 있다고 믿었기 때문이다.

사용자 조사 과정

총 9가정이 인터뷰에 응했고 그들의 삶 또는 결정적인 순간에 어떤 경험을 했는지, 기존 서비스가 어떤 식으로 도움이 됐고 혹은 그렇지 못했는지 이야기했다.

그림 5.13. 사용자 조사 과정

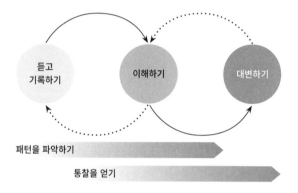

듣고 기록하기

가족과의 인터뷰는 자연스러운 대화 형식으로 진행됐다. 우리가 궁금해 하는 점에 대해 미리 질문을 준비해 갔지만 딱딱한 형태를 따르기보다는 자연스러운 대화를 유도하고, 이야기의 흐름을 따라가며 그들을 관찰했다. 가족 구성원들과 짧은 시간 안에 신뢰를 쌓고, 그들의 삶을 스스로 묘사하게 함으로써 무엇이 중요한지 파악하기 위해서였다. 인터뷰 내용은 현장에서 기록하고 녹취했다.

이해하기

가족들과의 대화를 통해 얻은 자료는 그들의 삶을 묘사하는 데 유용했다. 이 묘사를 바탕으로 정부가 제공하는 서비스를 점검하고 어떤 지점에서 가족들이 어려움을 겪는지, 또 삶의 어떤 지점에서 정부가 예상하지 못했던 서비스 요구들이 등장하는지 찾을 수 있었다.

우리는 이를 바탕으로 각 가정의 서비스 경험을 지도 형태로 시각화했다. 인생의 중요한 사건들, 서비스 필요 요인 및 장애 요인, 전체 서비스 사용 과정에 대해 취약 가정들이 이해하고 있는 부분과 그렇지 못한 부분은 무엇인지, 혹은 그들이 어떤 기대를 가지고 있는지에 대한 내용이 지도 작성의 공통 요소로 추려졌다. 이런 공통 요소들이 발견되면서 시스템의 어떤 면이 잘 작동하고 있는지, 어떤 면이 그렇지 않은지에 대한 통찰 또한 깊어졌다. 더 많은 가족의 이야기가 시각화되면서 이러한 요소들은 더욱 발전되고 다듬어졌다.

대변하기

아홉 가정의 서비스 경험 지도를 바탕으로 우리는 기존의 서비스 중 어떤 부분에 문제가 있고 어떤 부분이 가능성이 있는지에 대한 통찰을 얻을 수 있었다. 하지만 서비스 경험 지도만으로는 각 가정의 경험과 감정의 깊이를 충분히 대변하고 전달하는 데 한계가 있었다. 따라서 우리는 서비스 경험 지도에 각 가정의 개인적 경험이 담긴 이야기들을 통합시켜 가족의 이야기를 공감적으로 전달해 줄 수 있는 가족 퍼소나를 만들기로 결정했다.

가족 퍼소나는 가족들의 이야기를 그들의 입장에서 들려주는 것을 담당했다. 무엇이 가족들에게 중요한지, 그들이 기존 서비스를 어떻게 경험했는지, 서비스 경험 과정에서 어떤 사람들과 상호작용했는지, 서비스의 어떤 점이 편리했고 불편했는지 그리고 그런 서비스의 접점들이 어떤 기분이 들게 했는지를 드러내는 것이 목표였다.

씽크플레이스는 캔버라 시를 위해 총 6개의 가족 퍼소나와 그에 해당하는 여정지도를 제작했다. 이 책에는 지면을 고려해 하나의 퍼소나인 '돈나의 가족'만을 소개한다.

"아이들에게 난 신과 같은 존재죠. 난 애들에게 행복한 장소를 마련해 줬어요. 쭉 이렇게 하고 싶어요. 애들은 학교 생활을 좋아해요."

돈나에게는 세 아들이 있다. 6살 마티아스, 5살 엘리야, 2살 카니에. 세 아들을 돌보는 것이 돈나의 일상 대부분을 차지하고, 이 아이들은 돈나의 삶에 가장 중요한 부분이다.

위의 두 아이가 자폐 진단을 받았으며, 그중 엘리야가 더 심한 장애를 가지고 있다. 엘리야는 아직 말을 하지 않으며 이제야 화장실을 사용하는 법을 배우고 있다. 마티아스는 비교적 평범한 삶을 영위할 수도 있겠지만, 돈나의 생각에 엘리야는 그렇지 못할 것 같다. "아이들을 따라다니며 신경을 써야 해서 지쳐요. 특히 둘째 아이는 종일 신경을 써야 하죠. 그 어디에서도 그 아이에게 안전한 집은 찾을 수 없었어요." 엘리야는 집에서 돈나가 잠시 눈을 뗀 사이 사라진 뒤 벌거벗은 채 길에서 발견된 적이 있다.

마티아스는 노스 에인즐리North Ainslie 초등학교에 다닌다. 엘리야는 퍼즐이나 다른 시각적 방법들을 통해 화장실 사용법을 배우고 사회성을 기르는 프로그램을 운영하는 크란리Cranleigh에 다닌다. 생후 6개월에 엘리야는 끓는 물에 심한 화상을 입었다. 엘리야는 피부 이식을 받아야 했고 트라우마를 겪었다. "자폐증 진단을 받기 전엔 몰랐어요. 그냥 사고로 넘어진 줄 알았죠."

진단은 작년 초에 이루어졌고, 돈나는 이것이 큰 도움이 됐다고 한다. 돈나의 케어 & 프로텍션 서비스Care and Protection Service, CPS 담당자가 간호사에게 소개했고, 이는 캔버라Canberra 병원의 의사에게 진단을 받는 계기가 됐다. 엘리야가 태어났을 때 돈나는 출생신고를 할 생각을 하지 못했다. 엘리야가 일곱 살이 되기 전에 출생신고서를 받을 수 있다면 자폐아를 돕는 기관 '오티즘 오스트레일리아Autism Australia'의 보조금을 받을 수 있다.

마티아스는 학교에 상담사가 방문할 때 상담을 받는다. 돈나는 마티아스의 언어능력이 걱정되어 마티아스를 벨코넌Belconnen에 있는 ACT 테라피에 보낸다. 마티아스는 음식을 먹는데도 어려움을 겪고 있다. 최근 샌드위치를 먹기 시작하는 등 큰 진전을 보이긴 했지만, 그 전까지는 고형식을 전혀 먹지 않았다고 한다. 돈나와 마티아스는 조만간 영양사를 만나 식단을 짤 계획이다.

돈나의 엄마가 돈나를 주거 제공을 주업무로 하는 비영리단체 이나나Inanna에 소개했다. 돈나의 엄마는 이나나에서 주거를 제공한 최초의 여성 중 한 명이다. 이나나는 돈나가 현재에 이르는 데 중요한 역할을 했다. "지금은 아주 좋아요. 잘 지내고 있어요." 이나나는 돈나에게 집을 제공했고, 이 집은 돈나가 소유한 첫 번째 집이다. 세 개의 각자 다른 기관에서 돈나의 시간표를 짜고 실행에 옮기는 데 도움을 준다. 카톨릭케어Catholiccare의 담당자는 아이들의 상담, 말하기 테라피, 피검사 등 주로 의료와 관계된 약속을 잡고, 다른 두 기관의 담당자에게 알려준다. 이들은 돌아가며 돈나와 아이들을 차로 약속 장소에 데려다 준다. 돈나는 이나나와 카톨릭케어의 도움에 만족하고 있다.

최근까지 CPS의 도움을 받았지만, CPS는 더 이상 돈나가 도움이 필요 없다고 판단해서 돈나에게 주던 도움을 중단했다. "CPS가 도움을 끊었을 때 조금 슬펐어요. 한편으로는 내가 잘 해내고 있다고 생각했기 때문에 기뻤지만, 아이의 안전이 걱정되거든요." 돈나의 CPS에 대한 경험은 긍정적이다. "많은 사람이 CPS가 아이들을 빼앗아 간다고 생각해요. 하지만 저에겐 그렇지 않았어요. 제게 필요한 어떤 것도 도와주려고 했죠."

하지만 그녀는 병원의 서비스는 무의미했다고 말한다. "병원의 누구도 엘리야가 화상을 입었을 때 치료를 받으러 시드니에 갈 비용을 마련해 주려고 하지 않았어요." 돈나가 마티아스를 위한 도움을 요청했을 때 병원은 약과 알콜 상담사를 보냈다.

매뉴카Manuka의 한 기관 담당자가 벽 청소를 돕기 위해 방문했다. 엘리야가 뭐든지 손으로 만지기 때문에 꼭 필요한 도움이었다. 이 기관은 엄마가 아이들에게서 잠시 떨어져 쉴 수 있도록 도와주는 서비스도 제공하지만, 돈나는 아이들에게, 특히 엘리아에 대해 예민해서 그러기가 어려웠다. "사람들은 괜찮을 거라고 하지만 전 엘리야가 말을 잘 할 수 없는 게 마음에 걸려요. 누군가 자길 괴롭혀도 저한테 말을 할 수가 없잖아요."

돈나는 운전면허를 빨리 따고 싶어한다. 운전면허가 생기면 이나나가 차를 사줄 것이다. 세 아이를 데리고 버스를 타는 것이 힘든 일인 만큼 교통수단을 소유하는 것은 돈나의 삶에 큰 변화를 가져다 줄 것이다. "아이들을 데리고 나가고 싶지만 그러지 못할 때 우울해져요." 차가 생기면 여러 기관과의 약속 장소에 가는 것도 쉬워질 것이다. 돈나가 이해하지 못하는 것을 옆에서 설명해 줄 도움은 여전히 필요하겠지만 말이다.

돈나와 아이들의 아버지는 10여 년 전에 처음 만났다. 그는 돈나에게 폭력적이었고, 그 폭력이 아이들이 보는 앞에서도 이루어진 것이 CPS에 도움을 청하는 원인이 됐다. 같이 살긴 했지만 그들 소유의 집이 없는 것이 잦은 싸움의 원인이 됐다. 그와 헤어진 후 돈나는 아이들과 아빠가 만나지 못하도록 했다. "이제 내 소유의 집이 있으니 누구도 여기 와서 아이들을 방해하지 못하게 할 거예요."

"아이들에게 난 신과 같은 존재죠. 난 애들에게 행복한 장소를 마련해 줬어요. 쭉 이렇게 하고 싶어요. 애들은 학교 생활을 좋아해요."

돈나는 카니에를 낳은 후 산후우울증을 앓아 아이를 안고 싶지 않았었다. 하지만 지금은 "우린 우리 나름의 관계를 쌓아가고 있어요"라고 말한다. 돈나는 아직도 가끔 우울증세를 겪는다. 가장 빈번한 증상이 불면증이기에 돈나는 일정 양의 수면제를 상비하고 있다. "이번 주에, 혹은 다음 주에 무슨 일이 벌어질지 생각하면서 잠을 못 자고 누워있어요. 어떤 때는 기관과의 약속에 가야 하는데 그냥 나가기 싫을 때도 있죠. 예를 들어 바닥이 정말 더러우면 그게 절 우울하게 만들기도 해요." 돈나는 엘리야에게 같은 이야기를 수도 없이 반복해야 하는 것이, 그만하라는 말을 끊임없이 해야 한다는 것이 그녀를 우울하게 한다고 말한다.

"이번 주는 가난한 주간이에요. 모든 비용을 제하고 나면 겨우 150달러가 남아요." 제한된 자금에도 불구하고 돈나는 아이들의 점심에 필요한 것들을 반드시 챙긴다. 그녀는 가족들에게서 돈을 빌리기도 한다. "가족이 아니면 누구에게 이런 도움을 받을지 모르겠어요." 가족 중 몇 명은 돈나와 함께 지내고 있으며, 돈나의 남자 형제들은 식료품을 사주고 청소를 도와준다. 성인인 돈나의 가족은 모두 장애인 연금을 받는다. 돈나는 아들을 돌보기 위해 보호자 연금을 받고 있으며, 막내 아이 양육 보조금으로 50달러를 받고 있다. 아이의 아버지는 양육비 지불을 거부하고 있는 실정이다. "그 사람도 사정이 빡빡해서 그래요. 실업수당을 받는 상황이니까 다른 아이들을 신경 쓸 여력이 없는 거죠. 그 사람 아이가 벌써 여섯 명이나 되거든요."

우리는 돈나의 가족 퍼소나를 서비스 여정지도로 시각화했다. 서비스 여정지도는 가족이 서비스 시스템과 만나는 지점을 시각화하고, 어떤 지점에서 그들이 한 기관에서 다른 기관으로 보내졌는지 그리고 그 이유가 뭔지 한눈에 볼 수 있도록 했다. 어떤 서비스가 그들에게 제공됐고, 서비스를 제공하는 기관과 가족 사이에 어떤 소통이 있었고 그 소통이 지속됐는지, 왜 서비스나 소통이 멈추었는지를 보여주는 것이 목표였다. 서비스 여정지도는 시각화된 정보 안에서 어떤 부분에 새로운 서비스가 제안될 수 있는지, 어떤 부분에서 더 많은 소통과 조율이 필요한지 찾는 데 결정적인 도움을 주었다.

✏️ 가족 퍼소나를 통한 시스템적인 접근

씽크플레이스가 캔버라 시를 위해 진행한 이 프로젝트는 여러 가지 면에서 흥미롭다. 우선 개인 퍼소나가 아닌 가족 퍼소나를 통해 사용자의 과거와 현재 상황 그리고 앞으로 필요한 것들을 아주 입체적으로 드러냈다. 퍼소나를 묘사하는 글 역시 매우 풍부해서 마치 실존 인물인 것처럼 느껴진다. 이는 처음 퍼소나가 주로 사용되던 소프트웨어 디자인이나 엔지니어링에서는 쉽게 보지 못하던 형태로 서비스의 수혜자가 개인이 아닌 가족이기에 취한 선택이다. 다른 퍼소나에서 흔히 볼 수 있는 컴퓨터 사용능력 같은 변인이나 시각화도 전혀 나타나지 않는다.

이처럼 퍼소나는 하나의 고정된 틀이 있는 도구가 아니라 가변적이고 입체적인 도구다. 이 프로젝트의 목적은 가족들을 도와주는 업무를 하는 다양한 정부 기관과 단체의 담당자가 자신이 돕고 있는 사람들의 단면이 아닌 전체를 볼 수 있도록 하고, 그들의 상황에 공감하도록 하는 것이었다. 프로젝트의 고유성 그리고 디자이너의 창의성에 따라 퍼소나의 형태가 얼마든지 변할 수 있다는 것을 보여주는 사례다.

다른 흥미로운 점은, 이 프로젝트가 단지 한 기관이나 단일 정부 부서의 업무만을 그 관찰의 대상으로 둔 것이 아니라, 그들의 다양한 공조와 협력을 퍼소나와 여정지도를 통해 하나의 시스템처럼 인식하고 있다는 점이다. 핀란드의 건축가 엘리엘 사아리넨Eliel Saarinen은 디자인 맥락에 대해 다음과 같이 말했다. '의자를 담고 있는 방, 방으로 구성된 집, 주변 환경에 둘러싸인 집 그리고 도시 계획 안에 놓인 특정 환경처럼 늘 그다음 큰 맥락을 고려하며 디자인하라Always design a thing by considering it in its next larger context - a chair in a room, a room in a house, a house in an environment, an environment in a city plan'.[9] 이처럼 '퍼소나'라는 하나의 디자인 도구를 활용하더라도 관찰하고자 하는 맥락의 범위와 규모를 프로젝트의 성격에 맞게 조절하는 것이 매우 중요할 것이다.

9 Eero Saarinen. The maturing modern. *Time*, 1956 (2 July), p. 54.

아래의 기호와 표식들은 우리의 여정지도에서 사용된 것들로 지도를 이해하는 데 도움을 준다.

 삶의 중요한 사건이나 지표는 가족들이 정부의 서비스 기관과 접촉하는 중요한 이유가 되는 사건을 의미한다. 이 접촉은 가족들의 방문을 통해 이루어졌을 수도, 경찰이나 보호기관 등의 정부 기관에 의해 이루어졌을 수도 있다.

보호 서비스 이 표시는 서비스를 공급하는 다양한 기관을 이름으로 나타낸다. 이 접촉은 즉각적인 서비스 제공으로도, 혹은 더 적절한 기관을 소개하는 과정으로도 이어질 수 있다.

 소개는 한 기관이 다른 기관으로 가족들을 소개해 보내는 것을 의미한다. 이는 처음 서비스 기관과 가족들이 만났을 때, 혹은 시간이 지나 적절한 시점에 이루어질 수도 있다.

 서비스는 가족들의 특정한 문제를 해결하기 위해 제공된다. 이 서비스는 크게 주거, 관계, 아이들의 복지, 정신건강, 의료, 재정의 여섯 개 분류로 나뉠 수 있다. 이들은 각자 다른 색으로 지도에 나타나며, 많은 경우 가족들이 접하는 문제는 이중 여러 개가 다중적으로 작용한다.

서비스 장애는 어떤 형태로든 필요한 서비스가 제공되지 않았거나 멈춘 경우를 나타낸다. 이는 서비스 제공자나 수혜자 어느 쪽에 의해서든 일어날 수 있다. 서비스 장애는 그 이유를 나타내기 위해 인용이 따라붙는다.

"내가 보호자였음에도 불구하고, 난 아이의 삶에 대해 어떤 의견도 말할 수 없었다." 왜 어떤 서비스가 멈추었다고 생각하는지, 어떤 느낌을 받았는지 실제 가족의 목소리가 늘 서비스 장애와 함께 표시된다. 실제 증언이 없다면 간략한 설명으로 대신한다.

 화살표는 가족들이 한 기관이나 그 이상에서 꾸준히 이용하고 있는 서비스를 나타낸다.

 협력은 하나 이상의 기관이 협력해 가족들을 돕는 경우를 나타낸다. 협력은 가족들의 일정을 함께 조율하거나 차량을 조율하는 것부터 두 기관이 하나의 목표를 정해두고 그것을 이루기 위해 꾸준히 협력하는 것까지 다양하게 나타날 수 있다.

그림 5.14. 여정지도에 사용된 기호와 표식

돈나의 가족

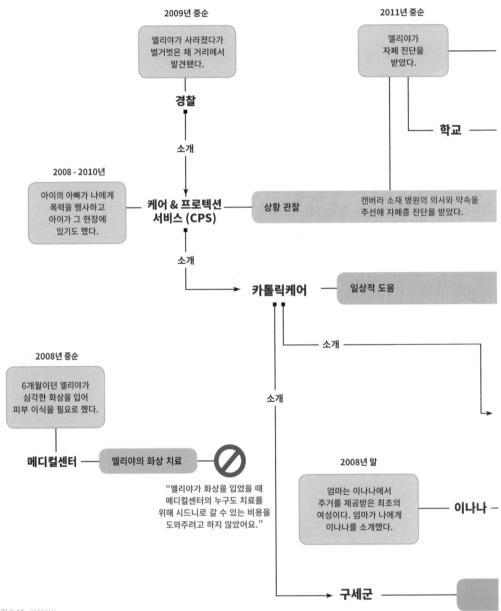

2009년 중순
엘리야가 사라졌다가 벌거벗은 채 거리에서 발견됐다.

경찰

소개

2011년 중순
엘리야가 자폐 진단을 받았다.

학교

2008 - 2010년
아이의 아빠가 나에게 폭력을 행사하고 아이가 그 현장에 있기도 했다.

케어 & 프로텍션 서비스 (CPS)

상황 관찰

캔버라 소재 병원의 의사와 약속을 주선해 자폐증 진단을 받았다.

소개

카톨릭케어 일상적 도움

소개

2008년 중순
6개월이던 엘리야가 심각한 화상을 입어 피부 이식을 필요로 했다.

메디컬센터 엘리야의 화상 치료

"엘리야가 화상을 입었을 때 메디컬센터의 누구도 치료를 위해 시드니로 갈 수 있는 비용을 도와주려고 하지 않았어요."

소개

2008년 말
엄마는 이나나에서 주거를 제공받은 최초의 여성이다. 엄마가 나에게 이나나를 소개했다.

이나나

구세군

그림 5.15. 여정지도

도움을 필요로 하는 문제의 종류

삶의 중요한
사건이나 지표

서비스지속

서비스장애

소개

협력

주거

관계

아이들의
복지

정신건강

의료

재정

복합적

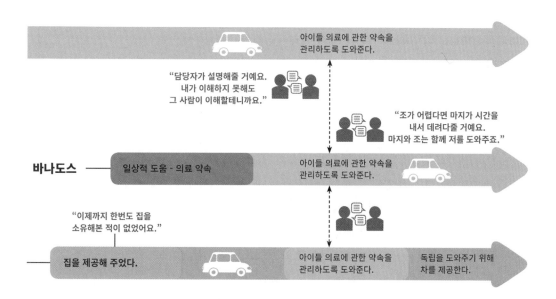

"자폐증 진단을 받기 전엔
몰랐어요. 그냥 사고로
넘어진 줄 알았죠."

엘리야는 화장실 사용법을 배우고 사회성을
기르는 2년짜리 프로그램에 참여하고 있다.

"CPS가 도움을 끊었을때 조금 슬펐어요.
한편으로는 내가 잘 해내고 있다고 생각했기
때문에 기뻤지만, 아이의 안전이 걱정되거든요."

아이들 의료에 관한 약속을
관리하도록 도와준다.

"담당자가 설명해줄 거예요.
내가 이해하지 못해도
그 사람이 이해할테니까요."

"조가 어렵다면 마지가 시간을
내서 데려다줄 거예요.
마지와 조는 함께 저를 도와주죠."

바나도스 — 일상적 도움 - 의료 약속

아이들 의료에 관한 약속을
관리하도록 도와준다.

"이제까지 한번도 집을
소유해본 적이 없었어요."

집을 제공해 주었다.

아이들 의료에 관한 약속을
관리하도록 도와준다.

독립을 도와주기 위해
차를 제공한다.

식품 및 금융 지원

2000년에 미국 유학을 마치고 한국에 돌아와 UI 디자인user interface design을 하면서 처음으로 이 분야에 회의가 들었다. 지난 4-5년간 매우 흥미를 가지고 업무에 적용했고, 그게 좋아서 유학까지 다녀왔지만 그 당시 주류였던 사용성usability 중심의 방법은 한계를 갖고 있는 듯했다.

그때 접했던 책이 쿠퍼의 *The Inmates are Running the Asylum*이다. 그리고 이 책은 내가 이 분야에 다시 흥분할 수 있는 충분한 동기를 주었다. 때마침 쿠퍼사에서 처음으로 자신들의 지식을 전달하는 교육 프로그램을 만들었고, 1기 교육생으로 2002년 앨런 쿠퍼와 킴 굿윈에게 퍼소나와 '목표 중심 디자인'을 배웠다.

그 다음 해인 2003년에는 인콘텍스트InContext사에서 처음 교육 과정을 열었고, 대학원에서 HCI 입문 수업의 교재로 사용하던 맥락적 디자인Contextual Design의 저자인 카렌 홀츠블랫Karen Holtzblatt에게 직접 배울 수 있었다. 이 두 가지 도구는 UI에서 UX로 넘어가는 중요한 계기가 됐고 피엑스디의 주요한 방법론이 됐다.

피엑스디에서는 거의 모든 프로젝트에서 퍼소나를 만들고 활용한다. 지난 15년간 프로젝트에서 활용하면서 느꼈던 점들을 몇 가지만 간략하게 정리해보려고 한다.

하나, 대부분의 사람들은 퍼소나를 모른다. 인터넷에서 검색해서 나오는 대부분의 퍼소나들은 엄밀한 의미에서 쿠퍼가 말하는 퍼소나가 아니다. 쿠퍼가 말하는 퍼소나의 핵심을 이해하고, 그것을 더 발전시킨 경우가 있는 반면, 퍼소나의 핵심이 무엇인지 전혀 이해하지 못한 채 단순한 사용자 프로파일user profile을 만든 경우가 대부분이다. 특히 후자 중에서도 면밀한 정성적 사용자 조사 혹은 관찰에 근거하지 않고, 단순한 상상력으로 만들어낸 인구통계학적인 프로파일을 퍼소나라고 부르고 있는 것도 있다. 어느 경우나 사실상 그 이후에 프로젝트를 진행하는 데 별 도움이 안 된다.

둘, 그래서 대부분의 사람들은 퍼소나를 요식 행위라고 생각한다. 만들어보았는데, '아, 우리 사용자가 이렇구나'라고 알려주는 것 말고는 아무런 도움도 되지 않으니까, 시간이 남고, 멋지게 해보고 싶을 때, 혹은 학생들이 스터디할 때만 만들어보고, 실제 프로젝트에서는 거의 사용하지 않는다. 심지어 일부 책이나 블로그에서는 그것을 당연한 것으로 알려준다. 그러나 퍼소나를 만드는 것은 제품과 서비스의 전략을 만드는 것과 동일하다. '누구에게 무엇을 팔 것인가'를 결정하는 단계를 건너 뛸 수 있는 프로젝트란 있을 수 없다.

그렇다면 전략 결정에 도움이 되고, 혁신을 이루어 낼 수 있는 퍼소나는 어떤 점을 갖추고 있어야 할까?

1. 퍼소나는 쌍pair으로 만든다

13년 전 쿠퍼에게 배울 때 이 이야기를 들었는데, 그 뒤 몇 년간 그 진정한 의미를 이해하지 못했다. 만들어보면 항상 비슷하게 대립되는 사용자 쌍으로 나오기는 하는데 그것이 무엇을 의미하는지 잘 몰랐기 때문이다. 몇 년을 반복하고 나서야 왜 쿠퍼가 그런 이야기를 했는지 이해하게 됐다.

퍼소나의 핵심은 사용자를 자신만의 관점으로 나누어 보는 것을 말한다. 즉, '분할, 비교, 배제' 이 세 가지가 중요하다. 그런데 대부분의 사람들은 이러한 '분할'을 그냥 '20대 여자' '40대 남자' 이런 식으로 아무런 중심 축이 없는 분할로 생각한다. 이렇게 하면 어느 쪽 퍼소나도 깊이 이해하기 힘들다. '무엇인가'보다 '무엇이 아닌가'에서 배울 것이 더 많기 때문이다. 핵심이 되는 축key critical characteristic을 중심으로 분할되어야 진짜 퍼소나이다.

2. 퍼소나는 구체적이어야 한다

단순히 이 축만으로 나누어지는 것이 아니라, 이에 따른 수많은 핵심 축들이 모두 인과 관계를 가지고 한 사람의 스토리 안에 녹아들어 완성된 인간으로 이해가 되어야 진짜 퍼소나이다. 단순한 신변잡기식의 스토리 나열이 아니라, 그 사람을 구성하는 ABC, 즉 태도attitude, 행동behavior, 맥락context이 고통pain points과 함께 설명되어야 진짜 퍼소나인 것이다.

3. 퍼소나는 생생해야 한다

데이터에 근거하여 만드는 부분 말고도, 진짜 사람처럼 보이게 하기 위해 사진을 넣고, 이름을 지어주는 DEF, 즉 디테일detail, 인용구excerpt, 사진foto 등 몇 가지 '장식'을 하는데, 사람들은 왜 이러한 장식이 중요한지 이해하지 못한다.

퍼소나는 기본적으로 '공감'에 의한 디자인 증진 도구다. 따라서 디자이너가 퍼소나를 보고 얼마나 공감할 수 있느냐는 것은 매우 중요하다. 한 연구에 의하면 스케치로 된 모습보다 사진으로 된 퍼소나가 더 공감을 많이 일으킨다는 보고도 있다. 그렇기 때문에 쿠퍼는 퍼소나의 별명 사용을 싫어했다. 특징을 잡아 지어주는 별명은 진정으로 그 퍼소나에게 공감하는 데 방해가 된다는 것이다. 이름을 사용하는 것보다 별명을 사용하는 편이 낫다는 미국의 UX 디자인 자문회사 어댑티브 패스Adaptive Path의 주장을 들어보면 공감이 많이 되기에 피엑스디에서도 이를 혼용하고 있기는 하지만, 무엇보다 중요한 것은, '장식'을 위한 장식이 아니라 '공감'을 위한 장식이 되어야 진짜 퍼소나라는 점이다.

4. 퍼소나는 목표가 정확해야 한다

퍼소나에서 가장 핵심적인 부분은 '목표'이다. 쿠퍼가 교육을 할 때도 이 부분에 시간을 상당히 많이 할애했다. 퍼소나를 포함한 쿠퍼의 전체 방법론 이름이 '목표 중심의 디자인'이라는 점에서도 알 수 있듯이, 퍼소나의 목표를 정하는 것이 가장 중요하다. 그런데 너무 좁게 그 목표를 잡아도 안 되고, 너무 높게 잡아도 안 되는데, 이러한 적절한 목표 설정이 되어야 혁신적인 제품 혹은 서비스를 만드는 데 실질적인 도움이 되는 진짜 퍼소나가 된다.

퍼소나는 1999년에 책으로 소개된 이래, 미국에서 큰 인기를 끌었다. 2004-2006년에 포레스터 리서치Forrester Research의 조사에 의하면 북미 지역 대부분의 IT 기업과 디자인 자문회사들이 퍼소나를 사용하고 있었다. 특히 규모가 큰 상위권 회사일수록 프로젝트의 필수 결과물에 포함되어 있었다. 시간이 흘러 '화제의 방법론'이라기보다는 누구나 당연히 해야 할 것으로 자리를 잡은 것을 지나, 이제는 쿠퍼 본연의 퍼소나 의미는 많이 중요하지 않은 듯하다.

그러나 공감 도구로서 퍼소나는 어떤 종류의 방법론을 취하더라도 필요하다. 그렇기 때문에 래피드 퍼소나나 혹은 린lean UX 퍼소나도 나오게 됐다. 새롭게 배울 수도 있지만 기존 퍼소나의 의미를 깊이 이해하고 있다면 자유로운 활용이 더 쉬워질 것이다. 마지막으로 교육 당시 쿠퍼가 해주었던 말 중에 아직도 잊혀지지 않는 말로 마무리하려고 한다.

"퍼소나는, 모든 강력한 도구가 그렇듯, 한눈에 이해할 수 있는 반면 완전히 체득해 활용하는 데는 수개월에서 수년이 걸릴 수 있다Personas, like all powerful tools, can be grasped in an instant but can take months or years to master."

이재용 대표는 삼성전자에서 프로그래머, 멀티미디어 디렉터로 일하며 HCI 부분 담당자로 근무했었다. 미국 유학 후 피엑스디를 설립해 관련 분야 서비스를 제공하고 있다. 연세대학교 겸임교수로도 재직 중인 그는 서울대학교에서 전기공학을 전공했으며, 카네기 멜론 대학교Carnegie Mellon University 대학원에서 커뮤니케이션 기획과 디자인을 공부했다.

전문가 조언 2: 김기성[11]

요새는 국내에서도 실무에서 UX에 대한 중요성이 부각되면서 상황이 많이 나아지긴 했지만, 학교가 아닌 실무에서 퍼소나를 사용해본 분들은 프로젝트 초기부터 사용자를 조사하고 콘셉트를 도출하는 데까지 UX 디자이너가 충분한 시간을 가지는 경우가 매우 드물다는 것에 공감할 것이라 믿는다. 그리고 어렵게 시간을 내어 퍼소나를 만들어냈다고 할지라도 프로젝트가 진행되면서 UX 디자이너의 언어로만 사용될 뿐 다른 직군의 실무자들은 허공 속의 메아리처럼 가상의 사용자 목소리에는 전혀 귀 기울이지 않으며 아주 상관없는 스펙들에 대해 이야기하는 경우들을 많이 보았다. 그러면 결국 퍼소나는 UX 디자이너들의 포트폴리오 안으로 사라지곤 한다.

나 역시 이러한 시행착오들을 겪었고 이러한 과정들을 토대로 퍼소나가 현업에서 잘 자리잡지 못하는 문제점에 대해서 고민해보았다. 내 경험으로, 실무에서 퍼소나가 제대로 정착되지 못하는 이유는 보통 다음 둘 중 하나였다.

첫 번째 이유는 정교한 퍼소나를 만들어낼 때까지 소요되는 시간을 회사와 고객은 기다려주지 않는다는 것. 그리고 두 번째는 퍼소나를 어렵게 만들어냈다고 할지라도 설계와 개발을 거쳐가며 해당 퍼소나는 어느 순간 사라져버린다는 것이었다. 내가 제안하는 이 두 가지 문제를 해결하기 위한 방법은 아래와 같다.

첫 번째 문제의 해결책은 현업에서 우선 주어진 시간 안에 퍼소나를 빠르게 만들어내는 것이다. 이와 관련해 예전에 개인 블로그에 그 당시 고민을 정리해 올리기도 했었는데[12] 이는 래피드 퍼소나 모델링을 위해 사내에서 해당 서비스와 사용자를 가장 잘 아는 사람들이 가상의 사용자들을 만들어내는 방법이었다.

하루 동안 실무부서의 사람들이 모여 열띤 토론을 통해 우리가 목표로 하는 사용자에 대한 원형을 만들어 나가는 방식이었는데, 이때 많은 의견들이 있었다. 과연 실제 사용자들을 통한 데이터가 아닌 실무부서의 의견을 통해 사용자를 정의한다는 것이 옳은 방식인지 그리고 잘못 정의된다면 엉뚱한 사용자들을 위한 제품이나 서비스가 만들어지지 않을지 등에 대한 의견들이었다. 모두 맞는 지적이었고 해당 방법론에 대해 다시금 곱씹어볼 만한 기회이기도 했었다.

하지만 다행히도 그 당시에 정의한 사용자는 실제 사용자와 크게 다르지 않았고 추후 사용자들을 만나 인터뷰를 하면서 회의로 결정했던 퍼소나를 다듬어갈 수 있었다. 이전에 다른 플랫폼을 사용하는 해당 서비스의 사용자들을 만나보기도 했고 그때 직접 진행했던 경험이 있어서인지 다소 과감하게 협업부서와 함께 현재 프로젝트의 사용자에 대한 정의를 할 수 있었던 것 같다. 해당 제품을 사용할 사용자들에 대한 아무런 정보 없이 상상을 통해 정의한다는 것은 위험부담이 상당히 클 수밖에 없다. 하지만 촌각을 다투는 경쟁 상황에서 프로젝트는 가볍고 유연lean하게 움직이고 민첩하게agile 협업해야 했다.

제프 고델프Jeff Gothelf와 조시 세이던Josh Seiden의 책 *Lean UX: Applying Lean Principles to Improve User Experience*[13]를 보면 프로토퍼소나protopersona를 언급하고 있는데, 이 역시 기존의 폭포수 모델waterfall model이 아닌, 군더더기를

12 http://userexperience.tistory.com/91

13 번역서로 《린 UX: 린과 애자일 그리고 진화하는 사용자 경험》(2013, 한빛미디어)이 있다.

없애고 가볍고 유연하게 프로젝트를 운영하기 위한 린 UX 안의 방법론 중 하나라 할 수 있겠다.

프로토퍼소나의 경우 가상의 사용자를 만들기 위한 가설들을 정의하게 되는데 초기 퍼소나를 정의할 때 기존 사용자 모델링 방법론과 같이 긴 시간이 소요되는 사용자 조사를 별도로 진행하지 않는다. 가설이기 때문에 실제 서비스를 만드는 실무자들이 다양한 논의를 통해 사용자를 정의하게 된다. 방법론 자체는 래피드퍼소나의 방법과 사실 비슷하다고 할 수 있는데 마찬가지로 실제 사용자의 목소리를 반영하지 않았다는 점에서 같은 한계점이 있다. 때문에 프로토퍼소나는 가상의 사용자를 우선 정의한 후 개발 및 디자인 과정을 빠르게 진행하면서 UX 디자이너가 실사용자들을 만나 사용자들을 빠르게 검증하는 과정을 거치게 된다.

적은 수라도 사용자들을 모델링하는 시점 전에 만나서 의견을 들어보거나 모델링 시점 후에 만나서 검증하는 과정들을 거치도록 하자. 사용자의 의견을 듣고 이를 반영하지 않은 가상의 사용자는 소설 속의 주인공일 뿐이다.

두 번째 문제, 즉 정교하게 만든 퍼소나가 설계와 개발 과정 중 사라져버리는 것의 해결책은 함께 사용자들을 정의해가는 것이었다. 프로젝트가 한창 진행되는 순간 돌이켜보면 어렵게 만들어낸 퍼소나는 사라져버리고 없다. 왜 아무도 가상의 사용자를 위해 디자인하고 개발하고 마케팅하지 않을까? 이 문제에 대해 많은 고민과 다양한 시도를 해보았는데 그중 하나는 완성된 퍼소나를 실제 협업부서의 실무자들에게 자주 노출하는 것이었다.

어떤 프로젝트를 진행할 때는 그림 5.16처럼 참석자들에게 서비스의 사용자를 상기시키기 위해 회의 때마다 퍼소나를 넓은 종이에 크게 써 붙인 적도 있었고, 다른 프로젝트에서는 관련 워크숍을 진행하기 전에 그림 5.17처럼 관련 팀원들과 함께 퍼소나를 작은 인형 사이즈로 만들어, 늘 볼 수 있도록 협업 부서 실무자들의 책상 위에 놓아두기도 했다.

그만큼 강조를 했기 때문인지 UX 디자이너가 회의 시 퍼소나를 언급하면 누구인지 그리고 우리가 지향하는 사용자인지 공감대 형성 정도는 있었지만 기대만큼 효과가 크지는 않았다. 그래서 시도를 해보았던 것은 프로젝트 팀이 함께 사용자를 모델링해보는 것이었다. 예전의 래피드퍼소나가 그

그림 5.16. 회의실 유리면에
붙여둔 퍼소나

그림 5.17. 작은 인형 크기로
제작한 퍼소나

러했고 린 스타트업lean startup 프로세스를 따른 프로젝트 안에서의 사용자 모
델링이 그러했었다.

 결론부터 이야기하면 그렇게 만들어낸 사용자는 UX 디자이너가 이야기
하기 전에 기획자, 디자이너, 개발자들이 먼저 관련 사용자들에 대해서 이
야기하는 현상을 볼 수 있었다. 일종의 주인의식이라고 할까? 함께 만들어
낸 사용자이고, 또 사용자 조사를 통해 얻어낸 결과물들이기 때문에 그만큼
신뢰를 하고 같은 지향점을 향한 커뮤니케이션 도구가 될 수 있었다고 생각
된다. 너무 큰 프로젝트를 운영하는 조직에서는 어려움이 있을 수 있지만

소위 피자 두 판을 나누어먹을 수 있는 조직 단위, 5-7명 정도의 조직에서는 충분히 함께 논의하고 만들어 나갈 수 있으며 그렇게 할수록 사용자 중심의 디자인, 서비스를 만들어 낼 수 있다.

정리하면, 퍼소나는 사용자를 위한 디자인을 하기 위한 도구다. 그렇게 하기 위해서는 실제 사용자들의 의견이 반영되어야만 하며, 어렵게 얻은 사용자 정보를 현업에서 적용하기 위해서는 퍼소나를 만드는 과정부터 주요 실무자들이 함께할 필요가 있다. 이렇게 만들어진 퍼소나는 프로젝트가 마무리될 때까지 명확한 사용자 목적을 만족시키기 위한 커뮤니케이션 도구가 될 수 있다.

사용자 중심 디자인을 하기 위한 여러 다양한 도구가 있지만 퍼소나라는 도구는 '서비스를 만들어가는 험하고 긴 여행에서 모두 길을 잃지 않고 방향을 잡아주는 등대와 같은 역할'이라고 말할 수 있지 않을까?

디자이너 김기성은 벤처를 경험한 뒤 제조사와 포털 등에서 10년 이상 사용자 경험(UX) 리서치와 설계 업무를 진행해왔다. 주요 프로젝트로는 포털 지도 서비스, 메신저 서비스, 커뮤니티, 콘텐츠 서비스 UX 업무 등이 있다. 현재는 카카오뱅크 UX 기획 업무를 맡고 있다. 트위터 아이디: @pentaxzs

마치며: 퍼소나는 복잡하고 방대한 양의 사용자 조사 정보를 단 몇 개의 가상 사용자에 압축해 유용하게 활용할 수 있게 하는 디자인 도구다. 그 용도가 다양하고 유용한 만큼 디자인 외에도 많은 분야에서 활용되고 있다. 하지만 퍼소나를 잘 활용하기란 생각보다 쉽지 않은데, 이는 대개 퍼소나의 핵심을 이해하지 못하고 간략한 가상의 인물을 형식적으로 만들어내는 '표면 복제surface copy'에 그치기 때문이다.

우리는 이 책을 쓰면서 해당 독자들의 입장에 공감하기 위해 퍼소나를 만들어보았고 (xvi쪽), 그 과정에서 책의 구성과 내용은 물론, 책의 어조까지 결정하는 중요한 영감을 받을 수 있었다. 이처럼 퍼소나는 단지 디자인 결과물의 모양을 넘어 기능이나 내용물에 관여하는 많은 결정을 사용자의 입장에서 할 수 있도록 해준다.

맺음말
디자인 도구 디자인하기

관찰 도구인 디자인 에스노그라피부터 활용 도구인 퍼소나까지 총 다섯 가지 디자인 도구들을 그들의 효용, 기원, 사용법, 사례 그리고 전문가 조언을 통해 하나하나 살펴보았다. 이 책의 서두에 설명한 것처럼 우리는 각 도구의 '깊은 이야기'를 통해 요즘 쏟아지고 있는 디자인 툴킷을 '표면 복제'하는 것을 피할 수 있도록 돕고자 이 책을 썼다. 따라서 겉으로는 달라 보이지만 사실 같은 원리를 기반으로 한 많은 관찰 기법을, 그 원형을 기준으로 설명하고 이를 바탕으로 여러분만의 적절한 도구를 선정하고 다양한 형태로 변형해 나갈 수 있도록 이 책을 구성했다.

이제 이 도구들을 이용해 여러분의 프로젝트에 꼭 맞는 디자인 도구를 디자인할 차례다. 이는 새로운 툴킷을 만들라는 것이 아니라, 각각의 프로젝트의 목적과 제약을 고려한 디자인 도구들을 선별적으로 그리고 상황에 맞게 변형하고 재창조해서 사용하라는 의미다. 그러기 위해서는 우리가 소개한, 수많은 다른 디자인 툴킷에 담긴 다양한 도구의 공통점을 이해하는 것이 도움이 될 것이다.

새로운 디자인 도구들의 공통점

새로운 디자인 도구들은 관찰, 해석, 활용 등 각기 다른 용도로 사용되지만 몇 가지 중요한 공통점을 지니고 있다. 우선, 이들은 정성적인 사용자 연구 도구들이며, 사용자의 맥락에 공감하기 위한 도구라는 것이다. 나아가, 이들은 사용자와 파트너십을 형성하고 시각적, 발상적인 방법으로 선호하는 미래를 함께 그려나갈 수 있도록 돕는다.

정성적 도구

정량적 분석을 강조한 도구는 사용자 정보를 압축해 평균적인 경향을 보여주는 데 치중하기 때문에 사용자의 경험이나 감성 그리고 현장의 맥락을 생생하게 전달하지 못한다. 이러한 결과물은 디자이너에게 영감을 제공하거나 디자이너의 상상력을 자극하기 어렵다.

우리가 소개하는 다섯 가지 도구들은 정성적 도구들이다. 대표적인 정량적 조사인 설문조사가 다수의 사람들에게 문의해 평균값을 알아낸다면, 새로운 디자인 도구들은 주어진 문제를 해결하기 위해 무엇을 고민해야 할지 알려준다. 사용성 평가usability test 조사 방법이 디자인 결과물의 효율성을 측정하는 데 사용된다면, 새로운 디자인 도구들은 어떤 디자인 결과물이 필요한지 영감을 얻는 데 도움을 준다.

새로운 디자인 도구들을 활용해 얻은 정성적 자료는 분석analyze한다기보다는 해석interpret한다고 표현하는 것이 정확할 것이다. 자료를 통계적 신뢰도가 높게 분석하는 것이 아니라, 실제 사람들의 삶에 의미 있고 유용하도록, 즉 사용자에게 현실적인 유효성이 높은 방향으로 디자인 아이디어를 도출하기 위해 해석하는 것이다.

공감적 도구

디자이너는 새로운 디자인 도구를 사용하면서 사용자의 세계에 참여해 그들을 관찰하거나, 사용자와 다양한 소통을 통해 그들의 숨겨진 고민과 소망을 알아내고, 또 그들과 함께 선호하는 미래를 그려볼 수 있다. 이 과정에서 디자이너는 사용자의 입장에 공감하며 아이디어를 도출할 수 있다.

새로운 디자인 도구를 통해 공감하는 것은 사용자에 대한 발견점을 얻는 과정뿐 아니라 발견점을 전달하고 활용하는 데도 매우 중요하다. 사용자 요구사항을 목록으로 만들고 수치화해서 이를 얼마나 만족시켰는지 측정하기보다 실제 살아있는 사람처럼 느껴지는 전략적인 퍼소나를 만들어서 새로운 디자인에 필요한 영감을 얻게 한다.

파트너십을 바탕으로 한 도구

초기 사용자 중심 디자인에서는 디자이너는 전문가로, 사용자는 수동적인 피관찰자로 여겨지는 경향이 있었다. 디자이너는 사용자가 처한 문제점을 진단하고 해결책을 제시하고, 이 과정에 전혀 역할이 없었던 사용자는 나중에 디자이너의 해결책을 구매해 사용하는 수동적 대상으로 여겨졌다.

그러나 오늘날의 사용자는 더는 수동적 역할에 머물러 있지 않다. 사용자는 '자신의 경험에 대한 전문가'이고, 다양한 플랫폼을 통해 능동적이고 창의적으로 자신의 문제를 해결한다. 이 책에서 소개하는 디자인 도구들은 디자이너가 사용자와 파트너십을 이루고, 서로를 이해하고, 선호하는 미래를 함께 구상해볼 수 있는 기회를 제공한다.

전문가의 입장을 취하는 디자이너는 객관적 관찰자로서 사용자의 문제를 진단하려고 하는 반면, 파트너로서의 디자이너는 사용자와 지속적인 관계를 형성하고 함께 문제를 해결해 나가는 데 집중한다. 이에 공감한 사용자는 디자이너를 신뢰하고 자신의 경험이나 가치를 더욱 능동적으로 표현할 수 있게 된다.

시각적이고 발상적인 표현법

이 책에서 소개하는 새로운 디자인 도구들은 그리기, 잘라 붙이기, 만들기 등 시각적이고 발상적인 방법들을 적극 활용한다. 이는 디자이너에게 매우 익숙한 방법들로, 이를 토대로 한 다양한 활동을 통해 설문조사나 인터뷰로는 물어볼 수 없는 내용들을 관찰하고, 함께 탐험해볼 수 있다. 이는 프로브(제2장)와 코디자인 워크숍(제3장)에서 특히 잘 찾아볼 수 있다.

디자이너가 마련한 이와 같은 활동들을 통해 사용자는 말로는 표현하기 어려운 감정과 경험, 중요하게 생각하는 가치 그리고 소망 등을 더 쉽게 표현할 수 있다. 시각적이고 발상적인 활동은 상상력을 자극하고 틀을 벗어난 사고를 돕기에, 아직 존재하지 않는 미래를 그려보는 데도 효과적이다. 또한 그 결과물들은 글과 숫자가 가득한 문서에 비해 디자이너에게 더 많은 영감을 준다. 즉, 시각적 발상의 결과물들은 디자이너가 단지 사용자를 이해하는 것을 넘어, 이들을 새로운 디자인 아이디어로 연결시키는 데도 매우 효과적이다.

변형, 재창조, 믹스 앤 매치

많은 디자이너가 새로이 알게 된 모든 사용자 조사 도구를 프로젝트에 사용해야만 하는 줄 알았던 초임자 시절의 실패담을 전한다. 정해진 프로젝트의 비용과 시간에 무리한 시도가 될 수밖에 없는 이 초보적인 실수는 안타깝지만 지금도 수많은 디자이너에 의해 반복되고 있다.

혹시 이 책에서 소개한 다섯 가지 도구를 모두 순서대로 사용해야 좋은 디자인 프로세스라고 생각한 독자가 있다면 우리가 의도한 바가 제대로 전달되지 않은 것이다. 우리는 현재 다양한 디자인 툴킷을 통해 소개되고 있는 수많은 도구의 원형격인 다섯 가지 도구들을 상세히 다룸으로써, 이 책의 독자들이 각 도구가 가진 원리를 이해하고 이들을 사용할 때 필요한 마인드세트를 갖출 수 있기를 기대한다. 여러분은 이를 바탕으로 각 프로젝트의 고유한 목적과 제약을 고려해 이 디자인 도구들을 변형하고, 재창조하고, 믹스 앤 매치mix and match해야 한다.

우리가 각 도구를 소개한 순서를 간략히 살펴보자. 각 장에서 그 도구가 왜 유용한지 설명하는 것으로 시작해 그 도구의 기원 그리고 발전 과정을 설명한다. 이는 끊임없이 변화하는 도구들의 변천사를 살펴봄으로써 겉으로 볼 때는 짐짓 달라 보이는 다양한 도구의 원리를 깊이 이해하게 하기 위해서다. '스텝 바이 스텝'은 각 도구의 기본적인 구조와 순서를 소개하고, 각 단계를 어떤 활동들로 구성할 수 있는지 설명해, 실전에서 도구들을 직접 사용할 수 있게 했다. 국내외 케이스 스터디와 전문가 조언을 통해서는 실전에서 주의할 점과 현실 감각을 익히도록 했다.

디자인 도구를 다루는 다른 책에서 케이스 스터디를 소개할 때 프로젝트의 배경이 매우 간략하게 소개되거나 심지어 생략되는 경우를 쉽게 볼 수 있는데, 우리는 각 프로젝트가 가진 배경과 목적, 예상치 못했던 상황들에 대해서도 자세히 다루었다. 이를 통해 각 프로젝트의 고유한 성격에 따라 어떤 도구를 선정해서 어떻게 변형하고 재창조해서 활용하는지 그 과정을 생생히 보여주려고 했다. 어떤 도구가 무슨 상황에서 왜 선택되고 어떻게 변형되어 활용됐는지 그 숨겨진 뒷이야기를 나누어, 여러분이 현재 몸담고 있는 프로젝트에 맞게 적합한 도구를 선정하고 여러분만의 도구로 변형하여 효과적으로 활용할 수 있게 하기 위해서다.

우리가 소개한 도구 사용법, 즉 '스텝 바이 스텝'은 국내외 다양한 프로젝트에서 비교적 공통적으로 쓰였고, 효과적이라고 알려진 순서를 따른다. 또 케이스 스터디에서 소개한 도구 활용 예시는 프로젝트의 성격에 맞게 창의적으로 변형된 사례들이다. 각 도구에 대한 설명에서 우리가 누누이 강조해왔지만, 이 활용법들은 어디까지나 예시일 뿐 그대로 따라 해야 할 정답이아니다. 여러분이 현재 몸담고 있는 프로젝트의 고유한 상황은 고려하지 않은 채, 이 책에서 소개한 내용을 그대로 가져다 쓴다면, 이 책이 가장 피하려고 했던 표면 복제를 다시 한번 반복한 것이 되고 만다.

다섯 가지 디자인 도구들을 다양한 방법으로 결합해, 이른바 믹스 앤 매치하여 활용할 수도 있다. 프로브가 됐든 코디자인 워크숍이 됐든 한두 개의 주력 도구를 선정했다면, 사전조사를 할 때 다른 도구를 간소화하여 활용하거나, 혹은 일차로 얻은 발견점 중 흥미로운 부분을 더 깊이 이해하기 위한 도구로 활용할 수 있다.

예를 들어 사용자의 깊은 내면에 자리잡은 감정과 경험에 접근하기 위하여 프로브를 주력 도구로 활용한다면, 프로브를 최대한 효과적이고 사용자 환경에 밀접하도록 제작하기 위해 미리 디자인 에스노그라피를 진행할 수 있다. '관찰 도구: 디자인 에스노그라피'에서 설명한 맥락적 문의(69쪽)를 활용하여 사용자의 환경을 미리 방문하고 그들의 일상이 이루어지는 맥락과, 상호작용하는 사람 및 사물 등을 미리 파악함으로써 프로브에서 물어볼 질문의 초점을 조정하고, 프로브 패키지와 과제들도 이 맥락에 맞게 디자인할 수 있다.

프로브에 활용되는 과제들을 간소화하여 코디자인 워크숍을 위한 사전 과제로 진행하는 것도 대표적인 믹스 앤 매치 활용 방법이다. '협력 도구: 코디자인 워크숍'의 '스텝 바이 스텝-첫째, 사전과제로 주제에 대해 민감하게 하기(189쪽)'에서 소개한 것처럼, 사진 찍어오기, 그림일기 그려오기, 자신만의 사회적 관계도 만들기 같은, 프로브에 활용되는 과제들을 간소화하여 코디자인 워크숍 전에 참여자들이 자신의 평소 경험과 생각을 돌아볼 수 있게 하는 수단으로 활용하는 것이다.

⚠

프로브에서 활용되는 과제들이 간소화된 형태로 코디자인 워크숍의 사전과제로 활용되는 예시가 있다고 해서, 프로브라는 도구 자체를 코디자인 워크숍의 사전과제 혹은 세부 활동으로 오해해서는 안 된다. 프로브에서 활용되는 과제 형태를 '빌려' 사전과제로 만든 것이지, 사진 촬영과 같은 사전과제를 했다고 해서 프로브를 사용했다고 할 수는 없다.

사실 이 책에서 소개한 다양한 케이스 스터디 중에는 그 사례가 해당 장의 도구만 사용했다기보다는 다양한 도구를 프로젝트의 목표에 맞게 효과적으로 믹스 앤 매치하여 활용한 사례들이 많다. '2장 대화 도구: 프로브'에서 소개한 '케이스 스터디: 만성질환 청소년의 건강관리를 위한 프로브'(135쪽)에서는 장기 질환을 앓는 청소년을 대상으로 매우 심도 있게 프로브를 활용했다. 디자인 팀이 프로브 결과물을 1차 해석한 결과, 청소년들이 자신의 정체성과 감정 표현을 바탕으로 다른 사람들과 소통하고 싶어 한다는 사실을 파악했고, 이에 대한 심도 있는 이해와 디자인 방향 모색을 위해 청소년 참여자의 가정을 직접 방문하여 비교적 간단한 형태의 코디자인 워크숍도 함께 진행했다. 이 코디자인 워크숍에서는 청소년 참여자들이 선호하는 소통 방식과 아이디어를 얻는 것이 주요 목적이었기에, 다양한 이해관계자를 초대하기보다는 청소년 참여자와 그들의 친구 한두 명으로 구성했고, 아이디어 발상과 표현을 위해 메이크툴즈MakeTools를 활용했다.

'3장 협력 도구: 코디자인 워크숍'에서 소개한 '케이스 스터디: 환자 중심의 뇌졸중센터 디자인'(239쪽)에서는 새로운 뇌졸중센터 디자인을 위해 병원 직원들과 환자들의 의견을 적극 반영하고, 병원 직원들이 직접 환자들의 이야기를 들을 수 있도록 코디자인 워크숍을 주력 도구로 선정했다. 코디자인 워크숍을 기획하기에 앞서, 환자와 보호자 그리고 병원 직원들이 진료 과정 중 평소 어떤 점이 불편했고 또 만족스러웠는지 알아보기 위해 사전 인터뷰와 간단한 형태의 프로브를 진행했다. 코디자인 워크숍 이전에 워크숍 참여자들을 미리 만나, 자신의 경험을 간단한 글과 그림으로 표현할 수 있는 소책자를 나누어주고, 이때 미리 준비해 간 질문들로 간단한 인터뷰를 진행한 것이다.

이러한 방식으로 얻은 사전 지식은 디자인 팀이 코디자인 워크숍의 세부 활동들과 도구들을 디자인하는 데 매우 큰 도움이 됐다. 두세 시간으로 한정된 워크숍 동안 어떤 주제에 초점을 맞추어야 할지 그 방향을 정하고, 뇌졸중을 앓은 적이 있는 환자 참여자들의 의사표현 능력을 미리 파악함으로써 워크숍 진행 시 어떠한 도움을 제공해야 하는지 미리 준비할 수 있었다.

'협력 도구: 코디자인 워크숍'에서는 사용자가 부재한 상태에서 다양한 유관자가 사용자의 경험에 공감하고, 그들의 입장에서 아이디어를 생각할 수 있도록 퍼소나를 활용한 예도 소개하고 있다('사용자 퍼소나 완성하기와 역할놀이를 통해 사용자 입장에 공감하기', 201쪽). 디자이너가 미리 사용자 조사를 진행하여 만든 퍼소나를 코디자인 워크숍에 소개하여, 참여자들이 퍼소나에 맞게 역할놀이 등을 하면서 서비스 상황을 경험하고, 아이디어를 생각하게 하는 것이다. 전문가 Q&A에서 서비스 디자이너 끼르시까 바야깔리오는 시민들의 평소 경험과 생각을 생생히 전달하기 위하여 퍼소나 비디오를 제작해서 프로젝트 관계자들이 참여한 코디자인 워크숍에 활용했다(257쪽).

사용자에게 공감하고 디자인 아이디어를 창조하는 데는 왕도가 없다. 우리는 이 책을 통해 여러분이 끊임없이 등장하는 디자인 툴킷들에 압도당하지 않고 새로운 디자인 도구들을 다양하게 활용할 수 있는 아이디어를 얻었으면 한다.

디자인 도구를 디자인하는 것은 전체 디자인 과정의 중요한 부분이다

'그대로 가져다 쓸 수 있으면 편리할 텐데 도구를 다시 변형하고 재창조하라니, 시간과 노력 낭비가 아닌가?' 하는 의문이 드는 독자도 있을 것이다.

툴킷 그대로 가져다 써도 원하는 결과가 나온다면야 더할 나위 없이 좋을 테지만, 현실은 그렇지 않다. '왕도'라는 것도 애초에 존재하지 않고, 프로젝트 상황이나 디자이너의 능력에 대한 고려 없이 툴킷에서 이야기하는 대로만 따라 한다면 도구를 디자인하는 과정에서 기를 수 있는 민감성과 맥락적 지식을 놓치는 결과를 초래할 수 있다.

현재 진행하고 있는 프로젝트의 목적과 변화무쌍한 실정에 맞게 디자인 도구를 변형, 재창조하는 과정은, 바로 그 프로젝트의 목표를 명확히 설정해 나가고, 프로젝트 고유의 맥락을 민감하게 파악해 나가는 과정이기도 하다. 도구를 통해서 무엇을 물어보고 무엇을 알아내야 할지 결정하는 과정을 통해 문제 영역problem area의 초기 틀을 잡을 수 있고, 어떤 질문 혹은 과제들이 사용자의 경험과 현재 상황에 더 밀접하게 다가올지 구성하는 과정에서 사용자 세계에 대한 민감성을 기르는 작업이 이미 시작되는 것이다.

방금 언급한 '문제 영역에 대한 틀을 잡고 사용자의 세계에 민감해지는 효과'는 전체 디자인 과정에서 디자인 결과물을 내는 데 매우 중요한 부분이다. 다시 말해 디자인 도구를 프로젝트 맥락에 맞게 디자인하는 과정은 '별도로 들여야 할 노력'이라기보다 디자인 결과물을 위해 필요한 지식을 습득하는 엄연한 '디자인 과정'인 것이다. 디자인 도구를 프로젝트에 맞게 디자인함으로써 얻을 수 있는 효과를 좀 더 자세히 들여다보자.

첫째, 사용자의 세계에 발을 들이고 민감성을 기를 수 있다. 이러한 효과는 도구를 통해 묻게 될 질문이나 과제의 내용을 디자인할 때뿐만 아니라, 도구들의 형식이나 외양, 소통 방식을 디자인할 때도 얻을 수 있다. 프로브를 예로 들자면, 참여자가 프로브를 작성하는 동안 디자이너가 거의 관여할 수 없기 때문에 프로브를 만들 때 각 과제가 의미하는 바를 명확히 전달하고 참여자의 흥미를 돋우는 것이 매우 중요하다. 참여자의 심리적, 물리적, 환경적, 직업적 특성 등을 고려하여 심적 부담이나 어려움을 느끼지 않고 흥미를 가지고 진행할 수 있도록 과제들을 디자인해야 하는데, 이러한 다양한 변수들을 고려하면서 사용자에 대한 지식을 이미 얻기 시작하고, 사용자 입장에서 생각하게 되는 것이다.

초등학생을 위한 학습용 모바일 앱 디자인 프로젝트를 위해 코디자인 워크숍을 진행한다고 하자. 아이들이 쉽게 이해할 수 있는 어휘들과 과제들을 선별하고, 그들이 흥미를 느낄만한 디자인 요소들을 코디자인 워크숍 과제에 반영하면서 초등학생 참여자들의 의사소통 방식과, 그들에게 흥미로운 경험을 주는 요소들에 대해 이미 어느 정도 파악할 수 있다.

혹은, 택시 기사를 대상으로 프로브를 진행한다고 하자. 그들이 현장에서의 경험을 잠깐잠깐의 대기시간 동안 간편하게 기록할 수 있도록 하려면 어떻게 해야 할까? 소책자가 나올지, 혹은 휴대폰 사진 촬영이나 음성 녹음 과제가 나올지 고민하는 과정에서 택시 기사들의 업무 환경과 하루 일과에 대해서 생각하게 되고, 그들의 입장에서 프로브 작성 상황을 간접적으로 경험해보게 된다. 이를 위해 택시를 이용하면서 짧게나마 택시 기사를 관찰하고 대화를 하는 것도 방법일 것이다.

디자인 도구를 디자인하는 과정에서 참여자에 대해 사전조사를 진행하는 것은 때때로 참여자에 대한 선입관을 깨고 전체적인 디자인 목표를 재조명하는 결과를 낳기도 한다. 우리가 몇 년 전 헬싱키에서 지도했던 학생 팀 중 하나는 노인들이 지역 커뮤니티에서 좀 더 능동적인 역할을 하고, 활기찬 일상생활을 영위할 수 있게 돕는 디자인 프로젝트를 진행했다. 학생 팀은 노인들의 하루 일상과 평소 감정에 대한 깊은 내면을 들여다보기 위해 프로브를 활용하기로 결정했다. 학생들은 노인들이 프로브를 작성하는 도중 흥미를 잃지 않도록 지역 노인들이 모이는 주민센터에 매일매일 프로브 과제를 하나씩 직접 배달하기로 했다. 여기에는 노인들의 반복되는 일상에 '기대할 무언가'를 제공해준다는 의도도 담겨 있었다.

프로브 제작에 앞서 학생들은 실제 프로브에 참여할 노인들을 섭외하기 위해 주민센터로 찾아갔다. 노인들을 직접 만났을 때, 학생들은 자신들이 미리 생각한 '매일 프로브 전달하기' 아이디어가 통하지 않을 것임을 즉시 깨달았다. 학생들의 추측과는 다르게 주민센터에 모인 노인들은 실제로 매우 다양한 활동을 즐기고 있었으며 따라서 하루 일과가 벌써 꽉 채워져 있었기 때문이다. 이 활동적인 노인들은 매일매일 학생들을 만날 시간이 없었다.

학생들은 곧 그들이 처음부터 설정한 디자인 목표와 프로브 제작 아이디어가 '노인들은 지루한 일상을 보내는 수동적인 존재'라는 선입관으로부터 출발한 것임을 깨달았다. 그들도 모르는 사이 그 선입관이 디자인 목표에 큰 영향을 미쳤고, 프로브 제작을 위한 사전 과정에서 수면 위로 드러나게 된 것이다.

이러한 과정을 통해 학생 팀은 전체적인 디자인 방향을 '지루한 일상을 보내는 노인들이 능동적으로 생활할 수 있게 하는 디자인'으로부터 '노인들이 가진 능동적 삶의 태도를 지역 사회에 퍼뜨릴 수 있는 디자인'으로 전면 수정하기로 했다. 그리고 프로브는 매일매일 배달하는 형식 대신, 각 과제를 따로 포장하여 그날그날 노인들이 직접 뜯어보면서 '기대감과 궁금증'을 느낄 수 있도록 디자인했다. 이처럼 프로브를 디자인하는 과정은 단순히 도구를 더 적합하게 만드는 것을 넘어 디자인 방향 전체를 수정하는 데도 영향을 미친다.

둘째, 디자인 도구를 디자인하는 과정은 프로젝트의 틀을 잡는 데 도움을 준다. 서비스 혹은 사회 혁신을 위한 최근의 디자인 프로젝트들은 그 문제의 범위가 뚜렷하지 않은 경우가 많다. 문제의 범위를 잡아나가는 것은 개선의 기회를 발견해나가는 과정이라고 할 수 있는데, 이를 '틀잡기framing' 라고도 한다. 각 프로젝트에 맞게 디자인 도구를 디자인하는 과정은 이 틀잡기를 위한 매우 실질적이고 효과적인 방법이다.

디자인 도구를 통해 알고 싶은 내용의 목록을 추리는 활동, 디자인 에스노그라피를 실시할 장소 및 상황을 선별하는 활동, 코디자인 워크숍의 참여자들이 원활히 아이디어를 낼 수 있도록 다양한 준비물을 만드는 과정은 디자인 프로젝트의 틀을 잡는 매우 광범위하고 개념적인 활동을 좀 더 손에 잡히게, 단계별로 나누어 진행할 수 있게 한다. 예를 들어 마인드맵, 관찰의 대상이나 초점을 정하는 작업, 프로브 패키지 디자인, 코디자인 워크숍 순서와 도구를 구성하는 작업 등은 실제로 디자인 방향을 고민해보고 프로젝트의 틀을 잡을 수 있게 도와준다.

마지막으로, 디자인 도구를 디자인하는 과정은 팀 내부의 목표를 명확히 하고 공유하는 데 도움이 된다. 어떤 도구를 무슨 목적을 위해 사용해야 할지 결정하고, 도구가 포함해야 할 질문과 과제를 함께 만들고, 그 외양을 함께 디자인하는 과정에서 팀원들은 각자가 가진 관점 및 경험을 공유할 수 있고, 그 차이를 조정해가며 팀 내부의 공통적인 관점과 목표를 수립할 수 있다. 이를 통해 각 팀원들은 해당 프로젝트가 무엇을 성취하고자 하는지 그리고 이를 위해 전반적인 틀을 어떻게 잡아야 할지 통일된 비전을 가질 수 있다.

팀원들 사이에 도구 사용의 목표와 진행 방식이 공유되면 사용자 관찰 역시 일관성 있게, 효율적으로 진행할 수 있다. 특히 예기치 않은 상황이 발생했을 때 신속히 결정을 내리고 대처하는 데 큰 도움이 되는데, 예를 들어 코디자인 워크숍을 진행하는 중에 미리 준비한 과제가 현장에서 효과적이지 않다고 판단되면 그 과제를 포기하고 다른 과제로 넘어가는 등의 대안을 신속하게 택할 수 있다. 팀원들 간에 코디자인 워크숍의 전체적 목표와 각 진행 과정의 목적이 명확히 공유되어 있기 때문이다. 도구를 디자인하는 과정을 거치지 않고, 기존에 존재하는 디자인 툴킷을 점검 없이 그대로 가져다 쓴다면 이렇게 팀원들이 서로의 견해와 아이디어를 드러내고, 조정하며, 공동의 목표를 수립할 수 있는 기회를 가질 수 없고, 따라서 현장에서의 신속하고 적절한 대처가 어려워진다.

도구로부터 자유로워지자

우리가 이 책을 쓴 이유는 디자이너가 현재 마주하고 있는 문제를 깊이 이해하고 새로운 제안을 내놓을 수 있게 돕기 위해서지, 디자인 도구들 혹은 소위 '사용자 연구 방법론'의 중요성을 강조하려는 게 아니다. 오히려 디자인 도구들이 요구하는 접근 방식, 마음가짐 그리고 디자인 제안을 끌어내는 방식을 이해하게 함으로써 결국 도구로부터 자유로워질 수 있도록 하는 것이 우리의 궁극적인 목표다.

최근 한국뿐 아니라 세계적으로 경험 디자인, 서비스 디자인 분야에서 소위 '방법론'이 지나칠 정도로 큰 부분을 차지하고 있고, 업계의 디자이너들도 이에 의존하는 현상이 있다. 하지만 우리는 방법론을 이해하는 것은 중요하지만, 결국 그 방법론을 뛰어넘어야 진정한 전문가가 된다고 강조하고 싶다. 충분한 경험을 가진 디자이너라면 그냥 커피 한 잔을 들고 사용자와 심도 있는 대화를 나누는 것만으로도 필요한 영감과 통찰을 얻을 수 있을지 모른다. 그것이 그 상황에서 가장 적절한 접근이라면 말이다.

우리는 이 책을 통해 디자인 방법론을 대하는 자세에 변화를 불러오고 싶었다. 우리가 '디자인 방법론'이 아니라 굳이 '디자인 도구'라는 표현을 선택한 것은 이 방법론들은 단지 도구일 뿐, 이를 다루는 디자이너의 능력이 더 중요하다는 것을 강조하기 위해서다.

이 책이 학생과 교육자, 그리고 실무 현장에서 분투하는 디자이너들에게 작은 도움이 되길 빈다. 이를 통해 앞으로 만들어질 제품과 서비스들이 조금이나마 사용자의 불편함을 덜어주고 가려운 부분을 긁어줄 수 있길 바란다.

실전 팁

우리가 디자인 프로젝트에서 실제 맞닥뜨린 난관이나, 수업과 강연에서 학생이나 청중에게 가장 빈번히 들은 질문을 모아 '실전 팁' 목록을 구성했다. 이 질문들은 본문의 단락(장/절/소제목)을 따라가지 않으므로 독자가 해당 페이지와 그 앞뒤 문맥을 꼼꼼히 읽으며 해답을 얻기를 권한다. 디자인 도구들을 사용하는 깊이를 더하는 데 도움이 될 것이라 믿는다.

이미지 출처

* 여기 표기되지 않은 사진과 일러스트의 저작권은 저자들과 김소은 님과 장재민 님에게 있습니다.

찾아보기